ÉTUDES DE PHILOSOPHIE MÉDIÉVALE

Collection fondée par Étienne Gilson

Dirigée par

Marta Cristiani
Ruedi Imbach
Jean Jolivet
Alain de Libera

MARGUERITE PORETE
ET LE *MIROIR DES SIMPLES ÂMES*

DU MÊME AUTEUR À LA MÊME LIBRAIRIE

Alain BOUREAU et Sylvain PIRON (éd.), *Pierre de Jean Olivi (1248-1298). Pensée scolastique, dissidence spirituelle et société,* 416 pages, 1999.

DANS LA MÊME COLLECTION

KALUZA Z., *Études doctrinales sur le* XIVe *siècle. Théologie, Logique, Philosophie*, 392 pages, 2013.

JOLIVET J., *Medievalia et arabica*, 364 pages, 2012.

BIARD J., *Science et nature. La théorie buridanienne du savoir*, 404 pages, 2012.

STANCATO G., *Le concept de désir dans l'œuvre de Thomas d'Aquin. Analyse lexicographique et conceptuelle du « desiderium »*, 176 pages, 2011.

KÖNIG-PRALONG C., *Du bon usage des savoirs. Scolastique, philosophie et politique culturelle*, 356 pages, 2011.

FEDERICI VESCOVINI G., *Le Moyen Âge magique. La magie entre religion et science aux* XIIIe *et* XIVe *siècles*, 400 pages, 2011.

TREGO K., *L'essence de la liberté. La refondation de l'éthique dans l'œuvre de saint Anselme de Cantorbéry*, 304 pages, 2010.

DI MARTINO C., Ratio particularis. *Doctrines des sens internes d'Avicenne à Thomas d'Aquin*, 192 pages, 2008.

BERMON P., *L'assentiment et son objet chez Grégoire de Rimini*, 432 pages, 2007.

RICKLIN Th. (éd.), Exempla docent. *Les exemples des philosophes de l'Antiquité à la Renaissance*, 432 pages, 2007.

CASTEIGT J., *Connaissance et vérité chez Maître Eckhart. Seul le juste connaît la justice*, 480 pages, 2006.

JOLIVET J., *Perspectives médiévales et arabes*, 320 pages, 2006.

VIAL M., *Jean Gerson, théoricien de la théologie mystique*, 256 pages, 2006.

GRELLARD C., *Croire et savoir. Les principes de la connaissance selon Nicolas d'Autrécourt*, 340 pages, 2005.

KÖNIG-PRALONG C., *Avènement de l'aristotélisme en terre chrétienne*, 288 pages, 2005.

CAIAZZO I., *Lectures médiévales de Macrobe. Les* Glosae colonienses super Macrobium, 352 pages, 2003.

SIRAT C., KLEIN-BRASLAVY S., WEIJERS O. (éds.), *Les méthodes de travail de Gersonide et le maniement du savoir chez les scolastiques*, 392 pages, 2003.

SUAREZ-NANI T., *Connaissance et langage des anges selon Thomas d'Aquin et Gilles de Rome*, 272 pages, 2003.

CÔTÉ A., *L'infinité divine dans la théologie médiévale (1220-1255)*, 272 pages, 2002.

SUAREZ-NANI T., *Les anges et la philosophie. Subjectivité et fonction cosmologique des substances séparées à la fin du* XIIIe *siècle*, 208 pages, 2002.

FALQUE E., *Saint Bonaventure et l'entrée de Dieu en théologie*, 224 pages, 2001.

COUNET J.-M., *Mathématique et dialectique chez Nicolas de Cues*, 456 pages, 2000.

ÉTUDES DE PHILOSOPHIE MÉDIÉVALE

CII

MARGUERITE PORETE
ET LE *MIROIR DES SIMPLES ÂMES*

PERSPECTIVES HISTORIQUES, PHILOSOPHIQUES ET LITTÉRAIRES

sous la direction de

Sean L. FIELD, Robert E. LERNER

et Sylvain PIRON

Ouvrage publié avec le concours du Centre national du livre

PARIS

LIBRAIRIE PHILOSOPHIQUE J. VRIN

6 place de la Sorbonne, Ve

2013

Imprimé en France

ISSN 0249-7921
ISBN 978-2-7116-2524-6

www.vrin.fr

REMERCIEMENTS

Ce volume est pour partie issu de communications présentées lors d'un colloque organisé à Paris les 31 mai et 1er juin 2010, destiné à commémorer, à leur date exacte, le sept-centième anniversaire de la condamnation et de l'exécution de Marguerite Porete. Ce colloque a bénéficié d'une subvention du CNRS. Il a également été soutenu par le Centre de recherches historiques (EHESS-CNRS), le Laboratoire d'études sur les monothéismes (EPHE-Paris IV-CNRS) et l'Institut universitaire de France. Nous remercions Elsa Marmursztejn pour sa précieuse collaboration. La première journée du colloque s'est déroulée dans le cadre idyllique de Reid Hall, lieu important pour l'histoire intellectuelle des femmes à Paris. Nous tenons à exprimer notre reconnaissance aux participants qui ont fait de ces journées un moment d'échanges fructueux, et notamment à Nicole Bériou, Renate Blumenfeld-Kosinski, Elizabeth A.R. Brown, Dávid Falvay, Ruedi Imbach, Constant Mews, Luisa Muraro, Michela Pereira, Andrea Robiglio, Julien Théry, Justine Trombley et Lydia Wegener. Des remerciements particuliers sont dus, pour le rôle infatigable d'animateur de la recherche sur Marguerite qu'il remplit, à Zan Kocher.

ABRÉVIATIONS

Manuscrits et éditions

C	Chantilly, Bibliothèque du château Condé, 157.
V	Valenciennes, Bibliothèque municipale, 239.
ME	Marilyn Doiron, « The Mirror of Simple Souls : A Middle English Translation », *Archivio italiano per la storia della pietà*, 5, 1968, p. 241-355.
Miroir	*Le Mirouer des simples ames*, éd. R. Guarnieri, Turnhout, Brepols, 1986 (CCCM 69).
PL	*Patrologiae Cursus Completus. Series Latina*, éd. J.-P. Migne, Paris, Migne, 1844-1865.
Speculum	*Speculum simplicium animarum*, éd. P. Verdeyen (CCCM 69).

Études

Hasenohr, « Tradition »	G. Hasenohr, « La tradition du *Miroir des simples âmes* au XVe siècle : de Marguerite Porete (†1310) à Marguerite de Navarre », *Comptes rendus des séances de l'Académie des Inscriptions et Belles-Lettres*, 4, 1999, p. 1347-1366.
Lerner, « Angel »	R.E. Lerner, « An "Angel of Philadelphia" in the Reign of Philip the Fair : The Case of Guiard of Cressonessart », dans W.C. Jordan, B. McNab, and T.F. Ruiz (éd.), *Order and Innovation in the Middle Ages. Essays in Honor of Joseph R. Strayer*, Princeton, Princeton UP, 1976, p. 343-364.

Lerner, *Heresy*	R. E. Lerner, *The Heresy of the Free Spirit in the Later Middle Ages*, Berkeley, University of California Press, 1972, reprint, University of Notre Dame Press, 1991.
Lerner, « New Light »	R. E. Lerner, « New Light on the Mirror of Simple Souls », *Speculum*, 85, 2010, p. 91-116.

MARGUERITE PORETE ET SON *MIROIR*. PERSPECTIVES HISTORIOGRAPHIQUES

Sean L. FIELD, Robert E. LERNER, Sylvain PIRON

Marguerite, « dite Porete », fut condamnée comme hérétique relapse à Paris, le 31 mai 1310. Le livre qu'elle avait écrit, l'éblouissant *Miroir des simples âmes*, fut également condamné, ce même jour, par l'inquisiteur pour le royaume de France. Le lendemain, 1er juin, elle fut conduite sur le bûcher et brûlée en place de Grève. L'exécution de Marguerite ne passa pas inaperçue. Le continuateur de la chronique de Guillaume de Nangis et les *Grandes chroniques de France* en firent mention. Mais par la suite, tant son nom que son œuvre restèrent dans l'obscurité pendant des siècles. Les premières publications importantes qui les tirèrent de l'oubli sont dues à Henry Charles Lea aux États-Unis (1887), Charles-Victor Langlois en France (1894) et Evelyn Underhill en Angleterre (1911). Ce n'est qu'en 1946 qu'une chercheuse italienne, Romana Guarnieri, parvint à déterminer que l'ouvrage condamné de Marguerite avait été préservé. Depuis que le texte français en a été rendu accessible en 1965, par les soins de la même R. Guarnieri, le *Miroir* s'est imposé comme l'une des plus grandes œuvres de la littérature médiévale française et de la mystique médiévale, toutes langues confondues ; elle suscite un intérêt croissant dans les dernières décennies.

La première référence savante moderne à un manuscrit du *Miroir des simples âmes* ne concerne pas le texte français, mais une traduction médiévale italienne, attribuée à la princesse Marguerite de Hongrie, dont l'érudit hongrois Ferencz Toldy a signalé la présence dans un manuscrit de Vienne en 1867[1].

1. F. Toldy, « Margit kir. herczegnő, mint ethikai író » [La princesse royale Marguerite comme moraliste], dans *id.*, *Ujabb adalékok a régibb magyar irodalom történetéhez* [Nouveaux apports à l'histoire de l'ancienne littérature hongroise], Pest, Eggenberger, 1874, p. 8-14, ne traite que de l'attribution du texte à Marguerite de Hongrie. M.G. Sargent, « Medieval and Modern Readership of Marguerite Porete's *Mirouer des simples âmes anienties* : The Old French and English Traditions »,

Peu de temps après, la première trace de la condamnation de Marguerite fut repérée par l'historien alsacien Auguste Jundt en 1875 [2]. Bien que les deux moitiés de l'histoire soient demeurées disjointes jusqu'en 1946, les connaissances se précisaient peu à peu tant au sujet de l'auteur que de l'œuvre. Les premières avancées substantielles concernant le procès Marguerite sont à mettre au crédit de Henry Charles Lea et de Charles-Victor Langlois qui publièrent l'un et l'autre une partie des documents conservés aux Archives Nationales, respectivement en 1887 et 1894. Particulièrement utile pour comprendre le contenu de son ouvrage, un jugement prononcé par les maîtres en théologie de l'université de Paris, le 11 avril 1310, faisait connaître le premier et le dernier des quinze articles extraits de son ouvrage, donnant ainsi aux historiens un premier aperçu de ses idées. La sentence finale prononcée par son inquisiteur, le Dominicain Guillaume de Paris, rapportait sèchement que son livre avait été une première fois brûlé par l'évêque de Cambrai, qu'elle avait été avertie de ne plus le faire circuler et qu'elle avait cependant manqué à cette interdiction en le recopiant et le diffusant à nouveau, ce qui lui avait valu d'être incarcérée par l'inquisiteur [3]. Les pièces du procès conservées aux Archives Nationales concernaient également une action menée contre un partisan ou défenseur de Marguerite, Guiard de Cressonessart.

Peu après les publications de Lea et de Langlois, mais dans l'ignorance totale de leurs travaux, Evelyn Underhill attira l'attention en 1911 sur un manuscrit de la version en moyen anglais du *Miroir,* récemment acquis par le British Museum, en décrivant son auteur anonyme comme « une nouvelle étoile dans la galaxie des mystiques » [4]. Exploitant cette piste, dès 1927, Clare Kirchberger avait non seulement publié une traduction en anglais moderne de cette version (sur la base de trois manuscrits) [5] ; elle connaissait également l'unique manuscrit contenant la traduction de moyen anglais en latin réalisée par Richard Methley en 1491 et avait noté l'existence de quatre manuscrits d'une version latine à la bibliothèque

dans N. Rice (éd.), *Middle English Religious Writing in Practice. Texts, Readers and Transformations,* Turnhout, Brepols, 2013, p. 47-89, présente une vue d'ensemble de cette redécouverte.

2. A. Jundt, *Histoire du panthéisme populaire au Moyen Age et au XVIe siècle*, Strasbourg, Fischbach, 1875, p. 109-110, relève la mention du continuateur de Guillaume de Nangis, et celle, souvent négligée, du *Commentaire des Sentences* de John Baconthorp, transmise par John Bale en 1557.

3. H. Ch. Lea, *A History of the Inquisition of the Middle Ages*, vol. 2, New York, Harper, 1887, p. 122-124, 575-578 [tr. fr., *Histoire de l'inquisition au Moyen Âge*, Paris, Robert Laffont, 2004, p. 508-509] ; Ch.-V. Langlois, « Marguerite Porete », *Revue historique,* 54, 1894, p. 295-299.

4. E. Underhill, « The Mirror of Simple Souls », *The Fortnightly Review*, n.s. 89, 1911, p. 345-354, citation p. 345.

5. Cl. Kirchberger, *The Mirror of Simple Souls, by an unknown French mystic of the thirteenth century, translated into English by M. N.*, London, Burns, Oates, and Washbourne, 1927. Le fait que la page de titre du volume présente la maison d'édition comme « publishers to the holy see » confirme l'absence de tout soupçon d'un quelconque rapport entre l'ouvrage et la condamnation pour hérésie de Marguerite Porete. C'est cette version qu'a connue Simone Weil en 1943, peu avant son décès, à Londres où elle s'était mise au service de la France libre. Voir ses « Notes écrites à Londres » dans *La connaissance surnaturelle*, Paris, Gallimard, 1959, p. 162 et 334.

du Vatican et d'au moins un des manuscrits de la traduction italienne. La version en moyen anglais annonçait elle-même qu'elle dépendait d'un original en langue française et Kirchberger affirmait que la version latine devait également avoir été traduite du français. De surcroît, elle déduisait correctement de sa lecture du texte que l'auteur avait dû vivre autour de 1300 dans les Pays-Bas francophones. Comme nous savons à présent qu'il s'agit de la traduction d'un ouvrage condamné dont l'auteur avait péri sur le bûcher, nous saisissons l'ironie rétrospective des marques de l'approbation doctrinale catholique qui munissent ce volume d'un *imprimatur* et un *nihil obstat*. En 1940, l'historien hongrois László Flóris Holik-Barabás, publiant en Italie sous le nom de plume de Florio Banfi, compléta ce travail en examinant la tradition italienne, qui jusque là n'avait attiré l'attention que de ses seuls compatriotes. Écartant la vraisemblance d'une attribution à la bienheureuse Marguerite de Hongrie, transmise par certains manuscrits, il démontra que cette version avait été traduite sur un texte latin qui dérivait lui-même, en dernier ressort, du même original français que la version anglaise [6].

À cette date, il était donc acquis qu'un texte français écrit autour de 1300, aux confins de la France et des Flandres, était à l'origine de la diffusion du *Miroir* dans trois autres langues ; de façon totalement distincte, il était également établi qu'une béguine de Hainaut, nommée Marguerite Porete, avait été brûlée à Paris en 1310 après avoir écrit un livre dont seules deux propositions étaient conservées dans un document inquisitorial. Romana Guarnieri eut le privilège d'associer le texte et son auteur, comme elle l'exposa dans une annonce brève et saisissante parue en juin 1946 dans l'*Osservatore Romano* [7]. Sa double culture avait été un atout évident dans cette découverte. Fille d'un universitaire italien établi aux Pays-Bas, où elle avait grandi, elle collaborait depuis quelques années aux projets éditoriaux de Don Giuseppe De Luca, tout en conservant un intérêt particulier pour la piété flamande, et notamment Ruysbroeck [8]. À l'automne 1944, dans la Bibliothèque Vaticane réouverte depuis peu, trois mois après la libération de Rome, elle eut entre les mains un manuscrit contenant la version latine du *Miroir* – manuscrit que De Luca avait commandé pour y consulter un autre texte et qu'il lui montra en lui disant simplement : « Regarde, c'est pour toi ». Ayant présent à l'esprit aussi bien les critiques de Ruysbroeck contre les béguines que l'étude de Livier Oliger consacrée à un groupe d'hérétiques franciscains d'Ombrie que De Luca avait

6. F. Banfi, « Specchio delle anime semplici dalla B. Margarita d'Ungaria scripto », *Memorie Dominicane. Rivista di religione, storia, arte*, 57, 1940, p. 3-10, 133-139.

7. R. Guarnieri, « Lo "Specchio delle anime semplici" e Margherita Porete », *L'Osservatore Romano*, 16 juin 1946, p. 3, repris dans *ead.*, « Il movimento del Libero Spirito », *Archivio italiano per la storia della pietà*, 4, 1965, p. 351-708, aux p. 661-663. Romana Guarnieri a évoqué les circonstances de sa découverte dans « Quando si dice, il caso ! », *Bailamme. Rivista di spiritualità e politica*, 8, 1990, p. 45-55.

8. Sur ces activités, voir R. Guarnieri, *Don Giuseppe De Luca tra cronaca e storia (1898-1962)*, Bologna, Il Mulino, 1974 ; C. Dionisotti, *Don Giuseppe De Luca*, Roma, Storia e letteratura, 1973.

publié dans « Letteratura e Storia » l'année précédente [9], elle perçut le *Miroir* comme « une sorte d'évangile du discours quiétiste largement diffusé à travers l'Europe à la fin du treizième siècle et condamné par le Concile œcuménique de 1311 ». Cherchant la trace d'une béguine de langue française qui aurait pu écrire un tel livre vers 1300, elle trouva rapidement, dans l'histoire de l'inquisition aux Pays-Bas de Paul Fredericq, une mention de la condamnation de Marguerite Porete [10]. La démonstration de R. Guarnieri était uniquement fondée sur un parallèle entre les propositions citées dans la sentence inquisitoriale et des passages de la traduction latine du *Miroir* et ainsi que sur la parfaite convenance entre ce que l'on savait des dates et lieux de l'activité de Marguerite et de la rédaction du *Miroir*. Mais cette preuve était suffisante et fut rapidement acceptée et développée par Stephanus Axters, le Chartreux Dom Jean-Baptiste Porion, Jean Dagens et Herbert Grundmann [11].

On oublie souvent que Romana Guarnieri ne connaissait encore aucun manuscrit de la version française à la date de 1946. Marie-Thérèse d'Alverny, qui a été la première à se faire l'écho de cette découverte dans une revue savante en 1948, indique l'avoir déjà cherché en vain à la Bibliothèque nationale où elle était alors conservatrice-adjointe [12]. Ses recherches auraient facilement pu la conduire au manuscrit conservé au Musée Condé de Chantilly, sous la cote F. XIV 26, qui avait été catalogué peu de temps auparavant [13]. C'est apparemment St. Axters, en 1953, qui a été le premier à mentionner cet exemplaire dans un travail publié [14]. Deux ans

9. L. Oliger, *De secta Spiritus Libertatis in Umbria saec. XIV, disquisitio et documenta*, Roma, Storia e letteratura, 1943. Parmi les documents publiés figurait une critique de Bernardin de Sienne à l'encontre du *Miroir*, p. 83 : « his qui sequuntur spiritum amoris, spiritum libertatis, librum haereticum qui dicitur animarum simplicium. ».

10. P. Fredericq, *Corpus documentorum inquisitionis haereticae pravitatis Neerlandicae*, vol. 1, Ghent, J. Vuylsteke, 1889, p. 155-160, reproduit et commente les documents publiés par H. Ch. Lea.

11. St. Axters, *Geschiedenis van de Vroomheid in de Nederlanden*, Antwerpen, De Sikkel, 1953, vol. 2, p. 169-178, 466-469 ; J.-B. P[orion], *in* Hadewijch d'Anvers, *Poèmes des béguines*, Paris, Seuil, 1954, p. 12-13, 135-136 ; J. Dagens, « Le *Miroir des simples âmes* et Marguerite de Navarre », dans *La mystique rhénane : Colloque de Strasbourg, 16-19 mai 1961*, Paris, PUF, 1963, p. 281-289, acceptant explicitement l'identification de Guarnieri, p. 287 ; H. Grundmann, « Ketzerverhöre des Spätmittelalters als quellenkritisches Problem », *Deutsches Archiv für Erforschung des Mittelalters* 21, 1965, p. 519-575, aux p. 526-527. Les premières mentions en langue anglaise, acceptant l'identification de Guarnieri, figurent dans les thèses de doctorat de Marilyn Doiron et Robert E. Lerner, toutes deux datées de 1964.

12. M.-Th. d'Alverny, « Le livre de Marguerite Porrette », *Bibliothèque de l'école des chartes*, 107, 1948, p. 94.

13. *Catalogue général des manuscrits des bibliothèques publiques de France : Paris, bibliothèques de l'Institut, musée Condé à Chantilly, bibliothèque Thiers, musées Jacquemart-André à Paris et à Chaalis*, Paris, Plon, 1928, p. 38.

14. Le manuscrit est actuellement conservé sous la cote 157 à la Bibliothèque du château de Chantilly. La façon dont le manuscrit est venu à la connaissance d'Axters, de Corberon et Guarnieri n'est pas parfaitement claire. Guarnieri, après avoir raconté les étapes de sa découverte initiale, a conclu son récit de 1990 d'une remarque propre à stimuler les curiosités (« Quando si dice, il caso ! », p. 55) : « Rimaneva da identificare l'originale francese. Ma quest è un'altra storia, fatta di dura, tenace routine e

plus tard, un écrivain ésotériste publiant sous le pseudonyme de M. de Corberon mit en route une tentative, rapidement avortée, de produire une édition et un commentaire [15]. Ce personnage, fréquentant des cercles habitués aux mystifications et forgeries, laissait entendre qu'il connaissait l'existence d'un autre manuscrit français, conservé par une mystérieuse communauté religieuse, mais ce témoin supplémentaire ne s'est jamais matérialisé [16]. Pire encore, une copie du dix-septième siècle conservée à la bibliothèque municipale de Bourges s'est volatilisée au moment de son transfert à la Bibliothèque nationale à Paris. Le manuscrit de Chantilly, copié à la fin du quinzième siècle, est demeuré l'unique exemplaire intégral de la version française. Romana Guarnieri a finalement publié ce manuscrit, d'abord dans un tirage restreint en 1961, puis au sein d'une étude plus vaste consacrée au « mouvement du Libre Esprit », parue en 1965 [17]. Il a fallu encore plus d'un demi-siècle pour que toutes les autres versions soient publiées : celle en moyen anglais par Marilyn Doiron en 1968 ; la traduction latine, accompagnée d'une réimpression du texte français édité par R. Guarnieri, par Paul Verdeyen en 1986 ; une version italienne, fondée sur un seul manuscrit, en 1994 ; et finalement la traduction latine de Methley en 2010 [18].

di solidarietà tra studiosi. Forse la racconterò un'altra volta. » À notre connaissance, l'occasion de mettre par écrit l'histoire de ce travail tenace et de cette solidarité entre chercheurs ne s'est jamais présentée. Il est possible que Marie-Thérèse d'Alverny y ait tenu un rôle important, de même qu'Auguste Pelzer, alors *scriptor* à la Bibliothèque Vaticane, que R. Guarnieri remercie « con commossa gratitudine », dans *Lo specchio delle anime semplici*, p. 10, n. 14 (cf. *infra*, n. 18).

15. M. de Corberon, « Le Miroir des simples âmes », *Études traditionnelles*, 56, 1955, p. 49-61, 360-74 ; 57, 1956, p. 32-36, 110-120, 180-187, 244-267, 354-367 ; 58, 1957, p. 26-41, 122-34, 204-50, 340-363 ; 59, 1958, p. 16-36, 196-211. Nous remercions Michael Sargent de nous avoir transmis une copie de cette publication, en renvoyant à son étude plus détaillée, « Medieval and Modern Readership ».

16. Les efforts de Geneviève Hasenohr pour retrouver cet hypothétique manuscrit sont restés vains, *cf.* « Tradition », p. 1349, note 10. Sur les milieux que fréquentait le pseudo M. de Corberon, voir P. L. Zoccatelli, *Le lièvre qui rumine : autour de René Guénon, Louis Charbonneau-Lassay et la Fraternité du Paraclet*, Milano, Archè, 1999.

17. R. Guarnieri (éd.), *Marguerite Porete, Le mirouer des simples ames anienties et qui seulement demourent en vouloir et desir d'amour*. Edizione provvisoria in 100 esemplari fuori commercio del ms. Chantilly, Condé F. XIV 26 (ancien 986), Roma, Storia e Letteratura, 1961. L'édition de 1965 est publiée dans *ead.*, « Il movimento del Libero Spirito ».

18. M. Doiron (éd.), « Margaret Porete. *The Mirror of Simple Souls*, a Middle English Translation », *Archivio italiano per la storia della pietà* 5, 1968, p. 241-355 ; R. Guarnieri et P. Verdeyen (éd.), Marguerite Porete, *Speculum Simplicium Animarum / Le Mirouer des Simples Ames*, Turnhout, Brepols (CCCM 69), 1986 ; Margherita Porete, *Lo specchio della anime semplici*, trad. G. Fozzer, pref. R. Guarnieri, comm. M. Vannini (Testo mediofrancese a fronte, versione trecentesca italiana in appendice), Milano, Edizioni San Paolo, 1994 ; J. Clark (éd.), Richard Methley, *Speculum animarum simplicium : A Glossed Version of The Mirror of Simple Souls*, 2 vols., Salzburg, Institut fur Anglistik und Amerikanistik, 2010. Auparavant, une édition de la traduction de Methley avait été preparée par Edmund Colledge et James Walsh, mais l'*Archivio italiano per la storia della pietà* a interrompu sa publication juste au moment où elle aurait due être publiée. Nous remercions à nouveau Michael Sargent de nous avoir montré les épreuves de cette édition inédite.

L'association du nom de Marguerite au texte du *Miroir* et la mise à disposition de son livre dans de multiples versions ont alors ouvert la possibilité d'études. L'intérêt que présentait le dossier était évident. Non seulement cette femme avait courageusement affronté la mort pour avoir refusé de renier ses convictions, mais le livre pour lequel elle avait été condamnée se révélait être un essai théologique complexe et richement argumenté, unique dans la littérature française. Ouvrage d'une longueur substantielle (deux cent pages de texte dans l'édition Guarnieri), écrit sous la forme d'un dialogue entre des personnages allégoriques, entrecoupé de pièces poétiques, il abonde en trouvailles littéraires et en paradoxes déconcertants. Le travail interprétatif des chercheurs se poursuit, mais personne ne doute qu'il soit plein d'audace théologique et profondément original, dans sa description d'un mouvement des « simples âmes » vers l'« annihilation ». Le très large intérêt qu'il suscite est démontré par la multiplication des traductions modernes en français, anglais, italien, allemand, espagnol et catalan [19], son apparition dans des romans historiques [20], l'adaptation du *Miroir* sous forme de livret d'opéra par une poétesse d'avant-garde [21] ou son insertion dans le catalogue dressé par un historien des « Grands hérétiques du Moyen Âge » [22].

Le petit filet d'études, initiées après 1965, au sujet de Marguerite et de son livre s'est transformé en un fleuve majestueux. Ces travaux portent, de façon distincte ou croisée, sur les aspects historiques, philosophiques, théologiques ou littéraires du *Miroir*. En donnant un aperçu de certains d'entre eux, nous ne visons pas à l'exhaustivité, mais cherchons simplement à indiquer les courants de recherche, afin d'aider à situer les contributions réunies dans le présent volume [23].

Le procès et l'orthodoxie de Marguerite

Les historiens des hérésies et de la dissidence médiévale ont été parmi les premiers à faire usage des nouvelles éditions, afin de situer la pensée de Marguerite dans l'histoire de la mystique radicale. C'est d'ailleurs dans cette perspective que Romana Guarnieri avait elle-même choisi de présenter sa découverte. Son édition

19. On trouvera une liste complète des traductions en langues modernes dans l'indispensable bibliographie des études sur Marguerite, compilée et régulièrement mise à jour par Zan Kocher, disponible en ligne : http://margueriteporete.net, première mise en ligne, le 1er juin 2011. La traduction anglaise dûe à Ed. Colledge, J. Grant et J.C. Marler, Margaret Porette, *The Mirror of Simple Souls*, Notre Dame, U. of Notre Dame Press, 1999, se distingue par le soin avec lequel la version latine et celle en moyen anglais ont été prises en compte.

20. Par exemple, S. Bernard, *La béguine*, Paris, Stock, 2000, p. 12-17 ; K. Follet, *World Without End*, New York, Dutton, 2007, p. 284-285.

21. A. Carson, *Decreation : Poetry, Essays, Opera*, New York, Knopf, 2005.

22. M. Frassetto, *The Great Medieval Heretics : Five Centuries of Religious Dissent*, New York, Blue Ridge, 2008, p. 135-150.

23. Voir la bibliographie exhaustive rassemblée par Zan Kocher, http://margueriteporete.net.

du *Miroir* apparaît comme seconde partie d'un article monumental consacré à l'hérésie du Libre esprit, dont la première centaine de pages rassemble, par ordre chronologique, une série de témoignage, parfois douteux, visant à présenter l'ouvrage de Marguerite comme principal exposé doctrinal d'une secte aux multiples ramifications [24]. Dans *The Heresy of the Free Spirit in the Later Middle Ages*, paru en 1972, Robert E. Lerner a largement contribué à la révision de ce mythe historiographique, en présentant un contexte historique mieux assuré de la vie et des écrits de Marguerite [25]. La question de savoir si ses accusateurs avaient été fondés à qualifier Marguerite d'hérétique continuait à préoccuper les premiers commentateurs du *Miroir*. Le Dominicain Axters, en 1953, considérait le livre comme orthodoxe, mais le Père Augustin Edmund College exprima fortement son désaccord en 1968 (visiblement avec l'assentiment de son co-auteur, Romana Guarnieri elle-même), en affirmant que Marguerite était « une enseignante de fausse doctrine, douée pour dissimuler son hétérodoxie par l'ambiguïté et l'imprécision » [26]. Jean Orcibal en 1969 et R. Lerner en 1972 furent plus prudents, le premier hésitant à se prononcer tandis que le dernier suggérait timidement que Marguerite avait « probablement » franchi les bornes de l'hérésie [27].

La plus importante avancée concrète de la connaissance historique au cours des décennies suivantes porta sur le procès de Marguerite. Dans un article de 1976, Lerner prolongea les travaux de Lea et Langlois en mettant au jour un document qu'ils avaient négligé dans le carton d'archives J 428 des Archives nationales concernant Marguerite et Guiard de Cressonessart. Datant l'ensemble des pièces et éditant celles qui concernaient Guiard, le même article procurait la première étude de cet homme qui se considérait comme un « ange de Philadelphie » et s'était proposé pour défendre Marguerite [28]. En 1986, l'historien belge Paul Verdeyen réédita l'ensemble du dossier, rassemblant les pièces AN J 428, n° 15-19bis, suivies des principales chroniques [29]. Bien qu'il ait rendu service aux historiens en réunissant les documents en une seule publication, il n'a guère fait avancer la science en commettant une erreur cruciale de datation. Au lieu de la date correcte du 11 avril 1310 (n.s.), Verdeyen datait le document n° 15a de l'année 1309, du fait d'une mauvaise lecture de l'année de règne pontifical de Clément V [30];

24. R. Guarnieri, « Il movimento del libero spirito ».

25. Lerner, *Heresy*.

26. Ed. Colledge et R. Guarnieri, « The Glosses by "M. N." and Richard Methley to "*The Mirror of Simple Souls*" », *Archivio italiano per la storia della pietà*, 5, 1968, p. 357-382, voir p. 381-382.

27. J. Orcibal, « Le *Miroir des simples âmes* et la "secte" du Libre Esprit », *Revue de l'histoire des religions*, 176, 1969, p. 35-60 ; Lerner, *Heresy*, p. 208.

28. Lerner, « Angel. »

29. P. Verdeyen, « Le procès d'inquisition contre Marguerite Porete et Guiard de Cressonessart (1309-1310) », *Revue d'histoire ecclésiastique*, 81, 1986, p. 47-94.

30. Verdeyen, « Le procès », p. 51, n. 1. Verdeyen lisait « anno quarto », ce qui entrait en contradiction avec l'année de l'indiction mentionnée dans le document, alors que celui-ci mentionne bien une « anno quinto ».

de nombreux chercheurs ont suivi cette datation erronée, qui les a empêchés de bien saisir la succession des événements [31]. L'étude historique qui a le plus rapidement mis à profit l'article de Verdeyen est probablement le mémoire de maîtrise de Marie Bertho, publié en 1993, qui a présenté une très utile synthèse de la vie et de la pensée de Marguerite [32].

Plus récemment, de nouvelles avancées ont été réalisées au sujet des premières confrontations de Marguerite avec les autorités, de ses rapports avec les trois théologiens qui firent des éloges très prudents de son livre (uniquement connus par le résumé que fait l'auteur elle-même de ces jugements, transmis par les versions anglaise et latine), alors que les documents du procès étaient soumis à des lectures attentives [33]. Les deux évêques de Cambrai qui ont successivement condamné son livre, puis l'ont remise à l'inquisiteur Guillaume de Paris pourraient faire l'objet d'une attention plus soutenue. Le tout premier article consacré à Guido de Collemezzo est paru récemment [34], tandis que Philippe de Marigny est toujours principalement perçu dans l'ombre de son frère Enguerrand, principal conseiller de Philippe le Bel dans les dernières années de son règne. L'une des approbations du *Miroir* a été produite par le maître en théologie Godefroid de Fontaines, dont la pensée pourrait être étudiée de façon plus systématique pour y chercher d'éventuelles affinités avec la démarche de Marguerite.

Les contributions de nature historique à ce volume explorent plusieurs de ces directions. John Van Engen s'intéresse au contexte plus général de l'existence de Marguerite dans le Hainaut et le diocèse de Cambrai, en soulignant que Valenciennes et sa région, où elle était active, bien que faisant à présent partie de la France, étaient alors culturellement plus proches des Flandres. Un ensemble de trois articles se concentrent sur le procès. Robert E. Lerner revient sur la personnalité de Guiard de Cressonessart, en apportant de nouvelles preuves quant à sa connaissance du latin et au cercle auquel il appartenait. William J. Courtenay examine le point de vue des maîtres en droit canon et en théologie qui furent sollicités comme experts lors des procédures menées à Paris contre Marguerite et

31. On trouvera une correction de cette erreur et d'autres fautes de transciption de Verdeyen dans les notes de l'Annexe A de S. L. Field, *The Beguine, the Angel, and the Inquisitor. The Trials of Marguerite Porete and Guiard of Cressonessart*, Notre Dame, U. of Notre Dame Press, 2012.

32. M. Bertho, *Le* Miroir des âmes simples et anéanties *de Marguerite Porète : une vie blessée d'amour*, Paris, Larousse, 1993.

33. S. L. Field, « The Master and Marguerite : Godfrey of Fontaines' Praise of the *Mirror of Simple Souls* », *Journal of Medieval History*, 35, 2009, p. 136-149 ; *id.*, *The Beguine, the Angel, and the Inquisitor* ; Lerner, « New Light ». Lydia Wegener a récemment proposé une lecture hautement sceptique des pièces du procès, suggérant que les historiens les avaient trop rapidement acceptées telles qu'elles se présentaient. Voir son « Freiheitsdiskurs und Beginenverfolgung um 1308 – der Fall der Marguerite Porete » dans A. Speer et D. Wirmer (Hg.), *1308 : Eine Topographie historischer Gleichzeitigkeit*, Berlin-New York, De Gruyter, 2010, p. 199-236.

34. P. Montaubin, « "Avec de l'Italie qui descendrait l'Escault" : Guido da Collemezzo, évêque de Cambrai (1296-1306) », dans D. Barthélemy et J.-M. Martin (éd.), Liber largitorius. *Études d'histoire médiévale offertes à Pierre Toubert par ses élèves*, Genève, Droz, 2003, p. 477-502.

son livre, en situant ce procès dans une série de consultations royales des maîtres parisiens qui avait débuté lors du conflit entre le roi de France Philippe le Bel et le pape Boniface VIII, et s'était poursuivi avec l'arrestation des Templiers en 1307 [35]. Sean L. Field analyse le procès inquisitorial contre Marguerite et son livre du point de vue de l'inquisiteur Guillaume de Paris. Comme Courtenay, il montre que Guillaume cherchait à contrôler le flux d'informations et leur enregistrement, et plus précisément que l'inquisiteur a volontairement disjoint la question de la culpabilité personnelle de Marguerite de celle de l'orthodoxie de son livre, jusqu'au moment final de la sentence.

Théologie et philosophie

Une grande partie des travaux consacrés au *Miroir des simples âmes* durant ces dernières décennies ont été mené par des historiens de la philosophie et de la théologie, principalement allemands, américains et italiens. Les approches les plus courantes visent à situer Marguerite face aux « mystiques béguines » (Hadewijch d'Anvers, Mechthilde de Magdebourg) et aux figures majeures de la mystique rhénane (Eckhart, Suso). En Allemagne, à la suite de l'intérêt précoce de Grundmann, Kurt Ruh a donné une impulsion initiale en ce sens, qui a été poursuivie et développée par Ulrich Heid, Louise Gnädinger et d'autres [36]. Cette tradition allemande a produit de nombreuses études qui s'imposent comme des références. L'analyse la plus complète à ce jour de la vie et de la pensée de Marguerite (toutes langues confondues) est sans doute le livre d'Irene Leicht, *Marguerite Porete : eine fromme Intellektuelle und die Inquisition*, publié en 1999 ; plus récemment, Barbara Hahn-Jooss a examiné les « horizons

35. Voir aussi P.F. Crawford, « The Involvement of the University of Paris in the Trials of Marguerite Porete and of the Templars, 1308-1310 », dans J. Burgtorf, P.F. Crawford, H.J. Nicholson (éd.), *The Debate on the Trial of the Templars (1307-1314)*, Farnham, Ashgate, 2010, p. 129-143.

36. K. Ruh, « Le *Miroir des simples Âmes* der Marguerite Porete », *Verbum et Signum*, 2, 1975, p. 365-387 ; *id.*, « Beginenmystik : Hadewijch, Mechthild von Magdeburg, Marguerite Porete », *Zeitschrift für deutsches Altertum und deutsche Literatur*, 106, 1977, p. 265-277 ; U. Heid, « Studien zu Marguerite Porète und ihrem *Miroir des simples âmes* », dans P. Dinzelbacher et D.R. Bauer (Hg.), *Religiöse Frauenbewegung und mystische Frömmigkeit im Mittelalter*, Köln-Wien, Böhlau (Beihefte zum Archiv für Kulturgeschichte, Heft 28), 1988, p. 185-214 ; L. Gnädinger, « Die Lehre der Margareta Porete von der Selbst- und Gotteserkenntnis. Eine Annäherung », dans B. Acklin-Zimmermann (Hg.), *Denkmodelle von Frauen im Mittelalter*, Fribourg, Universitätsverlag (Dokimion, 15), 1994, p. 125-148 ; Th. Heimerl, *Frauenmystik – Männermystik ? Gemeinsamkeiten und Unterschiede in der Darstellung von Gottes- und Menschenbild bei Meister Eckhart, Heinrich Seuse, Marguerite Porete und Mechthild von Magdeburg*, Münster, LIT, 2002 ; N. Largier « Kritik und Lebenskunst nach Eckhart von Hochheim, Heinrich Seuse und Margareta Porète », dans M. Delgado, G. Fuchs (Hg.), *Die Kirchenkritik der Mystiker. Prophetie aus Gotteserfahrung*, t. 1, Fribourg, Academic Press, 2004, p. 141-155.

théologiques » de Marguerite [37]. Aux Etats-Unis, Bernard McGinn et ses étudiants ont étudié des thèmes similaires, avec une forte coloration typique de l'intérêt du monde universitaire américain pour les questions de genre [38]. L'un des résultats les plus remarquables des travaux de ce groupe est l'ouvrage d'Amy Hollywood, *The Soul as Virgin Wife*, paru en 1995, qui offre une comparaison extrêmement fouillée et subtile de Mechthilde de Magdebourg, Marguerite Porete et Maître Eckhart [39]. Selon A. Hollywood, Mechthilde considère l'âme comme une « épouse », Marguerite, comme une « vierge » apophatique, tandis qu'Eckhart synthétise ces approches en concevant l'âme comme une « épouse vierge ». A. Hollywood n'est assurément pas la seule historienne qui ait comparé Marguerite à Eckhart en présupposant que ce dernier connaissait l'ouvrage de la première, mais la question a récemment été soumise à un nouvel examen [40]. En Italie, l'exemple de R. Guarnieri a incité des historiennes et philosophes telles que Luisa Muraro et Michela Pereira, suivies maintenant par une nouvelle génération, à étudier spécifiquement Marguerite comme un penseur féminin, au sein d'une Église latine médiévale dominée par les hommes [41]. Certains auteurs de langue

37. I. Leicht, *Marguerite Porete : eine fromme Intellektuelle und die Inquisition*, Freiburg i. B., Herder, 1999 ; B. Hahn-Jooss, *« Ceste ame est Dieu par condicion d'amour » : Theologische Horizonte im Spiegel der einfachen Seelen von Marguerite Porete*, Münster, Aschendorff, 2010.

38. B. McGinn, *The Flowering of Mysticism : Men and Women in the New Mysticism – 1200-1350*, New York, Crossroad, 1998 ; *id.*, (éd.), *Meister Eckhart and the Beguine Mystics : Hadewijch of Brabant, Mechthild of Magdeburg, and Marguerite Porete*, New York, Continuum, 1994 ; J.M. Robinson, *Nobility and Annihilation in Marguerite Porete's Mirror of Simple Souls*, Albany, SUNY Press, 2001 ; R.A. O'Sullivan, « The School of Love : Marguerite Porete's Mirror of Simple Souls », *Journal of Medieval History*, 32, 2006, p. 143-162 ; E.L. Babinsky, « The use of courtly language in *Le mirouer des simples ames anienties* », *Essays in Medieval Studies. Proceedings of the Illinois Medieval Association*, 4, 1987, p. 91-106.

39. A. Hollywood, *The Soul as Virgin Wife : Mechthild of Magdeburg, Marguerite Porete, and Meister Eckhart*, Notre Dame, U. of Notre Dame Press, 1995. Voir aussi, *ead.*, « Queering the Beguines : Mechthild of Magdeburg, Hadewijch of Anvers, Marguerite Porete », dans G. Loughlin (éd.), *Queer Theology : Rethinking the Western Body*, Oxford, Blackwell, 2007, p. 163-167.

40. Cette connexion avait déjà été esquissée par Lerner, *Heresy*, p. 1. L'hypothèse d'une influence directe a été fortement défendue par Ed. Colledge et J.C. Marler, « Poverty of the Will : Ruusbroec, Eckhart, and *The Mirror of Simple Souls* », dans P. Mommaers et N. de Paepe (éd.), *Jan van Ruusbroec : The Sources, Content, and Sequels of his Mysticism*, Leuven, LUP, 1984, p. 14-47. Des doutes ont récemment été émis par Lerner, « New Light », p. 112 et L. Wegener, « Freiheitsdiskurs und Beginenverfolgung um 1308 », tandis que J.L. Trombley, « The Master and the Mirror : The Influence of Marguerite Porete on Meister Eckhart », *Magistra* 16, 2010, p. 60-102, défend le point de vue le plus largement accepté.

41. L. Muraro, « Margarita Porete lectora de la Bíblia sobre el tema de la salvación », *Duoda. Papers de treball*, 9, 1995, p. 69-80 ; *ead.*, « Margarita Porete y Guillerma de Bohemia : la diferencia femenina, casi una herejía », *Duoda : Papers de treball*, 9, 1995, p. 81-97 ; *ead.*, « Le *Mirouer des simples ames* de Marguerite Porete. Les avatars d'un titre », *Ons geestelijk erf*, 70, 1996, p. 3-9 ; *ead.*, *Lingua materna, scienza divina. Scritti sulla filosofia mistica di Margherita Porete*, Napoli, D'Auria, 2005 ; M. Pereira, « Margherita Porete nello specchio degli studi recenti », *Mediaevistik : Internationale Zeitschrift für interdisziplinäre Mittelalterforschung*, 11, 1998, p. 71-96 ; *ead.*, « Fra raison e amour :

française ont également traité des questions philosophiques [42] ou abordé le *Miroir* sous un angle psychanalytique [43]. Plus récemment, l'Américaine Wendy Terry a tenté d'éclaircir des thèmes théologiques en utilisant des théories linguistiques [44].

Plusieurs études de ce volume sont consacrées à l'activité intellectuelle de Marguerite. Sylvain Piron avance l'hypothèse de la transmission orale d'une culture savante, en suggérant que des échos de la théologie scolastique aient pu parvenir à Marguerite par l'intermédiaire des prédicateurs actifs à Valenciennes. Olivier Boulnois s'intéresse à la question de la liberté de l'esprit, en démêlant les raisons pour lesquelles une notion appartenant à la tradition théologique a pu être jugée dangereuse par les censeurs de Marguerite. Camille de Villeneuve s'attache quant à elle au dépassement du thème de la réciprocité dans les relations d'amour entre l'âme et Dieu.

Études littéraires et philologiques

Les études littéraires du *Miroir* recoupent, évidemment, les approches historiques, philosophiques et théologiques. Le regain d'intérêt pour Marguerite dans les dernières décennies a conduit à réévaluer les premières appréciations qui la traitaient comme un auteur mineur et confus, à l'instar de J. Dagens, en 1963, qui jugeait le *Miroir* « mal composé » et les passages en vers « d'une extrême faiblesse ». Peter Dronke est à l'origine de ce retournement, dans son ouvrage sur les femmes écrivains paru en 1984, qui a fixé une nouvelle norme d'appréciation de la prose nuancée et de la poésie lyrique de Marguerite. Des travaux plus récents de Barbara Newman, Catherine Müller et Zan Kocher ont montré à quel point

Il *Miroir des simples âmes* di Margherita Porete », *Filosofia, donne, filosofie. Atti del convegno internazionale, Lecce, 27-30 aprile 1992*, Lecce, Milella, 1994, p. 945-962 ; G. Fozzer, *Nello specchio di Margherita*, Florence, Polistampa, 2001 ; E. Chiti, « *Si cor sentit, hoc non est ipsa*. Morte dello spirito e liberazione del cuore in Margherita Porete », *Micrologus. Natura, scienze e società medievali*, 11, 2003 (= *Il cuore/The heart*), p. 305-323 ; M. A. Soleti, « Antigoni allo specchio : la lezione d'Amore di Margherita Porete », *Storia delle donne*, 4, 2008, p. 83-102 et *Margherita Porete, un processo ancora aperto: Una voce mistica nell'Europa tardomedievale*, Padova, Il Poligrafo, 2011. Voir aussi, dans un contexte espagnol, B. Garí, « Filosofía en vulgar y mistagogía en el *Miroir* de Margarita Porete », in N. Bray, L. Sturlese (ed.), *Filosofia in volgare nel Medioevo. Atti del Convegno della Società italiana per lo studio del pensiero medievale Lecce, 27-29 settembre 2002*, Louvain-la-Neuve, FIDEM (Textes et études du Moyen Âge, 21), 2003, p. 133-153 ; P.G. Acosta, « Ermeneutica dell'immagine nel *Mirouer des simples ames* di Marguerite Porete : Il caso dell'aquila di Ezechiele», *Atti dell'istituto Veneto di scienze, lettere ed Arti*, 168, 2009-2010, p. 219-254.

42. A. de Libera, *Penser au Moyen Âge*, Paris, Seuil, 1991, p. 137 et *passim* ; C. Bérubé, *L'amour de Dieu selon Jean Duns Scot, Porète, Eckhart, Benoît de Canfield et les Capucins*, Roma, Istituto storico dei Cappuccini, 1997 ; P. Mommaers, « La Transformation de l'amour selon Marguerite Porete », *Ons geestelijk erf*, 65, 1991, p. 89-117.

43. L. Richir, *Marguerite Porete, une âme au travail de l'Un*, Bruxelles, Ousia, 2002.

44. W.R. Terry, *Seeing Marguerite in the* Mirror*: A Linguistic Analysis of Porete's* Mirror of Simple Souls, Leuven, Peeters, 2011.

Marguerite était profondément immergée dans la littérature vernaculaire de son temps, en suggérant de multiples sources d'inspiration, de Chrétien de Troyes au *Roman de la Rose*, et en montrant comment une lecture de sa poétique, attentive aux questions de genre, peut renouveler la compréhension de ses dialogues[45]. Perçue sous cet angle, Marguerite apparaît de façon plus évidente comme un acteur littéraire de son époque, original et créatif, mais qui prend appui sur le vocabulaire poétique commun du *fin amour*. Jean-René Valette reprend ici ce dossier, pour confronter le *Miroir* à la littérature courtoise produite depuis la fin du XIIe siècle.

Si les études littéraires ont été foisonnantes, les approches philologiques sont demeurées en retrait, alors qu'elles auraient dû constituer la première étape de l'approche rigoureuse d'une œuvre dont la transmission textuelle est particulièrement complexe et dont le sens littéral n'est pas encore établi en tous points avec toute la certitude requise. Comme on l'a noté plus haut, le manuscrit de Chantilly, connu des chercheurs dès les années 1950, n'a été publié qu'en 1965. Les espoirs de retrouver d'autres témoins ayant tourné court, il a fallu admettre que ce manuscrit était le seul à transmettre la version française du *Miroir*. Ce manuscrit n'a pourtant fait l'objet d'aucune étude de fond depuis cette date. Geneviève Hasenohr a toutefois annoncé une découverte remarquable en 1999. Un manuscrit conservé à la bibliothèque municipale de Valenciennes contient un fragment de deux chapitres du *Miroir*, dans une forme linguistique plus proche de l'ancien français parlé du temps de Marguerite[46]. Cet article essentiel n'a guère rencontré d'écho, avant de susciter en 2010 les commentaires de Robert E. Lerner, qui a noté que ces fragments sont plus proches de la traduction en moyen anglais que de toute autre version ; pour cette raison, la traduction anglaise pourrait constituer le témoin le plus proche de la pensée de Marguerite[47]. Michael Sargent mène à présent de nouvelles recherches visant à mettre à l'épreuve cette hypothèse[48]. G. Hasenohr a

45. P. Dronke, *Women Writers of the Middle Ages : A Critical Study of Texts from Perpetua (d. 203) to Marguerite Porete (d. 1310)* Cambridge, CUP, 1984, p. 217-228 ; B. Newman, « La mystique courtoise : Thirteenth-Century Beguines and the Art of Love », dans *ead.*, *From Virile Woman to WomanChrist: Studies in Medieval Religion and Literature*, Philadelphia, U. of Pennsylvania Press, 1995, p. 137-167 ; *ead.*, « The Mirror and the Rose : Marguerite Porete's Encounter with the Dieu d'amours », dans R. Blumenfeld-Kosinski, D. Robertson et N. Bradley Warren (éd.), *The Vernacular Spirit: Essays on Medieval Religious Literature*, New York, Palgrave, 2002, p. 105-123 ; Catherine M. Müller, *Marguerite Porete et Marguerite d'Oingt de l'autre côte du miroir*, New York, Peter Lang, 1999 ; Suzanne Kocher, *Allegories of Love in Marguerite Porete's Mirror of Simple Souls*, Turnhout, Brepols, 2008. B. Newman présente de nouvelles avancées concernant les influences littéraires de Marguerite dans une étude intitulée *Medieval Crossover : Reading the Secular against the Sacred*, U. of Notre Dame Press, Notre Dame, 2013. Nous remercions l'auteur de nous avoir communiqué ce travail avant parution.

46. Hasenohr, « Tradition ».

47. Lerner, « New Light ».

48. Voir Sargent, « Medieval and Modern Readership », et la collation des différentes versions disponible sur son site internet [en ligne] http://web.me.com/michaelgsargent/Site/Marguerite_Porete_files/Mirror%20collation.pdf

également ouvert un nouveau front de recherche dans une autre direction, en signalant un nombre important de références à des exemplaires maintenant perdus du *Miroir* au quinzième, seizième et dix-septième siècle[49]. L'ouvrage a certainement connu une diffusion plus importante qu'on ne l'imaginait.

Si les travaux philologiques accusaient un retard coupable, le présent volume contribue à combler cette lacune puisqu'il accueille pas moins de deux contributions de Geneviève Hasenohr. Un premier article, consacré à la langue du manuscrit de Chantilly, fait apparaître pour la première fois l'ampleur des écarts de cet état de langue vis-à-vis de celle dans laquelle écrivait Marguerite, en signalant notamment les nombreuses erreurs de lecture ou de compréhension commises par l'auteur du « rajeunissement » dont témoigne ce manuscrit ; cet examen permet d'apporter, en annexe, un nombre important de corrections à l'édition de R. Guarnieri. Un second article de G. Hasenohr, qui clôt ce volume, se fonde sur un examen approfondi de la *Discipline d'amour divine*, ouvrage réalisé dans la dernière partie du quinzième siècle par un Célestin de la région d'Orléans, qui incorpore de nombreux passages du *Miroir*, en lui faisant subir des inflexions notables. Cette étude conduit également à éclairer le contexte de production du manuscrit de Chantilly, qui est sans doute moins tardif qu'on ne le pensait, comme le montrent de nouveaux examens codicologiques et paléographique.

La recherche concernant la transmission textuelle en moyen anglais, qui était déjà vigoureuse, a reçu une nouvelle impulsion du fait de la découverte du manuscrit de Valenciennes et de l'interprétation qu'en a donnée R. Lerner. Depuis les années 1980, des chercheurs tels que Michael Sargent et Nicholas Watson, dans le sillage d'Edmund Colledge, ont cherché à contextualiser la version en moyen anglais, en la situant face à des œuvres telles que le *Nuage d'inconnaissance* et des auteurs comme Walter Hilton ou Julian de Norwich[50]. Marleen Cré et

49. Hasenohr, « Tradition » et *ead.*, « La littérature religieuse », dans D. Poirion (éd.), *La littérature française aux XIVe et XVe siècles*, vol. 1, Heidelberg, Winter, 1988, p. 266-303, voir p. 303. Voir aussi Z. Kocher, « The Apothecary's *Mirror of Simple Souls* : Circulation and Reception of Marguerite Porete's Book in Fifteenth-Century France », *Modern Philology*, 111, 2013, p. 23-47. Nous remercions l'auteur de nous avoir permis de lire ce travail avant parution.

50. M.G. Sargent, « Le *Mirouer des simples âmes* and the English Mystical Tradition », dans K. Ruh (Hg.), *Abendländische Mystik im Mittelalter. Symposion Kloster Engelberg 1984*, Stuttgart, Metzler (Germanistische Symposien Berichtsbände, 7), 1986, p. 443-477 ; Sargent, « The Annihilation of Marguerite Porete », *Viator*, 28, 1997, p. 253-279 ; N. Watson, « Misrepresenting the Untranslatable : Marguerite Porete and the *Mirouer des simples ames* », *New Comparison*, 12, 1991, p. 124-137 ; *id.*, « Melting into God the English Way : Deification in the Middle English Version of Marguerite Porete's *Mirouer des simples âmes anienties* », dans R. Voaden (éd.), *Prophets Abroad: The Reception of Continental Holy Women in Late-Medieval England*, Cambridge, Brewer, 1996, p. 19-49. Parmi d'autres études, voir aussi L. A. Finke, « *More than I fynde written* : dialogue and power in the English translation of *The Mirror of Simple Souls* », dans M.A. Suydam et J.E. Ziegler, *Performance and Transformation : New Approaches to Late Medieval Spirituality*, Basingstoke, Macmillan, 1999, p. 47-67 et G. Lachaussée, « L'influence du *Miroir des simples âmes anéanties* de Marguerite Porete sur la pensée de l'auteur anonyme du *Nuage d'inconnaissance* », *Recherches de théologie et philosophie médiévales*, 64/2, 1997, p. 385-399.

Kathryn Kerby-Fulton ont plus récemment ouvert la voie à un regain d'intérêt pour les manuscrits eux-mêmes, leur production, circulation et réception, dans les milieux chartreux et ailleurs [51]. Un vif débat se poursuit au sujet de l'identité du traducteur en moyen anglais, connu par ses initiales « M. N. », par lesquelles il signe ses gloses [52]. L'édition récente de la traduction en latin de Methley ouvre également de nouveaux champs de recherche [53]. Dans sa contribution, Marleen Cré examine la question de l'impact de cette traduction en moyen anglais du *Miroir* sur d'autres auteurs et compilateurs, en particulier celui des textes présent dans le manuscrit de Londres, Westminster Cathedral Treasury, Ms. 4.

En dépit de l'édition du texte latin par P. Verdeyen en 1986, sur la base des quatre manuscrits connus, les chercheurs ont montré jusqu'à présent fort peu d'intérêt pour cette tradition latine. L'étude approfondie des manuscrits ne fait que commencer [54] ; personne n'a encore proposé un scénario convaincant des circonstances dans lesquelles cette traduction aurait été conçue. L'hypothèse de P. Verdeyen qu'une traduction latine complète aurait été réalisée au moment du procès de Marguerite a été efficacement réfutée par Ed. Colledge [55]. S. Piron suggère dans sa contribution que cette traduction aurait été réalisée dans la région d'Avignon dans le deuxième quart du XIVe siècle, mais l'histoire de la diffusion italienne de cette traduction latine est un sujet d'enquête qui demeure totalement ouvert.

De la même façon, le temps semble être venu d'étudier la traduction italienne du *Miroir*, notamment afin de déterminer la date et les circonstances de la genèse de cette version et de trancher la question de savoir s'il y a existé deux traductions différentes, ou si l'une n'est qu'une modification de l'autre. Dávid Falvay a commencé à travailler dans ce sens, en s'intéressant en particulier aux raisons pour lesquelles le nom de Marguerite de Hongrie s'est trouvé associé à certains

51. Marleen Cré, *Vernacular mysticism in the Charterhouse. A study of London, British Library, MS Additional 37790*, Turnhout, Brepols, 2006 ; K. Kerby-Fulton, *Books Under Suspicion. Censorship and Tolerance of Revelatory Writing in Late Medieval England*, Notre Dame, U. of Notre Dame Press, 2006.

52. En dernier lieu, voir Lerner, « New Light » et R. Stauffer, *M.N. and the Yorkshire Circle : The Motivation Behind the Translation of the* Mirouer des Simple Ames *in Fourteenth-Century England*, Ph.D. Diss., Arizona State University, 2011.

53. La nouvelle édition de John Clark est citée plus haut. Pour les travaux antérieurs, voir J. Hogg, « Richard Methley's Latin translations : The *Cloud of Unknowing* and Porete's *The Mirror of Simple Souls* », *Studies in spirituality*, 12, 2002, p. 82-104.

54. Justine Trombley a soutenu un mémoire de Master en 2010 à St. Andrews University consacré au manuscrit Oxford, Bodleian Laud lat. 46, avec d'importants résultats encore inédits. Elle entreprend maintenant une étude plus générale de la tradition manuscrite latine dans sa thèse de doctorat.

55. P. Verdeyen, « Le première traduction latine du *Miroir* de Marguerite Porete », *Ons geestelijk erf*, 58, 1984, p. 388-389, auquel a répondu Ed. Colledge, « The New Latin *Mirror of Simple Souls* », 63/64, 1989/1990, p. 279-287 ; *id.*, « The Latin *Mirror of Simple Souls* : Margaret Porette's ultimate accolade? », dans H. Phillips (éd.), *Langland, the Mystics and the medieval English tradition. Essays in honour of S.S. Hussey*, Woodbridge, Boydell, 1990, p. 177-183.

manuscrits – question qui avait déjà conduit les prédécesseurs hongrois de D. Falvay à se pencher sur ce dossier il y a plus d'un siècle [56]. Plus généralement, la réception du *Miroir* en Italie au XVe siècle, dans ses versions latine et italienne, est un sujet d'interrogation qui attend d'être examiné avec tout le soin nécessaire, en raison de l'abondance des traces de controverses causées par la diffusion du texte [57]. Sur ce point, les nombreuses indications fournies par les annexes de l'édition de R. Guarnieri ont été étrangement négligées [58].

Le colloque organisé à Paris, les 31 mai et 1er juin 2010, sept cent ans jour pour jour après la condamnation et l'exécution de Marguerite Porete, a réuni plus de quatre-vingt chercheurs venus du monde entier. Le grand nombre de jeunes ou futurs docteurs présents lors de ces journées est la meilleure indication de la vitalité des études consacrées à la « béguine clergesse » de Valenciennes.

56. D. Falvay, « Il Libro della beata Margherita. Un documento inedito del culto di Margherita d'Ungheria in Italia nei secoli XIV e XV », *Nuova corvina. Rivista di Italianistica*, 5, 1999, p. 35-45.

57. Voir M.G. Sargent, « Medieval and Modern Readership ».

58. La troisième partie de l'article monumental de R. Guarnieri, « Il movimento del libero spirito », présentée comme annexes, offrait de très nombreuses notes et documents sur le contexte italien des quinzième et seizième siècles qui n'ont pas été encore exploités comme ils le devaient. Justine Trombley s'apprête à le faire dans sa thèse de doctorat et nous la remercions de nous avoir rappelé l'importance de cette contribution de Romana Guarnieri.

MARGUERITE (PORETE) OF HAINAUT AND THE MEDIEVAL LOW COUNTRIES *

John VAN ENGEN

Marguerite, called Porete, lived and wrote in the medieval Low Countries. But because she wrote in French, and was tried and executed in Paris, it requires real effort to think of her as Netherlandish. History played its role : in 1676 Louis XIV conquered Valenciennes together with southern Hainaut, adding this region permanently to the kingdom of France. During the First World War, and especially the Second, fierce battles obliterated historic Valenciennes, a city which, into the eighteenth century, looked much like Ghent or Bruges or any other great Netherlandish town built on commerce and textiles. Reformation in the sixteenth century, then nationalism in the nineteenth, re-ordered inherited regional boundaries both secular and ecclesiastical, obliterating medieval territorial units. All told, it is far easier for us to imagine Marguerite as, so to speak, a dissenting Parisian intellectual than a Netherlandish holy woman. For English-speaking readers it does not help that much of the extant literature, and one of our two translations, simply assumes she was French and a beguine. She was not French, and in what sense she was a « beguine » remains quite unclear [1]. Nearly all of us,

* My thanks to Robert Lerner, Sean Field and Sylvain Piron who invited me to participate in this volume and helpfully critiqued earlier drafts. Thanks too to Walter Simons, that master of beguine studies, who saved me from error on some matters of local history and pushed me to clarify my position on Marguerite and the beguines ; and to Zan Kocher, master of the *Mirror*'s text, who saved me from errors in reading its Middle French.

1. On whether Marguerite was a beguine, see W. Simons, *Cities of Ladies : Beguines and Beguine Communities in the Medieval Low Countries, 1200-1565*, Philadelphia, U. of Pennsylvania Press 2001, p. 135, his « "Staining the Speech of Things Divine" : The Uses of Literacy in Medieval Beguine Communities », in T. de Hemptinne and M.E. Góngora (ed.), *The Voice of Silence : Women's Literacy in a Men's Church*, Turnhout, Brepols, 2004, p. 85-110 and the summary in S. Kocher, *Allegories of Love in Marguerite Porete's Mirror of Simple Souls*, Turnhout, Brepols, 2008, p. 37-38. For the present state of scholarship in general, see Lerner, « New Light », Kocher, *Allegories*, p. 21-80 ; M.G. Sargent, « Marguerite Porete », *in* A. Minnis and R. Voaden (ed.), *Medieval Holy Women in the Christian*

moreover, approach Marguerite and her book, consciously or unconsciously, through the stark focusing lens of her public burning, likely in the Place de Grève, on 1 June 1310. This paper tries to view Marguerite and her book the other way round, through the society and religion of her homeland, the Low Countries.

This is not easy. The *Mirror of Simple Souls* is fiercely independent in spirit and intellect, brazenly provocative at times, and self-consciously elitist. The book contains nearly nothing about contemporary people, places or events, and in its extant form no prefatory letter addressed to a patron or potential reader. What it does have, in the Latin and Middle English versions of the *Mirror*, are three sentences which precede her summary of the three clerical « recommenders ». Its state of transmission requires that we consider the book in its Middle French, Latin and Middle English versions at once, all the while remembering that Marguerite thought and wrote in a late-thirteenth-century Picard Old French ; only a fragment (in *V* : itself fifteenth-century) survives in that language [2]. More, most casual readers, even many scholars, approach it now, consciously or unconsciously, through the chapter divisions and title rubrics presented in *C* (the Middle French version), printed in bold type in the English translations and in italics in the Middle French edition. But these were a later addition, likely fifteenth-century, not present in *V* or in the Latin or Middle English versions. They may be read as a later gloss, of interest for reception history, but in no sense as an authorial guide. Their divisions in fact often interrupt voices and break up thought-units.

All these complications are not without medieval parallels. Mechthild's *Flowing Light of the Godhead* (ca. 1250/70) survives not in its Low German original but a Middle High German dialect version (Alemannic) done roughly three generations later, though the original six of its seven books exist as well in a near contemporary Latin translation [3]. From Hadewijch there survive 31 letters, 14 visions, and 45 stanzaic poems – but nearly no biographical information [4]. As for Marguerite, apart from the inquisitorial documents generated by Friar William in

Tradition c. 1100-c. 1500, Turnhout, Brepols, 2010, p. 291-309 ; and I. Leicht, *Marguerite Porete : Eine fromme Intellektuelle und die Inquisition*, Freiburg i. B., Herder, 1999.

2. For a line by line comparison of V with all versions, see the collation and analysis prepared by Michael Sargent at : http://web.me.com/michaelgsargent/Site/MargueritePorete.html. On the relations of these texts and the comparative position in that of the Middle English version, complex debates are underway. See K. Kerby-Fulton, *Books under Suspicion : Censorship and Tolerance of Revelatory Writing in Late Medieval England*, Notre Dame, U. of Notre Dame Press, 2006, p. 260-296 and Marleen Cré in this volume.

3. S.S. Poor, *Mechthild of Magdeburg and her Book : Gender and the Making of Textual Authority*, Philadelphia, U. of Pennsylvania Press, 2004 focused on the German text. Frank Tobin in his fine translation, Mechthild of Magdeburg, *The Flowing Light of the Godhead*, Mahwah (NJ), Paulist Press, 1998, p. 7, found the Latin helpful at times.

4. For an attempt to locate Hadewijch as a recluse living at Merksem (just north of Antwerp) in 1212 on domain land belonging to Lord Godfrey of Breda, see D. Devreese, « "*Hadewid Greca*" te Merksem in 1212 : Een historische reconstructie van de biografie van Hadwijch », *Ons geestelijk erf*, 81, 2010, p. 151-93. His argument proceeds mostly by inference, but includes a discussion of Hadewijch's neglected *List of the Perfect* as well as the early transmission of her work.

Paris we would know as little about her person and troubles as we do about Hadewijch. We have no evidence about her birth date (1250/1260 ?) or birth place (Valenciennes ? the environs ?), merely references to her as « of Hainaut » and Jean Gerson's « Marie of Valenciennes ». We also have no additional tractates or poems, though she conceded under questioning that even after the *Mirror*'s banning she still possessed it and « other books » (*alios*) – whether written by her or simply part of her personal library is not clear [5]. All things considered, it may seem a fool's errand to try contextualizing Marguerite and her book. Still, she was very much a person of her Netherlandish region, and the *Mirror* betrays her interaction with its social relations, its literary traditions, and its religious culture. This essay focuses on the first and third of those with a glance at the second.

The County of Hainaut, the City of Valenciennes, and Marguerite

In the Middle Ages the County of Hainaut belonged to the German empire, the region around Valenciennes forming Hainaut's southern-most tip. This was marcher-land, frontier territory. Even today we find in Valenciennes' municipal library a manuscript of the abbey of St. Amand containing two of the oldest witnesses to literature in the respective vernaculars, romance (*Eulalia*) and germanic (*Ludwigslied*). This region, the farthest reach of imperial claims and nearest prize for French ambition, was dotted with castles and courts across a hilly landscape. The count kept his principal residence in Mons, though like most medieval rulers the count and countess moved constantly through their lands and castles. Early on Valenciennes emerged as the county's principal town [6]. To the east and north of Hainaut lay the mighty bishopric of Liège ; there the count of Hainaut owed his homage to its imperial bishop. To the southwest lay Cambrai, also an imperial bishopric, hence a small independent territory, also hard against the border of the French kingdom. To the west lay Flanders, a large, wealthy and increasingly urbanized county. Flanders, though majority Dutch-speaking, was

5. P. Verdeyen, « Le procès d'inquisition contre Marguerite Porete et Guiard de Cressonessart (1309-10) », *Revue d'histoire ecclésiastique*, 81, 1986, p. 47-94, here p. 78.

6. There is no single or definitive account of Hainaut or Valenciennes in this period. I have drawn upon F. Raymond, *Histoire du Hainaut français et du Cambrésis depuis les temps les plus reculés jusqu'à nos jours*, Paris, Lechevalier, 1899 ; E. Delcambre, *Les relations de la France avec le Hainaut (1280-1297)*, Mons, Union des imprimeries, 1930 ; *Valenciennes et les anciens Pays-Bas : Mélanges offerts à P. Lefrancq*, Valenciennes, Cercle archéologique et historique, 1976 ; H. Platelle *et al.*, *Histoire de Valenciennes*, Lille, PUL, 1982 ; L. Nys et A. Salamagne (éd.), *Valenciennes aux XIVe et XVe siècles : art et histoire*, Valenciennes, PUV, 1996 ; J.-C. Herbin (éd.), *Image et mémoire du Hainaut médiéval,* Valenciennes, PUV, 2004 ; *Châteaux, chevaliers en Hainaut au Moyen Âge*, Bruxelles, Crédit communal, 1995 ; N. Dessaux (éd.), *Jeanne de Constantinople, comtesse de Flandre et de Hainaut*, Paris, Somogy, 2009.

subject in the main to the French king, while Hainaut, predominantly Romance-speaking, to the German emperor[7]. In 1191 Baldwin V of Hainaut acquired Flanders on the death of its count, and in 1195 Baldwin VI, married since 1186 to Marie of Champagne, succeeded as count of both Flanders and Hainaut, rendering homage to the bishop of Liège (and the Empire) as well as to King Philip of France, then dying ten years later as the Latin emperor of Constantinople. For nearly the whole of the following century his orphaned daughters, first Countess Jeanne (d. 1244), then Countess Marguerite (d. 1280), ruled Flanders and Hainaut jointly. Our Marguerite was born in a region where already for fifty years the two counties had become intertwined in politics, culture and (at courtly levels) in language.

In 1213 Countess Marguerite was married at age ten to a man four times her age, a son of the castellan of Avesnes, a powerful family in southern Hainaut and rival to the counts – she at the time a younger daughter, this manifestly a political move. Ten years and three children later she was divorced from him on grounds that he was a cleric (probably formerly in minor orders as a younger son), and she then married instead to the son of the lord of Dampierre from Champagne. After succeeding as countess herself in 1244 she found herself maneuvering continuously between two competing sets of children, much of her reign spent in fierce battle with her progeny. Eventually she turned for support to the French king's brother, Charles of Anjou, while John d'Avesnes, son by her first marriage, turned to imperial allies. He, married to the heiress of the county of Holland, would produce six children in all, including two abbesses and three bishops : respectively of Cambrai (William, 1284-96), Metz (Burkhard, 1282-96), and Utrecht (Guy, 1301-17). In 1279 the battle-weary Countess ceded all claims. Thereupon rule over the two counties was split once again, her Dampierre family becoming counts of Flanders, her d'Avesnes family counts of Hainaut. It was John's son, John II d'Avesnes (1279-1304), who ruled at Mons during most of Marguerite's mature lifetime, succeeded in turn by his son William (1304-37).

No one growing up in this era and region could have missed the dynastic turmoil. Someone linked to a noble or gentry family might easily have gotten tangled up in it. We do not know Marguerite's social rank. But her independence, education and familiarity with romance genres suggest gentry or possibly noble status[8]. To be sure, people wrote in romance genres and acted independently who were not themselves aristocratic. But her entire stance, along with her ability to persist in the face of critique, suggests powerful connections. Further, the lordly landscape around Valenciennes was familiar to her – and in several senses,

7. One eastern portion of Flanders lay in imperial territory as well, requiring its count to do homage to two sovereigns. For the complex political history, see T. de Hemptinne, « Vlaanderen en Henegouwen onder de erfgenamen van de Boudewijns, 1070-1244 », in *Algemene Geschiedenis der Nederlanden*, Haarlem, Fibula-Van Dishoeck, 1982, vol. 2, p. 372-398.

8. Lerner, « New Light », p. 108, cites her likely use of a book of hours, another indicator of higher income and status.

we shall see. The *Mirror*, as Lerner and Kirchberger noted, named the River Meuse, medieval Liège's central axis [9]. The Sambre, then considered a branch or extension of the Meuse, meandered through Hainaut southeast of Valenciennes, while the Oise, also mentioned, crossed the Sambre well to the south of Valenciennes. Marguerite invoked an image of rivers flowing into one another (and ultimately into the sea), thus losing their names and distinctiveness – emblematic for her of a soul's merging into other states of being and finally the divine. If her examples sprang from memory or experience, not mere whim, she likely spent time in southern Hainaut, a region inhabited by numerous noble families, also home to the d'Avesnes dynasty. Further, of the three clerics she sought out for endorsement, the one she went to first, the most obscure, was a Franciscan named John of « Querayn » (in Middle English, here the best record). Older literature had suggested Quaregnon ; Kocher now instead Quérénaing just to the south of Valenciennes [10]. Also possible in my view is Quiévrain located halfway between the town of Valenciennes and the count's seat at Mons, a larger and older settlement with its own lordship and church. In any case this Friar John, almost certainly a Franciscan at the house in Valenciennes, hailed from a settlement in the environs.

Then there is her name. Margaret had become an ever more common name in the thirteenth century as saints' names proliferated across social ranks [11]. But it is at least possible that her family (or godparents) chose this name to echo or acknowledge the reigning Countess Marguerite (1244-80), an expression then of local or dynastic loyalties, or of social pretentions, or even connections. In a witty allusion the *Mirror* has Love address the Soul as « that precious marguerite » (pearl or daisy) : « Rightly have you entered, O very highly born, that one free dwelling where no one may enter unless she is of your lineage and of no bastard birth » [12]. Meant are those few souls adorned in spirit with noble freedom, and therefore uniquely privileged to enter the residence of divine Love. Implicit in this playful allusion to her name might be a reference to her family rank, or – more likely – some ironic turn on her « entering » as a person of mixed or lower or even bastard birth (if she, say, sprang from an illegitimate union in the gentry class). Such a person, we might remember, barred from a good marriage or social power, might

9. See Lerner, « New Light », 97, rightly following *ME*, Doiron, p. 316, where *Miroir* ch. 82, p. 234 has « Seine ». This was suggested already by E. Underhill, « The Mirror of Simple Souls », *Fortnightly Review*, 95, 1911, p. 345-54 and passed on by C. Kirchberger (éd.), *The Mirror of Simple Souls*, 20, though she referred to its anonymous author as « he ». The Latin names no river at all.

10. Kocher, *Allegories*, p. 22-23, also for the regional argument. Walter Simons also, he tells me privately, had come to the view that Quérénaing might be intended.

11. On names, compare the careful work of Kocher, *Allegories*, p. 23-26.

12. *Miroir*, ch. 52, p. 152.

well have turned her talents to literature and religion [13]. In any case a writer as clever as she intended resonances here now beyond our grasp. Marguerite herself was called or went by (*dicta*) « Porete », not her baptismal name [14]. The word means « leek ». Proverbially it connoted an item of no more worth than this peasant vegetable of the onion and garlic family. In Marguerite's case it may represent either a nickname or a surname. If a nickname we might hear a slur, a tag imposed by critics, or conversely an inverted expression of endearment conferred by friends or kin, even a joke ironically adopted herself. As a surname Kocher has found evidence of its use in this region. It would then suggest a family of less than the highest social origins. Either way, it is not clear how we are to fit the « daisy » (or « pearl ») with the « leek », the « very highly born » with that « beggarly creature » (*mendiant creature*) whom she makes the I-speaker at other key points. This author was a « daisy » (or pearl) now acting as a « leek », or possibly a « leek » proving herself a « daisy » (pearl). In a striking bit of evidence, the note on the dorse of two documents relating to her inquisition identify her as « M. porete ». Was this cleric abbreviating her first name, or focusing on her surname, or the name she was simply known by [15] ? Her immediate listeners and readers in any case, her critics too, knew precisely who she was – such was the nature of local medieval societies.

Marguerite of Hainaut knew city life even if she was mostly disparaging about merchants and gave them little time (this also befitting the romance genre). Out in the world merchants get called *villainous* (rustics), Soul explains, for they are such. No gentle person would get mixed up in commerce. Hence merchants are put out of Love's court, even as no serf lacking lineage could appear in a court of noble peers [16] – a thrust at merchant mentalities in spirit and religion as well as society. Still, her prose suggests a more complex experience and stance. In the *Mirror*'s first prose-poem, an echo of I Corinthians 13's celebration of love, Marguerite

13. Zan Kocher reminds me that in the *Mirror*'s literary imagery « bastardy » gets played off against the « nobly free ». Still, to bring this in, in a sentence that pretty clearly makes some allusion to her name, would intimate something more. Walter Simons tells me that he has wondered about her being the product of a mixed marriage, burgher and noble.

14. Compare Kocher, *Allegories*, p. 24-26 and Lerner, « New Light », p. 92-93.

15. This on the main document (n° 15) which combines the theologians' condemnation of her book and the formal sentence read out publically with respect to her and Guiard of Cressonesart : *Instrumenta facta super examinacione. M. porete culpabili heresi.* A second document (n° 16), which combines a fruitless initial consultation and a finding on Guiard, has essentially the same phrase on its dorse but *Margarete porete.* A third document (n° 18), registering the canonists' abbreviated account of Guiard's inquisition and heterodox positions (the subject of Lerner's essay in this volume), has on its dorse, again in the same cleric's hand : *Processus contra. M. porete culpabilem de heresi.* I owe all this to the fresh transcription of these documents, complete with diplomatic descriptions, which Elizabeth A.R. Brown has made preparatory to her own study, correcting the confusions and deficiencies of Verdeyen's edition. I am deeply grateful to her for providing these materials, also for her stimulating discussion of my paper. Sean Field has a complete translation of the inquisitorial documents in *The Beguine, the Angel, and the Inquisitor : The Trials of Marguerite Porete and Guiard of Cressonessart*, Notre Dame, U. of Notre Dame Press, 2012, p. 209-231.

16. *Miroir*, ch. 63, p. 182-84 ; *ME*, p. 302 renders « peers » as « Paris », an example, of which we will see more, of the English translator missing the feudal or courtly social imagery.

added a positive image of « charity » as a « clever merchant » who always got a profit when others lost out, slipping out of loans others got tangled up in. Elsewhere she describes a servant-apprentice outdoing his master – « something that happens on occasion », she notes – and the reversal that then ensues, the master now following the apprentice : this for her an emblem of the inversion that must take place between the virtues and the soul, the virtues acting first as masters and then serving as apprentices [17].

Marguerite's town, Valenciennes, was among the four or five largest Netherlandish towns in her time. It stood on the bank of the Escaut or Schelde just at the point where that river became seriously navigable, having already passed through Cambrai twenty-five kilometers to the southwest, then flowing on to Tournai, Ghent, Antwerp, and the North Sea. Its patrician burghers possessed the earliest known privilege extended to a merchant guild in the Low Countries and northern France, a charter known as the *paix* [18]. By the late twelfth century they had built walls that remained standing into the early modern era. We have no way of determining its exact size, though it likely fell in the next tier after the greatest cities like Bruges and Ghent. It was the chief city for its county, as noted, and a center already in the early thirteenth century [19]. In the 1220s Countess Jeanne granted its merchant guild (effectively, its patrician elite) the right to build a belfry, symbol of communal government, even providing the architect, its bell still named after her. That tower stood at the west end of the town square, remaining until 1847, the symbol monumentally of the burgher elite's jurisdictional sway, its *paix*. Within the city their jurisdiction extended to matters of life and death. Beyond the city, like an Italian contado, it extended to commercial matters in dozens of surrounding villages. The drapers' hall, the monument to its wealth in textiles, stood on the south side of the square, while a large stone cross dominated the east end, at least in a sixteenth-century cityscape [20]. About 1270 someone observed that Valenciennes' square was as large and impressive as that at Ypres [21]. In this square, presumably, whether before the great belfry at the west end or the great cross at the east or

17. *Miroir*, ch. 4, 6, 21, p. 18, 24, 78-82.

18. Ph. Godding et J. Pycke, *La* Paix *de Valenciennes de 1114 : commentaire et édition critique*, Louvain-la-neuve, Institut d'études médiévales, 1981.

19. W. Simons, *Stad en apostolaat : De vestiging van de bedelorden in het graafschap Vlaanderen, ca. 1225-ca. 1350*, Bruxelles, AWLSK, 1987, p. 85-100 tested an idea first proposed by Jacques Le Goff, to read cities and their populations by way of the number of their mendicant houses. With three houses, all early, Valenciennes compared with Netherlandish towns like Lille, Douai, Tournai, Brusssels, Malines or Tournai, all thought to have populations of twenty to twenty-five thousand around the year 1300. This would place it well below the top two (Ghent, Bruges) but not necessarily so far off from the next two (Ypres, Arras).

20. From a cityscape drawn up by Jacob of Deventer (d. 1575), probably in the 1560s, here cited as reproduced by G. Braun and F. Hogenberg, *Cities of the World : Complete Edition of the Colour Plates 1572-1617*, S. Flüssel (ed.), Köln, Taschen, 2008, p. 240.

21. Platelle, *Histoire de Valenciennes*, p. 113.

in its center, Marguerite's *Mirror* was solemnly and publicly burned in her presence before the eyes of all interested citizens and onlookers – and, of course, critics.

In the 1290s the city too became embroiled in those dynastic conflicts, richly detailed later in a chronicle written up by someone from its merchant elite. After assuming power Count John II d'Avesnes had tried to reclaim certain judicial matters for Mons, partly to assert control over a virtually independent city, partly to use the city as a counter to neighboring Flanders. The ensuing dispute lasted seventeen years, from 1285 to 1302; for Marguerite, depending upon her birth date, formative and active years. At one point Valenciennes' townsmen built two towers over against the comital castle, then attacked and took it, whereupon the count moved the emperor to annul the town's rights. The urban conflict turned internal as well when patrician elites and artisan guilds divided, each pursuing interests of their own, on occasion seeking external allies. One party, formerly wholly opposed to the French, turned to Philip the Fair, offering to place their town under the protection of the Flemish count. In 1302 the count of Hainaut finally granted Valenciennes a new charter, recognizing all rights going back to the original *paix* as well as the political leadership represented by its twelve elected magistrates and provost (the latter possessing virtually gentry status). Again, whether she was of gentry or burgher origins, or indeed illegitimate, Marguerite would have observed, heard talk about, and probably experienced the raw realities of social power played out in her own city streets.

Marguerite's Valenciennes and its environs confronted its people with an even more complicated social and cultural milieu, not just landed aristocrats and divided local burghers. From the mid-thirteenth century, dynasts, including Countess Marguerite herself, maintained residences inside Valenciennes, mostly in one quarter of the city. The new count John, her grandson, built a grand hall (La Salle-le-comte) on the city's eastern boundary. Even earlier, Countess Marguerite's son Baldwin, the new count's uncle, set up a residence; there his daughter Beatrice married into the Luxemburg family and in 1273 gave birth to Henry of Luxemburg, the future Holy Roman Emperor Henry VII (1308-13), of whom Dante expected so much. Count John's son and successor, William of Avesnes (1304-37) would marry into the French Valois family, and eventually become, quite remarkably, father-in-law to both the English king and the German emperor and brother-in-law to the French king[22]. One way of imagining Marguerite is to consider the great chronicler Jean Froissart, born in Valenciennes in 1337. His father was an armor-painter for these dynasts, Jean himself a merchant initially, then becoming a clerk

22. Since Underhill, « Mirror », then Kirchberger, *Mirror*, p. XXXIV-V, and now again more fully Lerner, « New Light », p. 103 *sq*, scholars have suggested that Marguerite's *Miroir* might have crossed to England in 1327 when William's daughter married Edward III. This would also mean that, despite condemnation, the *Mirror* at least, and possibly Marguerite herself earlier, traveled in the highest circles, here the entourage of the count's daughter.

– he likewise not « French » but « Netherlandish ». Froissart would spend time in both England and France, and Marguerite's *Mirror* very probably traveled to England in the entourage of Count William's daughter. Residents of Valenciennes, in short, witnessed much more than town life together with dynastic and burgher division ; they also saw court life at the highest levels with its attendant courtiers, administrators, minstrels, poets and musicians. If our Marguerite was of high enough social status, or linked in some way to such a family, she observed it, or mingled with it, close-up. These residents, moreover, observed it from a position of quasi-independence, their town knowing a freedom and life of its own. So too the *Mirror*, for all its literary and social focus on high nobility, breathes a freedom from constraint, like Froissart with room to observe and think independently.

In this milieu too, not surprisingly, vernacular song and romance thrived. Hainaut, along with Flanders and Liège, had its own *trouvères* tradition [23]. The two countesses who dominated thirteenth-century Hainaut, sometimes residing in Valenciennes, were themselves daughters of Marie of Champagne. Scholars have teased out the *Mirror*'s likely familiarity with Chrétien de Troyes, the *Romance of the Rose*, and northern emulators of the *trouvères* tradition [24]. In the *Mirror* Marguerite famously began with « a little example of worldly love » borrowed from the Romance of Alexander, an exemplum to be « understood equally of divine love ». Love is then made to set out the « commandments of the church », culminating in a version of I Corinthians 13, whereupon Soul « speaks and sings (*chanter*) » her own song in which she commences by taking leave of the virtues [25]. Such point and counterpoint call to mind a feature of the literary culture in this region, the *puy*, an annual song- and poetry-writing competition [26]. In Valenciennes one was staged each year after 1229, the counterpart to a more famous one in Arras roughly fifty kilometers west. Countess Jeanne especially, then Countess Marguerite, were patronesses. It brought together minstrels and literary aspirants trying to outdo one another in recognized meters and forms within relatively set-piece genre elements (such as Reason vs. Love). Its minstrel

23. This is a distinct topic, exceeding my own expertise. One may find basic orientation in J.-Ch. Herbin, « Activité poétique et ménestrels à Valenciennes aux XIVe et XVe siècles », in *Valenciennes aux XIVe et XVe siècles*, p. 297-313 ; M.-G. Grossel, « Trouvères du Hainaut », in *Image et mémoire*, p. 85-98 and the essays in *Jeanne de Constantinople*. See now B. Newman, *Medieval Crossover : Reading the Secular against the Sacred*, Notre Dame, U. of. Notre Dame Press, 2013.

24. See, representatively, Kocher, *Allegories* ; B. Newman, « *La mystique courtoise* : Thirteenth-Century Beguines and the Art of Love », *in ead., From Virile Woman to WomanChrist : Studies in Medieval Religion and Literature*, Philadelphia, U. of Pennsylvania Press, 1995, p. 137-167 and J. M. Robinson, *Nobility and Annihilation in Marguerite Porete's* Mirror of Simple Souls, Albany, SUNY Press, 2001. Kocher's book has an extensive and up-to-date bibliography.

25. *Miroir*, ch. 1, p. 10. The Soul's song (c. 6, p. 24) stands as counterpoint to Love's opening biblical song (c. 4, p. 18), and the next several exchanges with Reason take up Soul's song.

26. Indeed we have in Bodleian Library, Douce 308, a manuscript of ca. 1310 containing prize poems from *puy* held at Valenciennes in Marguerite's time, possibly the 1270s. See most recently « *Sottes chansons contre amours* » : *parodie et burlesque au Moyen Âge*, ed. and trans., E. Doss-Quinby, M.-G. Grossel, and S. N. Rosenberg, Paris, Champion, 2010.

companions were men, women associating at a distance (*servaige*), as lesser beings. Marguerite, as we will see, taught without being a teacher and offered spiritual guidance without being a professed religious; she happily appropriated literary forms and ambitions as well.

DIVINE BEING, THE HUMAN SOUL, AND THE LANGUAGE OF SOCIAL POWER

Important as these Romance motifs were to Marguerite's literary imagination and expression, we should not allow that to obscure, as it mostly has, what the *Mirror of Simple Souls* also reveals: its proximity to social power, her utter familiarity with its notions and language. I begin with a simple example, drawn from a passage present in *V*. At a key point Love tells the Soul that she risks being weighed down forever with serf-like encumbrances if she does not hear and obey the missives of Love and Fidelity (*foi*)[27]. Should she not, he will leave her in her *manburnie*. Neither the English nor the Latin translator knew what to do with this, the Latin concocting « blindness » (*caecitate*) or « nudity », the English suggesting *weiwardnesse*. In fact this was an everyday socio-legal term for a person's competence to stand at law (or rather incompetence: wardship), present elsewhere in French legal vocabulary but predominant in Netherlandish regions. The text makes the meaning clear, especially in *V*: Had you obeyed, you would have become another person (that is, legally competent) and « witnessed for » yourself. A *mombaer* was the person who represented a woman or child or legally impaired person in property or legal transactions, in the case of women often a brother or father or spouse. The figure is omnipresent in later medieval Netherlandish documents and practice[28]. Unless she was a widow Marguerite would ordinarily have had a *mombaer* represent her in any such transaction – unless she was of such a high social station, of such noble freedom, as to operate in her own person (*tesmoing de toy meismez*)[29]. All restrictions marking dependent status then disappeared. As she put it, transposing the notion to her spiritual ends: by acting on these missives the body could be freed (*deffranchir*) and the spirit liberated (*affranchir*).

Marguerite lived in a world of lordship (*seigneurie*), the English employing two words, English and Anglo-Norman (« lordschipe or souereynte »), to make its meaning clear. In the *Mirror* Reason, eventually humbled, even humiliated, promises obedience and peace to this Soul dwelt in by Love, rendering herself

27. *Miroir*, ch. 77, p. 216; *V* ed. Hasenohr, « Tradition », p. 1361; *Speculum*, p. 217; *ME*, p. 312. Here and this entire paragraph.

28. Ph. Godding, *Le droit privé dans les Pays-Bas méridionaux du 12ᵉ au 18ᵉ siècle*, Bruxelles, Académie royale de Belgique, 1987, p. 127-38, if with mostly early modern evidence.

29. To what degree women could operate at law in their own right varied locally and regionally across the Netherlands, also obviously by social class, though in general they enjoyed somewhat greater privileges than women in many other areas, for instance Italy.

totally[30] (*me rens a uous du tout*, which the English softens to "I yelde me"). That is, Reason submits to the Soul as lord/lady. The Soul declares this only right (*bon droit*), for the *noblesse* of the Spouse (Love) would not deign to leave the beloved (the Soul) in bonded serfdom (*servaige*) but freely frees or ennobles her (*affranchisse*)[31]. In the text, and indeed in Marguerite's imaginary, the social and the romantic – or, the seignorial and the courtly – often cross over. But we should not lose sight of the foundational character here of the social or seignorial aspect. Love teaches that there cannot be any lordship between lovers (*en compaignie d'amy et d'amye*), consonant with romance or courtly views expressed already in Marie de France. Soul finds this puzzling since, following a lordly view (*seigneurie*), one has all and the other nothing[32] – a point fundamental for Marguerite's spiritual vision of a soul reduced to nothing in her Lord. Repeatedly the seignorial or lordly imaginary dominates. In this world suffused with lordship, lords by right (*droit*) claimed tribute within their lands (*treü en sa terre*). Love accordingly insists upon all tribute so long as it consists in works of Virtue counseled by Reason and carried to completion with Discretion. But – the exception – should a person be captured or overtaken (*surprins*) and transformed [in status] (*mué*) by Love, such a person now owed only love, was acquitted of all the rest, Love, as lord, doing the acquitting[33].

Here we encounter several words crucial to Marguerite's effort to think the religious through the social. Tribute – who owed a lord what in the way of service, labor, produce or tax, and under what conditions it could be acquitted – preoccupied her, the deeper matter being what a person owed morally or metaphysically by the nature of their being. Kocher too noted her concern with this[34]. In theological terms the issue, as some have noted, may echo Anselm's *Cur Deus homo*, or at least that redemptive problematic. In social terms some see the monetary at work as well, alongside the feudal, this befitting Valenciennes. For serious-minded religious the issue was insurmountable debt, a soul's tribute to God, the impossibility of ever repaying what humans owed, ever escaping divine *servaige* or *treü*. After first grasping and presenting this obligation in harsh social terms Marguerite, almost breathtakingly, recast its meaning for the divine-human dialectic. She described a person (the indebted) coming to perceive themselves as

30. Reason is a feminine word, and so I retain that usage, though in the *Mirror* it is not so obviously a feminine figure, indeed often assuming a clerical or more "masculine" role, while Lady Love and the Soul usually are « female ». At one level the world of the *Mirror* is thoroughly feminine – refracting the tone and spirit of a female community ? – and on the other often ambiguously gendered or genderless. See Kocher, *Allegories*, p. 81-106.

31. *Miroir*, ch. 35-36, p. 116. *ME*, p. 285 passes over the « freeing », perhaps because it does not see the full force of the seigneurial metaphor mixed in with the courtly image.

32. *Miroir*, ch. 31, p. 102 ; see *ME* p. 280. For the most recent interpretation of these allegories, see Kocher, *Allegories of Love*, p. 107-126.

33. *Miroir*, ch. 39, p. 124-126.

34. Kocher, *Allegories of Love*, p. 108-113, 130-145.

made entirely from nothing, at the same time as existing at all by virtue of the will with which God had endowed them. This yielded recognition by the Soul that « I am nothing » and « I owe everything »[35]. That social and lordly divide, a chasm experienced as « astonishing », Marguerite transposed to the plane of being (*l'estre*) : As much as God is incomprehensible in his power, so much is a soul indebted, to the very depths of its nothingness. That sprang from – returning again to the social imaginary – any single moment when a soul generated any will contrary to the lord's. At issue is complete *foi*, fidelity, a will wholly pledged. For any single moment of not being at one in will, the subject/soul owes the lord for whatever his will willed, this to a measure that surpasses any acquittal of debt, and for as many times as he so willed and thereby stole his will from God[36]. The Soul counsels : Let the virtues have all that is in you, from the very marrow of your spirit – until they acquit you or they render you quit of (exempt from) the debt you owe Christ, for this is needed before one comes to (true) life[37]. Elsewhere, and anticipating here, in a key passage alluding to the seven « stages » of religious life (treated below), Marguerite has Love teach the Soul that in the first four, however religiously engaged, she stills lives in great *servage* (*il n'y a si grant estat de tous les quatre estaz ouquel l'Ame ne vive en tres grant servage*). But the fifth knows the « liberty (*franchise*) of charity » for it is disencumbered of all things[38]. The dilemma here is not unlike Anselm's, and the discussion at times also touches on the two natures of Christ ; but the imaginary is another. Love steps in courteously to cover the difference, this out of her overflowing bounty, that bounty (*bonté*), rendered as *bonitas* in Latin. It obviously includes « goodness », but is glossed as « the *largesse* of your [Love's] divine nature », the lady love here the « gentil Longprés », bounty a treasure chest opened to cover this breach in *foi*, fidelity.

The experience of bounty comes paired with another key word, *surprins*. It suggests being seized or captured as well as ravished : an overwhelming, unexpected, even forceful take-over, whether in arms or in love, here, spiritually, of the will. At a culminating point where the soul is noughted – now without « herself » (*adniente, sans elle*), acting or not acting *sans elle* because she lives entirely from divine being – at that point this union, or disappearance into divine being, is described as everlasting and as with God in Trinity : the Son its pleasing fruition (*fruiction aggreable*), the Holy Spirit its loving joining (*conjunction amiable*). These notional descriptors go back in some sense ultimately to

35. The key passage, though there are others, is at *Miroir*, ch. 107-109, p. 290-298, here p. 290-292. Strikingly, the Latin renders being « quicte de sa debte » or « acquitté » quite consistently with *immunis*, taking on the legal sense of « exempted », whether one conceives the debt in commercial or feudal terms. Kocher, *Allegories*, p. 127-146 devoted an entire chapter to « allegories of economic exchange ». I see many of them as still quite « lordly » in tone.

36. *Miroir*, ch. 80, p. 226-228.

37. *Miroir*, ch. 94, p. 262.

38. *Miroir*, ch. 61, p. 176.

Augustine, probably filtered through twelfth-century thinkers, but eroticized here even as the Soul is paradoxically stripped naked of any will. The Soul cries out to this Unity, and the Unity mirrors backs (*reflechist*) ardor in love, that Soul at this high moment described as captured or ravished by divine bounty or goodness (*sourprinse de divine bonté*)[39]. The English translator, though likely working from a better French text, as Kerby-Fulton and Lerner have argued, left that description out, whether a slip or a conscious passing over. So too in the earlier passage about tribute or encumbrances swept away by a capturing/ ravishing love[40], the Middle English rendered this language more devotionally, "updrawe" for overtake or capture and "moved" for "*mué*" (literally accurate, though its sense was to "appropriate" and then "transfigure").

This spiritualizing tendency in the English is evident more often, even regularly, also in *C*, though we have fewer ways of checking it there. In context it is also intelligible. Marguerite, whatever her religious aspirations or form of life, remained fundamentally (also juridically) a layperson. Marguerite thought and spoke out of her social experience. By contrast, the English translator, also the later Middle French translator, were working in devotional contexts and for devotional communities[41]. The Latin translator is harder to pinpoint, often working quite literal-mindedly, rendering *surprins* as *detentus*, thus captured or imprisoned, losing the forceful sense of being utterly seized or ravished by Lady Love as the only way out of serf-like encumbrances or an unfaithful will. In the second passage it used *praeventa*, thus « preempted » or « anticipated » by love, again losing the raw force, whether of arms or love, in *sourprins*. In another key passage Love speaks of this Soul once she has acquired her rightful name : « nothing ». As nothing, as utterly overwhelmed, completely resigned, she cares about nothing, not herself or her neighbors or God himself ; yet, this very nothing yields all[42].

Alongside notions of seizure by divine love and of annihilating the will or noughting the self Marguerite famously made *la droite franchise*, rights defining the status of noble liberty, central to her vision of spiritual life[43]. Medieval people conceived of such rights concretely, and as both negative and positive : They freed one *from* degrading obligations or encumbrances, and *for* acts befitting ennobled status. Close to the beginning of the *Mirror*, in a poem where the Soul announces liberation from service to the virtues, the opening line uses a phrase for taking leave

39. *Miroir*, ch. 114-115, p. 306-308.

40. *Miroir*, ch. 39, p. 124-126.

41. See N. Watson, « Melting into God the English Way : Deification in the Middle English Version of Marguerite Porete's *Mirouer des simples ames anienties* », in R. Voaden (ed.), *Prophets Abroad. The Reception of Continental Holy Women in Late Medieval England*, Cambridge, Brewer, 1996, p. 19-49.

42. *Miroir*, ch. 81, p. 230.

43. This has been the subject of several expositions, importantly now Kocher, *Allegories*, p. 107-26, and earlier J.M. Robinson, *Nobility and Annihilation*, the latter reading noble freedom primarily through literary and religious ideologies.

of serf status or serf-like obligations (*je prens congé*)[44]. In fact few actually enjoy this *franchise*, Marguerite observes. For her it represents a legal right (a *droit*) as well as a social estate (*estat*), and then a metaphysical status (an *estre, esse, beyng*), another wordplay found throughout. The Soul can share in this estate or condition or « being » only because Lady Love possesses this *droit noblesse* in fullness, had it from the beginning and will without end, and has chosen to confer it on the beloved as gifts (*dons*), thus an act of largesse, the inverse of tribute (*treü*)[45]. But paradox returns. Any *franche noblesse* entails privilege. Yet the *Mirror*'s simple soul has as its primary characteristic, though living in an ennobled estate or state of being, *not* to exercise will, its will fully noughted, hence utterly free from all yearning desires or obligatory encumbrances[46]. For, she says, anyone who wills becomes thereby a serf to himself, even when he wills that God work his human will to effect God's honor ; to such a serf God denies his kingdom[47]. Even for this point, which some have likened to Eckhart's teaching on poverty of the will, Marguerite thinks by way of social power, albeit paradoxically. To will anything at all is to lose liberty (*franchise*) ; to be in a state of willing nothing is to be collapsed into God, outside any « me », thus ennobled (*enfranchie*). Simply to be, free (*franc*), is the Soul's real upholder or protector (*meyntenour* in English)[48]. These privileged few shoulder the ordinances of Love (*pourtent en paix l'ordonnence d'Amour*) in peace (no *guerre* in them) – not as « encumbrances » laid on serfs but as « ordinances » befitting a realm. The ennobled free will is central to the human condition, that by which God made something out of human nothingness, and yet also that which must be fully noughted to be free. There may be echoes here of theological puzzles going back in Christian reflection all the way to Augustine. But it is her social experience that frames how Marguerite brought it to thought and expression.

Within lordships what guided practice was *usages* (« practices » often amounting to « customs » in the legal sense). In a passage that also contains a contested sentence about the Soul giving to Nature what it asks we learn that elect souls so excel that one hardly dare speak openly of them, especially of their *usages*, their way of life and practice, by which they possess « being » or « estate » properly understood ; but a few (or only "beggars") have no taste of this understanding[49]. The realm of elect or ennobled souls has *usages* too, if ones beyond telling, ones belonging to « being » or « status » as such. When the Soul first arrives at a perception of the Trinity truer than that of any around her – a central preoccupation of the opening sections of the *Mirror* – it is so amazed and stupefied (*esbahy*) that it does not even know how to be amazed (*m'esbahir*), nor, importantly, does it have

44. *Miroir*, ch. 6, p. 24.
45. *Miroir*, ch. 32, p. 106.
46. *Miroir*, ch. 24, p. 88 ; *ME*, p. 276.
47. *Miroir,* ch. 48, p. 144.
48. *Miroir*, ch. 51, p. 152.
49. *Miroir*, ch. 17, p. 68-70 ; *ME*, p. 271.

nor can it have an *usage* capable of sustaining this knowing/not-knowing of Triune God : here exists a reality or form of being beyond all practices, lay or churchly, governed by *usages*[50]. Elsewhere, however, the book asks about the person who first draws within herself through acts of perfection and reason and then puts those entirely outside herself so it is then the Deity acting in her – whether such a person can actually remain in life who is then « without herself » (*estre adés sans elle*). And the book/author/soul (speaker unclear here) says that « none knows unless they are of the lineage » (*nul ne le scet si il n'est du lignage*)[51]. Noble exclusivity mutates into spiritual exclusivity, and back again. In another key passage Marguerite speaks three times over of the liberated Soul as noble in four quarters[52] – in German lands, coincidentally, increasingly required in order to enter certain religious houses or a cathedral choir. Whether or not Marguerite imagined or experienced social mobility, that is, people moving upward into an inner circle (more imaginable in a city as layered as Valenciennes), and whether or not she personally came anywhere close to nobility in four quarters (or only dreamed of it), in the *Mirror* she saw the great majority as wholly excluded, as not possessing four noble grandparents and thus outside liberty's privileges ; hence, religiously, as not grasping or even able to grasp that spiritual status of willing and not-willing, not sharing in that form of being of knowing and not-knowing.

This ennobled free person, Marguerite teaches, can live in a land of peace, a « paÿs de paix », as she chants. In medieval society and law « peace » denoted, among other things, sovereign jurisdictional sway within a territory. Love echoes a dictum derived from Roman law : She, acting as a sovereign, keeps the peace of divine justice in her land by rendering to each what is his, not what is not his but what is his[53]. As an adult Marguerite lived through a generation of dynastic and urban warfare ; a land at peace must have seemed a potent social ideal. More, Valenciennes' beneficial sway over its town and region, when it worked, was called its *paix*. But the brooding frustration was here interior peace : becoming freed of unpaid and unpayable moral and metaphysical debt, this constant struggle with virtue and conscience, that regimenting of the bodily nature with ascetic and liturgical disciplines, that ever trying to understand more deeply or to believe more fervently or to feel more sweetly – in short, the stuff of religious life among the religiously intent in the thirteenth-century Low Countries. She yearned to live in a « paÿs de paix », a land, as she envisioned it, ruled by the « FarNear ». In her exposition of the fifth stage of being (in which the freed Soul now mainly dwelled) she observes that this Soul retains warfare (*guerre*) in her life so long as she retains « willing » in her being[54]. But a Soul moved into God, resting in peace, is adorned

50. *Miroir*, ch. 33, p. 110. See *Speculum*, p. 111, and *ME*, p. 316.
51. *Miroir*, ch. 114, p. 306.
52. *Miroir*, ch. 82, 84, p. 232, 238.
53. *Miroir*, ch. 77, p. 216.
54. *Miroir*, ch. 118.5, p. 326.

with a surpassing (*oultre*) peace. In this *paix* (sovereign pacified territory) she lives and dwells – she is and was and will be – beyond her own being, in a country far surpassing other such maintained peace's (*ce plus de oultre parmanable paix*), a wordplay here drawing in a term that can also mean « everlasting »[55]. As for the non-willing state, dwelling as noughted (*neant*), this soul is imprisoned (*ME* : « fetered ») and held (*emprisonnee et detenue*) in this land of utter peace (*pays d'entiere paix*) : always in a satisfied fullness (*souffisance*), suspended in divine peace, with no movement of will within or deeds without, forces that would destroy peace. Thus, paradoxically, so « fettered », she is in a state of « sovereignty », in which neither will nor deeds can aggrieve or disturb (*ME* : « encumber ») her[56]. In her nothingness, in her captivity, she is sovereign : all that gets done in and by and through her is the work of God. She has rendered all freely, without a why, so free on all four sides (of her family) that she has lost her own name, rising in lordship while also being poured out by him into him and melted [as wax] by him into him for herself (the seal metaphor)[57]. In this characterization of the « pays de paix » the social and the spiritual (or mystical) become wholly interwoven, and their meaning hinges on it.

I close this section with a passage transmitted in *V*, an intriguing textual crux. The one surviving fragment in older Picard comes from about halfway through the *Mirror*[58]. It is preceded by passages on souls being swept up entirely into Love, the loss that comes with living by one's will (witness fallen angels), the transfiguration as disclosing divinity only to a few, and Mary Magdalene as a sinner indifferent to public shame except before her Lover once he has overwhelmed her, then however caring for nothing but him. The text goes on, in a mode almost evangelical : such a life or being is still possible, was not limited to those few in the past. *V* begins : Those not yet in perfection of life must be on the watch for whatever Love asks of them. They will become truly ennobled and free only when they act upon the counsel of the virtues who come bearing Love's missive : namely, that their interior should attain lordship over the virtues or they will never attain peace with their lord but be left in their encumbered selves. Souls, however, that have not been obeying these teachings, and hence are not set free, are still entirely inside themselves. Now *V* verbatim : « Now hear who is grand and powerful and quite free and disencumbered of all things : anyone who in and from themselves renders fidelity, fidelity sanctifies him ». It is an assonant play on words : *qui en soi se fie/foi le santefie* – fidelity being the key. Our four transmissions go in three directions.

55. *Miroir*, ch. 52, p. 152-154, which the Latin rendered as *ultra* and the English as *passynge*, here following the English for the last sentence.

56. *Miroir*, ch. 81, p. 230.

57. *Miroir*, ch. 82, p. 234.

58. It corresponds to *Miroir*, ch. 77-78, p. 214-20, excepting the first eight sentences of ch. 77 and the last two of ch. 78. Whether this excerpt was arbitrary, of interest to some compiler, or corresponded to some division in an earlier form of the *Mirror*, is impossible to know.

C and the Latin intervene sharply on behalf of pious orthodoxy : « he who trusts in God, God sanctifies him » (God nowhere present in *V*). The Middle English also emends but is closer to *V* : « that feith and love governen. But noon may come to this but if feith halowe him » – indicating that « foi le santefie » is what the text said [59]. « Foi » here, however, is not Luther-like faith. It is homage, a total entrusting : the self committing its self to its lord, that resignation thereupon yielding the benefit, conferring the ennobled freedom. Our one pithy fragment from *V* can only leave us wondering how much more of Marguerite's original text was quietly eased from vigorous forms of social and religious thinking into more devout comforts.

Nearly none of Marguerite's later readers could live with that missive in its language of social power. They expected devotion, and something nearer devotional orthodoxies, not the utter resigning of an actively seeking religious will as the way to ennobling holiness. But in that fifth stage of being too the Soul renders herself to God (*rent a Dieu*), particularly her entire will, whereupon divine bounty gifts that soul with an ennobled or « free » will, meaning, the *Mirror* says, the lord's will now enclosed within her [60]. To be clear in concluding this section, the *Mirror* offers no direct reflection of social reality. One may well wonder how many who did homage « rendered themselves wholly » to their lord. And if peasants and servants sometimes had to do so, then probably not very willingly, though they might well do so with a view to the benefits that followed. Marguerite, however, chose this language and its accompanying conceptual apparatus (*la droit franchise, mainburnie, usages, pays de paix*) for her religious exposition. Whatever inner religious circle she may have gathered around her or come to join, she was essentially a lay woman, at least never professed. She thought about fundamental religious issues out of the crux of her social experience. Her world and her experience were also deeply female, but these women were « lordly », certainly in spirit, likely in part at least in social class as well.

Marguerite as teacher, and a culture of schooled learning

A deeply religious thinker, Marguerite possessed something like a preternatural instinct for issues pertinent to « theology » and « religious life », a fascination especially with their vexing puzzles (a Triune God, the human debt to the divine, the divine-human encounter). What seized her were the issues, not the intricacies and contrarieties of texts [61]. She was troubled by *cognaissance*, what we can know and how, and quite especially *entendement*, how we come to under-

59. *V*, Hasenohr, « Tradition », p. 1362 ; *Miroir*, ch. 78, p. 220 ; *Speculum*, p. 221.

60. *Miroir*, ch. 118.5, p. 326.

61. Thus Kocher, *Allegories*, p. 76-79 as well as Leicht, *Marguerite*, *passim*, and a growing number of scholars ; Lerner, « New Light », p. 102 holds with Marguerite's « generally anti-intellectual attitude ».

standing (*intellectus*), which Love offers the Soul over against Reason. Love does so however by way of thought, not desire. Throughout the *Mirror* Lady Love is the teacher, and I mean teacher. « Reason » represented the embodiment of that human faculty and then by extension clerical learning, but also (as we will see) intellectual thick-headedness and religious convention. Still, scholars have too easily played Marguerite off against clerics (as does the prefatory poem, which was likely not by her), or treated the dialectic between Love and Reason too simplistically. Love will treat, she says, perfection of life and the state of peace to which a person may come by perfect charity. This they will hear set out (*diviser*) by Love's understanding (*entendement*) in answer to Reason's questions[62], *diviser* here meaning «discussed» but with a sense approaching «disputed», Love supplying *intellectus*. All the best reasoning – and it is often reasoning – gets placed in the mouth of Love, Reason mostly offering up conventional or aghast objections in the form of bewildered questions. Show me (*monstrez moy*), the Soul says, how I possess the work of the Trinity. Speak your thoughts (*pensees*), says Love. The Soul proceeds to summarize a complex argument (in effect on fore-knowing and fore-loving) already presented by Love. Reason jumps in with charges of error and demands that Love prove this, which the Soul then does. This frightens Reason who says that with Love dwelling in her he no longer dares mix it up with her[63]. Love here overpowers reason not with desire but argument. It is, we must be clear, a comic moment, and may owe something to the conventions of the *puy*. But it is also a narrative and «ideological» turn, all centered on how Triune God may indwell the human Soul.

Arguments are everywhere in fact, contradictions and worried objections too. We have no way of knowing where and how Marguerite acquired her acquaintance with this form of thought and how deeply steeped in it she was. Noble families had chaplains and tutors, and a sympathetic clerical tutor of some kind seems a likely source. In Valenciennes the collegiate church of St. John had become Augustinian in the twelfth century, which may have opened it to Victorine texts and teachings. In any case it had a school (whether or not Marguerite could have benefited from that, not directly as a student). St. John's also played crucial urban roles, where for instance magistrates took their oaths of office. Even more intriguingly, it initially had oversight over the beguines (though by her time that had passed to a rector). Friars also often mediated spiritual teaching as well as books, and there were three convents of friars in Valenciennes in her time. Marguerite turned first to a Franciscan, presumably local, to read and « approve » her *Mirror*. Nor do we know whether this Latinate learning was passive, mediated to her through speech and translation, or quite active. Hasenohr held out initially for the *Mirror*'s Latin version as composed simultaneously, even possibly preferable to the Middle

62. *Miroir*, ch. 2, p. 14.
63. *Miroir*, ch. 35, p. 114-116.

French (a position most scholars find unpersuasive) [64]. Marguerite was in any case comfortable turning to clerics, which presumes she probably interacted with them, maybe even had sympathetic ones in her circle (like Guiard later in Paris).

In the *Mirror* Marguerite self-consciously positioned herself as an author and teacher. She both mimicked and mocked medieval teaching techniques. Remarkable is the *Mirror*'s complex self-referencing (*ceste livre, ce livre*), thirty and more invocations of « this book ». As remarkable, or more so, is its self-« glossing », expounding and commenting on this self-same book. In the text itself Love is generally said to be the one who had the *Mirror* made, Soul the one writing it out for others, Love in turn variously identified with the divine. Marguerite, we should remember, may herself have been dictating to a scribe, even as Love had the Soul write. There is a crucial mirroring as well as inversion of all this in an important three-sentence section extant in the English and Latin versions, in the English as a kind of « preface », in the Latin as an afterword. It begins with « I », a « creature made by the Maker », that Maker in turn having made this book himself (*of him, de se*) through « me » (*bi me, mediante qua* [= *creatura*]) – casting herself here in the position of the Soul. This « I » then goes on : I do not know why it (the book) is, only that it is, and that through it « I may know the divine wisdom » [65]. In the book's writing, that is, she herself came to divine knowing or understanding. These two sentences (with another) in turn introduce her summary of the three « recommenders », and were written thus after the book was already being read and had encountered local critique. Within the *Mirror*, moreover, the Soul (sometimes merging with the persona of the author) disavows the whole enterprise at least twice : as an activity driven by charity and other motives inconsistent with a non-willing soul suspended in the divine ; further, as trying to express what cannot be expressed, to teach what cannot be taught [66]. In sum, its author emphatically claimed the book (referring to it throughout as « this book », glossing it to make its meaning clearer) and also disavowed it (as falsely motivated and unable to achieve its intent, or more subtly as the work of the Maker/Lover, not the « I »/Soul).

In the *Mirror* Love says variously that one cannot understand Love apart from the gloss, that one cannot understand it at all unless one is in the right state of being, that there is no need for the book or the glosses if one is living it, and that what this book so densely teaches is not to be grasped by thought, even as it strives for understanding. At a key point the Soul takes *congé* of Reason and the work of the virtues, because so long as it was "gowned" in love, it was taking lessons in Reason's school by seeking works of virtue. But now it has risen so high in divine teaching that it begins itself to « read » (« teach ») there where you (Reason) leave off [67].

64. Hasenohr, « Tradition », p. 1358.

65. *Miroir*, ch. 140, p. 140-141 ; *ME*, p. 249.

66. Most importantly and tellingly, right after setting out the seven stages of being or religious life, and just before what was probably the closing sequence and *chanson* : *Miroir*, ch. 119, p. 333-335.

67. *Miroir*, ch. 66, p. 188. (English skips a sentence, softens the academic metaphor) *ME*, p. 303.

As interpreters we face a literary and interpretive puzzle : Was all this rhetorical play, this moving between teaching and glossing, between claiming and disclaiming authorship, built in from the beginning, a part of her pedagogical technique ? Or must we understand at least some of it, with its ever more layered and repetitive passages, as arising over time, teacher-like attempts to explain and clarify and justify as negative responses to her *Mirror* multiplied ? More than once she says that the book and its glosses were getting longer owing to its listeners' failure to understand. However we interpret this, Marguerite manifestly positioned herself as a teacher, one issuing her own *auctoritas* as well as her own glosses. In the *Mirror* Lady Love and Lady Soul, the primary instructors, were women.

Marguerite's own intellectual method ultimately was not scholastic *determinatio*, much as she loved to win an argument and confound Reason. Hers was paradox. The *Mirror* revels in *doubles mots* [68]. Reason once accused Love of using « double words » unintelligible to common people. A bit later Love explains that the same word may have two meanings (*une mesmes parole a deux entendemens*). The issue turned, fittingly enough, on whether those Refined Souls with their particular *usages*, « that most perfect being or condition with which God may gift a creature », were knowable. Love affirms it, such souls knowing their associates (*compaignes*) by these distinctive *usages* (and by implication grasping *doubles mots*), though only God their Maker could know their true *dignité* [69]. Reason, incredulous, goes on with another example which commoners might puzzle over as well : At one point you say that this soul takes leave of the virtues, and at another that the virtues are more perfectly with her than with any other. I, Reason says, see only contradiction (*deux paroles contraires*), and « do not know how to understand them » [70]. Love offers a long explanation about different « understandings » of the two claims, but in effect we see Reason – and the « common people » he represents – just shaking their heads. The *Mirror* thrives on more than paradox. It revels as well in hyperbole. This poses interpretive issues too, also for historians : whether various bold assertions (« taking leave of the virtues » and such like) represented hyperbolic opening gambits meant to break conventional assumptions wide open, or very real claims, or something more subtly in between. The teaching author, central to the making and purposes of the *Mirror*, is often a trickster, even self-imploding.

68. This term, at *Miroir*, ch. 13, p. 54, captures perfectly one of the most characteristic features of Marguerite's style and thought. Reason (ch. 21, p. 78) by contrast sees these simply as *deux paroles contraires*, with no idea how to understand them (*je ne les sçay entendre*).

69. *Miroir*, ch. 20, p. 78.

70. *Miroir*, ch. 21, p. 78.

For a last word we return again to *V*. At a point in the text where the rest of the transmission has *livre*, *V* has *dis* [71]. While this may be a later scribal emendation, we must take seriously the possibility, even probability, that for all the self-referencing to « this book » and to « glossing » Marguerite's text first originated as *dis*, sayings or oracular pronouncements, possibly a mix of *chançon* and prose exposition (such as in the opening section of the book). The *Mirror* refers internally to hearing it, understanding it, living by it, even fearing to hear its teachings, also to its purposes, its making, and in one passage its opening (*aperture*), the cracking or unsealing of it, that which finally illumines [72]. Teaching was oral activity. However we imagine her presence in Valenciennes, a teaching figure pronounced enough to stir up serious local opposition, her life and fate turned on « this book », which she so variously claimed and disclaimed.

THE DIOCESE OF CAMBRAI, RELIGION IN THE SOUTHERN LOW COUNTRIES, AND MARGUERITE OF HAINAUT

The *Mirror* was written for the « children of holy church », Love says, so « you » might « hear » of « perfection of life » and the « state of peace » so as to value it more highly ; to it one can come only by the « virtue of charity », and that in turn a gift of the « whole Trinity » [73]. With this statement of purpose near the opening of the *Mirror* Marguerite set herself up as a teacher of religious life. But her teachings, while turning on classic issues, are hardly the ordinary stuff. « This Soul », says Love in a later passage, « is stripped of skin by mortification (English : « consumed bi mortalite »), and burnt up with the ardor of the fire of charity, and its ashes (*poudre*) cast into the depths of the sea by the abnegating of the will ». Critics can never actually locate this Soul in present-day religious life, we further learn, this soul so noble in prosperity, so highly noble in adversity, so outstandingly noble in all situations. For she « no longer seeks God by penance, nor by any of the sacraments of the church, or by thought or words or deeds, or by any creature here below or creature above, or by justice or mercy or the glory of glory, or by divine knowledge or divine love or divine praise » [74]. Yet Marguerite, like Soul, presumed a church and its apparatus, even as her Soul entered upon this quest for perfection and understanding. The teaching of « perfect love » that emerged

71. Hasenohr, « Tradition », p. 1362. In Middle French this term often referred to poetry, to be sure, though « sayings » are hardly excluded.

72. *Miroir*, ch. 59, p. 172.

73. *Miroir*, ch. 2, p. 14.

74. *Miroir*, ch. 85, p. 242. (cf. *ME*, p. 318). It is tempting to read the middle sentence as somehow reflective of Marguerite, or rather of her image of herself ; but then we must also consider the first and third in the same way, juxtaposed or even contrary as they may seem.

from this quest, however, appears to empty out that quest as well as all the churchly apparatus of medieval religious life. This is the paradox at the heart of the *Mirror*, the *doubles mots* that both intrigued and upset listeners and readers.

Valenciennes had five parish churches, the oldest and grandest, Notre Dame, virtually a cathedral in size and prestige. But Marguerite herself had nearly nothing to say about parish religion. Her eye was on the religiously intent. In the chanson which likely concluded one version of the *Mirror* Soul sings to friends/lovers (*amis*) about what beguines and « people of religion » will say when they « hear the excellence of their [these friends/lovers'] song ». Beguines say that « I err, [as do] priests, clerics and Preachers, Augustinians, Carmelites and Franciscans, all because I write about the being of love refined (*affine amour*) »[75]. The poem exactly mirrors Valenciennes' religious constellation. « Priests and clerics » governed its secular churches, the parishes ; « Augustinians » likely being the canons of St. John already noted. Three mendicant orders were present, the Franciscans arriving first in 1233 (and becoming the burial church for some of the counts), followed soon by Dominicans (« Preachers ») and Carmelites. But Marguerite named beguines first, the stanza's first word, it the only form of religion organized for women, if not an order and not professed. They were likely a primary intended audience for her teachings and her book. Yet beguines, priests, canons, and friars alike, the passage seems to suggest, say she errs. With respect to their notions (*sauve leur raison*), however, she retorts ironically (in a standard deferential phrase), in fact they err, for their *cognaissance* (perception, knowledge) is captive to desire, will and fear. « I am not doing anything which causes them to say this to me. » Her actual situation in Valenciennes is here entirely presumed, not described. This poem comes at the apparent close of one version of the *Mirror*. By the time it was written Marguerite plainly felt under attack, and cast the clergy and religious of her city as hostile, beguines named first.

Valenciennes boasted a large court beguinage with its own parish church. Founded under the patronage of Countess Jeanne in 1239 and dedicated to St. Elizabeth, it stood, as often, in a far corner of the city, the closest religious house being that of the Preachers[76]. There is no evidence that Marguerite belonged to it. Court beguinages, however, could include all ranks of women, especially in early days, and in varied living arrangements, from communal convents to daughters of wealthy families set up in their own houses. She may have tried living among them for a time, almost certainly spent time there, presumably tried offering them spiritual teaching, whether as spoken *dis* or readings from her *Mirror*. The great majority of beguines lived quite conventional religious lives in fact, even narrow

75. *Miroir*, ch. 122, p. 344. Friends/lovers (*amis*), here and elsewhere, represent a like-minded inner circle, a notion one finds in Hadewijch as well, especially in her Letters.

76. For summary orientation to the religious orders present at Valenciennes, see B. Delmaire in *Jeanne de Constantinople*, p. 95 *sq*. For an earlier schematic map locating the various churches, see Platelle, *Histoire de Valenciennes*, p. 33. For the beguinage, Simons, *Cities of Ladies*, p. 299-300.

ones, devoted to celibacy, fasting, work and prayer: hyper-pious according to mocking critics sprung up already in the mid-thirteenth century[77]. But Marguerite's trouble with beguines was different. When we hear the *Mirror* vituperating against people caught up in virtues and vigils and fasting, in desiring and longing, with little or no grasp of « true » divine life or « perfect love », we must recognize the stance she adopted towards many or most beguines and professed religious. They needed spiritual guidance, as she saw it, even if they, or at least some, found hers to « err ». Their own error lay in their very conventionality, their reliance upon disciplining and striving and longing.

In two of the extant inquisition documents Marguerite herself is named a *beguina*. This label was multivalent. Paris, where these documents were written, also had a thriving beguine court. There, we know, theological masters preached to and about them ; a set of sermons from the 1270s reveals a range of meanings and attitudes[78]. Most concretely, this term referred to a woman not in professed orders living a celibate ascetic life of prayer and work distinct from laypeople while still interacting with them and belonging to the local parish (unless a beguine court acquired a parish and rector of its own, as St. Elizabeth's did). They lived under statutes locally arranged and agreed to ; also dressed and conducted themselves distinctively. From such practices this term gained broader usage, sometimes in praise (such women as superior in virtue and authenticity, even to clerics), more often as a smear (women leading suspect or inordinately religious lives of their own making). In Marguerite's time those in Paris were under no indictment at all, and in general the term or type would not be condemned as such until several years after her death. Attitudes, however, ranged widely. On the negative side clerics and some people looked with suspicion on large women's communities not under strict religious obedience and on teachings in the vernacular that might go on among them, also with contempt at what they saw as their hyper-piety or hypocrisy or both. As for Marguerite personally, the documents likely named her a « beguine » in this latter sense, as a general or derogatory descriptor for a self-made or oddly religious woman, since they used it as well of Guiard, himself a cleric[79]. Marguerite may indeed have looked to them like the beguines they knew from

77. See for instance R. Blumenfeld-Kosinski, « Satirical Views of the Beguines in Northern French Literature », in J. Dor *et al.* (ed.), *New Trends in Feminine Spirituality : the Holy Women of Liège and their Import*, Turnhout, Brepols, 1998, p. 1-14. For the sermons, see N. Bériou, « La prédication au béguinage de Paris pendant l'année liturgique 1272-73 », *Recherches augustiniennes*, 13, 1978, p. 105-229.

78. See the important piece, partly with a view to Marguerite's case, by T. Stabler Miller, « What's in a Name ? Clerical Representations of Parisian Beguines (1200-1328) », *Journal of Medieval History*, 33, 2007, p. 60-86.

79. In a parallel document Guiard too, though a cleric of Beauvais, gets labeled a *beguinus* by the inquisitor, thus a person of odd or distinctive or self-made religious views or practices, while in another the lawyers call him a *pseudo-religiosus*, strongly suggesting this was the meaning the inquisitor had leant this term. See the essay by R. Lerner in this volume.

Paris' beguine court. In these Netherlandish cities, moreover, smaller households and circles formed up, usually with a patroness or leader funding them, often with a favored cleric advising or looking out for them. Marguerite likely herself formed or was part of such a smaller religious circle in Valenciennes, whether or not it was called or considered itself « beguine ». She addresses an inner circle of *amis*, friends. Hadewijch lived in something like this a generation or two earlier, though later separated forcibly from her circle. In Brussels a Heilwig Bloemaert, attested in records between 1307 and 1335, kept such a household as leader, teacher, and writer – to the fury and authorial inspiration of the local priest John Ruusbroec. Bloemart, it turns out, belonged to a very prominent and well-to-do burgher family, and lived only a few houses from Ruusbroec's priestly residence, her will even handled by one of his priestly associates [80]. No one has as yet found such records for Marguerite or her family. But an independent household, with Marguerite and her critics living in close proximity, knowing each other all too well, seems altogether probable.

A close reading allows us to draw closer to her intended audience. The *Mirror* imagined four sorts of people who might listen to it or its teachings. About the great majority (*les communes gens*) it has nearly nothing to say. It would speak to them too, if they could only hear and understand, but they are confused by her *doubles mots*, she has Reason say [81]. She sees their lives, materially and spiritually, as filled with nothing but work and care (*travail plain de souci*) : earning their daily bread and trying (religiously) to save themselves (*sauveroient*) by their labor. That renders these « gens de labour » bestial (*la bestialité de ceulx*), though Christ takes mercy, she says, offering them « certainty » or security through his death and Scripture [82]. Her vision of them is at once stark and empathetic. It assumes they have nearly no « religion » in the sense of the intense project upon which she was engaged. By contrast « people of religion » are centrally in her gaze, understood as two groups, the « actives and the passives », the secular clergy/beguines and professed religious. At its opening the *Mirror* addresses souls « touched of God and stripped naked of sin » [83], the required point of departure, or first stage, those so touched and stripped, beginning in effect with the « actives and passives ». But there exists a third group, in effect our fourth : « those, as possible, reduced to

80. See M. Martens, « Hedwige Blomart face au mystique Jean van Ruysbroec : leurs milieux familiaux à l'épreuve des assertions de Pomerius, visant la Bloemardinne (1350-XVe siècle) », *Cahiers bruxellois*, 31, 1990, p. 1-107.

81. *Miroir*, ch. 13, p. 52-54. *ME* retains « dowble wordis », p. 266, while the Latin has *obscura nomina*. Indeed Reason challenges Love to expound them in this book for the benefit of all, including the commoners : « se uos declares, ce livre monstrera a tous vraye lumiere de verité… ».

82. *Miroir*, ch. 69, p. 192-94. *ME* makes the passage difficult to understand by rendering « soulci » as « synagogue », *ME*, p. 304.

83. Z. Kocher, « The Apothecary's *Mirror of Simple Souls* : Circulation and Reception of Marguerite Porete's Book in Fifteenth-Century France », *Modern Philology* 111, 2013, p. 23-47. (My thanks to him for sending this article in typescript.)

nothing by true love »[84]. These latter three represent the audience her *Mirror* imagined. This is manifest in the French and Latin (*actifs et contemplatifs et peut estre adnientifs*), while in Middle English this third group vanished, possibly a slip, possibly not understood, possibly too controversial. The « perhaps » or « if it may be » of the third has two possible explanations, not mutually exclusive. Hardly any such souls, the truly nullified and freed, may exist. But, further, as the only ones truly to understand, they did not need her book or its instruction, all trivial to them, the stuff of human learning (*humaine science*), she says dismissively at one point near the end, even if its writing was motivated by divine love[85].

Marguerite operated in a region and a diocese that, a half-century before she was born, came alive with religious enthusiasts, the majority of them women. Through *vitae* written by admiring male clerics we know a dozen extraordinary figures, often now cast as « beguines », though several ended their lives in religious houses, often Cistercian[86]. Nearly all strove to combine extreme asceticism with religious discipline and a divine office while seeking divine favors (« graces », « sweetness », « seeings ») as comfort, assurances of grace, and confirmations of their religious standing before God. How many of their stories Marguerite knew, or the stories of persons not recorded, we cannot say ; but the *Mirror* presumes, shares in, and critiques this entire enterprise. To find affirmation for her *Mirror* and its teachings[87] when critique arose she went first to a local Franciscan. He held it to be a work of the Holy Spirit, though he found it so high he was not certain he himself understood it. Then she turned to the cantor at the abbey of Villers, a good seventy kilometers northeast of Valenciennes, it the original Cistercian foundation in this region (out of Clairvaux) and a highly regarded spiritual center and arbitrator. There reportedly she also received a positive response, he declaring « true » whatever the book said. Alongside the abbey of Villers and *vitae* of grace-filled women Liège ranked highest then as a progenitor of new religious expressions, be it « beguines » or, in Marguerite's childhood or adolescence, the feast of Corpus Christi (1260s). She turned third for affirmation of her *Mirror* to one of the leading Parisian masters of her day, Godfrey of Fontaines, as an archdeacon in Liège frequently resident in her region. He declared the book made by a spirit stronger and more fervent than any other, further that only by following its *usages* might one

84. *Miroir*, ch. 1, p. 10 ; Doiron, p. 250.

85. *Miroir*, ch. 119, p. 332-334.

86. S. Roisin, *L'hagiographie cistercienne dans le diocèse de Liège au* XIIIe *siècle*, Louvain, Bibliothèque de l'université, 1947, was the point of departure for study. More recent work on beguines, such as Simons, *Cities of Ladies*, tends to emphasize the non-professed dimensions of these women. See too A. B. Mulder-Bakker, *Lives of the Anchoresses : The Rise of the Urban Recluse in Medieval Europe*, Philadelphia, U. of Pennsylvania Press, 2005.

87. These commendations – absent from the Middle French, placed at the beginning of the Middle English (the fullest account), and the end of the Latin version, may be found at *Speculum* ch. 140, p. 404-408. For Godfrey of Fontaines, see now importantly S.L. Field, « The Master and Marguerite : Godfrey of Fontaines' Praise of the *Mirror of Simple Souls* », *Journal of Medieval History*, 35, 2009, p. 136-149.

arrive at divine life or its *usages* – echoing some of her own language. That is to say, a local Franciscan, the Cistercian cantor at Villers, and a master of theology at Liège, at least by her reporting, all said that her *Mirror* touched the core issues of religiosity in their region.

In the medieval world ecclesiastical boundaries were often as important as political. Here the diocese of Cambrai has not received its due. The bishop's see lay at the very southern tip of his oblong diocese, taking in most of Hainaut and much of Brabant to the north and east. From the 1220s Beatrice of Nazareth, vernacular poet of the *Seven Manners of Love*, lived in a Cistercian abbey outside Liers, within the diocese of Cambrai. Hadewijch, operating initially, most accept, around Antwerp, possibly a recluse for a time at Merksem, lived at its northern edge (as Marguerite was at its southern). In a « List of the Perfect » at the end of her book of visions Hadewijch named as the last of the departed figures a « beguine that lived near Vilvoorde » (just north of Brussels), Hildegard (who also saw visions and sent books to Villers), and a « beguine whom Master Robert killed for her true love » (*gerechter minne*) – likely a reference to the Dominican friar Robert le Bougre executing a woman named Aleydis in Cambrai on 17 February 1236, a decade or two before Marguerite was born [88]. Brussels, where Heilwig Bloemaert loomed large as a religious impressario during the 1310s-30s, also lay inside the diocese of Cambrai. John Ruusbroec, a secular priest there, wrote partly to counter teachings of Marguerite and Heilwig, while himself knowing and using works of Beatrice and Hadewijch. All these figures, the finest religious authors of the epoch writing in Dutch (and French, counting Marguerite), lived and wrote inside the medieval diocese of Cambrai.

A note about language. Countess Marguerite patronized poets in both languages. Many persons in the upper echelons, also figures active commercially or administratively, were bilingual, whether actively or passively. Our Marguerite echoed themes associated with Beatrice and Hadewijch, as others have noted, even distinct formulations such as *sans pourquoi* (= *zonder (een) waarom*) as well as the « FarNear » (Hadewijch). Some scholars have assumed she simply knew these authors, as Hadewijch had known Latin writers and French lyric. We must remember that extant texts represent only the smallish remnants of a much larger and broader conversation, however it went on, however it circulated. Whatever Marguerite may or may not have known specifically and textually from Beatrice or Hadewijch, she was part of that larger conversation. Consider the word *estre* (being, substance, condition), which Marguerite uses dozens of times, hardly the language of Romance literature. At the very opening of the *Mirror* she blends its meaning with that of *estat*, station or estate, as she often did, and uses it in arguably three meanings : « scpt estres de noble estre desquieulx creature reçoit estre, se elle

88. Hadewijch, *Visioenen*, ed. F. Willaert, Amsterdam, Prometheus, 1996, p. 160. See Devreese, « *Hadewid Greca* » and n. 5. Merksem lies just outside Antwerp to the north.

se dispouse a tous estres ains qu'elle viengne a parfait estre »[89]. At issue here are seven *states* of noble *status/estate* from which the creature receives *being/status* on the way potentially to a perfect *being/status*. To make the dense meaning and wordplay clear the Latin (like my English) adds or alternates *status* with *esse*, while the Middle English in despair or confusion simply renders them all, like the French, with « beynge ». Notably, one finds in Hadewijch an equivalent usage of the same Dutch word (*wezen*), there too odd for literature in the Romance genre.

Love, remember, had this *Mirror* written for Holy Church's children (*enfans*)[90]. Once the opening prose-poem is explained and Reason's call for something more accessible to « commoners » responded to, Love goes on to explain how it is that such a Soul knows everything (in the realm of Reason/belief by way of faith) and yet knows nothing (in the realm « God has in her from himself for her »). In the latter realm, we learn provocatively, this « daughter of Zion » has « no desire for masses or sermons, fasts or prayers » because God is « everywhere with or without those things » and this Soul « has neither thought nor word nor deed outside the *usages* of the divine Trinity ». So too, this Soul gives to (human) nature whatever it asks, though it also no longer has any love of or desire for things temporal. Indeed such creatures no longer know how to speak of God, nor of who he is any more than of where he is[91]. The truly innocent – she says elsewhere in explicating the sin of Adam and its aftermath, in effect with respect to this « child » – are, paradoxically, never right, nor do they ever do wrong ; again, are[92] entirely naked but have nothing to hide. While all others cover themselves up owing to the sin of Adam, those reduced to nothing do not, for they do not have anything to hide[93]. Yet she also states unequivocally that one does not come to this (child-like) life until one has paid all the debt one owes Christ[94]. Thus we have a vision of innocence, with the religiously perfect recast as a circle of the child-like, innocent of sin and guilt (if all paradoxically first paid for) but also innocent in knowing/not knowing God.

Marguerite positioned this circle of the « perfect » or « noughted » ecclesiastically. She conceived the differences between them and all others as comprising two distinct spiritual realms, two « churches ». « Holy Church the Little » (*Saincte Eglise la Petite*) encompasses the great majority. Governed by Reason and living out all the observances and strivings that go with his *usage*, they are quite confounded/dismayed (*s'esmaient*) to hear about these other souls. « Holy Church the Great », by contrast, refers to those few transcendent souls (*seurmontans ames*) dwelt in by the three nobly divine virtues. They are not

89. *Miroir*, ch. 1, p. 14 (see *ME*, p. 252).
90. *Miroir*, ch. 2, p. 14.
91. *Miroir*, ch. 16, 17, 18, p. 64-66, 68, 72.
92. *ME* has « feel ».
93. *Miroir* ch. 94, p. 264 (*ME*, p. 324).
94. *Miroir* ch. 94, p. 262.

knowable to Holy Church the Little because God created them, and no creaturely thing (the medieval church at large) can enter their souls or know their dignity – no one, that is, except other such souls, who recognize a common *usage*[95]. Later in the *Mirror* Love explains to « Holy Church beneath that Holy Church » that the latter (the Greater = the few) is properly called Holy Church because it sustains, teaches, and nourishes the whole church (*toute saincte eglise*). This is the role Marguerite conceived (or was claiming) for herself, her *Mirror* and her circle of souls, the latter not acting alone but the whole Trinity through them. Now Holy Church the Little (the great majority), though confounded by all this still, is made to say that such souls, dwelt in by Love, lead a life above all the rest of us dwelt in by Reason, though not contrary to us (*n'est mie contre nous*). Indeed « we commend and praise that life in the glosses of our Scriptures »[96]. One can only imagine the reaction of clerics finding their church, and themselves, consigned to this lesser status, their Scriptures construed as properly teaching this vision of a superior circle of the noughted. That same sense of an inner circle – the « Perfect », even a list of them, living and dead, drawn up – was part of Hadewijch's teaching, if not worked out as ecclesiology. This intuition of an apart status probably inhabited many religiously intense souls in her region. Marguerite sought a rationale for it, as a distinct religious level, even an utterly other plane of being. For their part, to be clear, clerics and religious had long since worked out theological rationales for the absolute distinctness and superiority of their estates.

In a section at the end of the *Mirror* preserved mostly only in Latin these elect souls are said to have a « religion » (= order) and a rule : they profess Love's religion and fulfill her rule. What was that rule ? To be dissolved, brought to nothing, to that primal state where Love first accepted her. This order too has a novitiate, a time of testing. Its hardest moments come, she says, even to swords, with *amis*, those supposed to be fellow friends and lovers[97]. We must assume deep tensions in Marguerite's inner circle or with those around her (including clerics she believed on her side) – as there were in Hadewijch's. In any case at one end of the religious spectrum were all those encumbered with social and religious laboring, the *gens de labour*, bonded nonetheless to Christ (*affiez*) through his death and Scripture. At the other were ennobled Souls, quit of all this laboring even to the noughting of their own will, coming to union by being fixed (*plantee*) in their own nothingness[98]. At one point Reason accuses the Soul of having two religions (*loyes*), one for belief (*croire*), another for love (*amer*). And she charges that those

95. *Miroir*, ch. 19, p. 74-76.
96. *Miroir*, ch. 43, p. 132.
97. *Miroir*, ch. 137, p. 401.
98. *Miroir*, ch. 69, p. 192-194.

whom Reason was trying to nourish Love had labeled « beasts and asses »[99]. Perhaps this captured actual exchanges over Marguerite's teaching in Valenciennes, then likely with a cleric. Marguerite by implication stood accused of proposing her own superior rule and way, her own *conversatio* in the monastic sense, the *usage* of the noughted.

This tension alerts us to another dimension, which in turn illumines her literary characters. Reason and Love represent faculties of the human soul, stock characters in Romance genres as well as in the *puy*. In the *Mirror* Love trumps Reason as a teacher, this often noted. But these figures are even more complex, multi-dimensional. Lady Love becomes the defining mark of, and also the teaching voice for, the *amis* (friends/lovers) : the perfected, the *adnientifs* (the noughted). She represented far more than spiritual longing, even divine spiritual longing, for in Marguerite's teaching such desire or will had in the end to be purged. She is that primal state of being into which the Soul is dissolved (*resolvatur per adnichilationem in illud primum esse*)[100]. Otherwise put, she appears as a radical form of divine grace, more like divinity itself, present everywhere (not just in church or virtues or sacraments), yet perceived and listened to and entered into by few. She is the force that overtakes-captures-ravishes, also that which animates the tiny circle of Holy Church the Greater.

Reason by contrast encompasses the *usages* of the prevailing church along with its « rationales » for all the usual modes of pursuing religious life : the virtues and longings as well the sacraments and ascetic exercises, all set out by clergymen wielding reason and books. Reason is thus the voice of Holy Church the Lesser, not just its schooled spokesmen. Hence the great emblematic significance that it submits in vassalage to Love and the Soul, must itself become the learner, the submissive subject. Marguerite has the Soul express this another striking way : Reason prizes Mary Magdalene, the figure beloved of later medieval women religious. But Love is quiet about her, for insofar as Mary would be seeking (*queroit*) a life divine, she would be falling short of it (*falloit*)[101]. Seeking and yearning, even as figured in the beloved Mary Magdalene, had to give way. Hence another assertion : That soul is in the greatest perfection of being and nearest to the FarNear when Holy Church can no longer make an example of her life. Such a soul is so far from the « work » of virtues that it no longer understands their speech[102].

99. *Miroir*, ch. 69, p. 194-196. In medieval discourse « law » frequently had the meaning of our word « religion », thus the « law/religion of Mohammedans » or the « law/religion of Christians ». *ME* translates it as « lawes », p. 306, in Middle English that word frequently meaning precisely « religion ».

100. *Miroir*, ch. 137, p. 401.

101. *Miroir*, ch. 93, p. 260. Katie Bugyis, a graduate student at the University of Notre Dame, points out that the treatment of Mary Magdalene is varied and complex. In another key passage she is the exemplum for being overtaken or ravished by Love (*sourprinse, prinse, et emprense*) : *Miroir*, ch. 76, p. 210.

102. *Miroir*, ch. 134, p. 394.

All those *vitae*, all that they modeled and sanctioned, had to be transcended. They belonged still to the church of Reason with its calculus of reward and punishment, reverence and shame.

In the Middle Ages it was quite normal to set off the « religious », as they were called, from all those in the world (*saeculum*). Marguerite went further, a hierarchy of religion not tied to profession or priesthood. For her there was the circle of the *adnientifs*, the noughted in will and spirit ; below them the « actives » and « passives », whom one could at least try to teach (resist though they usually did) ; then all the rest. Near the original ending Marguerite has the Soul express its nothingness in a more traditional way : « I am all evil » (*je suis la somme de tous maulx*). Then comes the inversion : an Exalted Spirit, no longer threatened by or held in the dungeon of Reason (*qui plus n'est ou dangier de Raison*), becomes the site where God lodges all his bounty, making that Spirit « the example of salvation, even more the salvation of every creature and the glory of God » [103]. In the poem likely concluding one version of the *Mirror* (an « explicit » at its end) Holy Church is made to sing the praises of this perfect Soul. Refined Love (*Fine Amour*) has brought her « to take leave of (*despartit*) herself (*moi*), her neighbors, and the whole world as well as the spirit of affection and the virtues to which I have been in service through the efforts/zeal (*estudie*) of Reason's bristling threats » (*danger*) [104]. This Soul is the star that illumines the day, the pure sun, the moon never darkened, the oriflamme that goes before the king, the one freed of will (*qui n'avez plus de voulenté*), who lives entirely from wheat. Where all others who feed still on chaff are serfs, subject still to law/religion, this Soul is above law/religion, if never contrary to it (*non mye contre la loy*). She is full and filled, God being at her will (*Dieu est a sa voulenté*) [105]. The last line is proverbial (at her beck and call) and paradoxical : God is at the ready of the one who is will-less, noughted.

There is one other approach to Marguerite's audience and her stance on local religion : to see them mirrored and critiqued in the seven stages of being through which the Soul was to move. These seven stages appear at the beginning (c. 1), then get set out systematically only at the end (c. 118), there as a giant declarative prose block inserted between the Exalted Soul presented as all evil and all salvation and those closing poems. Marguerite conceives these stages or statuses or estates as forms of being (*sept estax que nous appellons estres, car ils le sont*), also steps (*degrez* : whence the Latin uses two terms, *gradus seu status*). These are what this Soul – the sum of evil, the potential sum of salvation – is to live through and in [106]. Marguerite moved here in an interpretive direction opposite ours. She presumed the various forms of religious life (*estatz*) all around her, and familiarity with this language of steps and stages and estates. But she wanted readers/listeners to grasp

103. *Miroir*, ch. 117, p. 310.
104. *Miroir*, ch. 122, p. 340.
105. *Miroir*, ch. 121, p. 336-338.
106. *Miroir*, ch. 118, p. 316.

these instead as forms of religious being (*estre*) through which a person might move irrespective of social or ecclesiastical status. Interpretively, we move in reverse, from her abstracted forms of being toward what she was seeing around her, the religious world her *Mirror* meant to address, critique and instruct, and which she had in part herself passed through.

Her book was aimed at the serious-minded, those « touched by grace » who are « as it is in their power stripped naked of sin » [107]. Lady Love projects three « lives » (*vie*) for such serious souls, here in the sense of « forms of life » or « life-forces », these born of three deaths. At the beginning (*au commencement*) she « lives the life of grace, it born in the death of sin ». She may go on to a life of the spirit born of the death of « nature », meaning human nature, the body together with the affections, passions, etc. Then (« now ») in its culminating life (= fifth, merging into the sixth) she lives a divine life born of the death of the spirit (will) [108]. All begins with those intent upon « keeping the commands of God's law », dying to sin in grace : a great labor, she says, seeming to surpass the work of a thousand years, and hence very disheartening for most. The Liberated Soul interjects : I was there once, and found myself laboring a long time. This might be any layperson but also a beginning beguine or would-be cleric.

At the second state this Soul turns her regard to what God « counsels » his « special friends » (*espiciaulx amis*), meaning the « counsels of perfection ». Aiming to please her Friend/lover, the Soul sets out to abandon herself, all riches, delights and honors, not fearing this loss of temporal things, or people's words, or a body weakened (by asceticism) (*ME* : « dulness, bittirness, febilnesse »). In the abandoning it suffers no more fear than her Friend/lover once did, by whom she is here seized (*sourprins*). Marguerite is speaking of professed religious or beguine life properly entered into, fully aware of the losses it entails (Marguerite the « layperson » speaking here) and the sniping it may incur. These two stages, states of being but refracting the « serious layperson » and « earnest religious », mark only the beginning, however, their sections half the size of those on the third, fourth and sixth stages, and the fifth far larger still.

At the third stage or level of religious being this Soul looks with affection on her ardent effort, all her working at willing and doing the good. Over time however she comes to realize that truly to martyr herself to her Friend she must actually give up this laboring. For in reality it is a delighting in her own pleasure ; the life of the will is nourishing her and what she actually loves (*l'oeuvre que elle ayme, qui est le delit de sa plaisance et la vie de voulenté, qui de ce se nourrist*) [109]. Marguerite's is a shrewd and cutting critique, going to the heart of an exquisite dilemma latent in those *vitae* of Netherlandish holy women in the thirteenth century and doubtless in

107. For the addressees of the book see p. 48-49 above. All seven stages are set out within *Miroir*, ch. 118, p. 316-332, here p. 316.

108. *Miroir*, ch. 59, p. 170.

109. *Miroir*, ch. 118, p. 320.

lives of people she knew, even her own. It identifies that excruciating mix of interior delight and punishing renunciation, all born of ardent acts of will, the soul both pleased and pleasing itself with its striving and laboring.

At the fourth stage or level of being meditation draws this Soul up to the heights of love and delight ; outward laboring is abandoned for contemplation. At this level the Soul, she says, now becomes touchy (*dangereuse*), elevated or haughty (*noble*), full of delight or self-indulgence (*delicieuse*), such that she cannot bear anything except the pure pleasures of love. Abundance in love in turn engenders pride, with no higher life now imaginable than what Love is filling her with. In actuality Lady Love has taken the soul captive, under siege (*resasié*) to her lordship (*seigneurie*) [110]. Marguerite may be criticizing the culture of courtly love. But this is mostly a noteworthy critique of that pursuit of divine love we find portrayed in Beatrice's *Seven Manners of Love* and especially Hadewijch's stanzaic poetry, perhaps more distantly Victorine teachings too, Richard's four forms of love and Hugh's *De arrha animae*. Loving union with the divine in meditative prayer, replete with erotic metaphors, culminates in the meditative « delights of joining », as Marguerite puts it, in *orewoet* as Hadewijch has it, a kind of frenzied or raging orgasmic union. This however is actually love for love itself, or a soul besieged by love. No surprise in this, Marguerite says. Love has made the Soul drunk or silly (*yvre*), unable to grasp anything outside herself.

The pivotal fifth stage or level of being, that of her understanding or empathetic readers, defined a circle of *amis*, those who ironically did not need this book to set it out. Here we also find the *Mirror*'s most profound specimen of mystical writing. Practice becomes swallowed up in being. Authenticity in religion is defined as a startled realization of the incomprehensible vastness and bounty of God together with the bottomless nothingness of the human self ; this nothingness also as constituted into being only by the divine gift of free will, which Soul must now entirely renounce or give back, abnegate to the divine, if it is to return to its primal being and enter a life divine. The exposition is lengthy and contains only one echo of traditional religious practice : profound humility. The Soul must lose that pride and adolescent spirit (*jeunesse*) which at the heights of contemplation had made her bold (*fiere* : Hadewijch used the same word, but positively), had rendered her proud and also full of touchiness (*dangereuse*) with love. In most monastic teaching, especially for women, humility formed the foundation of religious life. Marguerite did not formally contest it but also did not pair the notion with obedience or profession or confession. For her it was something quite different, a realization. Its relation to the divine was both direct and total. It yielded an utter noughting of the self, so she is now without or outside her self (*sans elle*), an oft repeated phrase. The will is not given up to a religious superior or a rule (something Marguerite

110. *Ibid.*, p. 322.

herself never did) but to the primal Being whence she came [111]. The sixth stage is marked by lightening-like openings and closings which dissolve the limits of the fifth, with radiance bursting from the heavenly realm. Here the Soul does not regard herself at all, not even the abyss of her humility or nothingness (as in the fifth stage). At those flashing moments God is seeing and working and loving through her. Once she described that sixth stage or state of being as the sweet or gentle motion (*doulx mouvement*) of glory [112]. As for the seventh stage, the state of glory, she did not presume to speak of it.

At an earlier point in the *Mirror* Marguerite once invoked a proverb (which the English exchanged for another) in order to intimate a point about these *amis* who belong to the Great Church. « What does not taste good is not good for you » (*que mal nourrist qui ne savoure*), this proverb goes, but she turned it around : what is good for you tastes good. At the level of spiritual being : « She does not taste it who is not this ; otherwise put, in God without being, or God in her in being » [113]. The move from the proverbial to the metaphysical is breathtaking, and also not easily intelligible. This higher stage is not a point to which one in fact progresses : one is overtaken, ravished. This soul lives no more out of grace or spirit but a life divine (*elle vit divinement*), if not yet a life glorious. In this God has sanctified her of himself, and she cannot herself undertake anything contrary to divine goodness/bounty. All this has been set out, she now says, for those for whom Love had this book made and for whom Soul wrote it out. Someone not in this state of being, however, will not taste it – even if they should want or will it, she adds. So in the end for Marguerite, despite imagining or creating her own circle and rule, there was finally, unlike nearly all traditional religious teaching, no resolve, no path, no steps. A soul-changing realization was to eventuate in a noughting of the self's will, especially its striving religious will, whereupon the Soul disappeared into the divine, to live as ennobled and free in a *pays de paix,* there at least notionally, perhaps actually (we have no evidence or charges about that, interestingly) above and beyond ordinary religious practice.

At the end of all this Marguerite addressed her inner circle, those *amis* or *dames nient cogneues*, and dismissed her large book as trivial, given their own experience [114]. But elsewhere the Soul apologizes to « hearers of this book » for such high matters treated in these words (*se vous avez oÿ en ces motz haulte matiere*). But it was necessary to realize her intentions (*se je veuil acomplir l'entreprise de mon entencion*), she says, not for those who already « are this » but for « those who are not, but who will still be, but always begging until they are themselves it » [115].

111. *Ibid.*, p. 324-330, esp. p. 328-330.

112. *Miroir*, ch. 61, p. 176.

113. *Miroir*, ch. 84, p. 238 (cf. *ME*, p. 317), also for what follows in this paragraph.

114. *Miroir*, ch. 119, p. 332. The Latin has *dominae non cognitae*, and *ME*, p. 342 « nothing ye seie » – that is, all are struggling to grasp what Marguerite meant here.

115. *Miroir*, ch. 59, p. 172.

In Marguerite's *Mirror* authenticity is left to a very small space at that liminal point where the human becomes wholly possessed by or suspended in the divine. The Soul speaks in one passage of a « beggar » (opposite of the nobly free) who set out to find the « core understanding of the purity of Love's high thought », someone who thought she would describe God in the manner she willed to discover him in his creatures. From this intention and this « beggar » came this book « you hear », she says, so « neighbors » might find God in it by word and writing. But in so doing (seeking, teaching, writing), this creature remained herself encumbered, still a beggarly creature precisely because she was seeking after this [116]. In her *Mirror of Simple Souls* Marguerite offered one of the most radical and penetrating critiques of religious life in her region and time I know [117]. But here, remarkably, she turned that critique on herself: her joining of the order of the noughted was itself contravened by her will to understand and teach.

Marguerite of Valenciennes, the bishops of Cambrai, and friar-inquisitor William of Paris

For some extended period, probably years, Marguerite developed and propagated her teachings by word and writing, likely also gathering a circle around her. In her town and region, however, some people – who and how many we cannot say – were not pleased. The *Mirror*'s dialogues hint at such tensions occasionally. But these come formally to expression in what was in all likelihood the conclusion to one form of her text, chapters 119-122 with their closing poem and *explicit* [118]. Here Marguerite responded to local critics : an « apology » (119) from the Soul to ladies unknown or unknowing (*dames nient cogneues* : the truly noughted) for the book's length and inadequacies, praise for the Refined or Perfected Soul spoken by Truth (120), by Holy Church, and by Holy Trinity (121), and then the Elect Soul's final chanson (122), the *Mirror*'s last word. The Soul renounces charges of error (*non fais*) and dismisses critics as seized by fear whereas she was captured by the gift of Love. More, He (Love) is, and I am no more (*Il est, et je ne suis mie*), the gift of his love slaying my own thoughts in the delights of his love (*Ce don occist ma pensee / Du delit de son amour*) [119] : Here Lady Love, the divine, the Refined Soul,

116. *Miroir*, ch. 96, p. 266-268.

117. A. Hollywood, *The Soul as Virgin Wife : Mechthild of Magdeburg, Marguerite Porete, and Meister Eckhart*, Notre Dame, U. of Notre Dame Press, 1995, also sees Marguerite's position as critical of other womens' religious teaching in this period.

118. Beyond the *explicit* in *C* at the end of c. 122 (*Miroir*, p. 346), the Exalted Soul, after raising the possibility of Paradise even for murderers if they cry out for silence, promises silence, and says it will now take its leave of Refined Love with a song (*Et pource diray vers de chançon au congé de Fine Amour*), and then again announces its departure that day (*car aussi des ce jour par courtoisie me despartit Fine Amour*). *Miroir*, ch. 121, 122, p. 340.

119. *Miroir*, ch. 122, ed. Guarnieri, p. 346.

and author merge. As for those intended by her list of critics, where she named beguines and secular clerics first, one might imagine a rector of the beguines at St. Elizabeth's not pleased with a bold woman insistently offering high-sounding and « dubious » notions. Nor would some vicar be easy if she or her circle inhabited his parish. The tensions were local, played out in the streets and neighborhoods and religious circles of Valenciennes, and over time irritation and frustration apparently flowed over. Her book's closing, that apostrophe to the Refined Soul by Truth, Church, and Trinity, would have hardly helped smooth things. At one point, as Holy Trinity enjoins her to « leave all this be », Triune God tells the Refined Soul that « there is no great cleric (man of learning) in the world who knows to speak to you ». But you have « sat at my table and been gifted with my delicacies (*mes mées* ; *ME* : *messe*) », tasting of my « food » and filled with « my wine » [120].

A second manifestation of local trouble, and a further move on her part, was to send copies of this *Mirror of Simple Souls* to noted clerics for support. Three responded more or less favorably as she read them (we do not have their texts) ; how many may have refused we do not know. She then, if we follow the English version, summarized their responses in a brief new opening, also explicitly laying claim there to the Maker's authorship of this *Mirror* through her. We might imagine this short text as a leaf inserted at the beginning of her book [121]. In two of the approbations we may overhear hints of local tensions. The Franciscan, a person she describes as having a « greet name of liif of perfecioun », who apparently wrote to her in the language of romance (*lettres of love*), says that even if « all the clerics in the world » would « hear » the book, but themselves lacked these same high spiritual thoughts and perceptions (*felynges*) and this same practice or way of life (*werkynge*), they would not « grasp it » (*ME*), or « know how to refute it » (Latin). While it was commonplace to berate the ignorance of clerics bereft of spiritual intelligence, were local clerics and vicars also « listening in » as she read to local audiences ? For his part Master Godfrey of Fontaines counseled against many seeing her *Mirror*, for, as he put it, they might leave their own religious practice or way of life (*werkynge*) and follow this calling (*clepynge*), « to which they might never come » owing to its strong and penetrating (*kuttynge*) spirit ». He, an archdeacon in Liège and at a remove from Valenciennes, made no allusion to clerical critics but imagined people who might try following her teachings and end up running amuck [122]. Scholars disagree as to whether Marguerite turned to these

120. *Miroir*, ch. 121, ed. Guarnieri, p. 338.

121. Such an insert, presumably loose, could easily have ended up at the back of the codex (explaining its appearance there in the Latin version) or gone missing (explaining the French version). Another way to think of it : what was added by Marguerite as an apologetic move, and placed at the beginning, a later scribe or editor may have moved to the end, reading it as a kind of colophon *cum* endorsement. The text cited in this paragraph is most readily available in *Speculum*, ch. 140, p. 404-06.

122. See Field, « The Master and Marguerite », for an excellent analysis of Godfrey's stance, and Marguerite's possible reasons for turning to him.

clerics after or before the episcopal condemnation of her book [123]. To that condemnation, importantly, there is not the least allusion in her book or in these summaries, only to local critics. It seems more likely that her original conclusion (invoking Truth, Church, and Trinity) and her reaching out to regional clerical authorities for written endorsements represented her immediate response to local critics. The point was to trump suspicious beguines or secular clerics with a Franciscan, a Cistercian and a Parisian theological master, also useful in countering any local Augustinian canons or Dominicans.

This leaves still the large block of expository prose that follows the *explicit* (chs. 123-39), often regarded too as an apologetic response. Like her sustained exposition of the seven stages (ch. 118), it employs virtually no dialogue. Owing to a gap in the English version, unfortunately, we cannot compare its handling of the transition from the original ending and *explicit* to this new section [124]. These two prose units could represent, in formal terms, distinct compositions, or at least independent units worked into the closing of the book at different moments. The second presumes the book as a whole, as at least three allusions make clear, if ones easily inserted after the fact [125]. This last unit too has an overarching theme, as its opening sentence makes clear. An « I » (more or less comparable to the Soul) wishes to offer some observations (*Aucuns regars veulx je dire*) on behalf of the « forlorn » (*marriz*; *maestos seu tristes*; *marred*), a condition this « I » had also suffered through for a long time before she found the way (*j'estoie hors de voie*) [126]. Much of this reads like a meditative reverie, a series of questions and reflections to lead a person to the life of the liberated (*frans ... qui vivent de vie enfranchise*), but now in more personal (autobiographical ?) terms. Here too the « freed » are described as having a single will (*ung seul vouloir*) which Refined Love causes them to have, a « single love and single will » in which « my will has become a non-will (or : willing nothing) » (*pource est mon vouloir devenu ung nient vouloir* [127]. This more personal account reaches out to, or condescends to, the « forlorn » specifically, a category (borrowed from Romance) also present earlier. Only at one point, midway through, may it possibly allude to critique or trouble. As the exposition nears its climax the « I » says : « If you do not understand, I cannot

123. Field, *ibid.*, p. 142-43 inclines to the view that these commendations were secured after the bishop's condemnation.

124. In my view that gap, rather than suspicious, might well correspond to a missing quire in the French copy from which the English version was made.

125. Thus, « you have heard something of this » (*vous en avez aucune chose oÿ*) ; « the sorts (of people) this book demands/seeks" (*qui soient telz comme ce livre demande*) ; and « I would say to you to conclude » (*Et pource vous dis je pour conclusion*) – though the last could also have arisen as the « conclusion » of a once independent unit of argument. *Miroir* 132, 133, 139, ed. Guarnieri, p. 388, 392, 404.

126. *Miroir*, ch. 123, p. 348.

127. *Miroir*, ch. 133, p. 392.

correct that (*je ne le puis amender / non possum aliud facere*). It [the state of the annihilated] is a miraculous work (*oeuvre*), of which one cannot say anything to you if one is not to be [thereby] lying » [128]. Querying critics appear here, but they also do throughout the *Mirror*. As a whole the unit does not take the tone of an apologia as such. Not, that is, unless one imagines – and this is possible – that Marguerite here assumed the high-toned posture of someone having to step down from on-high to set these matters out for the « forlorn », that is, all the beguines and secular clerics and other critics who could not comprehend the way set out in her book.

Eventually annoyed and frustrated critics turned to the bishop of Cambrai. The imperial bishopric of Cambrai belonged politically to the German Empire and ecclesiastically to the metropolitan province of Reims. With the German emperors now at their weakest point, its patronage fell to whichever power was in the ascendant. Well into Marguerite's adult life, its bishop (William, 1284-96) was the grandson of Countess Marguerite and brother of Count John II (1279-1304). If her teachings rankled people in Valenciennes even before 1296, which is altogether possible, no one moved against her, at least successfully, as long as the Count's brother was bishop. If things only came to a head in the mid-1300s – possible, though less likely – no one moved against her successfully until after the passing of Count John II (d. 1304). Bishop William's successor by contrast, Guido di Collemedio or Colle di Mezzo (Guy de Colmieu, 1296-1306), came from a prominent Italian family, an accomplished canonist, a career churchman, who was subsequently named archbishop of Salerno, though dying at Avignon en route. His appointment came from the tyrannical new canonist pope, Boniface VIII (1294-1303), whom he was serving at the time as notary of the chancery. In Cambrai Bishop Guido had initially to overcome resistance mounted by a locally elected rival. Resident in his diocese effectively from mid-1297 until later in 1305, he spent much of his time mollifying local political interests, especially in the town [129]. His successor, Bishop Philip (1306-09), himself soon elevated to the archbishopric of Sens (metropolitan see for Paris), was the brother of Enguerrand of Marigny who was an increasingly powerful chamberlain and adviser to King Philip. His appointment reflected the ascendancy of King Philip over the new Pope Clement V. Bishop Philip's orientation was entirely to Paris and the kingdom of France. Marguerite's fate, then, had as much to do with shifting political patronage with respect to the bishopric of Cambrai as it did with her person and book.

Bishop Guido probably did not go out looking for heretics (most bishops did not, a constant complaint, whence inquisitors). But aggrieved parties could and did bring persons or cases or complaints. Critics in Valenciennes must have done so,

128. *Miroir*, ch. 132, p. 390.

129. See now P. Montaubin, « "Avec de l'Italie qui descendrait l'Escault" : Guido da Collemezzo, évêque de Cambrai (1296-1306) », in D. Barthélemy et J.-M. Martin (éd.), Liber Largitorius. *Études d'histoire médiévale offertes à Pierre Toubert par ses élèves*, Genève, Droz, 2003, p. 477-502.

and Bishop Guido and his court were persuaded to proceed. Without his written *littera* we have no date (1297/1305), no local detail, or any notion how long this all went on. Bishop Guido, interestingly and importantly, condemned her book but only threatened her person. At the bishop's orders, as the inquisitor reports it from the sealed episcopal *littera*, the *Mirror* was to be publicly burned in her presence (*publice et patenter*) ; she to cease from ever again (*de cetero*) writing or possessing such a book, or making use of the *Mirror* or any book like it, or « trying [to publicize] by word or writing such [teachings] as were in it », on risk of her personal condemnation and relaxation to civil authorities [130]. Apparently local critics wanted her stopped – possibly more, which they did not get. The critics who needed mollifying, or sympathetic circles that needed warning, centered in Valenciennes. Hence the public burning there, not at the bishop's see in Cambrai. Hence too her personal presence specified : her book to be publicly destroyed before her, she publicly shamed. Why did Bishop Guido not touch her person ? Owing to social rank or protective connections ? To those respectable recommendations saying the book's reading be restricted but not finding it heretical as such ? At the least Bishop Guido wanted her to cease her teaching and writing.

But, we learn, Marguerite continued to make frequent use of the book (*pluries usa es*), as the Parisian inquisitor would report in his final sentencing. Moreover, even « after its condemnation and burning » she sent it on (*communicauit*) to another bishop as if it were entirely acceptable (*sicut bonum et licitum*), that is, to Bishop John of Châlons-sur-Marne (1284-1313) [131]. This represented, I suggest, her response to Bishop Guido's condemnation, a bishop for a bishop, within the same ecclesiastical province (Reims). How she came into contact with him and what he actually thought of her book we do not know. Eventually, the friar-inquisitor also reports, she was again called into court (*in iudicio*), once by the inquisitor of Lorraine, and once about 1307 by Bishop Philip. She reportedly acknowledged to them too her continued possession and use of the *Mirror* and other books [132]. And even then apparently she did not relent in propagating her teachings and her book. The next judicial level, given that Cambrai lay ecclesiastically within the province of Reims, would be the court of its archbishop or a senior inquisitor in France. Sometime between about mid-summer and October 1308, her case was remanded to Paris and she herself taken there. If she had enjoyed high-level protectors or sympathizers in Hainaut and Valenciennes, this separated her from them and they could now no longer shield her.

Our slight knowledge of what happened to this Netherlandish woman during her nearly two years in Paris depends entirely upon what can be extracted from documents drawn up in the course of inquisitorial actions taken against her,

130. Verdeyen, « Le procès d'inquisition », p. 81-82.
131. *Ibid.*
132. *Ibid.*, p. 78.

from the year 1310, issued between March (no date) and May 31, the day before her public burning [133]. Of the eight acts extant in six documents (three acts entirely about Guiard of Cressonesart), only two are formal inquisitorial documents : the public sentences rendered upon Marguerite and Guiard. They were also copied on finer parchment and by a known scribe. We have no notarial record of sworn testimony, and only a fragment of itemized suspect teaching ; such materials have disappeared. What survives instead are *consilia*, formal consultations on her case, mostly from canon lawyers.

Awaiting the court's actions in Paris, Marguerite of Hainaut apparently lived for nearly two years in Paris, answerable to the inquisitorial court, probably in some kind of confinement though quite possibly not jailed as such. Even imprisoned persons, such as the Spiritual Franciscan John of Rupescissa at Avignon and several other known cases, sometimes went on reading and writing books and sustaining outside contact. Of one thing we may be certain. Marguerite had some contact with others, and acquired a partisan and defender (*in fautoriam et defensionem Margarete de Hannonia dicte Porete*), a cleric from Beauvais named Guiard of Cressonesaert (see Robert Lerner's essay). In the surviving record their cases became inextricably interwoven. The inquisitor, the Dominican Friar William, just a year earlier (fall 1307) the central figure in the attack on Templars, was consistent and clear about Guiard : He became suspect of heresy owing to his defense of Marguerite, a matter of « notoriety » (a legal term : *notorie incidisse*), and therefore arrested (*propter hoc per nos Parisius arrestate*), whereupon other matters were learned or confirmed through inquisition, including that he had views something like Spiritual Franciscans and apparently accounted himself the « angel of Philadelphia ». The teachings of these two (what we know of them) differed greatly, but their cases proceeded in tandem. In the final sentence the first charge laid against him turned not on his religious views but his « impeding » the inquisition of Marguerite (*impedimentum praestares*), his offering her « defense, aid, counsel or favor ». Already in the initial presentation of his case to canonists for « counsel » Friar William suggests that this cleric be accounted a « heretic », not for his religious views, but for this defense of heresy » (*prefata defensio et fautoria heresis*), manifest in his impeding himself as inquisitor (*impediendo ipsum in suo inquisitionis officio procedentem*) despite having been explicitly warned off. What exactly Guiard did to gain such notoriety as a « partisan », « defender » and

133. For the documents see Verdeyen, « Le procès d'inquisition » (despite its errors). I have gratefully used Elizabeth A.R. Brown's fresh transcription. L. Wegener, « Freiheitsdiskurs und Beginenverfolgung um 1308 – der Fall der Marguerite Porete », in A. Speer and D. Wirmer (ed.), *1308 : Eine Topographie historischer Gleichzeitigkeit*, (Miscellanea Mediaevalia 35), Berlin, De Gruyter, 2010, p. 199-236 seeks to have the documents reduce Marguerite finally to a « beguine » – but at a point several years before that category was actually condemned. See too P.F. Crawford, « The Involvement of the University of Paris in the Trials of Marguerite Porete and of the Templars, 1308-10 », in J. Burgtorf, P.F. Crawford, and H.J. Nicholson (eds.), *The Debate on the Trial of the Templars (1307-14)*, Farnham-Burlington, Ashgate, 2010, p. 129-143, and the essay by Sean Field in this volume.

« counselor » of Marguerite, alas, we do not know, and the inquisitor did not specify [134]. Guiard's views and practices may have raised suspicions enough ; but in a city throbbing with clerics and religious of all sorts it was his partisan defense of the suspect woman from Hainaut that pushed the inquisitor into action against him.

In Paris Marguerite refused to appear before Friar William and likewise refused to go under oath and offer sworn testimony, a tack she had conceivably adopted already in Hainaut in the face of two bishops of Cambrai and the inquisitor for Lorraine. In time Friar William proceeded with an investigative process (*inquisiuit*) despite her non-cooperation, summarizing what he found first for consultation with masters of canon law, then in her final sentence. If we can read his account as more or less chronological – Bishop Guido's condemnation, the book-burning and warning to desist, appearances before the inquisitor of Lorraine and Bishop Philip, sending the book to Bishop John – the inquisitor's last phrase would have her distributing or sharing (*communicasti*) her book with still many others. But, he learned of these people from sworn witnesses in Paris [135]. This may refer to what he now learned about her past actions in Valenciennes, but it does not exclude the possibility of alleged readers or followers in Paris. For the canon lawyers these are described as *etiam pluribus aliis personis simplicibus beghardis et aliis*. Beyond the un-characterized « others » (likely clerics or religious) we have, depending upon how one punctuates, one or – more likely – two groups of readers noted here as worrying. If only one, these readers/hearers were « simple begards », appositive to « persons », thus male self-made religious, perhaps in Hainaut, but perhaps too the group Guiard was apparently gathering around him (explaining the connection). If two groups, we have « simple people », appositive to « others », thus lay or uneducated people (possibly meaning true laity but more likely lay religious women, thus « beguines »), along with lay religious men (« begards »).

At least initially Marguerite does not appear to have been a high priority, her history in Valenciennes perhaps only vaguely known to the Parisian inquisitors. When summoned, however, at least so Friar William insists, she simply refused to appear (*non comparando*), and that with great obstinacy (*multas contumacias*) and repeatedly, this presumably in early days, late summer or early fall 1308. « At last », as he says, Friar William made her appear before him in person (*tandem*

134. If he was perceived to be « impeding » the inquisitorial office, he likely was offering procedural or legal advice. And if he was a « partisan » (*fautor*), he probably was promoting her book or teachings, or at least what seemed compatible with his own views (that is, very critical of the ordinary ecclesiastical and religious apparatus). One more possibility, if speculative : Over those nearly two years he may have facilitated the rendering of her *Mirror* into Latin. It was done, all agree, in a literal-minded away, not by a first-rate literary mind, yet empathetically, not a hostile rendering, and it changed the name of a river from the « Meuse » to the « Seine ». The vernacular could still be very particularizing and even isolating. To render something into Latin was to give it currency, and that might hold particularly for a difficult book written in Old Picard.

135. Verdeyen, « Le procès d'inquisition », p. 81-82.

coram se fecit personaliter presentari) – suggesting the case was handled initially by lesser officials or just by way of a written summons. With equal stubbornness and impertinence (*obstinata et pertinax*) she then, before him, refused to go under oath, thus not allowing him to initiate formal inquisitorial proceedings. More, this same tack was taken by Guiard (confirming their complicity), though they, he records, did acknowledge him to be the friar inquisitor (thus, legally, were not excused by unwitting ignorance). Friar William claims subsequently to have remonstrated with them repeatedly (*multas exhortationes*) and in « many places ». Then in mounting frustration he placed both under major excommunication for their refusal to cooperate, and sent them written notice of that action. The consultation with the lawyers dated 3 April 1310 asserts that this step had occurred nearly eighteen months earlier, thus roughly in early November 1308. It asserts again : Repeatedly asked to take the oath and submit to interrogation (*de iurando et respondendo*), even offered full absolution from excommunication in return for their cooperation, she and Guiard steadfastly refused [136]. Thus things apparently remained for a year and a half. Inquisitors, we might note, more often kept people in detention or prison or under excommunication for extended periods in hopes that they might come to their senses, thus confess or recant to forego trial and condemnation. But Marguerite remained silent and non-cooperative, hence not yet « inquisited ».

In March 1310, twenty months or more along, Friar William despaired of their correction, or so he said. He looked for ways to proceed, and to do so fully within the law, perhaps overshadowed by the recent past (as Field and Courtenay suggest). Marguerite had been remanded to his court as « suspect of heresy ». But outside her homeland, far from local critics, proving that heresy was not straightforward, particularly if she herself refused to testify under oath [137]. And perhaps her personal appearance and words were pious enough, or even « holy ». Bishop Guido, a canonist, had not proceeded against her person either. Friar William turned to the University's masters formally for an expert opinion (*consilium*). Further, he also, despite or during (*dum*) this non-cooperation, launched an inquisitorial investigation, that is, tried to learn from sworn witnesses what he could about their cases. All this began sometime in March 1310 (the date left out of the extant copy). Initially he gathered eleven regent masters of theology and five of canon law for « advice » on this matter. The masters – possibly to Friar William's surprise,

136. *Ibid.*, p. 56-57, 60-61. At issue for the date of Marguerite's removal to Paris is how long she refused to appear at court, then after being made to appear refused to take the oath, and then how long Friar William waited before excommunicating her. If we count back weeks or months we can take her removal back into the summer of 1308.

137. On this question, see H.A. Kelly, « The Right to Remain Silent : Before and After Joan of Arc », *Speculum*, 68, 1993, p. 992-1026.

perhaps acting scrupulously, maybe even ducking – advised that this case was properly canonistic, meaning not theological, and so offered no ruling [138].

One to five weeks later but probably relatively soon, on Friday April 3 (the fourth Friday of Lent), Friar William re-convened the five canonists at his Dominican house. In their *consilium* they now describe this inquisitor as seeking advice on what « further » (*ulterius*) could legally be done about this business, while themselves noting politely and correctly that he had legal competence to resolve it himself. That is, the inquisitor did not strictly need them. But for this case he plainly wanted legal advice or back-up or both. The « business », as the canonists' reported it, turned entirely on the suspects' obstinate non-cooperation with the inquisitorial office. The canonists then offered « counsel » defensible in canon law and doubtless to his liking. By Marguerite and Guiard's « stubbornness, rebelliousness, and brazen attitude » each of them, already formally « suspect », passed over (*transierit*) from a strong (*vehementem*) to a forceful (*violentam*) « presumption » of heresy such that by law (*iuris interpretatione*) each could now rightly be accounted and condemned as heretical (*pro heretica est habenda et diffinitiue tanquam heretica condempnanda*) [139]. The lawyers were invoking a doctrine derived ultimately from Roman law but altogether current in canon law, nicely summarized in Hostensis's *Summa* written in the 1250s (which they probably used in their teaching). At issue was the force of « presumption » with respect to a person « suspect » of a crime. Hostiensis distinguished four degrees, from the least (rumors and suspicion having no bearing in law) to the highest (*uiolenta presumptio*), a « forceful presumption making law », in effect constituting an indictment. The colorful example he offered was of a couple discovered alone and naked, of whom sexual relations could legitimately be presumed [140]. With respect to Marguerite and Guiard, then, their protracted resistance, their refusing to appear before the inquisitor or undergo his oath even in the face of an excommunication already eighteen months long, constituted presumptive proof of the highest kind. In law they had moved from « probable suspect » to « presumptively heretical ». Hence the importance of recording this extended story of resistance, possibly embellished (and which we otherwise would not have). Their non-cooperation was hereby turned juridically against them.

Two days after Guiard was then found guilty of heresy for views summarized from an interrogation. On Saturday April 11, the day before Palm Sunday, Friar William convened twenty-one regent masters of theology at St. Mathurin. He asked « counsel » as to « what ought to be done about a certain book which he showed them there, from which several (*plures*) articles had been extracted, [also]

138. Verdeyen, « Le procès d'inquisition », p. 56.

139. *Ibid.*, p. 57, 61.

140. Hostiensis, *Summa*, Lyon, 1537, repr. Aalen, Scientia, 1962, f. 105v-106r. On the eventual application of this teaching to heresy trials, see W. Trusen, *Der Prozess gegen Meister Eckhart: Vorgeschichte, Verlauf und Folgen*, Paderborn, 1988, p. 172-174.

set out there, [and] which he had [already] shown them (*demonstrauerat*) » – the first and fifteenth (presumed last) cited here [141]. The masters, we learn, had already (*prius*) discussed these fifteen articles among themselves. A spokesman offered their unanimous « counsel » that « such a book, in which such articles are contained, was to be destroyed (*exterminetus*) as heretical and erroneous and as containing heresy and errors. » Their *consilium* was stunningly brief and formal, though later, in the one copy we have, it got placed at the head of her inquisitorial sentence [142]. Almost certainly, unlike Master Godfrey of Fontaines, none had ever read the book, or even seen it except for when Friar William held it up to them. A month later on Saturday May 9, three weeks after Easter, Friar William convened the five regent masters of canon law yet again. The legal « counsel » he now sought was simple : whether, given the facts of his narrative, such a « beguine » should be judged « relapsed ». At issue now was not the content of her book but the nature of her conduct in continuing to propagate it after that was officially forbidden by the bishop of Cambrai. They responded that, supposing the above to be true, she should, and hence released to civil authorities for punishment [143].

Three weeks later, on the Sunday after Ascension and before Pentecost, Friar William formally read out her sentence (and Guiard's and probably at least one other) in the Place de Grève, the bishop of Paris in attendance along his *officialis* (chief legal officer), the provost of Paris (chief civil officer), a Dominican deputy to Friar William, a bachelor of theology, and a « large crowd », all having processed there. The narrative and charges were now addressed directly to her (*tu*). Notably, she gets condemned first for her obstinate non-cooperation with the inquisitorial office, that which made her a presumptive heretic. Throughout the sentence, we might note, Friar William rests his judgment in good part on the « learned counsel » of the expert lawyers and theologians, while they in their *consilia*, our main extant source beyond the final sentence, always cautiously declare their opinions to rest upon the facts as presented to them by the inquisitor, a perfect circle, given no sworn testimony from her. The next morning, a Monday, Marguerite was publicly burned by the provost of Paris, her *Mirror of Simple Souls* too if the sentence was followed, probably the copy Friar William had held up to the twenty-one masters of theology six weeks earlier.

So what was the source of Marguerite's resolute non-cooperation in the face of two bishops and two inquisitors ? The « freedom » of the « noughted », as free of inquisitorial proceedings as of virtues and sacraments and fasting ? Inherent social self-confidence ? A religious adopting Christ's stance before Pilate ? Did she look

141. *Ibid.*, p. 50-51.

142. About the fifteen articles Friar William used a passive pluperfect (*de quo extracti fuerant*) and he showed the book to them (*quem ibi ostendit*), whether in French or Latin we do not know (the articles were in Latin). He makes no claim that he or his staff had done the excerpting, though that is not excluded.

143. Verdeyen, « Le procès d'inquisition », p. 78-79.

upon this cleric as lacking all comprehension of the *pays de paix*, the realm of love and spiritual liberty, or perhaps as a French Dominican proposing to judge a citizen of Hainaut and the German Empire ? In one portrait of Refined Liberty (*franchise affinee*) she observed that ennobled persons do not deign to answer challenges to the field of battle issued by peasants. On another occasion she wrote that the « peace » attendant upon such an (ennobled) life, its issuing in divine life, does not permit of being thought or spoken or written about. Its language is the secreted silence of divine love [144] – not the stuff of lawyerly inquisitors.

In her silence she spoke ; in her *Mirror* she taught. In her unflinching ruminations she pursued a penetrating critique of the religious aspirations so lively in her region, also almost certainly in her own personal spiritual struggle. By thinking and speaking and writing in *doubles mots* she had not made things easy, nor by expressing her intuition of the gaping limitations she found in virtues and sacraments and striving and yearning and saints and all the rest of the medieval religious apparatus. To this relentless probing she once had Reason, that voice of ordinary churchly practice and attitudes, exclaim : « Oh God, oh God, oh God, what is this creature saying ? But what will those say whom I am trying to nourish (*mes nourriz*) ? I would not know what to say to them, or to answer, so as to account for or pardon (*excuser*) this » [145]. Marguerite must have heard this anguished query herself, perhaps from the rector of the beguines or some local friar or vicar. Critics knew no way to account for such sayings, nor did two bishops and two inquisitors. Nor could they handle, quite especially, her unstoppably persistent teaching and writing, or her stubborn refusal to offer any apology for it all. In our historical accounts Marguerite (Porete) of Hainaut is sometimes referred to as the first woman burnt for heresy, certainly not the case. But she was almost certainly the first female author in Europe (or anywhere) burnt for her book, quite especially for her refusal to answer for her book. She intimated answers, to be sure, all through her *Mirror*, words placed in the voices of the Soul and of Lady Love, some even glossed. But she was keenly aware that most souls, those not freed or noughted, could hardly begin to understand, and the few who could did not need her book.

144. *Miroir*, ch. 93-94, p. 260, 262.
145. *Miroir*, ch. 85-86, p. 240-242.

MARGUERITE, ENTRE LES BÉGUINES ET LES MAÎTRES *

Sylvain PIRON

Tout ce que l'on connaît de la biographie de Marguerite Porete provient de ses interactions, le plus souvent malheureuses, avec les institutions ecclésiastiques ; en revanche, son livre ne dévoile presque rien du monde social et culturel dans lequel elle a vécu. Cette situation documentaire défavorable ne contraint pourtant pas à un simple aveu d'ignorance. Il est possible d'en tirer certains enseignements, en faisant tout d'abord jouer le ressort d'une comparaison avec d'autres femmes engagées, à la même période, en Europe du Nord, dans des activités comparables ou placées dans des situations similaires. Cette mise en perspective permettra de faire apparaître le trait distinctif du *Miroir des simples âmes*, qui est sans doute également la principale raison de la condamnation que l'ouvrage et son auteur ont subie. C'est en raison de sa tournure inhabituellement spéculative que le *Miroir* a pu être jugé dangereux par des responsables ecclésiastiques et interprété comme relevant d'un discours théologique erroné. Sur de telles bases, il sera alors possible de considérer, à un autre niveau, les interactions intellectuelles de Marguerite Porete avec la culture universitaire du XIIIe siècle. Comme je voudrais le montrer, dans son cas, l'identification de sources éventuelles ne doit pas se contenter de relever certains parallèles plus ou moins précis entre des documents écrits ; elle doit aussi considérer l'hypothèse de la transmission *orale* d'une culture *savante*. L'association de ces termes n'est pas un oxymore, elle exprime précisément la situation dans laquelle Marguerite se trouvait. Si elle était à l'évidence lettrée, dans une mesure qu'il est toutefois difficile de quantifier, c'est par les voies de l'oralité qu'elle a acquis une grande part de sa culture, théologique et littéraire. Pour la comprendre et mieux pénétrer le sens de son livre, subtil et complexe,

* Ce travail a été nourri par de longues discussions avec Sean Field, Geneviève Hasenohr et Robert E. Lerner, que je remercie chaleureusement, ainsi que Marleen Cré pour son aide avec les sources néerlandaises.

nous avons besoin de tenir compte de l'ensemble du paysage sonore au sein duquel elle a vécu [1].

MARGUERITE PARMI LES BÉGUINES ET MONIALES DU XIIIe SIÈCLE

Le premier trait frappant qui ressort du destin de Marguerite Porete tient à l'absence de tout soutien efficace aux moments où elle fut mise en difficulté. À l'exception du clerc excentrique Guiard de Cressonessart, personne ne paraît avoir tenté de se porter à son secours. La solitude de Marguerite suggère fortement qu'elle ne pouvait pas compter sur l'appui d'un réseau puissant, constitué par des liens de famille ou de patronage, comme en bénéficiait par exemple la béguine de Brabant Elisabeth de Spalbeek, de peu son aînée [2]. Sa vulnérabilité prouverait ainsi qu'elle n'appartenait pas à la haute ou moyenne noblesse et qu'elle n'était protégée par aucune personnalité de ce rang [3]. Son entourage religieux n'a pas fait davantage preuve d'une grande solidité face aux accusations répétées des évêques de Cambrai. Elle a certes pu réunir trois avis favorables, dont l'un, un peu plus réservé que les autres, de la part d'un maître en théologie [4]. Cependant, le décompte est modeste si on le compare au prologue du *Legatus* de Gertrude d'Helfta qui, aux mêmes dates, mentionne l'agrément de six frères Prêcheurs et Mineurs nommément cités, et annonce l'accord de bien d'autres [5]. En outre, le fait qu'aucun de ces trois clercs n'a voulu, ou n'a pu, s'engager pour la défendre suggère que leur proximité avec elle n'était pas si étroite.

Contrairement à la plupart des femmes rédigeant des ouvrages spirituels hors d'un cadre monastique, il est en effet notable que Marguerite n'a pas eu recours à un collaborateur masculin [6]. Aucun confesseur ne tient à ses côtés un rôle aussi

1. Je fais jouer dans un sens plus restreint la notion forgée par A. Corbin, *Les cloches de la terre : paysage sonore et culture sensible dans les campagnes au XIXe siècle*, Paris, Albin Michel, 1994 et reprise par J.-M. Fritz, *La cloche et la lyre : pour une poétique médiévale du paysage sonore*, Genève, Droz, 2011. S. Kocher, *Allegories of Love in Marguerite Porete's* Mirror of Simple Souls, Turnhout, Brepols, 2009, p. 50-51, 58-60, est très sensible à l'oralité du *Miroir* et à la culture littéraire de Marguerite acquise oralement : je cherche ici à prolonger ce travail en considérant un accès similaire à la culture savante.

2. J. Njus, « The Politics of Mysticism : Elisabeth of Spalbeek in Context », *Church History*, 77, 2008, p. 285-317. Née vers 1246, Elisabeth est morte vers 1304.

3. Le nom de famille Porete ne suggère pas non plus d'origine noble, Kocher, *Allegories*, p. 26.

4. S.L. Field, « The Master and Marguerite : Godfrey of Fontaines' Praise of the Mirror of Simple Souls », *Journal of Medieval History*, 35, 2009, p. 136-149 ; *id.*, *The Beguine, the Angel, and the Inquisitor. The Trials of Marguerite Porete and Guiard of Cressonessart*, Notre Dame, U. of Notre Dame Press, 2012, p. 49-54.

5. Gertrude d'Helfta, *Le Héraut*, éd. P. Doyère, Paris, Cerf (SC, 139) 1968, p. 104-106.

6. J. Coakley, « Women's Textual Authority and the Collaboration of Clerics », dans A.J. Minnis et R. Voaden, *Medieval Holy Women in the Christian Tradition c. 1100-c. 1500*, Turnhout, Brepols, 2010, p. 83-104 ; C.M. Mooney (éd.), *Gendered Voices : Medieval Saints and their Interpreters*, Philadelphia, U. of Pennsylvania Press, 1999.

pressant que Henri de Halle auprès de la béguine Mechtilde de Magdebourg [7]. Les dames d'Helfta, parmi lesquelles Mechtilde se retira à la fin de sa vie, étaient impliquées dans des travaux d'écriture collective en latin, sous le regard attentif des Dominicains de Thuringe. Du point de vue de l'autonomie d'une écriture religieuse féminine en langue vernaculaire, c'est le corpus transmis sous le nom d'Hadewijch d'Anvers qui présente les caractères extérieurs les plus proches du *Miroir des simples âmes*. Cependant, ce dernier ne contient rien de comparable à la « Liste des parfaits », qui dévoile un réseau étendu de correspondants et amis spirituels d'Hadewijch, à travers l'Europe, de Paris et l'Angleterre à la Bohème et la Thuringe, étendant ses relations jusqu'à Jérusalem [8]. Bien qu'elle n'adresse pas de lettres d'instruction spirituelle à différentes personnes ou communautés, Marguerite assume également une certaine posture pédagogique. À en juger par la forme de son texte, son rayon d'action semble toutefois avoir été nettement plus restreint.

Pour mener cette comparaison à son terme, on peut encore relever que Marguerite n'a pas de visions et que ses extases ne se traduisent pas par des manifestations corporelles [9] ; elle ne pratique apparemment pas la télépathie et n'inscrit pas ses exercices spirituels dans le calendrier liturgique. Bien que ses écrits soient moins ornés de formules savantes et de réminiscences bibliques que les *Sept degrés d'amour* de Béatrice de Nazareth, il est probable qu'elle avait, comme la plupart des femmes auteurs d'écrits religieux en langue vernaculaire, une maîtrise minimale du latin, si ce n'est plus [10]. On note enfin dans son œuvre, comme chez Hadewijch, l'association de pièces en prose et en vers, à la différence près qu'elles ne se présentent pas chez elle comme des ensembles distincts, mais sont intégrées au sein d'un livre unique.

Avec Marguerite, Hadewijch a également le privilège de n'être connue que par son œuvre, en l'absence de toute documentation biographique. Le fait qu'aucun hagiographe ne se soit intéressé à elle est sans doute un signe qu'elle a vécu toute sa vie au béguinage, sans finir ses jours au monastère comme d'autres *mulieres religiosae* dont l'existence est mieux documentée pour cette raison [11]. Une

7. En dernier lieu, A. Hollywood, P. Zimmermann « Mechthild of Magdeburg », dans *Medieval Holy Women*, p. 411-430.

8. Hadewijch, *De visioenen*, ed. F. Willaert, Amsterdam, Prometheus, 1996 ; *Visions*, trad. par J. B. Porion, Paris, L'Œil, 1987. P. Mommaers, *Hadewijch. Writer, Beguine, Love Mystic*, Leuven, Peeters, 2004, p. 11-12. La traduction française du même ouvrage est inutilisable.

9. A. Hollywood, *The Soul as Virgin Wife. Mechthild of Magdeburg, Marguerite Porete, and Meister Eckhart,* Notre Dame, U. of Notre Dame Press, 1995.

10. K. Heene, « *De litterali et morali earum instruccione* : Women's Literacy in Thirteenth-Century Latin Agogic Texts », dans T. de Hemptinne et M. E. Gongora (éd.), *The Voice of Silence : Women's Literacy in a Men's Church*, Turnhout, Brepols, 2004, p. 145-166.

11. W. Simons, « Holy Women of the Low Countries : A Survey », dans *Medieval Holy women*, p. 625-662. Les béguines pour lesquelles des *Vitae* ont été rédigées sont habituellement celles qui ont fini leur vie dans des maisons religieuses. Voir *supra*, l'article de J. Van Engen, p. 49.

rubrique de manuscrit la qualifie *de Antverpia*, mais des indices convergents pour situent l'activité du cercle qui a préservé sa mémoire à Bruxelles. C'est dans cette ville qu'ont été produits les plus anciens manuscrits conservés qui comportent, de façon stable, un ensemble composé de *Lettres*, *Visions*, *Poèmes en strophes* et *Poèmes variés* (*Mengeldichten*). Ruysbroeck en a obtenu un exemplaire alors qu'il était, à Bruxelles, chanoine de Sainte-Gudule, avant son installation à Groenendael en 1343. La lettre XII est adressée au responsable d'une communauté religieuse masculine qui a pu être identifiée comme l'abbaye Saint-Jacques de Bruxelles [12]. Les seuls éléments de datation du corpus sont fournis par la *Liste des parfaits*, qui semble avoir été composée dans la première moitié des années 1240, entre l'activité de l'inquisiteur Robert le Bougre et la chute de Jérusalem [13]. Depuis les travaux de Josef Van Mierlo, il est admis que, pour des raisons doctrinales et codicologiques, les *Mengeldichten* 17-29 doivent être mis à part de son œuvre [14]. Ces poèmes sont, par convention, attribués à une Hadewijch II, dont on peut seulement dire qu'elle est située dans le prolongement direct de l'Hadewijch authentique et qu'elle a été très attentivement lue par Ruysbroeck, qui a pu avoir entre les mains un manuscrit comprenant l'ensemble du corpus dès les années 1320. Plus récemment, une analyse stylistique et lexicométrique a mis en évidence une divergence supplémentaires des *Mengeldichten* 24-29 qui pourraient être attribués à une troisième béguine, appartenant au même cercle bruxellois – que l'on peut désigner par convention comme Hadewijch III [15]. La plus grande proximité stylistique des poèmes 17-23 avec le reste du corpus hadewigien ne constitue qu'un rapprochement relatif qui ne saurait, à lui seul, invalider les arguments précédemment réunis en faveur d'une datation tardive de ces poèmes.

Dès 1954, Dom Porion avait été frappé par une grande proximité de ton entre les *Mengeldichten* 17-29 et le *Miroir des simples âmes* [16]. Le thème de l'union nuptiale à Dieu, dominant chez Hadewijch, cède la place dans ces textes à une

12. P. Mommaers, « Preface », in *The complete works*, tr. C. Hart, Mahwah (NJ), Paulist Press, 1980, p. 16. En revanche, le seigneur Henri de Breda, qu'Hadewijch dit avoir envoyé porter pour elle un message en Saxe, résidait à Anvers.

13. P. Mommaers, *Hadewijch*, p. 8.

14. J. Van Mierlo, « Hadewijch en Eckhart », *Dietse Warande en Belfort*, 23, 1923, p. 1138-1155 ; St. Axters, *Geschiedenis van de Vroomheid in de Nederlanden,* Antwerpen, De Sikkel, 1953, vol. 2, p. 336. Le dossier est présenté par S.M. Murk Jansen, *The Measure of Mystic Thought. A study of Hadewijch's Mengeldichten*, Göppingen, Kümmerle, 1991, p. 12-19. Les poèmes 17-29 sont absents du cod. Bruxelles, BR, 2879-80, copiés séparément des précédents dans Bruxelles, BR, 2877-78. Les 17-24 sont transmis sans le reste du corpus dans Bruxelles, BR 2093-95, tandis qu'ils sont absents dans Anvers, Ruusbroec Bibliothek 385 II. Seul le cod. Gand, UB 941 présente le corpus dans sa totalité.

15. S.M. Murk Jansen, *The Measure of Mystic Thought*, qui ne tire pas de conclusions nettes quant à la distinction des auteurs de ces trois ensembles. L'appellation Hadewijch III n'est pas encore courante.

16. Hadewijch d'Anvers, *Écrits mystiques des béguines,* traduits du moyen-néerlandais par fr. J.-B. P[orion], Paris, Seuil, 1994^2, p. 16-18, 160-161. Voir aussi P. Verdeyen, « Over de Auteur van Mengeldichten 17 tot 24 », *Hoofsheid en Devotie in de Middeleeuwse maatschappij*, J. D. Janssens (éd.), Bruxelles, 1982, p. 147-155.

connaissance obtenue négativement, en écartant « le tumulte des raisons et les formes des images » (Mgd 17, v. 79-80). Parmi les multiples oxymores employés pour exprimer la quête de la plénitude dans la déficience, Hadewijch II a recours à la tournure « in verre bi » (Mgd 17, v. 36) qui correspond littéralement au fameux « loin-près » de Marguerite [17]. L'expression « sonder wise », récurrente chez Hadewijch II et III et reprise chez Ruysbroeck, se retrouve dans le *Miroir* sous les formes « sans manière », « sans moyen » ou « sans terme » [18]. Pour ne rien dire pour l'instant du sens dans lequel s'établissent les relations entre ces textes, on peut seulement affirmer que les deux œuvres sont en dialogue.

Avant de préciser leurs relations, il faut d'abord boucler ce parcours comparatiste en considérant les productions poétiques en langue française issues des mêmes milieux. Geneviève Hasenohr a récemment proposé une mise en perspective de cette littérature, peu connue et encore imparfaitement publiée, en examinant des manuscrits produits en Lorraine ou dans les régions du Nord [19]. Le trait le plus caractéristique de cette « poétique des béguines » tient au fort degré d'intertextualité qui lie ces chansons. De l'une à l'autre se retrouvent certains éléments de mise en forme, qui vont de quelques assonances communes à la reprise de strophes entières. Ce phénomène ne s'explique que par l'hypothèse d'une transmission orale de ces textes de dévotion, chantés ou récités à haute voix lors de séances de lecture collective dans les béguinages [20]. Cet « intertexte communautaire » aux contours mouvants a été ponctuellement figé dans des formes écrites qui se recoupent partiellement ou se font écho de loin en loin.

En regard de ce corpus, la singularité du *Miroir des simples âmes* est flagrante. L'emploi d'une même langue courtoise spiritualisée lui confère un certain un air de famille [21], mais son ampleur et son niveau d'élaboration conceptuelle sont incomparables avec les formes courantes de la littérature dévote des béguines de langues françaises. Toutefois, puisque Marguerite appartenait sans nul doute au même monde, et qu'elle a dû participer à de telles séances de lecture commune, il est concevable que ses écrits aient également fait l'objet d'une telle diffusion orale – sans doute pas le *Miroir* dans sa totalité tel que nous le connaissons, mais

17. Hadewijch, *Mengeldichten*, éd. J. Van Mierlo, Anvers, Standaard, 1957, p. 88-89.

18. *Miroir*, ch. 43, p. 134 ; ch. 80, p. 226 ; ch. 97, p. 270 ; ch. 101, p. 276.

19. G. Hasenohr, « D'une "poésie de béguine" à une "poétique des béguines". Aperçus sur la forme et la réception des textes (France, XIIIe-XIVe s.) », *Comptes rendus des séances de l'Académie des Inscriptions et Belles-Lettres*, 150, 2006, p. 913-943.

20. Le témoignage externe le plus net est celui que fournit Guibert de Tournai, éd. A. Stroick, « Collectio de scandalis ecclesiae : Nova editio », *Archivum franciscanum historicum*, 24, 1931, p. 61 : « Legunt ea communiter, irreverenter, audacter, in conventiculis, in ergastulis, in plateis ».

21. La notion de « mystique courtoise » a été forgée par B. Newman, *From Virile Woman to WomanChrist : Studies in Medieval Religion and Literature*, Philadelphia, Univ. of Pennsylvania Press, 1995 ; voir aussi S. Kocher, *Allegories of Love* et Jean-René Valette dans ce volume.

des parties plus ou moins étendues de son œuvre [22]. La barrière linguistique entre les dialectes français, dont le rouchi parlé à Valenciennes, et germaniques était certes hermétique, mais elle n'était pas totalement infranchissable [23]. Même si la maîtrise des deux langues ne semble pas avoir été fréquente, l'extension des diocèses de Liège, Cambrai et Tournai et des comtés de Hainaut et Brabant de part et d'autre de cette limite requérait la présence d'un certain nombre d'administrateurs capables de manier les deux idiomes. De plus, le prestige du français au XIIIe siècle comme langue poétique et courtoise parmi l'aristocratie thioise est bien attesté [24]. Hadewijch elle-même semble en avoir eu une connaissance au moins rudimentaire [25]. Cette diffusion du français au-delà des frontières linguistiques a pu favoriser des circulations textuelles dans les deux sens. Sans avoir besoin d'être bilingue, Marguerite aurait ainsi pu être exposée à des adaptations en langue romane d'œuvres conçues dans des dialectes germaniques. En sens inverse, il serait également concevable que le *Miroir*, ou du moins certaines de ses parties, ait connu une transmission orale rapide dans les communautés béguines de langue thioise. On comprendrait ainsi mieux l'absence de traduction écrite dans l'idiome de la région limitrophe, dans laquelle existait de surcroît un public nombreux pour une œuvre de ce type. La condamnation répétée du *Miroir* et de Marguerite, à Cambrai puis Paris, suivie de la diffusion des canons du Concile de Vienne interdisant aux béguines de débattre de questions théologiques, aurait mis fin à cette réception précoce.

Cette hypothèse permet notamment de réfléchir à l'arrière-plan du fameux « congé aux vertus », chanté par l'âme avec enthousiasme dès le sixième chapitre du *Miroir* [26]. Le même thème apparaît dans les lettres XVII et XXI d'Hadewijch, dans un contexte qui lui donne une signification bien plus précise. Dans la première de ces lettres, la maîtresse béguine expose la défense qui lui a été faite, après une extase survenue lors de la messe de l'Ascension, de se consacrer à autre chose que le seul amour divin, en renonçant à « quelque chose inférieure que ce soit, qu'il s'agisse d'acquérir des vertus particulières ou de réaliser des œuvres pour le prochain ou de compatir et le prendre à [s]a charge » [27]. La lettre XXI reprend

22. Kocher, *Allegories of Love*, p. 54, qui accorde cependant trop de valeur à la division en chapitres, laquelle ne remonte pas à la première composition du *Miroir*.

23. Pour interroger Elizabeth de Spalbeek, qui ne vivait qu'à une vingtaine de kilomètres des régions wallonnes, les envoyés du roi de France eurent recours à divers traducteurs qui ne brillèrent pas par leur efficacité, J. De Gaulle, « Documents historiques », *Bulletin de la société de l'histoire de France*, 1, 1844, p. 87-100.

24. B. Grévin, *Le parchemin des cieux. Essai sur le Moyen Âge du langage*, Paris, Seuil, 2012, p. 63-64.

25. Elle introduit la forme « basieren » en référence au français « baiser », *cf.* F. Willaert, *De poëtica van Hadewijch in de Strofische Gedichten,* Utrecht, HES, 1984, p. 428.

26. *Miroir*, 6, p. 24.

27. Hadewijch, *Brieven*, éd. J. Van Mierlo, Anvers, Standaard, 1947, p. 143 ; Hadewijch d'Anvers, *Lettres (1220-1240). La perle de l'école rhéno-flamande*, trad. P.-M. Bernard, Paris, Le Sarment, 2002, p. 170.

le même motif pour inviter une amie proche à suivre la même voie. Elle se conclut de la sorte : « C'est ainsi qu'on courtise l'aimé. Tant qu'on n'a pas l'aimé, il faut le servir avec toutes les vertus. Mais dès lors que nous vivons avec l'aimé, toutes ces choses qui auparavant étaient l'objet de notre service doivent être laissées au dehors, et à l'intérieur nous devons les oublier » [28]. Ce changement d'état exprime, très concrètement, un abandon des œuvres de miséricorde qui constituaient une part importante de l'activité des béguinages, pour se consacrer à la seule contemplation. En reprenant, de façon plus incisive encore, un tel « congé », Marguerite n'exprime sans doute pas autre chose que son entrée dans une existence purement contemplative, détachée du soin des malades et des indigents auquel elle s'était consacrée auparavant et qu'elle peut à présent juger « trop coûteux », en raison de l'attachement au monde terrestre qu'il implique. Replacé dans la situation réelle de la vie des béguinages, un texte qui été lu par les censeurs parisiens comme le sommet de l'amoralisme retrouve sa signification exacte, qui est tout simplement l'expression d'une sortie de la vie active, une fois atteint un état spirituel supérieur. Le double exemple de Marguerite et d'Hadewijch montre que le terme ne prêtait à aucune équivoque dans le monde des béguines ; les vertus n'y étaient pas des qualités morales abstraites, mais des actions vertueuses exercées au quotidien sous des formes tangibles.

La même hypothèse d'une circulation orale permet également de reprendre la question du rapport entre les *Mengeldichten* 17-29 et le *Miroir*. Il faut en premier lieu se concentrer sur le poème 17 qui ouvre cet ensemble d'ajouts au corpus authentique d'Hadewijch, et dont l'air de famille a déjà été souligné par Dom Porion. De prime abord, les arguments pourraient jouer dans les deux sens. Du point de vue des pratiques linguistiques, un texte composé d'une centaine de vers brefs était plus facilement transposable dans la langue voisine qu'un long traité. En revanche, du point de vue doctrinal, l'impact d'un ouvrage didactique, fortement argumenté et charpenté, sur une composition poétique, intense mais brève, est plus probable que l'inverse. C'est l'examen formel du premier poème de Hadewijch II qui permet de trancher. Les deux strophes introductives ont pour fonction d'annoncer un nouvel enseignement divin (« avec de nouveaux messages de sa clarté, il veut nous illuminer ... », Mgd 17, v. 7-9), dont l'exemple est porté par des « âmes pures et nues » (v. 99-101) qui « ne se dispersent point en d'autres œuvres » (v. 85-87) [29]. Il semble raisonnable de lire dans ces formules le témoignage d'une réception orale, dans un béguinage brabançon de langue thioise, d'un nouvel enseignement qui présente des ressemblances évidentes avec le message transmis par le *Miroir*. Ce poème saisissant ne représente pas une traduction

28. Hadewijch, *Brieven*, p. 178 ; *Lettres*, p. 202.

29. Hadewijch, *Mengeldichten*, p. 87-90 : « Ende met nuwer mare / Vte sinen clare / Ons wilt verlichten. [...] Die niet en gheroen / in ander doen / Dan hier es gheseit [...] In die naheyt / Der enicheit / Sijn selke pure / Binnen altoes / bloet beeldeloes / Sonder figuere. ».

à proprement parler du texte de Marguerite, mais il peut se comprendre, tel qu'il se présente, comme l'exposition d'une nouvelle doctrine, dont les poèmes suivants d'Hadewijch II continueront à se faire l'écho. Mais ce sont, plus encore, ceux d'Hadewijch III qui témoignent d'une proximité avec des thèmes développés par Marguerite – et qui ont été le plus souvent rapprochés de Maître Eckhart [30].

Si l'on objecte que cette double mise en relation se fonde sur des rapprochements textuels insuffisants, il faut rappeler que l'hypothèse défendue ici est celle d'une transmission orale de compositions mouvantes. Il est impossible d'envisager le nombre de degrés intermédiaires qui ont pu exister, dans un sens et dans l'autre, entre les textes contenus dans le corpus attribué à Hadewijch et le *Miroir des simples âmes*. Ce sont toutefois, comme on le constate, des thèmes de première importance pour l'économie générale du discours de Marguerite qui sont impliqués dans les deux exemples présentés. Cette mise en relation a pour première conséquence de la tirer de son isolement, en suggérant qu'elle était au contraire insérée dans un réseau de communautés en relation les unes avec les autres – la *Liste des parfaits* constituant une nouvelle fois le meilleur témoignage de cette internationale mystique. Ce premier résultat offre donc un contrepoint à l'incompréhension dont elle se plaint dans la dernière strophe de la chanson du ch. 122 – passage sur lequel on reviendra plus loin [31]. Les termes par lesquels Hadewijch II annonce la « nouvelle clarté » du *Miroir* met en évidence la singularité de cette œuvre. Bien qu'elle appartienne au monde culturel des béguines, elle s'en distingue par une ambition théorique inhabituelle dans ce milieu. Certes, Hadewijch possédait déjà des notions avancées de théologie, comme le montre notamment l'exposé de théologie trinitaire contenu dans la lettre XX. Marguerite, pour sa part, témoigne d'une véritable créativité spéculative. Cette créativité la met de fait dans une situation de concurrence avec l'élaboration du discours théologique dont les maîtres parisiens revendiquent le monopole. Les représentants de l'institution ecclésiastique ne se sont pas totalement trompés en pressentant une telle concurrence. La singularité de Marguerite ne s'explique qu'en raison d'une certaine familiarité avec cette théologie universitaire. C'est le point sur lequel je voudrais me concentrer, en considérant à nouveau le paysage sonore auquel elle a été confrontée, davantage que de stricts rapports entre documents écrits.

30. P. A. Dietrich, « The Wilderness of God in Hadwijch II and Meister Eckhart and His Circle », dans B. McGinn (dir.), *Meister Eckhart and the Beguine Mystics : Hadewijch of Brabant, Mechthild of Magdeburg, and Marguerite Porete*, New York, Continuum, 1994, p. 31-43.

31. *Miroir*, p. 342.

Théologies vernaculaires et théologie universitaire

Indépendamment l'un de l'autre, aux mêmes dates, Bernard McGinn et Nicholas Watson ont eu recours à l'expression « théologie vernaculaire » pour décrire des formes d'écriture religieuse en langue vulgaire qui émergent au cours du treizième siècle et prolifèrent aux siècles suivants [32]. Les deux auteurs ne considèrent pas exactement les mêmes terrains, l'un se concentrant sur le seul domaine anglais tandis que l'autre embrasse plus largement l'Europe du Nord. Leurs définitions de cette notion divergent également quelque peu. B. McGinn la présente comme l'une des trois formes de la théologie médiévale ; opposée à la théologie monastique et la théologie scolastique, elle s'en différencie par la langue employée, le public visé et ses formes littéraires. Cette classification peut être utile en première approche. Il ne faut pourtant pas la concevoir de façon trop rigide, à la façon de l'une de ces taxinomies des styles théologiques qui se sont multipliées depuis que Robert Grosseteste a identifié dans les œuvres du pseudo-Denys l'existence d'une *Theologia symbolica* perdue, faisant le pendant de la *Theologia mystica* [33]. Au contraire, l'intérêt de la notion est d'abord d'amener à sortir d'un cadre unitaire au sein desquels les tâches seraient clairement distribuées. En la considérant comme une alternative à la théologie institutionnelle, qu'elle soit universitaire ou monastique, on peut utiliser la notion comme un outil descriptif d'un domaine qui peut prendre différentes amplitudes, selon les perspectives que l'on souhaitera privilégier. De fait, il y a plusieurs façons de tracer une limite parmi les multiples textualités en langue vulgaire, entre ce qui mérite ou non d'être qualifié de « théologie ». Si l'on englobe toute forme de discours religieux adressé principalement aux laïcs, dans la langue commune, la catégorie se dilue dans l'ensemble plus vaste d'une « théologie en vernaculaire ». En un sens plus fort, l'appellation peut être restreinte à des textes porteurs d'une réflexion théologique originale, exprimée directement dans la langue usuelle, ce que N. Watson, choisit de privilégier en tant que « the more intellectually challenging texts ». Une définition plus exigeante encore pourrait conduire à mettre en avant parmi ces œuvres celles qui ont été, de surcroît, produites par des laïcs, lesquels peuvent éventuellement choisir de s'exprimer à l'occasion en latin. Cette conception restreinte a sans doute une portée moindre dans la longue durée, mais elle a le mérite de mieux cerner ce qui fait l'originalité du moment historique auquel Marguerite Porete

32. B. McGinn, « Meister Eckhart and the Beguines in the Context of Vernacular Theology », in *Meister Eckhart and the Beguine Mystics*, p. 1-14 ; N. Watson, « Censorship and Cultural Change in Late-Medieval England : Vernacular Theology, the Oxford Translation Debate, and Arundel's Constitutions of 1409 », *Speculum*, 70, 1995, p. 823-824, n. 4.

33. J. McEvoy, *Mystical Theology : the glosses by Thomas Gallus and the Commentary of Robert Grosseteste on* De mystica theologia, Leuven, Peeters, 2003, p. 94-96.

appartient. Pour être plus précis encore, il est sans doute préférable de maintenir l'usage du pluriel, afin de noter qu'il ne peut y avoir, par principe, aucune unité ultime parmi ces diverses « théologies vernaculaires » [34].

Pour poser plus clairement le problème, il importe de rappeler la situation institutionnelle de la théologie au XIIIe siècle. En dépit de la prétention à l'autonomie des maîtres en théologie dans la production doctrinale, leur faculté n'est qu'une pièce de la vaste machinerie de l'Église apostolique romaine, à laquelle a été déléguée la définition rationnelle du dogme. Quelle que soit la singularité éventuelle des positions qu'ils adoptent, leur discours est avant tout un discours d'institution ; leur autorité intellectuelle tient en premier lieu au pouvoir dogmatique dont ils sont investis. La littérature pastorale et didactique, produite en latin ou dans les langues vernaculaires, constitue un champ immense et varié, en plein essor au XIIIe siècle, mais on peut légitimement considérer qu'elle est, dans sa structure, dérivée d'un magistère théologique, seul habilité à définir ce qui peut raisonnablement être dit des choses de la religion. Au sens fort, la théologie s'identifie donc avec l'activité des maîtres parisiens, dont le primat est incontesté dans la définition normative du contenu de la foi chrétienne [35] – les facultés de droit canon, en premier lieu celle de Bologne, jouant un rôle similaire, mais subsidiaire, pour les volets jurisprudentiels et administratifs de la vie de l'Église.

Cependant, le mouvement d'acculturation doctrinale, activement promu par l'Église depuis le concile de Latran IV, donne lieu, à partir de la fin du siècle, à des surgeons inattendus qui, de fait, tendent à remettre en cause ce monopole. Ruedi Imbach et Alain de Libera ont attiré l'attention sur une extension de la pratique philosophique hors de l'université et parmi les laïcs [36] ; du fait de leurs intérêts propres, ils n'ont mis en avant que certains aspects d'un phénomène plus vaste. Le projet scolastique d'une mise en ordre rationnelle du monde, embrassant simultanément la divinité et la totalité de l'univers créé, a puissamment alimenté une curiosité scientifique pour les réalités inférieures. Cet appétit de savoir a pu se traduire aussi bien par une revendication d'autonomie de la philosophie par les maîtres de la faculté des arts, que par le rassemblement de toutes connaissances dans un encyclopédisme qui ne conteste en rien le primat de la théologie. La transposition de ce programme en langue vernaculaire effectuée par le *Roman de la Rose* lui a donné un retentissement considérable. Or le même mouvement conduit aussi à l'émergence d'un discours théologique produit hors de l'université,

34. B. McGinn, « Meister Eckhart and the Beguines », note bien ce point mais choisit pourtant de conserver l'usage du singulier.

35. E. Marmursztejn, *L'autorité des maîtres. Scolastique, normes et société au XIIIe siècle*, Paris, Les Belles-Lettres, 2007 ; C. König-Pralong, *Le bon usage des savoirs. Scolastique, philosophie et politique culturelle*, Paris, Vrin, 2011.

36. R. Imbach, *Laien in der Philosophie des Mittelalters. Hinweise und Anregungen zu einem vernachlässigten Thema*, Amsterdam, Grüner, 1989 ; id., *Dante, la philosophie et les laïcs*, Fribourg, Éditions universitaires, 1996 ; A. de Libera, *Penser au Moyen Âge*, Paris, Seuil, 1991.

par des personnes qui n'ont, aux yeux de l'institution, aucun titre à le faire. Du point de vue des autorités dogmatiques, c'est avec de telles pratiques d'écriture qu'un seuil critique est franchi ; la question de la langue est alors moins importante que le statut laïc de ces outrecuidants qui se mêlent d'un domaine hautement réservé.

Cette émergence est en un sens portée par le rayonnement social du savoir scolastique, qui suscite sa propre émulation. Elle est en même temps attisée par une déficience croissante. Dans les dernières décennies du XIIIe siècle, une fois assimilé l'ensemble du corpus aristotélicien, la discussion théologique gagne encore en technicité. Au sein même de la faculté de théologie, la spécialisation s'accentue entre l'exercice de l'exégèse biblique et celui de la dispute argumentée. Autour de 1300, Duns Scot peut-être pris comme l'emblème de cette sophistication accrue, logique et métaphysique, de la théologie. Le contraste est frappant avec un Bonaventure qui avait, deux générations plus tôt, le souci de maintenir unies dans une même démarche l'argumentation rationnelle, l'exégèse et la contemplation [37]. Cette hyper-spécialisation peut certainement être comptée au nombre des causes de l'apparition de ces théologies vernaculaires laïques qui, dans certains cas, ont pu avoir comme ambition de renouveler le projet d'un savoir englobant.

Les protagonistes les plus marquants de cette émergence sont actifs dans le monde méditerranéen, de la Catalogne à l'Italie centrale. Leurs positionnements institutionnels et sociaux et leurs visées intellectuelles sont à chaque fois différents, mais ils méritent d'être présentés de front, en tant qu'acteurs involontairement solidaires d'un même moment historique. Quelle que soit la façon dont on l'aborde, il est indéniable que la *Commedia* de Dante remplit tous les critères d'une théologie vernaculaire. On peut dire la même chose des *Laude* de Iacopone da Todi, dans lesquelles il est possible d'identifier une véritable dimension savante [38]. Le projet intellectuel englobant de Raymond Lulle ne se compare à rien d'autre dans le monde occidental [39] ; le « philosophe barbu » s'exprime principalement en latin, par souci de donner une portée universelle à ses propositions, mais une part importante de son œuvre littéraire a été rédigée en vernaculaire. De même, le médecin Arnaud de Villeneuve cherche à se faire entendre des maîtres en théologie par des traités écrits rédigés dans la langue savante de référence, mais c'est en langue vulgaire qu'il prodigue ses conseils spirituels aux béguins de Catalogne et Languedoc [40]. Plutôt que de tracer une ligne de partage stricte en fonction des usages linguistiques, il importe plutôt d'être sensible au bilinguisme

37. Voir en particulier Bonaventure, *De reductione artium ad theologiam*, dans *Opera omnia*, Quaracchi, Coll. S. Bonaventurae, t. V, 1891, p. 317-325.

38. A. Montefusco, « Una fedeltà paradossale : sulla memoria bonaventuriana in Iacopone », *Linguistica e Letteratura*, 33, 2008, p. 9-42.

39. A. Bonner, *The Art and Logic of Ramon Llull*, Leiden, Brill, 2007.

40. M.R. McVaugh, « Moments of inflection : the careers of Arnau de Vilanova », in P. Biller, J. Ziegler (éd.), *Religion and Medicine in the Middle Ages*, York, York Medieval Press, 2001, p. 47-67.

inhérent à cette culture savante des laïcs. Ces quatre fortes personnalités sont contemporaines de Marguerite Porete ; tous ont en commun avec elle d'avoir proposé, en tant que laïcs, un discours réflexif sur des sujets religieux, souvent en vue d'un programme de réforme. Plusieurs d'entre eux ont également en commun d'avoir été un temps inquiétés par les autorités ecclésiastiques, et même incarcérés pour certains. Par contraste, on notera à nouveau l'absence de soutiens politiques de Marguerite comparables à ceux dont Dante a pu bénéficier durant ses vingt années d'exil.

La part des circonstances fortuites est indéniable dans sa condamnation. Son œuvre aurait fort bien pu passer inaperçue si Philippe le Bel n'avait pas eu à cœur de se présenter en défenseur de l'orthodoxie chrétienne au moment où l'appui du pape lui était nécessaire pour obtenir la condamnation *post mortem* de Boniface VIII et celle de l'ordre du Temple, ou si le roi de France n'avait tenu à placer des hommes de confiance à des postes clés dans une région frontalière, à proximité de laquelle il avait subi peu de temps auparavant, face aux Flamands, sa principale déroute militaire[41]. Il est cependant possible, à un autre niveau, de donner une interprétation structurale de sa condamnation, en la situant en regard de la définition institutionnelle de la discipline théologique.

L'université médiévale, et en particulier la faculté de théologie parisienne, est un univers masculin, clérical et latin, qui pense dans les termes d'une logique aristotélicienne bivalente. Sans forcer le trait, il est possible de définir la scolastique par l'exclusion des femmes et de la poésie. Dans une question portant sur l'auditoire de la théologie (*De auditore theologiae*), Henri de Gand, l'un des maîtres en théologie les plus conscients de la supériorité intellectuelle que lui confère sa position institutionnelle, commence par assigner à la femme la place la plus désavantageuse : exclue de la *lectio*, elle est à peine digne d'entendre en silence la *predicatio*[42]. Écrit par une femme, en langue vernaculaire, sur un mode narratif et poétique et maniant une autre logique, fondée sur le paradoxe et la réversibilité des contraires, le *Miroir* est à tous points de vue aux antipodes des canons de la théologie universitaire. C'est en cela qu'il a pu être ressenti par les autorités dogmatiques – évêques, inquisiteurs, théologiens et canonistes – comme une menace, en tant que miroir inversé de la fonction institutionnelle du théologien. Pourtant, cette apparente extériorité radicale n'est pas le signe d'une véritable altérité. Marguerite semblait d'autant plus mettre en cause le magistère des théologiens qu'elle avait elle-même repris un nombre de traits de leur propre culture scolastique.

41. S.L. Field, *The Beguine*, *op. cit.*, p. 59-61.

42. C. König-Pralong, *Le bon usage*, *op. cit.*, p. 92-95. Godefroid de Fontaines adresse des critiques à l'élitisme théologique d'Henri et ses conséquences épistémologiques ; s'il revalorise le statut des laïcs, il ne dit rien de la place des femmes, *ibid.*, p. 105-123.

Questions textuelles

Avant d'en venir au fait, quelques observations philologiques sont nécessaires, tant la question de la transmission textuelle du *Miroir* est complexe. Depuis un quart de siècle, les chercheurs peuvent lire l'œuvre de Marguerite dans un volume rassemblant l'édition procurée par Romana Guarnieri, pour le texte en moyen français transmis par le manuscrit de Chantilly (*C*), initialement parue en 1965, et celle de Paul Verdeyen, pour la version latine transmise par cinq manuscrits (*l*), présentée en regard[43]. Chacune de ces versions comporte des lacunes importantes – la seconde moitié du chapitre 122 et la totalité du suivant pour *l* ; un ensemble à cheval sur les chapitres 134-137 pour *C* – si bien que chaque lecteur est nécessairement conduit à prendre en compte, au minimum, ces deux états textuels. Depuis la découverte qu'a faite Geneviève Hasenohr de fragments du *Miroir* en ancien picard contenus dans le manuscrit 239 de Valenciennes (*V*), on peut également entendre un écho plus fidèle de la voix de Marguerite, pour les seuls chapitres 77 et 78[44]. Cette trouvaille inespérée fournit une référence à l'aune de laquelle peuvent être mesurés les écarts présents dans les autres branches de la tradition textuelle. Comme l'a récemment montré Robert E. Lerner, la traduction en moyen anglais (*ME*) semble être la plus fidèle au texte d'origine, sur certains points où *C* et *l* paraissent avoir délibérément atténué certaines expressions de Marguerite[45]. Cependant, de l'aveu même de son glossateur qui signe des initiales M. N., elle a été réalisée à partir d'un exemplaire défectueux et contient elle aussi certaines lacunes (pour les chapitres 122 à 126 et 138-139)[46]. Si cette version doit servir d'instrument de contrôle des versions françaises et latines, elle ne peut les remplacer, du fait d'une trop grande distance linguistique par rapport à l'original et de certains contresens flagrants. L'instrument de travail idéal dont auraient besoin les chercheurs serait une édition synoptique de l'ensemble des témoins disponibles, qui tiendrait également compte des traductions italiennes réalisées à partir du latin[47], de la seconde traduction latine produite à partir de la version en moyen anglais[48], ainsi que des différents témoignages indirects. Une telle confrontation critique permettrait de s'approcher, autant qu'il est possible, de l'expression originelle de Marguerite, en écartant les additions, nuances ou

43. Margareta Porete, *Speculum simplicium animarum/Le mirouer des simples âmes*, R. Guarnieri, P. Verdeyen, ed., Turnhout (CCCM, 69), Brepols, 1986.

44. Hasenohr, « Tradition ».

45. Lerner, « New Light ».

46. Sur ces gloses, voir Ed. Colledge et R. Guarnieri, « The Glosses by "M. N." and Richard Methley to the *Mirror of Simple Souls* », *Archivio italiano per la storia della pietà*, 5, 1968, p. 357-382 et la contribution de Marleen Cré à ce volume.

47. La première de ces traductions a été publiée par Romana Guarnieri, en annexe à la traduction moderne due à Giovanna Fozzer, *Lo specchio delle anime semplici*, Milan, San Paolo, 1994.

48. J. Clark (éd.), *Speculum animarum simplicium* : A Glossed Latin Version of The Mirror of Simple Souls, Salzbourg (Analecta Cartusiana, 266), 2010, 2 vols.

variantes accidentelles introduites au fil des traductions et des copies[49]. Seul un examen aussi détaillé permettrait d'établir, ligne après ligne, le sens le plus vraisemblable du texte. Une telle démarche s'impose du fait de la situation éditoriale du *Miroir*. Le volume publié en 1986 dans le *Corpus christianorum* réunit deux éditions, produites séparément, qui n'ont pas été harmonisées entre elles et présentent chacune certaines insuffisances philologiques[50]. La traduction anglaise, réalisée par Edmund Colledge, J. C. Marler et Judith Grant, constitue à ce jour la tentative d'examen comparée de toutes les branches de la tradition la plus avancée, mais elle est loin de résoudre toutes les difficultés[51].

Relations entre les versions française et latine

Comme tous les chercheurs l'admettent, il ne fait aucun doute que la version latine est la traduction d'un texte original français. Une question ouverte, qui n'a pas encore été clairement tranchée, concerne la relation du manuscrit de Chantilly aux strates antérieures de la transmission textuelle. En conclusion d'un article qui visait à montrer que l'état de langue de ce témoin ne pouvait être antérieur à 1370, et ne représentait donc pas la langue parlée par Marguerite, Povl Skårup avait suggéré que cette version n'était elle-même qu'une retraduction du latin[52]. Cependant, le linguiste danois n'avait guère fourni d'argument probant en ce sens, faute de s'appuyer sur une confrontation avec les témoins latins du *Miroir*. Cette éventualité semblerait devoir être définitivement balayée après la découverte des fragments du manuscrit de Valenciennes. Malgré certains écarts, le manuscrit de Chantilly témoigne d'une grande proximité avec cette version dans le choix et l'ordre des mots qui paraît difficilement compatible avec l'hypothèse d'un cycle de traduction en latin et retraduction en vernaculaire. De ce point de vue, la transmission directe du vieux au moyen français devrait donc être retenue comme solution la plus économique. Selon les termes de G. Hasenohr, le manuscrit de Chantilly fournit un « rajeunissement » de la version en ancien français. Pourtant, et sans donner de justifications à son jugement, l'éminente historienne des littératures religieuses vernaculaires suppose que l'auteur de ce texte « a peut-être

49. Michael Sargent a réalisé une collation de ce type pour les passages couverts par le manuscrit de Valenciennes, [en ligne] : http://web.me.com/michaelgsargent/Site/Marguerite_Porete.html (consulté le 9 août 2011).

50. Dans l'article qui suit, G. Hasenohr propose de nombreuses corrections à l'édition du texte français. Pour une critique de l'édition du texte latin, voir Ed. Colledge, « The Latin *Mirror of Simple Souls* : Margaret Porette's ultimate accolade ? » in H. Phillips (ed.), *Langland, the Mystics and the medieval English tradition. Essays in honour of S. S. Hussey*, Woodbridge, Boydell, 1990, p. 177-183.

51. Ed. Colledge, J.C. Marler et J. Grant (trad.), Margaret Porete, *The Mirror of Simple Souls*, Notre Dame, U. of Notre Dame Press, 1999. Cette traduction corrige en certains points l'édition de *C* et signale des annotations du copiste de ce manuscrit dont R. Guarnieri n'avait pas rendu compte. Voir à présent les corrections qu'apporte Geneviève Hasenohr dans sa contribution, p. 119-126.

52. P. Skårup, « La langue du *Miroir des simples âmes* attribué à Marguerite Porete », *Studia Neophilologica*, 60, 1988, p. 231-236.

consulté aussi la rédaction latine »[53]. Certains indices qui émergent d'une lecture parallèle des deux versions pourraient conforter ce jugement. Cette argumentation impose de passer en revue les types d'écart qui existent entre ces deux états du *Miroir*.

Le texte transmis par le manuscrit de Chantilly et la version latine témoignent le plus souvent d'une correspondance strictement littérale. Il faut cependant noter que, dans les chapitres 124 à 133, des variantes plus substantielles apparaissent, avec parfois des inversions dans l'ordre des propositions ou des passages qui ne vérifient pas une correspondance terme à terme[54]. Certaines discordances récurrentes tiennent à des habitudes linguistiques. Ainsi, le latin emploie fréquemment des adverbes qui sont absents du texte français et qui trahissent sans doute le plus souvent des explicitations apportées par le traducteur[55]. De même, la version latine est parfois plus précise dans l'expression théologique[56]. Très régulièrement, *l* emploie deux termes voisins (généralement des substantifs ou adjectifs, plus rarement des verbes) là où *C* se contente d'un seul[57] ; la situation inverse n'est pas inconnue mais elle se vérifie bien moins fréquemment[58]. Pour sa part, le manuscrit de Chantilly ajoute souvent au texte des formules explicatives de différents ordres ; celles-ci visent notamment à animer le dispositif scénique du *Miroir*, en indiquant les personnages qui prennent la parole ou en insérant quelques dialogues supplémentaires[59]. On trouve également d'autres additions emphatiques qui visent à expliciter le sens du texte[60]. Chacune des deux versions présente de

53. G. Hasenohr, « Tradition », p. 1359.

54. Entre autres cas de discordances, au ch. 124, p. 352, la proposition commençant à la ligne 41 (« que on doit dedans semer ... ») est traduite après la phrase débutant ligne 44 (« Ces deux choses... »). Ch. 126, p. 364, lignes 26-33, la traduction latine n'est pas littérale, et très éloignée du français. Les deux versions du premier paragraphe du ch. 130 ne concordent pas, p. 372-373.

55. Pour ne donner que quelques exemples : dans le ch. 8, p. 28-29, *sic effronte recedit ... sic temerarie loquitur*, correspond à « prent congé ... ainsi parle » ; ch. 11, p. 47, l. 124-126 : *numquid aliquid de uestra infinita et incomprehensibilia bonitate sufficienter et plene dicit* correspond à, p. 46, l. 131-132 : « ne dit jamais nulle chose de la bonté de vous ».

56. Dans le ch. 67, p. 190-191, les verbes canoniquement employés en théologie trinitaire pour décrire la procession du Fils et l'émanation de l'Esprit *procedit, emanat,* sont rendus par les verbes « être » ou « naître ».

57. Pour donner quelques exemples entre mille, dans le ch. 5, p. 20-21 « magistros et sapientes » correspond à « maistres » ; ch. 7, p. 26-27 : *labor aut opus* / « travail » ; ch. 57, p. 164-165 : *qui sunt marcidi seu maesti* / « marriz » ; *mercatores et quaestores* / « marchans ».

58. Par exemple, ch. 15, p. 64-65, *suum situm* correspond à « son assiete et repos » ; ch. 46, p. 140-141, *devenit* correspond à « est cheue et venue ».

59. Par exemple, dans le ch. 11, la première intervention d'Amour (p. 36) et la réitération des demandes d'explication de Raison à propos des troisième, septième, huitième et neuvième points (p. 40-44, 48) sont propres à *C*, absents de *l* et *ME*.

60. Ainsi, dans le ch. 76, la tournure interrogative concernant saint Pierre est redoublée par une formule explicative p. 210, l. 15 : « Certes il n'en eut point de honte... ».

nombreuses omissions ou ajouts de quelques mots ou phrases, qu'il conviendrait d'examiner de façon détaillée afin de déterminer s'ils sont accidentels ou intentionnels[61].

Un phénomène frappant tient au nombre élevé de variantes portant sur un mot unique, généralement issues d'une erreur de copie. Pour donner un exemple flagrant, dans le chapitre 74, *C* emploie une tournure dont il est difficile de saisir le sens : « pource que on entend la glose par surnom ». Cette formule s'éclaire à la lecture de *l* : *quia res potest cognosci per suum cognomen*. Par une corruption de la tradition française, sans doute causée par une mauvaise lecture, le terme correct, « chose », a été remplacé par « glose », mot fréquemment employé dans le *Miroir* mais déplacé en ce lieu. Ailleurs, de façon répétée, les adjectifs substantivés « petite » et « petis » ont été lus au lieu de « perie » ou « peris », impliqués par les termes latins correspondants (*perita, qui pereunt*)[62].

En sens contraire, on repère dans la version latine des variantes issues d'erreurs de lecture présentes dans le texte français utilisé lors de la traduction. Au ch. 50, *l* offre la leçon, *mea dilecta filia* alors que *C* parle de « mon aisnée fille » (en accord avec *ME*), ce qui s'explique par une confusion entre « aisnée » et « aimée » dans la source française de la version latine[63]. De même, au ch. 80, l'écart entre « qu'il me souviengne de luy » et *ut de me se sustineat* suggère que cette version comportait le subjonctif « soustiegne » au lieu de « souviengne », la modification du verbe ayant induit à son tour une inversion des pronoms personnels (« me ... de luy » / *se de me*)[64].

On peut encore observer un troisième type de variantes qui sont apparemment dues, cette fois, à des erreurs de lectures commises au sein de la transmission latine. Au ch. 54, l'écart entre « quels genz sont ceux de la montaigne » et *quales sunt illi de morte* peut s'expliquer par une confusion graphique entre les termes latins *monte* et *morte*[65]. De la même façon, au ch. 68, la discordance entre « sans de la me mouvoir » et *nichil mendicans penitus* pourrait provenir d'une confusion entre *movens* et *mendicans*, compréhensible du point de vue paléographique si ce dernier

61. Ed. Colledge, « The New Latin Mirror of Simple Souls », *Ons geestelijk erf*, 63, 1989, p. 279-287.

62. *Miroir*, ch. 57, p. 166, l. 39-40 : « petite » / *perita* ou *periclitata* ; l. 45 « cil est petit ou pouvre » / *quod periit* ; ch. 60, p. 174, l. 16 : « les petis » / *qui pereunt* ; ch. 62, p. 180, l. 4 : « les petis » / *eos qui pereunt*. Mais dans toute la première partie du ch. 57 ailleurs, le français a bien « peris » pour *qui pereunt*. Voir aussi ch. 71, p. 198, l. 22 « deux mots d'amour » pour *dulcia vocabula amoris*, causé par une mauvaise lecture de « doulx mots ». *Cf.* Colledge *et al.*, *Mirror*, p. 92, n. 8.

63. *Miroir*, ch. 50, p. 150, l. 23. Colledge *et al.*, *The Mirror*, p. 70, n. 4, pensent à une confusion dans la tradition latine entre *electa* et *dilecta*, produisant une divergence entre « eslue » et « aimée » dans la tradition française. La solution proposée ici paraît plus économique.

64. *Miroir*, ch. 80, p. 228, l. 37 - p. 229, l. 36. Voir ch. 55, p. 160, l. 18 « beneurez » alors que le latin a *boni operarii*, p. 161, lin. 16, qui traduit « bons ouvriers ».

65. *Miroir*, ch. 54, p. 158, l. 16-18. La confusion est également présente dans la phrase précédente, « n'entend nul vivant fors celluy de la montaigne » ; *non intelligat quicquam aliquis qui vivat extra mortem*. *ME* confirme que « montaigne » est la bonne leçon.

mot était présenté sous une forme abrégée[66]. Au ch. 58, l'écart entre « quant je œuvre » et *quando me ibi aperio* peut supposer une variante *operor / aperio* ; le même glissement semble répété au chapitre suivant où le verbe « œuvre » (*operitur*) correspond à *aperit*[67]. Au ch. 115, la discordance entre « muance d'amour » et *unitationis amoris* pourrait dépendre d'une confusion graphique entre *mutationis* et *unitationis* ; dans le ch. 118, « ilz demourent en paresse » pour *ipsi manent in parvitate* peut être causé par une confusion entre *pigritate* et *parvitate*[68]. Dans un nombre important de cas, cette hypothèse pourrait fournir une explication plausible aux écarts entre les deux versions[69].

Une telle situation se comprend facilement lorsqu'elle manifeste une simple corruption de la version latine. Or ce n'est pas toujours le cas, si l'on en juge par l'instrument de contrôle que constitue la traduction en moyen anglais. Sur un échantillon d'une cinquantaine de lieux variants pour lesquels la confrontation est possible, on note une répartition presque égale de cas dans lesquels la version anglaise conforte *C* ou, au contraire, confirme les leçons de *l*. Dans ce dernier cas de figure, il faudrait en conclure qu'une variante du texte français a été provoquée par une mélecture d'un mot latin. Or une telle configuration est fortement contre-intuitive. Elle impliquerait que le « rajeunissement » de l'ancien français dont témoigne *C* ait suivi les indications données par une version latine présentant elle-même des erreurs de lecture absentes de tous les témoins conservés ; il faudrait donc supposer un intermédiaire latin perdu entre le texte originel et celui du manuscrit de Chantilly, qui témoignerait d'une branche spécifique de la tradition textuelle latine. Le caractère très ponctuel des indications relevées impliquerait cependant, non pas une traduction intégrale, mais seulement une aide prise en certains endroits pour éclairer la compréhension de passages difficiles.

66. *Miroir*, ch. 50, p. 192, l. 15-16 ; p. 193, l. 12.

67. *Miroir*, ch. 58, p. 170, l. 37 ; ch. 59, p. 172, l. 16.

68. *Miroir*, ch. 115, p. 308, l. 27 ; ch. 118, p. 318, l. 24.

69. Pour fournir encore quelques exemples, j'indique entre parenthèse le terme latin sous-jacent au français : ch. 11, p. 44, l. 119 : « mortifficacion » (*mortificatio*) / *mortalitas* ; p. 46, l. 133 : « d'oïr » (*ad audiendum*) /*ad videndum* ; ch. 31, p. 104, l. 45 : « est incompréhensible » (*incomprehensibilis*) / *incomparabilis* ; ch. 33, p. 110, l. 23 : voeir la Trinité (*trinitatem*) / *videre divinitatem* ; ch. 41, p. 128, l. 25 : « des joyes de paradis » (*de gaudibus*) / *de statibus paradisi* ; ch. 43, p. 134, l. 43-44 : « par maniere de voulenté » (*voluntatis*) / *per modum operationis* ; ch. 47, p. 142, l. 10 : « l'ont excusée » (*excusaverunt*) / *expediverunt* ; ch. 52, p. 152, l. 9 : « des affluences de divine amour » (*de affluentiis*) / *de fluviis amoris divini* ; ch. 85, p. 240, l. 7 : « sa plaine pinte » (*pinctam*) / *suam plenam puritatem* ; ch. 86, p. 246, l. 53 : « Marthe en a souvent » (*pluries*) / *Martha habet plures* ; ch. 92, p. 260, l. 14 : « seules choses divines » (*solae divinae*) / *solum dominae* ; ch. 98, p. 272, l. 8 : « de la plus haulte pureté » (*puritatis*) / *sublimioris partis* ; ch. 101, p. 276, l. 5 : « je erreroye » (*delinquerem*) / *deligerem* ; ch. 131, p. 382, l. 72 : « en demourant es tourments » (*in tormentis manendo*) / *in tormentis moriendo* ; ch. 139, p. 402, l. 3 : « en plusieurs poins » (*punctis*) / *in diversis plicis*.

Pour appuyer plus fortement cette hypothèse, il serait nécessaire de rassembler davantage d'indices allant dans le même sens. Camille Bérubé a par exemple noté que deux emplois de *immo*, ayant la valeur d'un renforcement emphatique (« bien plus »), « sont minimisés dans le texte de Chantilly par deux "ainçois" » compris dans le sens d'une opposition (« au contraire »)[70] ; ce contresens pourrait de nouveau être vu comme l'effet d'un passage par le latin, la traduction mécanique de la conjonction *immo* par « ainçois » ne rendant pas la nuance assertive attendue ici. Mais, somme toute, il faut admettre que les exemples proposés ne sont pas nécessairement concluants, puisque l'on ne peut pas écarter la possibilité que les mêmes lieux variants relèvent plutôt de glissement opérés au sein d'une transmission française[71]. L'énoncé de cette hypothèse fait au moins apparaître la nécessité de soumettre à un examen minutieux toutes les divergences entre les différentes versions du *Miroir*.

Datation de la traduction latine

Une autre question ouverte concerne la date de la traduction latine. Paul Verdeyen pensait qu'elle avait pu être produite à l'occasion du procès ; on a même envisagé que les trois avis auraient été sollicités sur un texte traduit en latin par Marguerite elle-même. Cependant, comme l'a noté Robert Lerner, la façon dont cette version corrige ou omet certaines formulations présentes en *ME* laisse penser qu'elle correspond à un état textuel postérieur à la condamnation de 1310. Il est possible que ces altérations soient principalement imputables au traducteur latin. Cela impliquerait que cette traduction latine n'a pas été produite à l'initiative de Marguerite, ni même à l'occasion de son procès. Comme dans d'autres cas de procès doctrinaux portant sur des textes vernaculaires, les examinateurs n'ont pas eu besoin d'une traduction latine pour identifier et traduire eux-mêmes des propositions suspectes[72].

Cette solution peut être confirmée par de nouveaux arguments lexicaux. Selon un conseil judicieux fourni par François Dolbeau, l'identification du néologisme le plus récent offre le meilleur moyen de dater un texte par des critères internes[73]. Dans le cas du *Miroir*, les termes latins forgés sur l'ancien français abondent, mais ils n'offrent pas de prise assurée pour situer le texte puisqu'ils ont pu être produits dans le processus même de traduction. Par exemple, il n'est pas sans intérêt de

70. C. Bérubé, *L'amour de Dieu selon Jean Duns Scot, Porète, Eckhart, Benoît de Canfield et les Capucins*, Roma, Istituto storico dei Cappuccini, 1997, p. 35. Les deux cas signalés concernent le ch. 35, p. 116, l. 44 et 47.

71. Dans l'article qui suit, Geneviève Hasenohr montre que c'est effectivement le cas. Les remarques présentées ici ont eu pour principal intérêt de susciter cette mise au point qui fait considérablement avancer notre compréhension de la transmission textuelle du *Miroir*.

72. Lerner, « New Light », p. 111, qui signale les cas presque contemporains des sermons allemands d'Eckhart et de l'adaptation catalane du *Commentaire de l'Apocalypse* d'Olivi.

73. Conversation privée.

noter que le premier autre texte médiéval qui fait grand usage de la forme *sentimentum* est le *Mémorial* d'Angèle de Foligno, exacte contemporaine de Marguerite. Il n'est cependant pas possible de tirer de ce fait un indice probant quant à la date et au lieu de la traduction du *Miroir* puisque, dans l'un et l'autre cas, le latin ne fait que décalquer des termes vernaculaires italien ou français.

Il existe en revanche un mot rare et récent, employé plusieurs fois par *l* et qui ne peut pas être une invention du traducteur. Le terme *philocaptus* n'avait jusqu'à présent guère retenu l'attention des lexicographes. Une belle étude de Frédéric Gabriel vient de mettre en lumière les origines et la carrière de cet hybride gréco-latin [74]. La forme a été créée par Raymond Lulle, à l'occasion de sa propre traduction latine du *Roman d'Evast et Blaquerne* (entre 1276 et 1283), pour rendre un équivalent du verbe *enamorar*, mais « il n'est pas anodin que le terme prenne toute son ampleur dans le *De virtutibus et peccatis* rédigé entre octobre 1312 et février 1312 à Majorque » [75]. Peu auparavant, le médecin Bernard de Gordon avait fait usage du mot, dans un traité rédigé à Montpellier entre 1295 et 1308. Les occurrences suivantes sont à chercher en Italie, chez les commentateurs de Dante, dans les années 1330-1340, puis auprès de bien d'autres auteurs. Une génération plus tard, John Wyclif semble être le premier à l'utiliser hors des régions méditerranéennes.

La trajectoire géographique de cette dissémination offre une piste précieuse pour situer l'origine de la version latine du *Miroir*, qui emploie par trois fois les formes *philocapta* ou *philocapit* [76]. Certes, on sait que Raymond Lulle était lui-même présent à Paris en 1310, au moment de la condamnation de Marguerite. Plusieurs commentateurs ont, à juste titre, dressé des parallèles entres les démarches de ces deux auteurs [77]. Cependant, aucun autre argument ne peut laisser penser que Lulle se serait personnellement intéressé à l'œuvre condamnée de Marguerite. Un effort de traduction d'un texte de cette ampleur aurait à coup sûr laissé d'autres traces dans la carrière de ce grand polygraphe. Il paraît donc plus prudent de prendre comme repère le cheminement du néologisme afin de tenter de cerner le moment où il a pu croiser un intérêt pour le *Miroir des simples âmes*. Pour fonder cette déduction, on peut admettre que le besoin de produire une version latine se serait d'abord fait sentir dans une région où les dialectes d'Oïl n'étaient pas couramment compris. Au cours de son passage des Baléares et du Languedoc vers l'Italie, il est plausible que le mot ait retenti en Provence et dans la vallée

74. F. Gabriel, « Philocaptus », dans I. Atucha, D. Calma, C. König-Pralong, I. Zavattero (dir.), *Mots médiévaux offerts à Ruedi Imbach*, Porto, FIDEM, 2011, p. 535-545.

75. *Ibid.*, p. 536.

76. *Speculum*, ch. 76, p. 211 : *quia erat ab eo succensa, capta et philocapta* pour « car elle est estoit sourprinse, prinse et emprense » ; ch. 118, p. 325 : *philocapta et gratiosa* [...] *quae philocapit animam* pour « sourprinse [...] qui sourprent l'ame ».

77. P. Dronke, *Women Writers of the Middle Ages : A Critical Study from Perpetua († 203) to Marguerite Porete († 1310)*, Cambridge, CUP, 1984, p. 218. K. Emery Jr., « Foreword », dans Colledge *et al.*, *The Mirror*, p. xv-xvii.

du Rhône, d'autant plus que le transfert s'est effectué à un moment (1310-1330) où cette région était devenue le centre de gravité du monde intellectuel occidental. Cette fenêtre suggère un contexte historique qui présente tous les caractères souhaités. Pour formuler une simple conjecture, peu après le concile de Vienne, qui avait redoublé la récente condamnation parisienne du livre de Marguerite dans le décret *Ad nostrum* (1312), peut-être plus précisément à Avignon sous le pontificat de Jean XXII, un lecteur de cette œuvre doublement dénoncée par les autorités aurait pu souhaiter la préserver de la disparition complète, en produisant une version latine [78]. Ce traducteur était lui-même probablement un clerc, doté d'une bonne culture théologique, puisque l'on a remarqué que la version latine explicite et précise des notions restées parfois vagues dans le texte français. Il est tout aussi vraisemblable qu'il s'adressait à un public clérical des régions méditerranéennes pour qui la langue française n'offrait pas un moyen de communication adéquat.

De fait, l'essentiel de la transmission textuelle de cette version latine s'est ensuite effectuée dans la péninsule italienne. Les traces de lecture du *Miroir* et de réactions à leur encontre y sont nombreuses, en particulier dans le deuxième quart du XVe siècle. Des arguments linguistiques conduisent à dater la composition de l'archétype de *C* autour de 1400. Comme le remarque R. E. Lerner, les noms des fleuves donnés en exemple dans le chapitre 82 fournissent une bonne piste pour la localiser. Reproduisant probablement les exemples donnés dans la version originelle, *ME* parle de l'Oise et de la Meuse. Pour sa part, la traduction latine n'indique aucun nom propre ; on peut y voir un effet de la vocation universelle de cette langue, aussi bien qu'une preuve de la composition de cette version dans des régions où ces fleuves avaient perdu leur puissance d'évocation. En revanche, la version *C* mentionne la Seine et l'Oise, révélant de la sorte une composition dans la région parisienne.

Marguerite et la culture scolastique

S'il fallait s'en tenir aux seules correspondances textuelles avérées, la culture théologique de Marguerite pourrait sembler singulièrement pauvre et datée. Comme le montre plus loin Olivier Boulnois, l'*Epistola aurea* de Guillaume de Saint-Thierry est l'unique ouvrage savant dont elle paraît avoir eu une connaissance certaine [79]. Dans ce cas, il s'agit moins d'une source que d'un élément de structuration de son univers conceptuel. Il ne serait pas impossible

78. Je reprends ici la conclusion de Lerner, « New Light », p. 115 : « a sympathizer with access to a French copy of the *Mirror* decided to pass along Marguerite's book clandestinely, albeit with crucial changes that would have made it somewhat more acceptable to orthodox readers. » L'opération me semble s'être produite un peu plus tard, et plus au Sud, que ne le suggère cette conjecture.

79. Voir *infra*, p. 141-144.

qu'elle ait éventuellement lu elle-même le texte latin, qui était très diffusé. Cette connaissance est toutefois largement partagée parmi les béguines savantes du Brabant et des provinces voisines, si bien que l'hypothèse d'une imprégnation principalement orale de ces thèmes ne serait pas inconcevable. Une comparaison avec Hadewijch montre que cette dernière avait une plus grande familiarité avec d'autres auteurs latins du XIIe siècle, notamment Hugues et Richard de Saint-Victor, dont on ne retrouve pas la trace chez Marguerite [80]. Il serait pourtant erroné d'en déduire que le *Miroir des simples âmes* est entièrement construit sur la base d'une culture théologique limitée et vieille de plus d'un siècle.

Au sein du béguinage Sainte-Élisabeth de Valenciennes, un bâtiment abritant une école est attesté dès 1267. La première enseignante dont le nom apparaît dans les sources est une certaine Marie de Hasnon, active en 1332 [81]. Il est possible qu'à un certain moment de sa vie, Marguerite ait occupé la même fonction. Les premiers documents concernant le contenu de cet enseignement, datant de la fin du XVe siècle, montrent que l'on n'y offrait aux enfants, garçons et filles, qu'une éducation rudimentaire. Plus généralement, Walter Simons ne repère pas de trace de *scriptorium* ou de bibliothèques dans les béguinages [82]. Si ces milieux sont spirituellement et intellectuellement riches, ils sont pauvres en livres.

Les seuls éléments externes qui permettent de tracer les relations de Marguerite avec d'autres milieux tiennent aux avis qu'elle a sollicités pour son livre. La consultation de Godefroid de Fontaines n'implique évidemment pas une relation personnelle. De même, l'approbation donnée par le chantre Francon ne prouve rien quant à l'intensité de ses liens éventuels avec l'abbaye de Villers. En revanche, le premier nom cité laisse davantage penser à une fréquentation continue. Frère Jean de « Querayn » (sans doute Quiévrain [83]) a probablement été sollicité parce qu'il occupait la fonction de lecteur au couvent franciscain de Valenciennes. Bien que l'école locale n'ait pas été un centre d'études de niveau élevé, l'enseignant qui y exerçait pouvait à juste titre être considéré comme une autorité théologique de référence, dans une ville dépourvue d'école cathédrale [84]. Pour occuper une telle fonction, il devait lui-même avoir suivi des études dans un *studium* de rang plus élevé. Le couvent de Valenciennes relevait de la custodie

80. P. Mommaers, *Hadewijch*, p. 59-75.

81. B. Carpentier, « Le Béguinage Sainte-Elizabeth », *Mémoires du cercle archéologique et historique de Valenciennes*, 4, 1959, p. 146-147.

82. W. Simons, « "Staining the Speech of Things Divine": The Uses of Literacy in Medieval Beguine Communities », dans *The Voice of Silence*, p. 85-110.

83. Le nom est plus proche de la forme attestée que ceux d'autres villages qui ont été parfois suggérés (Quaregnon ou Quérénaing) ; Quiévrain, à présent en Belgique, n'est situé qu'à 15 km de Valenciennes. Voir *supra*, p. 29.

84. L'importance de ces personnages apparaît notamment quand les inquisiteurs doivent réunir un conseil avant de prononcer leur condamnation. Sur les écoles des Mendiants, voir à présent K. Emery Jr, W.J. Courtenay, S.M. Metzger (éd.), *Philosophy and Theology in the* Studia *of the Religious Orders and at the Papal and Royal Courts*, Leiden, Brill, 2012.

d'Artois et appartenait à la province de France ; il est donc possible que Jean ait auparavant été envoyé à Paris suivre un cycle initial d'études théologiques de quatre ans, avant d'être chargé d'une fonction de *lector* dans sa région d'origine [85]. La composition du couvent parisien en 1303 révèle la présence de deux frères originaires des environs immédiats de Valenciennes (Condé-sur-Escaut et Saint-Amand-les-Eaux) et qui étaient sûrement rattachés au couvent local [86]. Grâce à de tels relais, la ville n'était donc pas tenue à l'écart des derniers développements du discours théologique. S'il paraît exclu que Marguerite ait suivi les cours de théologie donnés au sein du couvent, il est en revanche certain qu'elle a entendu des sermons prononcés par frère Jean et d'autres confrères, dont certains avaient éventuellement pu être formés à Paris. De la sorte, elle a pu avoir, oralement et de seconde main, un accès, restreint mais précieux, à la culture scolastique la plus récente.

Références à la hiérarchie angélique

Contrairement à ce qui est parfois allégué, rien ne laisse penser qu'elle ait eu une connaissance directe du pseudo-Denys. Le corpus dionysien fait partie de ces œuvres que les étudiants et maîtres en théologie n'abordent qu'entourées de plusieurs couches de gloses et commentaires, comme un objet d'étude davantage qu'un manuel qui livrerait des réponses immédiatement utilisables [87]. La présence des anges dans la culture commune et la connaissance de leurs différentes dénominations sont telles qu'il n'y pas lieu de surévaluer les quelques mentions qu'en fait le *Miroir*. Les visions d'Hadewijch sont non seulement peuplées d'anges ; ceux-ci sont souvent situés avec précision dans leurs ordres hiérarchiques respectifs [88]. De la même façon, Marguerite sait qu'il existe neuf ordres dans la hiérarchie angélique, puisque le dixième désigne, par impossible, l'état de gloire [89]. En plusieurs lieux, elle insiste sur les différences de perfection qui séparent ces ordres, « car toutes les jerarchies de paradis n'ont mye ung mesmes nom » ; leurs dénominations peuvent se cumuler à mesure que l'on progresse dans la hiérarchie, puisque le nom d'ange est également approprié au séraphin, et non l'inverse [90].

85. W.J. Courtenay, « The Instructional Programme of the Mendicant Convents at Paris in the early Fourteenth Century », dans P. Biller, B. Robson (éd.), *The Medieval Church : Universities, Heresy and the Religious Life. Essays in Honour of G. Leff*, Woodbridge, Boydell, 1999, p. 77-92.

86. W.J. Courtenay, « Between Pope and King : The Parisian Letters of Adhesion of 1303 », *Speculum*, 71, 1996, p. 595, n. 72, note la présence de Nicolas de Condé et Jean de Saint-Amand.

87. H. Dondaine, *Le corpus dionysien de l'université de Paris au XIII*e *siècle*, Rome, Storia e Letteratura, 1953.

88. Hadewijch, *Visionen*. Voir notamment les visions 1 et 13.

89. *Miroir*, ch. 106, p. 288.

90. *Miroir*, ch. 72, p. 202.

L'énoncé le plus précis employé au sujet de la hiérarchie angélique explique qu'« il y a aussi grant differance des anges, des ungs aux aultres, par nature, comme des hommes aux asnes »[91]. Le contexte, comme le sens de la comparaison, indique qu'il s'agit ici d'une distinction entre des classes d'anges et non pas entre des individus angéliques[92] ; on ne peut donc y voir une allusion à la doctrine controversée de Thomas d'Aquin concernant l'impossible égalité entre deux anges de la même espèce. La seule clause technique tient dans l'expression « par nature », mais elle correspond à une position presque universellement partagée au XIIIe siècle ; la solution alternative, qui serait celle d'une hiérarchisation d'anges naturellement égaux en fonction des seuls dons de gloire qu'ils reçoivent, n'est défendue que par très peu d'auteurs[93]. Cependant, il faut souligner que le point d'application de cette comparaison n'est pas tout à fait approprié. Marguerite emploie ce vocabulaire hiérarchique dans le seul but de souligner la différence entre les « adnientiz » et ceux qui ne le sont pas, alors que, bien évidemment, il ne peut y avoir entre eux une différence de nature, mais seulement d'état.

Un autre usage, plus original, de la hiérarchie céleste figure dans le chapitre 77, lorsque Amour se plaint d'avoir envoyé en vain à Raison des messages portés par les Vertus, sous forme de lettres scellées, « ainsi comme font les Anges de la tierce jerarchie ». Formulant ses reproches, Amour mentionne plus précisément les fonctions dévolues à chacun de ces anges : « Je vous envoyai les Thrones pour vous reprendre et aorner, les Cherubins pour vous enluminer et les Seraphins pour vous embraser »[94]. Les tâches de chacun sont conformes à l'explication étymologique des noms des différents types d'anges donnés au septième chapitre de la *Hiérarchie céleste* : il est bien connu que les séraphins brûlent comme le feu et que les chérubins accueillent et diffusent la lumière ; quant au nom des trônes, il est seulement justifié par une tension vers le haut[95]. La forme de la mise en série laisse cependant penser que Marguerite s'est inspirée d'un modèle littéraire issu des écoles. Une liste des offices remplis par chaque ordre angélique apparaît par exemple dans un sermon de Guillaume d'Auvergne, qui emploie les mêmes termes

91. *Miroir*, ch. 100, p. 274.

92. *Miroir*, ch. 98, p. 272 : « les anges du premier lignage ne sont mie Seraphins, ne ne pevent estre, car Dieu ne leur donne point des Seraphins l'estre ».

93. *Cf.* S. Piron, « Deplatonising the Celestial Hierarchy. Peter John Olivi's interpretation of the Pseudo-Dionysius », dans I. Iribarren, M. Lenz (dir.), *Angels in Medieval Philosophy Inquiry. Their Function and Significance*, Aldershot, Ashgate, 2008, p. 29-44.

94. *Miroir*, ch. 77, p. 216-218. La traduction latine de la fonction des trônes comme « ad purgandum et ornandum » s'inspire des trois fonctions attribuées à l'ensemble de la hiérarchie céleste (*purgare, illuminare, perficere*) ; il n'est pas certain que Marguerite y ait pensé en employant le verbe « reprendre ».

95. *Œuvres complètes du pseudo-Denys l'Aréopagite*, trad. M. de Gandillac, Paris, Aubier, 1943, p. 206-208.

à propos des séraphins et des chérubins, mais oublie de traiter les trônes [96]. Ce texte n'est évidemment pas le seul modèle disponible et il n'y a pas de raison de penser que Marguerite l'ait connu sans intermédiaire. Dans ses *Collationes in Hexaemeron*, Bonaventure déploie les multiples significations que peuvent avoir les ordres angéliques, dans un texte qui a pu fournir différentes suggestions aux prédicateurs franciscains [97].

La description des six ailes du séraphin, dont deux lui couvrent la tête, deux les pieds, tandis que les deux autres volent, provient à la lettre du célèbre verset d'Isaïe 6, 2. Toutefois, l'interprétation allégorique qui est en faite dans le cinquième chapitre du *Miroir* semble porter la marque des typologies scolastiques [98]. Dans ce cas, l'originalité du propos n'en est que plus remarquable. De façon classique, les pieds sont censés désigner l'humanité du Christ et la tête sa divinité [99]. Pour Marguerite, ils représentent ici respectivement la souffrance du Christ et la plénitude de sa connaissance.

Pour compléter l'examen des éventuelles reprises dionysiennes, il est également possible de faire usage d'un critère linguistique. Par mimétisme, les lecteurs du pseudo-Denys ont souvent tendance à employer des superlatifs construits à l'aide du suffixe *super-*. Le traducteur latin du *Miroir* y a ainsi a recours une dizaine de fois [100]. Or, dans aucune de ces situations, le terme français correspondant n'est un néologisme construit par imitation de ce trait stylistique distinctif. Le seul exemple qui pourrait éventuellement être allégué est l'adverbe « surmontamment », forme inusitée construite à partir du verbe « surmonter » qui est en revanche commun. Toutefois, l'usage de ce terme constitue moins l'effet d'une lecture que de l'effort d'exprimer un état superlatif au terme d'une série croissante : « Ceste Ame, dit Amour, est franche, mais plus franche, mais tres franche, mais surmontamment franche » [101].

96. Guillaume d'Auvergne, *Sermones de sanctis*, éd. F. Morenzoni, Turnhout, Brepols (CCCM, 230B), 2012, p. 379 : « Seraphim proprie sunt ex officio inflammandi animos ex amore. Cherubim ex officio illuminandi… ».

97. Bonaventure, *Collationes in Hexaemeron*, XXI, Quaracchi, Coll. S. Bonaventurae, 1891, p. 434-437.

98. *Miroir*, ch. 5, p. 20-22.

99. Robert de Liège [Rupert de Deutz], *De sancta trinitate et operibus eius*, ed. R. Haacke, (CCCM 23), p. 1491.

100. *Speculum*, ch. 10, p. 35 : *supermirabilis* pour « tres merveilleuse » ; ch. 60, p. 175 : *supersublimata* pour « eslevée » ; ch. 70, p. 199 : « elevacion » pour *superelevato* ; ch. 73, p. 205 : *superexcellens* pour « surmontant » ; ch. 80, p. 229 : *superplena* pour « deffluant » ; ch. 85, p. 241 : *superlibera* pour « surmontamment franche » ; ch. 96, p. 269 : *superelevata* pour « soubhaulcée » ; ch. 101, p. 275 : *superexcedit* pour « surmonte » ; ch. 115, p. 309 : « tres haultiesme » par *supersublimi* ; ch. 117, p. 311 : *supersublimatus* pour « soubhaucié » ; ch. 118, p. 326 : *superplena* pour « remplie ».

101. *Miroir*, ch. 85, p. 240.

L'usage des proverbes

Un autre indice de l'appartenance de Marguerite à la culture orale des prédicateurs tient à l'usage abondant qu'elle fait des proverbes [102]. Loin d'être le signe d'une culture populaire, condamnée à une pensée par lieux communs, le recours aux dictons est d'abord une technique didactique, destinée à capter l'attention d'un auditoire laïc. Comme l'a récemment souligné Franco Morenzoni, cette pratique nouvelle peut être décrite comme une « mode parisienne » qui se développe dans la seconde moitié du siècle [103]. Guillaume d'Auvergne en a été l'un des pionniers, dans ses sermons délivrés à Paris durant son long pontificat (1228-1249). La griffe de l'évêque a sans doute marqué le style élaboré par les prédicateurs Mendiants, actifs autour de l'université. En multipliant les exemples de proverbes, Marguerite révèle non seulement sa fréquentation assidue, comme auditrice, de sermons à la mode parisienne ; elle témoigne surtout que, habituée à l'usage de la parole dans des cercles restreints, la béguine avait faite sienne une technique de prédication relativement récente.

Ces proverbes ne peuvent être traités comme des sources, au sens courant du terme. Il convient de les considérer, globalement, comme la marque d'un certain style d'écriture dont l'examen individuel peut parfois livrer des indications plus précises. Certains sont des dictons classiques : « Telles gens sont roys appellez, mais c'est ou pays la ou chacun est bourgne » [104] ; « au grant besoing voit l'en son amy » [105]. D'autres constituent des variantes sur des thèmes courants : « Qui pouvre seigneur sert longuement, pouvre loyer en attend et petite souldée » [106] ; ou la formule citée plus haut, « pource que on entend la chose par son nom » [107]. Il est intéressant de noter qu'un proverbe, mentionné comme tel (« car l'en dit souvent ... »), est d'origine régionale. Un équivalent presque exact du dicton « mal nourrist qui ne savoure » se retrouve en effet dans une collection copiée au

102. S. Kocher, *Allegories of Love*, p. 160-161.

103. F. Morenzoni, « Les proverbes dans la prédication du XIIIe siècle », dans H.O. Bizzarri, M. Rohde éd., *Tradition des proverbes et des exempla dans l'Occident médiéval*, Berlin, De Gruyter, 2009, p. 131-149. Voir aussi les tables de proverbes dressés par N. Bériou, *L'avènement des maîtres de la parole. La prédication à Paris au XIIIe siècle*, Paris, Institut d'études augustiniennes, 1998.

104. *Miroir*, ch. 55, p. 160, *cf.* S. Singer (dir.), *Thesaurus proverbiorum medii aevi*, Berlin, 1996, t. 1, p. 30.

105. *Miroir*, ch. 77, p. 214, *cf.* J. Morawski, *Proverbes français antérieurs au XVe siècle*, Paris, 1925, n° 170 : « Au besoing voit on l'ami ». La formule est déjà employée par Aelred de Rievaulx, *De amicitia*, éd. A. Hoste, Turnhout, Brepols, 1971 (CCCM, 1), 3 : « in necessitate enim, ut ait quidam, probatur amicus ».

106. *Miroir*, ch. 56, p. 162, *cf.* J. Morawski, *Proverbes français*, n° 1986 : « Li homs qui mauvais seigneur sert, mauvais loier atent ».

107. *Cf.* E. Schulze-Busacker, Proverbes et expressions proverbiales dans la littérature narrative du Moyen Âge français : Recueil et analyse, Paris, Champion, 1985, p. 187 : « Au sornon quonoist len l'ome ».

XIIIe siècle dans la région de Saint-Omer [108]. Plus rare, l'exemple de « la chouete qui cuide qu'il n'y ait point de plus bel oyseau ou boys, que sons ses choueteaux » n'est pas attesté avant la collection de *Proverbia Germanica* publiée par Hans Bebel en 1508 [109].

D'autres maximes citées par Marguerite sont à l'origine des adages juridiques, qui ont rapidement rejoint le patrimoine général des proverbes. « Car l'en dit, et est vérité, que bonne voulenté est réputée pour oeuvre » est ainsi un précepte juridique construit à partir d'une citation des épîtres de Jérôme [110]. « Besoing n'a point de loi » est la traduction littérale d'un *dictum* de Gratien [111]. De même, la formule « autant vault la chose comme on la prise et comme l'en a besoing, et non plus » constitue une variation sur une maxime de droit canon, centrale dans la doctrine du juste prix depuis la fin du XIIe siècle. La modification est particulièrement subtile puisqu'elle intègre une nuance développée à partir des commentaires de l'*Ethique à Nicomaque* d'Albert le Grand et Thomas d'Aquin, qui associe la valeur des biens au besoin que l'on a de leur usage [112]. Cette inflexion indique la connaissance d'un état récent du savoir moral. Aux marges de la littérature proverbiale, une formule telle que : « amour ne destruit mie, mais ainçois instruit ceulx et nourrist et soustient qui en lui se fient », indirectement inspirée de I Cor. 8, 2, fait écho à une formule d'un sermon cistercien du XIIe siècle [113].

Le proverbe sur lequel je voudrais m'attarder davantage, d'origine classique, est immédiatement reconnaissable. Lorsque Marguerite écrit : « Cest ame ne scet qu'une chose, c'est assavoir que elle ne scet nient », elle reproduit à la lettre, en la transposant à la troisième personne, la fameuse formule de Socrate qui était connue

108. *Miroir*, ch. 84, p. 238 ; *cf.* J. Morawski, *Proverbes*, n° 2033 : « ki ne norit n'asavore », des *Proverbia rusticorum mirabiliter versificata*, Leiden, Univ., Voss. lat. 31 F.

109. *Miroir*, ch. 55, p. 160 ; *cf.* J. Morawski, *Proverbes*, n° 16 : « A chascun oisel son nid est bel » (également cité par Schulze-Busacker, *Proverbes*, p. 177), dérive d'une formule de Quintillien, *Declamationes* : « Nemo non formosus filius matri ». W. H. D. Suringard (ed.), *Heinrich Bebels Proverbia germanica*, 1879, n° 439 : « Noctuae pullus suus pulcherrimus », qui signale également une version néerlandaise, in J. De Brune, *Nieuwe wijn in oude Le'er-zacken*, Middleburg, 1660, p. 370 : « De kraeye meent, van al dat leeft / Dart zij de schoonste jonghen heeft ».

110. *Miroir*, ch. 43, p. 134 ; cf. *Decretum Gratiani*, De poen., I, 25 (ed. E. Friedberg, Leipzig, 1879, c. 1164) « In maleficiis voluntas pro opere reputatur », tirée de Jérôme, *Epist.* 82.

111. *Miroir*, ch. 119, p. 134, *Decretum Gratiani*, 1, 1 dict. Post c. 39, (ed. Friedberg, c. 374), « Quia enim necessitas non habet legem, set ipsa sibi facit legem » ; *cf.* Morawski, *Proverbes*, 237 : « Besoing ne garde loi ».

112. *Miroir*, ch. 77, p. 216 ; *cf.* J. Morawski, *Proverbes*, n° 2303 : « tant vault la chose comme elle peut estre vendue ». Voir J. W. Baldwin, « The Medieval Theories of the Just Price : Romanists, Canonists and Theologians in the Twelfth and Thirteenth Century », *Transactions of the American Philosophical Society*, 49/4, 1959, p. 54 et O. Langholm, *Economics in the Medieval Schools*, Leiden, Brill, 1992.

113. *Miroir*, ch. 79, p. 226 ; *cf.* Guerric d'Igny, *Sermones*, éd. J. Morson et H. Costello, Paris, Cerf (SC, 202), 1970, p. 286 : « Neque enim timor iste quem amor castum facit gaudium tollit sed custodit non destruit sed instruit non inamaricat sed condit ut tanto sit durabilius quanto modestius tanto uerius quanto seuerius tanto dulcius quanto sanctius. »

au Moyen Âge par les nombreuses citations qu'en fait Jérôme, notamment dans ses lettres : *Hoc unum scio, quod nichil scio* [114]. Cette expression n'a toutefois pas eu le même retentissement, au XIIe siècle, que le « connais-toi toi-même » dont Abélard a fait le titre de son *Ethique* et qui a connu une fortune bien plus vaste. Pour prendre un autre point de repère, au XIVe siècle, c'est bien entendu Pétrarque qui a redonné une nouvelle ampleur à ce thème dans le *De se ipsius et multorum ignorantia* [115]. Parmi les intermédiaires, il faut compter avec le recueil d'exemples des vies des philosophes composé par le franciscain Jean de Galles dans les années 1270 [116]. C'est effectivement parmi les frères Mineurs, dans les dernières décennies du XIIIe siècle, que la référence au dicton socratique se fait plus fréquente [117]. Pour sa part, Marguerite n'en fait pas qu'une simple citation décorative. Elle fait sienne cette protestation d'ignorance pour accomplir son geste philosophique par excellence : « Cest ame ne scet qu'une chose, c'est assavoir que elle ne scet nient [...] Et ce nient savoir et ce nient vouloir lui donne tout » [118]. De façon particulièrement efficace, la formule réflexive devient le support d'un nouveau retournement par lequel Marguerite opère cette réversibilité des opposés qui est la marque la plus personnelle et la plus puissante de sa démarche. La lenteur de Socrate, qui engourdit ses interlocuteurs comme une torpille, fournit à Marguerite le ressort d'une de ses accélérations mystiques, comparable à ses oxymores qui jaillissent en un éclair.

L'empreinte du discours scolastique

On peut également repérer, à un niveau plus fin, la trace d'une imprégnation de la langue de Marguerite par les usages universitaires en observant certains aspects de son vocabulaire et de ses raisonnements. L'indice le plus frappant concerne un concept majeur du *Miroir*. Le verbe *adnichilare* ou le substantif correspondant ne sont pas des termes de latin classique. Ils font partie de ces innombrables

114. Jérôme, *Epistulae*, Ep. 53, éd. I. Hilberg, Vienne, Tempsky, 1910, p. 462 : « ceterum socraticum illud inpletur in nobis : "hoc tantum scio, quod nescio" » ; Epist. 57, p. 525 : « utinam socraticum illud haberemus : "scio, quod nescio" ».

115. R. Imbach, « *Virtus illiterata.* Zur philosophischen Bedeutung der Scholastikkritik in Petrarcas Schrift *De sui ipsius et multorum ignorantia* », in J. A. Aertsen, M. Pickavé (Hg.), *« Herbst des Mittelalters » ? Fragen zur Bewertung des 14. und 15. Jahrhunderts*, Berlin, De Gruyter, 2004, p. 84-104.

116. Johannes Guallensis, *Compendiloquium de vita et moribus antiquorum philosophorum*, ed. Venise, G. Arrivabene, 1496, f. 185vb : « Qui licet sapientissimum esset, se nichil scire reputabat. Propter quod fuit illud dictum commune Socraticum, "hoc scio me nichil scire" ».

117. Salimbene de Adam, *Cronica*, éd. G. Scalia, Turnhout, Brepols (CCCM, 225), 1999, p. 402 : « non cessavi postea studere, et nec sic perveni ad scientiam maiorum meorum, sed vere illud Socraticum dicere possum : "Hoc tantum scio, quod nescio" » ; Pierre de Jean Olivi, *Lectura super Ecclesiasten*, éd. J. Schlageter, Grottaferrata, Coll. S. Bonaventurae, 2003, p. 183 : « Et hec est fere maior scientia sapientum huius uite, ut sic iuxta illud Socraticum dicant : "Hoc scio quod nescio", id est : scio me ignorare et non posse pertingere ad plenitudinem ueritatis. »

118. *Miroir*, ch. 42, p. 130.

néologismes forgés dans les débats universitaires parisiens. Leur première diffusion remonte aux décennies centrales du XIIIe siècle [119]. Ce lexique a d'abord été employé dans les discussions sur la puissance absolue, pour exprimer la façon dont Dieu pourrait, instantanément, réduire à néant une réalité créée. Cette expérience de pensée sert ainsi d'instrument pour tester la séparabilité réelle des entités physiques ou métaphysiques, dont l'une peut être anéantie sans que l'autre le soit. Mais les mêmes termes sont également employés, parfois par les mêmes théologiens, dans un tout autre registre, qui est celui de l'expression de l'humilité comme perfection chrétienne. Bonaventure est à nouveau l'auteur de référence sur ce point. Si l'humilité est de longue date une vertu chrétienne majeure, le docteur séraphique lui accorde une valeur particulière ; clé de voûte de la perfection évangélique, elle est également élevée au rang de moyen de connaissance qui fait découvrir aussi bien sa propre nullité (*nihilitas*) que la suréminence du premier principe [120]. En suivant le thème de l'anéantissement chez les élèves ou disciples de Bonaventure, on relève certains usages importants de ces notions chez Pierre de Jean Olivi ou Iacopone da Todi [121]. Depuis longtemps, ce dernier est souvent comparé à Marguerite sur ce point précis. Plutôt qu'une co-appartenance doctrinale à un mouvement structuré, il conviendrait plutôt de les placer, l'un et l'autre, dans le vaste sillage bonaventurien.

Employés près d'une cinquantaine de fois dans le *Miroir*, les termes de cette famille tiennent une place dont il n'est pas besoin de souligner l'importance. La forme la plus usuelle est le participe passé, généralement employé au féminin pluriel pour désigner les « ames adnienties ». Le concept abstrait d'« adnientissement » est plus rare [122]. Il ne fait cependant guère de doute que cet usage soit issu d'une acculturation au vocabulaire bonaventurien. L'un des douze noms de l'Ame est « l'adnientie en toutes choses par humilité » [123] ; le premier point par lequel Amour répond aux requêtes de Raison pour exposer la situation de ces âmes concerne leur « vraye humilité et parfaite » [124]. Ce vocabulaire distingue Marguerite parmi les écrits féminins religieux du XIIIe siècle ; on en entend un écho

119. Je résume ici les éléments réunis dans S. Piron, « Adnichilatio », dans *Mots médiévaux offerts à Ruedi Imbach*, p. 23-31.

120. Bonaventure, *Quaestiones de perfectione evangelica* in *Opera omnia*, V, Quaracchi, Coll. S. Bonaventurae, 1891, p. 120-121. Voir aussi S. L. Field, « Annihilation and Perfection in Two Sermons by Gilbert of Tournai for the Translation of St. Francis », *Franciscana*, 1, 1999, p. 237-274.

121. Pierre de Jean Olivi, *De humilitate*, dans Bonaventure, *Opera omnia*, V, Quaracchi, Coll. S. Bonaventurae, 1891, p. 658-662 ; Iacopone da Todi, *Laude*, ed. F. Mancini, Laterza, Roma-Bari, 1974, n° 51, p. 144 et n° 92, p. 305. Voir A. Cacciotti, « La "nichilità" in Jacopone da Todi », dans *Albert Deblaere, S.I. (1916-1994). Essays on mystical literature*, R. Faesen (éd.), Leuven, Leuven UP, 2004, p. 389-406.

122. *Miroir*, ch. 52, p. 154 ; ch. 59, p. 172. Le terme *adnichilatio* est aussi employé dans la version latine, ch. 137, p. 401, dans un passage absent du texte de Chantilly comme de la version en moyen anglais.

123. *Miroir*, ch. 10, p. 34.

124. *Miroir*, ch. 11, p. 36-38.

chez Hadewijch III, avec le terme *ledicheyt* qui se traduirait plus littéralement par « vacuité » [125]. Mechtilde de Hackeborn utilise une seule fois le verbe *adnichilare*, mais dans le contexte d'une union nuptiale qui est très éloigné de la nouveauté dont le mot est porteur chez Marguerite [126].

Le meilleur argument qui permette de voir dans ces usages l'écho d'un discours universitaire tient à l'emploi de la locution proverbiale « moins que rien ». La formule est une construction typique des prédicateurs médiévaux, qui mettent bout à bout deux citations bibliques ou patristiques pour construire un syllogisme. L'esclave est inférieur à son maître ; or, comme le veut saint Augustin, le péché n'est rien ; celui qui est esclave du péché est donc moins que rien. La plus ancienne version que je connaisse figure dans un sermon de Robert Grosseteste, mais de multiples variantes se retrouvent chez divers prédicateurs [127]. Pour sa part, Marguerite en reproduit une version très précise : « Celuy qui est en cognoissance de son tort, voit si cler que il se voit dessoubz toutes creatures, en mer de péché. Et pource que les ennemis sont sers de péché, et ceste Ame a pieça veu que elle est dessoubz eulx, serve a peché [...] et par cet regart est ceste devenue a nyent et moins que nyent en tous ses regars » [128]. En tout, la même locution revient pas moins de six fois dans le *Miroir*.

Un dernier exemple permettra de faire ressortir un nouvel écho d'une parole savante entendue, après un ou plusieurs relais, et le travail de pensée effectué sur cette trace sonore. Dans la quatrième des « considérations pour les marris », une observation concernant la virginité de Marie mérite d'être scrutée de près :

> Mais je tiens d'elle que, se tout le monde deust avoir esté sauvé par son moyen pour yssir de l'estre de virginité, elle ne s'i fust ja d'un seul penser consentie, puisque Jhesucrist le povoit de sa bonté, par le seul moyen de sa mort, faire [129].

125. Hadewijch, *Mengeldichten*, 27, p. 139-140 (v. 20-23) : « So waren wij ledich in sijn ghesichte / Van alre wise, van alre berichte / van alre storien, van alre ghedichte ; / In een afgrondich onghestichte » ; v. 37-38 : « Ay, deus, hoe grote edelheyt / Es dese vrie ledicheyt ».

126. Mechtild von Hackeborn, *Liber specialis gratiae*, ed. Solesmensium monachorum, Poitiers-Paris, Oudin, 1877, p. 152 : « in hac unione anima in se annihilabatur ».

127. J. McEvoy, « *Maria Optimam Partem* (Luc 10:42). A Sermon on Martha and Mary Attributed to Robert Grosseteste (MS Bodl. 57) », in M. O'Carrol (éd.), *Robert Grosseteste and the beginnings of a British theological tradition*, Roma, Istituto storico dei Cappuccini, 2003, p. 143-149, *cf.* p. 148 : « Qui vero dominio terrenorum se subdit fit servus avaricie et spiritus peccati. Servus autem omnis est minor domino suo, sed peccatum ut volunt sancti nichil est, servus vero peccati minus quam nichil ». Voir aussi Nicolas de Gorran, *In VIII Epistolas canonicas expositio*, in Thomas d'Aquin, *Opera omnia*, t. 23, Parme, Fiaccadori, 1869, p. 286 : « Cum ergo servus minor sit domino suo, et ipsi servi sint peccati, et peccatum sit nihil, ipsi, inquantum peccant, sunt minus quam nihil. » Une version un peu différente, chez Étienne de Bourbon, *Tractatus de diuersis materiis praedicabilibus*, éd. J. Berlioz et J.-L. Eichenlaub (CCCM, 124), 2002, p. 30 : « Si caritatem non habuero, nihil sum. Immo minus quam nihil est quia, faciendo quod facit, destruit id quod in ipso est bonum. »

128. *Miroir*, ch. 40, p. 126. Voir aussi, ch. 11, p. 38 ; ch. 36, p. 120 ; ch. 51, p. 150 ; ch. 80, p. 226 ; ch. 109, p. 296.

129. *Miroir*, ch. 126, p. 362.

Même si le salut du monde entier en avait dépendu, Marie n'aurait pas consenti à sa sacrifier sa virginité, et n'aurait pas même pu en concevoir l'idée. Une telle situation n'a aucun fondement dans la tradition scripturaire ou patristique. La structure de l'interrogation correspond en revanche à un cas abondamment discuté dans la littérature quodlibétique. On le voit apparaître pour la première fois dans une question posée à Gérard d'Abbeville, en 1266, à propos du pouvoir de dispense papal des vœux solennels. Le cas d'école imaginé par le théologien était celui d'un empereur sarrasin tyrannique, menaçant d'éradiquer la foi chrétienne, à moins que l'Église n'accepte de l'unir à une jeune femme qui le retiendrait d'agir ainsi et le convertirait à la foi ; si la jeune femme avait fait profession religieuse, le pape pourrait la dispenser de son vœu, au nom des nécessités de la foi. La situation concrète à l'arrière-plan de ce cas était celle du mariage d'une fille de l'empereur de Byzantin, Michel Paléologue, promise au khan de Perse [130]. Il n'était cependant question, dans cette union, ni de vœu de chasteté, ni de menace pour la foi chrétienne. Comme souvent, l'exercice de la dispute avait pour intérêt de mettre en scène un cas limite qui contraignait à opposer deux exigences impérieuses, avant de conclure qu'un vœu individuel, et particulièrement celui d'une femme, pouvait être subordonné à l'intérêt collectif. Deux ans plus tard, lors d'un nouveau Quodlibet, Gérard d'Abbeville eut l'occasion de préciser sa pensée, sans modifier le point central de sa réponse [131]. Au cours des années 1280-1290, différents maîtres mineurs eurent à affronter à Paris des questions quodlibétiques sur la dispense du vœu de continence. Sans que le cas spécifique analysé par Gérard d'Abbeville soit repris, son argument d'une situation de danger pour la foi chrétienne est généralement invoqué pour justifier un pouvoir de dispense [132].

130. Gérard d'Abbeville, Quodl. IV, 13 : « Utrum cum virgine velata et sanctimoniali professa posset in aliquo casu dominus papa dispensare et ponebat casum si imperator esset sarracenus et tyrannus et uellet fidem totaliter euertere et fideles omnes perimere, nisi ecclesia sibi puellam matrimonialiter copularet ac per hoc a premissis cessaret et ad fidem converteretur, utrum papa in hoc casu cum puella que votum sollempnizavit per habitus regularis susceptionem et sanctam professionem posset dispensare». *Cf.* D. Cornet, « Les éléments historiques des IVe et VIe Quodlibets de Gérard d'Abbeville », *Mélanges d'archéologie et d'histoire*, 58, 1941-1946, p. 178-205, texte édité p. 199-201. Voir aussi E. Marmursztejn, *L'autorité des maîtres*, p. 122-130.

131. Gérard d'Abbeville, Quod. VI, 3 : « Utrum cum illa muliere que votum solemne emisit continentie, pro aliqua utilitate ecclesie posset papa dispensare quod contrahat matrimonium cum aliquo tyranno et si tota fides periclitaretur in tota provincia vel regno, nisi cum illa contraheret, ut cum virgine velata, sicut cum sanctimoniali professa », éd. D. Cornet, « Les éléments », p. 201-204.

132. R. Attrabensis, Quod. II, 2, « Utrum papa possit dispensare cum hiis qui voverunt continentiam solemniter », Paris, BnF, lat. 15850, fol. 30v-31v, *cf.* fol. 31r : « si fides nostra periclitaretur per aliquem paganum potentem qui opprimeret christianos nisi daretur sibi aliquam monialis in uxorem, in isto casu posset dispensare papa cum ea ». La réponse de Simon de Guiberville, Quod. I, 4, « Utrum papa possit dispensare in voto continentiae », tient en une ligne, *ibid.*, f. 34v : « Dixit quod sic et hoc propter maius bonum ut monialis exeat a religione et uxoretur ; talis casus in qua possit et debeat dispensare raro accidit. » Sur ces auteurs, voir S. Piron, « Nicholas of Bar's Collection », dans C. Schabel (dir.), *Theological Quodlibeta in the Middle Ages. The Fourteenth Century*, Leiden, Brill,

Il est notable que le seul auteur qui refuse toute forme de dispense d'un vœu de chasteté soit le franciscain Raymond Rigaud, mais il le fait sans évoquer le cas limite du tyran sarrasin [133].

La situation évoquée par Marguerite correspond exactement à l'argument construit par Gérard d'Abbeville. Il paraît assez improbable qu'elle ait elle-même imaginé l'hypothèse que le salut du monde dépende du renoncement d'une femme à son vœu de chasteté. Cependant, le déplacement effectué dans le *Miroir* redistribue les données du problème. Si la jeune femme sacrifiée n'est pas n'importe quelle vierge, mais la Vierge Marie elle-même, la question d'une précédence des nécessités de l'Église sur le vœu singulier se pose très différemment. La réponse attribuée à Marie achève ce renversement : puisqu'elle savait que son fils aurait le pouvoir, par sa mort, de sauver l'humanité, elle ne pouvait pas concevoir de renoncer à son vœu. Au-delà de ce cas limite, on entend résonner dans cette phrase la primauté de l'engagement individuel sur les impératifs institutionnels. Parlant de Marie, Marguerite parle aussi de sa propre résolution. Il est possible qu'elle ait entendu la présentation de cette casuistique de la bouche d'un frère Mineur ; il est moins certain que ce dernier aurait défendu l'incommutabilité du vœu dans les situations les plus extrêmes. En revanche, c'est bien en ce sens qu'elle a posé et résolu la question, et qu'elle l'a maintenue dans son propre comportement.

CONCLUSION : LA STRATIFICATION DU *MIROIR*

En examinant à la loupe les argumentations tenues par Marguerite, d'autres exemples comparables pourraient surgir. En bien des passages du *Miroir*, certaines tournures peuvent évoquer l'audition d'une parole théologique savante. Les éléments exposés ici permettent déjà d'énoncer une conclusion dépourvue de toute équivoque. Si l'on veut restituer le cadre global du monde culturel dans lequel était placée Marguerite Porete, il faut tenir compte, à part égale, de trois univers que les historiens, souvent trop spécialisés dans un seul domaine, ne tendent pas spontanément à penser dans leur conjonction possible. Elle prend part aux conversations et récitations collectives des béguines, écoute et connaît la poésie des trouvères et la littérature épique et didactique, mais elle fait également partie de l'auditoire des sermons que les Mendiants délivrent dans la langue commune, se

2007, p. 333-343. Servatius de Monte Sancti Eligii, Quod. IV, 6 (41), Paris, BnF, 15350, fol. 279vb-ra : « Utrum papa possit dispensare in voto continentie solemnizato per professionem religionis » : « ...papa potest dispensare, ut monialis iubeat in casu periclitationis ».

133. Raymond Rigaud, Quod. III, 35, « Utrum papa possit dispensare in voto continentie », Cod. Padova, Antoniana 426, fol. 11vb-12ra : « Tanquam ad patrem universalem ad papam pertinet omne votum revocare, si sit temerarium ; declarare si sit dubium ; commutare si sit incautum ; temperare si sit austerum. De cuiuscunque autem continencie rite et licite facto non videtur mihi dispensare, reiectis opinionibus. »

faisant ainsi le relais d'un discours théologique produit à l'université de Paris. Comme on l'a vu, ces matériaux sont à chaque fois soumis à de nouvelles élaborations qui peuvent en transformer assez profondément le sens ; ils fonctionnent davantage comme des suggestions que comme des enseignements. La prise en compte de cet horizon scolastique ne réduit donc en rien la singularité de la démarche de Marguerite. Elle l'enrichit plutôt d'une nuance précieuse. Si sa voix est unique, c'est aussi en raison de la richesse des harmoniques que son oreille a perçues.

Pour finir, je voudrais attirer l'attention sur une implication de l'un des points signalés plus haut. Le passage du *Miroir* qui témoigne le plus fidèlement d'une réception et réélaboration de la thématique franciscaine de l'humilité radicale est l'exposé du « cinquième état », présenté dans le chapitre 118. Il est cependant frappant d'observer que ce chapitre ne fait aucun usage du verbe « anéantir » et de ses dérivés. Ce qui, ailleurs, est désigné par ces termes est exprimée ici par des périphrases : « Or est telle Ame nulle, car elle voit par habondance de divine cognoissance son nient, qui la fait nulle, et mectre a nient [...] Or est ceste Ame cheue d'amour en nient, sans lequel nient elle ne peut tout estre » [134]. Il est surprenant qu'arrivé à la fin du livre, la notion centrale, employée depuis le début, soit ainsi évacuée.

L'hypothèse qui rend le mieux compte de cette situation est celle de l'antériorité de ce chapitre sur ceux qui le précèdent. Le chapitre 118, le plus long du *Miroir*, a également pour particularité de n'être pas en forme dialoguée. Structuré comme un traité, il décrit les sept états par lesquels passe l'âme dans son ascension. Comme on le sait, le premier chapitre annonce que ces états seront exposés « ains que ce livre fine » [135]. On peut en déduire qu'une certaine version du ch. 118, conçue comme traité autonome, préexistait à la rédaction du *Miroir* tel que nous le lisons. La plupart de ces chapitres auraient été rédigés, sous la forme didactique du dialogue, comme une longue introduction à ce traité. Une autre preuve est fournie par la fonction conclusive que remplit le chapitre 119 ; en s'excusant, à la première personne, de la longueur de son livre (« car j'ay fait ce livre moult grant par paroles, qui vous semble petit »), Marguerite paraît clairement mettre un point final à la rédaction d'une unité textuelle [136].

Cette hypothèse d'une composition du *Miroir* en différentes strates permet de se demander si d'autres textes, conçus de façon séparée, n'auraient pas été incorporés dans un second temps à l'ensemble. Cela pourrait par exemple être le cas du long développement que le manuscrit de Chantilly découpe en chapitres 103 à 105, construit autour du verset des *Proverbes* « Le juste tombe sept fois par jour ». De même, il ne semble pas exclu que le chapitre 117, qui joue de l'opposition entre

134. *Miroir*, ch. 118, p. 326-328.

135. *Miroir*, ch. 1, p. 14. Mais dès la première ligne du texte, p. 10, la montée au septième état est annoncée comme perspective d'ensemble de l'ouvrage.

136. *Miroir*, ch. 119, p. 332-334.

la « mauvaiseté » de la créature et la bonté divine, soit encore antérieur à la rédaction, plus efficace et synthétique sur le même thème, du quatrième état présenté au chapitre 118. Les sept « considérations pour les marris » (ch. 123-129) et les trois « regards » sur soi et la divinité (ch. 130-132) constituent également des ensembles cohérents qui ont pu être ajoutés à la première partie du *Miroir*, sans que l'on puisse en déduire que leur rédaction initiale soit nécessairement postérieure à la composition des premiers chapitres. Au contraire, certaines formules laissent penser que ces pages ont été écrites à une époque plus précoce, alors que Marguerite était « en vie marrie, ou temps que je ne me savoie comment souffrir ne contenir »[137].

Si l'on accepte de dissocier la chronologie de la composition des chapitres de leur disposition dans la mise en forme finale, la question d'un éventuel remaniement postérieur à la première condamnation prononcée par l'évêque de Cambrai se pose différemment[138]. Le chapitre 139 a certainement la valeur d'une conclusion de l'ensemble du livre ; c'est sur cet ensemble que portaient les trois avis transmis dans le ch. 140. Puisqu'il est difficile d'envisager qu'un maître en théologie ait pu donner son approbation à un texte déjà condamné par un prélat, on peut en déduire que c'est cette version complète du *Miroir* qui fut mise en circulation. Du point de vue de la structuration de l'ensemble, les seuls passages que l'on peut à bon droit considérer comme des ajouts postérieurs à une première mise en forme sont les pièces poétiques insérées après la première conclusion du ch. 119. Là encore, rien ne dit que ces poèmes n'ont pas été composés avant la mise en forme définitive du livre. Les lacunes de la version latine (fin du ch. 121 et 122) et anglaises (fin du ch. 122 jusqu'au ch. 126) sont sans doute accidentelles, puisque l'une et l'autre s'interrompent au beau milieu d'une chanson. Elles témoignent du moins que cette partie du livre est la moins stable ; il n'est donc pas exclu que ces textes soient venus s'y greffer progressivement. Si l'on cherche un lieu dans lequel Marguerite aurait répondu aux premières réactions suscitées par son œuvre, ce pourrait donc être la chanson correspondant au ch. 122 dans laquelle elle se plaint que les béguines et les religieux ne la comprennent pas. Une telle incompréhension n'a pas nécessairement été exprimée après sa première condamnation[139] ; ce passage constitue en tout cas l'un des textes les plus tardifs de Marguerite. Il ne peut donc pas être pris comme l'indication qu'elle aurait été, sa vie durant, située dans une extériorité complète face à ces milieux.

137. *Miroir*, ch. 130, p. 372.

138. S. Field, *The Beguine*, p. 47-49, suppose au contraire que les chapitres 123-139 ont été ajoutés par Marguerite à une première version du *Miroir* après cette condamnation.

139. Lerner, « New Light », p. 100-101, suggère cette possibilité, en notant que l'explicit placé à la fin de ce poème ne marque que la fin de ce dernier texte, et non pas d'un premier état du *Miroir*.

RETOUR SUR LES CARACTÈRES LINGUISTIQUES DU MANUSCRIT DE CHANTILLY ET DE SES ANCÊTRES

Geneviève HASENOHR

Les recherches menées de toutes parts autour du *Miroir des simples ames* depuis la découverte de Romana Guarnieri, il y a près d'un demi siècle, ont montré sans ambiguïté que le rayonnement de la pensée de Marguerite Porete et la diffusion même de son livre, qu'elle avait amorcée de son vivant, n'ont pas été arrêtés net par les condamnations réitérées dont l'une et l'autre ont fait l'objet dans les années 1300. Traductions dans plusieurs langues occidentales, mentions d'exemplaires du volume dans divers inventaires de bibliothèques ecclésiastiques, de l'Angleterre à l'Italie, en passant par les Flandres, l'Allemagne ou la France, attestent une circulation persistante de l'écrit jusqu'à l'aube du XVIe siècle. Circulation active, mais à l'intérieur de cercles fermés, c'est du moins ce que laisse soupçonner l'absence d'imprimé : le *Miroir* semble toujours être considéré par les pasteurs, de même qu'il l'était par Gerson au siècle précédent, comme un texte difficile, d'interprétation périlleuse, dont la lecture doit être réservée à un public capable de discernement, et donc, la diffusion encadrée. En France, c'est un substitut, *La Discipline d'amour divine,* abondamment vulgarisée, elle, entre 1510 et 1540 par quatre impressions parisiennes, qui jouera le rôle d'introduction aux idées du *Miroir*, auxquelles, dans les milieux dévots, elle aura servi tantôt de propédeutique, tantôt d'antidote. La copie manuscrite du XVIIe siècle du *Miroir* jadis conservée par la Bibl. de Bourges et malencontreusement disparue en 1961, est peut-être le fruit d'une résurgence du traité au moment de la controverse du quiétisme, parallèle à celle que connut alors *La Discipline*, comme l'attestent les annotations portées en marge de certains exemplaires [1]. Mais si de nouveaux témoignages médiévaux de la survie de l'oeuvre de Marguerite sont régulièrement exhumés, un point reste encore à clarifier définitivement, fondamental : celui de la lettre même du texte original (*O*), ou plus exactement, du rapport que peut

1. Voir *infra*, p. 265-266.

entretenir avec celle-ci l'unique copie (quasi) intégrale du *Miroir* en langue d'oïl que nous ayons conservée, celle du Musée Condé de Chantilly (*C*).

J'avais rapidement abordé la question, en recourant à une approche triangulaire, lorsqu'il m'avait fallu situer l'extrait de Valenciennes (*V*) dans la tradition française, et j'avais conclu que: «la version française de Chantilly ne procède pas plus de la version latine (*l*) que la version latine ne procède de la version française de Chantilly. L'une et l'autre, selon des modalités diverses, s'articulent sur la rédaction primitive en ancien français, dont la compilation de Valenciennes a conservé un extrait» [2]. Mais, raisonnant à partir du contenu des deux feuillets de Valenciennes (correspondant aux § 77-78 du *Miroir*), je n'avais pas produit alors l'argumentation linguistique propre à étayer l'affirmation sur l'ensemble du texte et, toujours à la vue du synoptique des seuls § 77-78, j'avais réservé la possibilité d'une contamination de la lignée de *C* par la tradition latine. Je continuais donc: « Le texte latin en est très proche – avec néanmoins quelques lieux variants qui font problème. Le texte français de Chantilly en est un *aggiornamento* formel intelligent, qui en amplifie les tics d'écriture (au point, par moments, de donner l'impression d'un "à la manière de ..."), et dont l'auteur a peut-être consulté aussi la rédaction latine » [3].

La riche contribution de Sylvain Piron à ce volume m'est l'occasion de rouvrir le dossier à nouveaux frais, en prenant en compte, cette fois, la totalité du texte de *C*, et, ce faisant, de revenir sur l'éventualité, que j'avais moi-même évoquée naguère, de contacts entre *C*, ou ses ancêtres, et des représentants de *l* [4].

En effet, si tous les critiques admettent, et Sylvain Piron le confirme ici sans doute possible, que la version latine du *Miroir* est une traduction du texte d'oïl primitif [5], ancienne, mais postérieure à la condamnation de Marguerite (1310-1330, selon la conjecture de S. Piron), qui infléchirait volontairement l'expression originale de Marguerite sur certains points sensibles, le même accord n'existe pas sur la filiation de l'original (*O*) à *C*: S. Piron penche pour une filiation médiate via la traduction latine, j'en tiens pour une filiation directe via une chaîne séculaire de copies, entraînant ipso facto, outre les mélectures, contrépels (graphies

2. Hasenohr, « Tradition », p. 1359.

3. *Ibid.*

4. La question a été abordée dans la conclusion des actes du récent colloque *Traduire de vernaculaire en latin au Moyen Age et à la Renaissance*, éd. Fr. Féry-Hue, Paris, 2013, p. 283-284 (« Études et Rencontres de l'École des Chartes », 42).

5. Quelques gallicismes flagrants à ajouter à une liste déjà longue : potest hoc esse (*peut estre*, 1), ad punctum duxerunt (*ont mis a point* « ont mis à leur juste place, soumis » 8,39), ad minus (*au moins*, 63), absque aliquo propter quid (*sans nul pourquoi* « raison, motif », 111), per unum instans seu per ictum oculi (fr. manque, 136), talis hora est quod (*telle heure est que*, 121), ponebam in pretio (*je mectoie en pris*, 97), sint super custodiam suam (*qu'ils soient sur leur garde*, 77 et 79), ponit se ad quaerendum (*se mect au querir*, 100), plus non habeo de avantagio ad habendum suam bonitatem quam istud (*plus n'ay je d'avantage d'avoir sa bonté que*, 117), tunc nichil habet plus facere de Deo (fr. manque, 135). N. B. Les références renvoient aux chapitres et lignes de l'édition du *Miroir*.

inverses) et réinterprétations inévitables, une modification du revêtement linguistique – nécessairement importante eu égard aux modifications profondes qu'a connues la langue écrite entre la fin du XIIIe et le milieu du XVe [6].

Entrent dans cette catégorie, à mon sens, les fautes de *C* que S. Piron interprète comme des erreurs mécaniques de lecture de latin à latin (p. 84-85). Les écarts qui relèvent de cette typologie s'expliquent aussi bien, sinon mieux, de manière plus économique, en partant d'un rapport d'oïl à oïl. Ainsi, *demourant* procède naturellement de *mourant* ; *pinte*, qui ne peut pas représenter *pictam* (ce serait *peinte* ou *painte*), est une mélecture de *purté* (dans certaines écritures, il est à peu près impossible de différencier les séquences jambages + *rt* et jambages + *it*) ; *poins* est une réinterprétation de l'afr. *plois* non reconnu, comme *oeuvre* est une mauvaise transposition d'un *ouvre* amphibologique (*ovrir* et *ovrer*) dans la scripta du Nord (et d'ailleurs). Paléographiquement, la proximité est plus grande entre *purté* et *pinte*, *plois* et *poi*<n tilde>*s*, *demourant* et *mourant* qu'entre *pinctam* et *puritatem*, *punctis* et *plicis, manendo* et *moriendo*. C'est paléographiquement aussi, me semble-t-il, que s'expliquent les leçons fautives de *C, petit(e)* au lieu de *peri(e)* (proximité de forme dans l'écriture gothique d'oïl entre *r* et *t*) et *souviengne* au lieu de *soustiengne* (analogie formelle également, dans la « gotichetta » française de petit calibre, entre le rendu de la ligature *st* et une lettre à jambages). De même, *en esbauts* (58,7) est une réinterprétation stupide consécutive à une mélecture de *en estant* (*cf.* 77,22 ; lat. *stans*). Et l'on pourrait sans doute allonger la liste. À une lente évolution de la forme linguistique au fil des copies, on pourrait préférer l'hypothèse beaucoup moins probable de l'accommodation directe d'un modèle du premier quart du XIVe par un copiste du milieu du XVe ; cela ne changerait rien au fond de la question, qui est celle de la place respective de *C* et *l* dans le stemma : en dérivation (S.P.) ou en parallèle (G.H.) ?

Je me propose de reprendre les données sous un angle exclusivement linguistique, en laissant volontairement de côté les éléments de la *varia lectio* susceptibles d'avoir une portée doctrinale (commentaires, suppressions, éventuels infléchissements lexicaux) et donc de relever de l'intervention intentionnelle d'un tiers : ils ont sans doute beaucoup à nous apprendre sur la réception du texte ; ils ne nous disent rien de la langue d'origine de l'exemplaire que le clerc avait sous les yeux. C'est dans le banal, l'insignifiant, dans tout ce qui ne requiert apparemment ni l'attention ni la réflexion, dans les incohérences qu'engendre la mise par écrit ou la transposition mécaniques, qu'a des chances d'affleurer le modèle linguistique sous-jacent [7].

6. Je retiens ce terme chronologique plausible par commodité, mais la date exacte de *C* est loin d'être assurée ; voir *infra*, p. 284-285.

7. Les instruments de travail philologique de base en la matière sont Fr. Godefroy, *Dictionnaire de l'ancienne langue et de tous ces dialectes* ; A. Tobler, E. Lommatzsch, *Altfranzösisches Wörterbuch* ; W. von Wartburg, *Französisches etymologisches Wörterbuch* ; E. Huguet, *Dictionnaire de la langue française du XVIe siècle* ; Institut national de la langue française, *Dictionnaire du moyen français*

Le ms. *C* provient du prieuré fontevriste de La Madeleine-les-Orléans et, on le sait, les caractéristiques matérielles du volume autorisent à en fixer la confection dans la même région. La scripta laisse transparaître peu de marques révélatrices, mais celles qui affleurent portent sur des traits typiques des parlers et écrits de l'Ouest (au sens large), que partageait l'Orléanais (rendu des phonèmes vocaliques /e/ et /ɛ/) [8], et confortent l'intervention d'un copiste local. De *O* on peut conjecturer qu'il partageait les caractéristiques linguistiques des oeuvres littéraires composées par les auteurs de dialecte rouchi des XIIIe-XIVe siècles et notées sur place (Valenciennois), c'est-à-dire que la scripta y était d'un type picard plus ou moins fortement marqué et que le choix du vocabulaire, au moins le lexique de l'environnement matériel, était à l'unisson.

D'où il résulte que tout archaïsme de langue/scripta flagrant relevé dans le moyen français standard de *C* est susceptible d'être interprété comme une rémanence de l'ancien français de *O* (variation diachronique), de même que tout régionalisme picard relevé dans le lexique incolore de *C* est susceptible d'être interprété comme une marque de la variation diatopique entre le rouchi de Marguerite et le français peu marqué du Val de Loire – étant bien entendu qu'aucune de ces dissonances formelles n'aurait eu lieu d'être si le copiste de *C* avait eu sous les yeux une version latine. Et si, d'aventure telle ou telle aberration textuelle trouvait sa solution la plus immédiate et la plus économique dans la présence sous-jacente de formes vernaculaires non reconnues par *C* ou par *l,* la présomption serait fortement renforcée.

Une difficulté permanente à laquelle se heurte le lecteur de la version *C* du *Miroir*, que n'éprouve pas celui qui pratique la version *l*, est l'extrême confusion du système pronominal, capable d'induire des interprétations exactement opposées à celles qu'aurait voulues Marguerite. Que, s'agissant de Dieu, *C* dise, à l'ancienne,

[en ligne] http://www.atilf.fr/dmf ; F. Brunot, *Histoire de la langue française*, t. 1, *De l'époque latine à la Renaissance*, nouvelle éd., bibliographie établie par J. Batany, Paris, Armand Colin, 1966 ; C. Buridant, *Grammaire nouvelle de l'ancien français*, Paris, Sedes, 2000 ; J. Chaurand, *Introduction à la dialectologie française*, Paris, Bordas, 1972 ; P. Fouché, *Morphologie historique du français. Le verbe*, Paris, Klincksieck, 1967[2] ; P. Fouché, *Phonétique historique du français*, t. 2 et 3, Paris, Klincksieck, 1966, 1969[2] ; C.Th. Gossen, *Französische Skriptastudien*, Vienne, 1967 (« Österreichische Akademie der Wissenschaften, Philosophisch-Historische Klasse, Sitzungsberichte », 253) et *Grammaire de l'ancien picard*, Paris, Klincksieck, 1970 (« Bibl. Française et Romane », ser. A, 19) ; C. Marchello-Nizia, *La langue française aux XIVe et XVe siècles*, Paris, Nathan, 1997 ; R. Martin et M. Wilmet, *Syntaxe du moyen français*, Bordeaux, Sobodi, 1980 (« Manuel du français du moyen âge », sous dir. Y. Lefèvre, 2) ; M.K. Pope, *From Latin to modern French*, Manchester, MUP, 1952[2].

8. Permutations graphiques *ai, oi, e* : *naif* (« nef ») 1, *acheson* 13 / *achaison* 116 / *achoison* 117, *breez* 15 (« broyez ») ; désinences verbales 1 : *j'é* 6, *je m'encombré* 97 et inversement *me apaisay je* (pr. 'm'apaisé-je') ; pas de *ié* correspondant à une palatalisation du /a/ : *cuider, peché, pecher, il chet* 3, 103, 104..., *congé* 54 ou à une diphtongaison du /ɛ/ sous l'accent : *gref* 16. À noter aussi trois occurrences surprenantes de *sons* au lieu de *sont,* pr.6 *estre* (8, 10, 55) ; on peut imaginer, sous-jacente à la répétition de la méprise, la prégnance de la forme régionale de pr. 4, *nous sons.* En revanche, la graphie *segur* (« sûr », 65), se manifeste autant dans le Nord que dans le Centre-Ouest.

*ce n'est nul fors qu'*il (91,21) ou, à la moderne, *si n'est fors que* luy (115,24), *nul n'est fors que* luy (91,22), est sans incidence sur la lecture ; cependant le philologue reconnaîtra dans la première construction la syntaxe de l'ancien français, désuète à la date de *C*[9], et, dans la seconde, celle du moyen français, largement prédominante dans la copie. Mais lorsque, en plein XVe siècle, un copiste écrit : *lequel don le* [fém. picard du pronom] *meut* (lire : *mue*) *de* luy [propter ipsam (animam)] *en* luy *mesmes* [in illummet (Deum)] 95, 15 ou *Dieu le scet de* luy [de se], *en* luy [in ipsa], *pour elle* [pro seipsa], *d'elle-même* [de se ipsa ; *corr.*] 100, 30, c'est ou qu'il perd pied dans la dialectique des rapports entre Dieu et l'âme, les formes masculines et féminines étant désormais bien distinctes en français derrière préposition (*lui* vs *elle*) – ce qu'illustre le second exemple – ou, justement, que, perdant pied, il ne se hasarde pas à moderniser et calque prudemment son modèle : on se souviendra qu'au XIIe siècle, l'unique forme féminine du pronom personnel régime, outre *la*, est *li* (*vs* le duo masc. *li* et *lui*) et que celle-ci a très rapidement et anarchiquement été réalisée en *lui* (XIIIe-XIVe siècles), dans les conditions syntactiques où le masc. faisait usage de cette même forme, avant d'être progressivement (XIVe-mi XVe), et définitivement vers le milieu du XVe, éliminée des constructions prépositionnelles au profit de *elle,* comme on vient de le dire [10].

Pour schématiser :

masc.	*en lui* (afr)		*en lui* (mfr)	en lui
fém.	en li (afr XIIe)	en li/en lui (afr XIIIe / mfr XIVe)	en lui/en elle (mfr XIVe - mi XVe)	en elle

En ancien français classique, le système n'est pas équivoque : si l'âme disait n'être pas plus encombrée *de ce que elle fait sans* luy *que se elle ne le faisoit mie* (81,25), elle entendrait parler sans aucune ambiguïté de ce qu'elle fait sans Dieu (*lui* masc.) ; si elle entendait parler de ce qu'elle fait sans elle-même, elle dirait ne pas être encombrée *de ce que elle fait sans* soi ou *sans* li (*li* fém.). En 1450-1500 non plus, le système n'est pas équivoque : à *ce qu'elle fait sans* lui (masc.) s'oppose *ce qu'elle fait sans* elle (fém.). C'est dans la période transitoire que les choses se brouillent (au XIVe surtout), avec la disparition de *li* et la saturation par *lui*, entraînant la neutralisation, catastrophique dans le contexte du *Miroir*, de la marque de genre. Ainsi, une séquence telle que *ce que Dieu a en* elle [in se], *de* luy

9. Également *nul n'ayme fors qu'il* 91, 21 ; *ce ne suis je mie* 11, 101 ; *c'est il seul qui ayme moy* 122,133.

10. Les tournures *prép.* + *elle* sont beaucoup plus nombreuses que les tournures *prép.* + *luy* fém. dans *C*. Cependant, on peut encore relever, s'agissant de l'âme, dans des contextes sans ambiguïté : *le profit de luy* 105,30 ; *la voulenté de luy* 110, 32.

[de se], *pour* elle [pro se] *qu'i ne donnera a nulluy fors que a* elle [sibi] (16,6), ne peut que résulter de l'interprétation malheureuse d'une enfilade originelle de *lui* potentiellement amphibologiques, mais en l'occurrence tous masculins et référant à Dieu. Le clerc latin ne s'y est pas trompé ; le ou les copistes français, moins théologiens, n'ont pas suivi le raisonnement. Il est peu probable que s'ils avaient eu sous les yeux un *se* réfléchi latin, ils aient commis de tels contresens [11].

De l'automatisme qui amène *C* à transposer les anciens morphèmes *li* en *lui* témoignent aussi les pronoms démonstratifs – en 98,15, *celluy* en balancement avec *ceste [vie]* est un primitif *celi,* fém. [12] – et, plus révélateur, des séquences résultant de mélectures, comme *pour veoir se elle* luy *trouveroit* (96,10), à comprendre *se elle* l'i *trouveroit* [13].

Autre source de difficultés, le pronom relatif *qui* autonome (non précédé de préposition). Univoque au XVe siècle comme de nos jours (sujet), il était bivalent en ancien français : sujet (*qui, ki*) et régime (graphie étymologique *cui,* coexistant avec *qui* et *ki,* prédominants dans la scripta picarde). Si bien que lorsque l'âme parle de *cil qui je suis* [régime indirect, emploi en voie de disparition dès le XIVe, sauf expressions figées], *qui en moy est ce mesmes* (106,19), un lecteur des années 1450 avait toutes les chances de comprendre, comme nous, « celui (masc.) que je suis, qui est cela même en moi », là où Marguerite et ses contemporains entendaient « celui à qui je suis, qui est en moi ... ». *A fortiori* (car l'emploi de *qui* en fonction de régime direct avait, lui, complètement disparu à cette date), au milieu du XVe s., une phrase comme *ce scet l'ame qui amour a par fine amour oultre elle soubhaulciee* (118,91) ne pouvait-elle signifier que : « l'âme qui, par vrai amour, a élevé l'amour au-dessus d'elle-même », au lieu, bien entendu, de « l'âme que l'amour a, par vrai amour, élevée au-dessus d'elle-même ». De même, *celluy qui Fine Amour demande* (9,35 et 38 ; 11,7 ; 20,11) ou *qui Fine Amour mestrie* (53,20) n'est pas « celui qui demande l'amour parfait », et encore moins « qui le domine », mais bien « celui que l'amour parfait demande », « celui que l'amour parfait gouverne » [14].

11. L'évolution du système des pronoms personnels est l'une des questions les plus complexes de l'histoire de la langue française. Les deux ouvrages fondamentaux auxquels se reporter en l'occurrence sont G. Moignet, *Le pronom personnel français. Essai de psycho-systématique historique*, Paris, Klincksieck (« Bibliothèque française et romane », ser. A, 9), 1965 et G. Zink, *Morphosyntaxe du pronom personnel (non réfléchi) en moyen français (XIVe-XVe iècles),* Genève, Droz (« Publications romanes et françaises », 228), 1997.

12. En revanche, on ne peut arguer de la multitude des *nully* dans le texte (si certains sont de vrais féminins, d'autres sont indubitablement des masculins), car la permutabilité des formes pleines en *-ly* et en *-luy* de l'indéfini est un phénomène commun en mfr.

13. La confusion *luy / l'y* est récurrente au long du § 15. Le phénomène, déjà signalé par E. Philipot, « Remarques et conjectures sur le texte de Maistre Pierre Pathelin », *Romania*, 56, 1930, p. 577-582, est particulièrement bien documenté dans la scripta de l'Ouest.

14. Les trois fonctions grammaticales de *qui* sont représentées dans cette phrase du § 54 : *ceulx* qui *j'ay nourriz..., ceulx* qui *ont prins congé de moy,* a qui *ce livre pourtera... lumiere.* Sur l'histoire des constructions relatives entre X^e^ et XVIe s., on consultera P. Kunstmann, *Le relatif-interrogatif en ancien français,* Genève, Droz, (« Publications romanes et françaises », 191), 1990 et U. Jokinen, *Les relatifs*

De même que dans certains imbroglios de pronoms, ce n'est pas l'intervention du copiste qui fait écran et brouille la réception, mais tout au contraire son manque de réaction, le respect littéral – dans des passages problématiques – d'un modèle d'un autre temps et l'imbrication catastrophique de deux états de langue qui en résulte. Dans les deux cas, le latin est clair (*quem*).

Un mot, avant de passer au vocabulaire, sur la déclinaison des substantifs et adjectifs. Rappelons qu'au milieu du XVe s., celle-ci n'a plus cours nulle part dans la langue parlée depuis des siècles, et dans l'écrit, en tant que système à peu près cohérent, depuis plus de 100 ans au moins, sauf exception régionale (picard) ; toutefois, rares sont les copies littéraires de cette époque, y compris d'œuvres contemporaines, qui ne présentent pas de-ci, de-là, à temps et à contre temps, quelques formes fléchies. *C* n'échappe pas à la règle. Il n'y aurait donc aucune raison de verser le fait au dossier si, dans un cas au moins, l'archaïsme ne se révélait une rémanence avérée d'un état textuel antérieur. En 51,7, l'âme déclare *: le sens de ce qui est dit m'a fait nulle, et le nient de ce seul m'a mis en abysme*, ce qui n'offre pas de sens, mais porte en soi la genèse de la faute et sa solution (latin : *ille solus fecit me nullam et nichilum huius solius posuit me in abyssum*). Comme l'indiquent le contexte et le second membre de phrase même, *sens* est une mauvaise lecture de *seus*, cas sujet obsolète de l'adj. *seul*, non reconnu et de ce fait réinterprété ; la réinterprétation, ressentie à juste titre comme problématique, a généré à son tour la glose *de ce qui est dit*. Le point de départ est *Li seus m'a fait nulle et*... Un locuteur d'oïl du début du XIVe s., tel que l'était le traducteur de *l*, met spontanément en relation *seus* et *seul* ; un lecteur des années 1400-1500, tel le copiste de *C*, a perdu la clef. En revanche, ni *sers* (« serfs » table, 57 ; 39,32 ; 40,15 ; 48,24, etc.) ni *frans* (« francs » 77,75 ; 78,19 et 24, etc.) ne le perturbent, la graphie médiévale restituant l'image de ce qu'il continue, comme nous, à prononcer. Il en va certainement de même, dans une scripta où *e, ai, oi* sont interchangeables [15], du maintien de la forme ancienne, à alternance, du pr. 3 d'*esperer* : *elle espoire* 11, 60, qui a elle-même généré un fut. 3 *espoirera* 11, 59. Quant au pft 6 analogique isolé *disdrent* (« dirent » ; 79, 21), il ne fait pas partie des formes couramment répertoriées, mais ce ne peut être qu'une réalisation ancienne.

Deux exemples significatifs (*sens*, *espoire*), c'est peu ; j'en invoquerai donc un troisième, qui rappellera opportunément au lecteur la prudence requise dans le maniement de ce genre d'argumentation. Il s'agit d'un second cas de flexion qui, *a priori*, semblerait devoir retenir l'attention : les seuls syntagmes qui apparaissent avec une certaine régularité fléchis en fonction de sujet singulier dans *C*, sont ceux qui impliquent le substantif hom(m)e ; celui-ci est alors systématiquement graphié *homs* (*hons*) : ainsi *ungs homs* 124,38 ; *li homs* 124, 44 ; *nulz homs* 122,90 ; 138,13 ;

en moyen français, Helsinki, Suomalainen Tiedeakatema (« Annales Ac. Sc. Fennicae, Dissertationes humanarum litterarum », 14), 1978.

15. Se reporter à la note 8.

gentilz hons 63,9 ; 82,5 ; *sages homs* 86,23 et 27. Or il s'agit là d'une forme surmarquée, qui était loin d'être la plus usuelle en ancien français, sinon peut-être, justement, dans la scripta picarde. On serait donc tenté de la considérer comme un vestige de l'original. Mais, précisément parce que le cumul des marques la rend emblématique d'un état de langue révolu, c'est aussi la forme que privilégie un Villon en mal d'archaïsme. Il est donc délicat d'en faire état.

Abordons sur des rives à peine moins mouvantes avec l'examen du lexique. C'est la présence, dans la copie, de régionalismes et d'archaïsmes (dernières attestations) qui doit retenir notre attention et étayer notre démonstration, et non plus, comme dans l'optique de P. Skårup, de néologismes (premières attestations) [16]. À cet égard, le cas de figure est identique à celui de la traduction du *Benjamin minor* transmise par le ms. BnF, fr. 24864 ; la problématique est la même [17]. Les discordances entre français et latin, lorsqu'elles s'expliquent par le refus d'un terme d'oïl de part ou d'autre, pour des raisons différentes, sont également révélatrices. Je m'en tiendrai ici à des faits assurés par la consultation croisée des histoires de la langue et dictionnaires usuels [18]. Il y aurait sans aucun doute des éléments à ajouter en affinant la recherche, entre autres sur les mots rares et les hapax [19] ; mais le travail nécessiterait le recours à une documentation de première main en grande partie manuscrite s'agissant du vocabulaire de la théologie et de la spiritualité mystique, sans pour autant modifier, à mon avis, la conclusion à laquelle aboutit directement un premier débroussaillage.

Au terme d'une première recherche, les éléments pleinement fiables sont rares. Quelques mots semblent disparaître du répertoire littéraire avec le XIVe siècle, tels *esbahyssable, esconvenir, nueté, repondre, tendreur.* D'autres, avec lesquels on aurait des raisons de penser que *C,* ou son modèle, avait des difficultés, apparaissent encore occasionnellement – mais avec quel statut stylistique ? – chez des auteurs du XVe ; ainsi de *hydeur* [20] et *soubtive* [21]. Dans une sphère plus grammaticale, la forme étymologique de pr. possessif fém. de 1ere personne, *moye,* de même que certaines formes épicènes d'adjectifs, telle *innocent*, vont se raréfiant

16. P. Skårup, « La langue du *Miroir des simples âmes* attribué à Marguerite Porete », *Studia Neophilologica*, 60, 1988, p. 231-236.

17. On me permettra de renvoyer à la note que j'ai naguère publiée : « Sur une ancienne traduction lorraine (XIIe s. ?) du *Beniamin minor* », *Revue d'Histoire des Textes*, 21, 1991, p. 237-242.

18. Voir *supra*, note 7.

19. Première approche (à compléter et rectifier à la lumière des dépouillements effectués par l'INALF en préparation au *DMF*), par M. Bambeck, « Marguerite Porete. *Le Mirouer des simples ames* und der französische Wortschatz », *Romanische Forschungen*, 97, 1985, p. 226-230.

20. Raison dit avoir *hydeur et crainte* d'apprendre ce qu'est la vie de l'âme qui l'a congédiée (54, 23) ; et, de fait, si elle désire le savoir, elle redoute encore plus ce qu'elle va entendre. *Crainte* doit être un doublet ajouté par *C*, bien que *hideur* semble encore avoir eu cours au XVe s. au sens de « effroi, épouvante » (*hydeur* est d'ailleurs employé seul en 127, 18). Mais que le mot n'ait pas été compris de tous, la traduction latine en témoigne, qui le remplace par le passe-partout *desiderium*.

21. L'ancien *soubtive*, encore attesté au XVe s., alterne avec le savant *subtile* (74,14 / 77,64 ; 139,3).

dans les textes en prose au cours du XIVe s.[22]. La préposition *o* “avec”, dont *C* conserve une occurrence isolée (3, 5), appartient au fonds ancien et était, elle aussi, devenue archaïque au XVe – mais pas dans l’Ouest, où elle est restée vivante très longtemps. La donne est la même s’agissant de l’article démonstratif fém. pl. *cestes* (*cestes ames* 43, 12). Ces formes pourraient donc avoir été introduites par le copiste de *C*. Bien que l’hypothèse soit fort improbable – une récriture ne se serait pas cantonnée à une seule occurrence –, et qu’il s’agisse selon toute vraisemblance de rémanences accidentelles favorisées par le contexte langagier régional, nous ne pouvons en avoir la certitude. Que reste-t-il donc ? Essentiellement des phénomènes de morphologie lexicale et des témoignages indirects, ce qui, en fin de compte, est encore le moins aléatoire.

Le phénomène le plus remarquable, et crucial pour l’interprétation d’un point de doctrine du *Miroir*, tient au procédé employé pour transformer une lexie en son antonyme. La majorité des occurrences tourne autour de l’opposition des notions de *vouloir* (infinitif substantivé) “volonté” et de *nient vouloir* dans l’âme anéantie. J’en reprends quelques-unes : *Telle ame, dit Amour, n’a retenu* nul vouloir, *ainçoys est venue et cheue* a nient vouloir, *et en certain savoir de nient savoir ; et ce nient savoir et* ce nient vouloir *l’ont excusee et enfranchie* (47,8-11). *En telle guerre* [*i.e.* remords de conscience] *est souvent cil qui* en voulenté *demoure, quelques bonnes oeuvres que la voulenté face. Mais celluy a paix qui demoure* en nient vouloir, *la ou il estoit ains qu’il eust* vouloir (111, 6-9) ; *Fine Amour fait avoir une amour et ung* vouloir [*i.e* de Dieu], *et pour ce est* mon vouloir *devenu* ung nient vouloir (392, 29-30) ; *Adonc, dit Amour, comment peut l’ame avoir* vouloir, *puisque clere congnoissance cognoist qu’il est ung estre* [“état”] *entre les estres, le plus noble de tous les estres, lequel creature ne peut avoir, se elle ne l’a par* nient vouloir ? (12, 48-51) ; *car de tant comme l’oeuvre de Dieu vault mieux que l’oeuvre de creature, de tant vault mieux ce* nient vouloir *en Dieu que* bien vouloir *pour Dieu. Voire encore, dit Amour, pousé que pour ce* bien vouloir *ilz peussent faire miracles et recevoir checun jour pour l’amour de Dieu martire. Encore, dit Amour, n’y a point de comparason, puisque* voulenté *demoure. Non encore, dit Amour, et fussent ilz checun jour raviz ou ciel, pour telle voulenté, en veoir la Trinité, comme fut saint Pol l’apostre !* (49, 18-26). Dans ces occurrences comme dans bien d’autres[23], *nient vouloir* est une locution nominale lexicalisée antonyme du substantif *vouloir*. Ce n’est pas « le fait de ne rien vouloir [verbe transitif direct] »,

22. Deux occurrences de *moye* : *est moye sa bonté* 312,17 ; la moye amye 121,56 ; une occurrence d’*innocent* fém. : *la plus innocent des filles* (autres fém. : *mendiant* 96 et 117 ; *puissant et vaillant* 117 ; *deduisant* 118).

23. Aussi *Hé Dieux [...] comme il y a long chemin et grant distance de telle vie marrie a vie enfranchie, de laquelle vie enfranchie nient vouloir a la seigneurie ! Et ce nient vouloir seme la divine semence prinse dedans divin vouloir* (133, 17-20). L’âme anéantie est *au pays de nient vouloir* (57, 33), dans *le souverain estre de nient vouloir* (57, 48), elle abrite en elle *la franchise de nient vouloir, dont l’ame est de tous poins assovye* (79, 13) ; *pur nient vouloir l’adfine*, pour la rendre capable de recevoir le don de Dieu, qui est Dieu lui-même (122, 70).

qui présupposerait *ipso facto* en l'âme la faculté de volonté, ce n'est pas l'absence d'usage de la faculté de volonté, mais bien « l'absence de (la faculté de) volonté [substantif] elle-même », « la *non-volonté », comme l'expliquent bien les § 44-45 : l'âme anéantie *a sa voulenté donnee et pour ce n'a de quoy vouloir* (44,38), l'âme anéantie « a donné [à Dieu] sa volonté et pour cette raison n'a pas le moyen de vouloir », auxquels fait écho le § 89, 18-23 : *Aussi, se ceste Ame* a de quoy *vouloir, c'est a dire qu'elle est mal plantee et qu'elle peut encore bien cheoir, se elle est assaillie d'adversité ou de prosperité. Et si n'est mie toute, car elle n'est mie nulle, puisqu'elle* a de quoy vouloir, *car sa pouvreté ou sa richesse est en vouloir* [subst. 'sa volonté'] *donner ou retenir.*

Grammaticalement, le mot *nient* ne fonctionne pas là comme un indéfini (qui serait complément de *vouloir*), mais comme une négation prédicative incidente au substantif, équivalent à *non* – ainsi qu'il le fait usuellement en ancien français – et, sémantiquement, comme l'équivalent d'un préfixe privatif[24]. À en juger par les textes conservés, ce type de composition, caractéristique de l'ancien français, a eu une vie très restreinte dans le temps – il n'a pas ou guère survécu au XIIe siècle – et dans l'espace : son lieu de prédilection sont les versions du Psautier[25] et les grands textes monastiques traduits dans le Nord-Est avant 1200, nommément la traduction wallonne des *Moralia in Job* de Grégoire, et, à un moindre titre, la traduction lorraine de l'*Epistola ad fratres de Monte Dei* de Guillaume de Saint-Thierry[26] – autrement dit le milieu même et les lectures mêmes de Marguerite. Ainsi : *nient muableteit, nient veables, nient comprendable, nient constumeies, nient muables*, à côté de *non sachant, non raihnable* dans le ms. wallon fr. 24764 (Grégoire) ; *nient cheinjaule*, à côté de *non staule, non stauleteit, non dignes* ou *dissamblanz, dessemblanz* dans le ms. Verdun 72, plutôt lorrain (Guillaume de Saint-Thierry). C'est, sans l'ombre d'un doute, un vestige de l'état primitif du texte. Il a été

24. *Cf.* G. Moignet, « L'opposition NON/ NE en ancien français », *Travaux de Linguistique et de Littérature*, t. 3/1, 1965, p. 43-65. On trouve aussi dans le *Miroir, nient penser* 84,31 ; 98,7 ; *nient savoir* 47,9-11 ; 81,9.

25. Des exemples sont relevés par G. Moignet, p. 53 ; je n'ai pas poussé les investigations sur ce terrain (sinon dans le commentaire destiné à Laurette d'Alsace, proche linguistiquement et géographiquement du groupe des traductions du Nord-Est, (éd. St. Gregory, *The Twelfth-century Psalter commentary in French for Laurette d'Alsace : an edition of Psalms I-L*, Londres, Modern Humanities Research Association, 1990), où je n'ai trouvé que des composés en *non-* ou des entités préfixées en *dis-/des-*.

26. J'ai procédé à des sondages très étendus dans les traductions du XIIe siècle, dites à tort ou à raison "cisterciennes", lorraines et wallones, du XIIe siècle (saint Bernard, saint Grégoire, Richard de Saint-Victor, Guillaume de Saint-Thierry) et dans une traduction voisine postérieure, la version champenoise du *Liber Pastoralis* du premier quart du XIIIe siècle. Toutes présentent des substantifs et des adjectifs composés en *non-* (*non sentement, non temprance, non sensualité, non possable* (sic), *non sachant, non voiable*...). Seules, semble-t-il, la traduction des *Moralia in Job* (fragments éd. par W. Foerster en appendice au *Dialoge Gregoire lo Pape*, Paris-Halle, Champion-Niemeyer, 1876 [reimpr. 1965]) et celle de l'*Epistola ad fratres de Monte Dei* (éd. V. Honemann, Zurich-Munich, Artemis, 1978) emploient également des composés en *nient*.

conservé soit par inertie, soit – les deux ne sont pas incompatibles – parce qu'il a été interprété de travers par les copistes successifs, comme il l'a été dès l'origine apparemment par le traducteur latin : le calque formel censé lui correspondre, *nihil velle, nihil volend-,* fausse la pensée de Marguerite à longueur de pages (plus vraisemblablement par méconnaissance de la tournure qu'à dessein ?). Dans l'évolution du français, aux composés en *nient* ont succédé des composés en *non*, dont certains avaient encore cours en plein XVe siècle, alors même que la préfixation en *in-* s'était déjà imposée. On relève ainsi dans *C*, à côté de 4 occurrences de *nient congneu(e)* (65,33 ; 119,5 et 7), un *non cogneue* (10,7) et un *non souffrable* (63,19), mais pas d'*incongneu.*

On pourrait épingler quelques autres reliques, plus discrètes : *entendeire* (31,40 : *non, a bon entendeire ; intelligenti*) est un avatar du cas sujet obsolète d'*entendeur* (forme standard : *entendere*). L'hapax *tonneresse* (48,26), féminisation d'un masculin **tonnere, tonneur*, non attesté, a tout d'un archaïsme ; la diffraction des témoins latins *tumidae* (que masque un *timidae* fautif) et *formidolosae*, qui gomment, à l'habitude, l'image, est un indice de son appartenance à un état ancien du *Miroir*. Inconnu des dictionnaires, *delieté* est également une formation ancienne (sur *delié* <DELICATUM>) ; le substantif est employé seul en 15,47, mais flanqué de son correspondant savant *delicateté* en 126,53, indice probable d'une sortie d'usage (*cf.* les doublets *hydeur / crainte* et *soubtive / subtile*, notes 18 et 19). L'unique occurrence d'*esmerveillance* (86,32) signalée par les dictionnaires provient du *Voyage d'Alexandre au paradis* (v. 252), dont la composition est contemporaine de celle du *Miroir*.

Au nombre des témoignages indirects, on versera le *corps* incongru de 95,11 (« cours »), modernisation erronée d'un amphibologique *cors* (à la fois « cours » et « corps » dans la scripta de l'afr) ; sans doute aussi le *dont* incompréhensible de 11, 10 (la *vie adnientie* dont *l'ame est relenquie* ; lat. *in qua*, mais angl. *bi whiche*), possible réinterprétation malencontreuse d'un *ont* « où » *(ubi)* très tôt tombé en désuétude (hormis dans la locution *par ont*) ; vraisemblablement, enfin, les *ont* et *auront* du § 56 : ce que les vertus *n'ont mie ne ja n'auront,* et donc ne pourront apprendre à leurs sujets (56, 26), n'est peut-être pas ce qu'elles ne possèdent pas (angl. : *that thei have not ne neuer schal haue*), mais plutôt, eu égard au contexte, ce qu'elles *n'o<e>nt mie ne ja n'au/[o]ront* (lat. *ignorant et numquam scient*). Les formes anciennes de 6e pers. du verbe *oïr,* « entendre », ici « apprendre », pourraient avoir été victimes de leur proximité avec celles d'*avoir*.

Du côté des régionalismes, on repère à première lecture quelques mots bien connus pour être spécifiques des parlers septentrionaux : *ahanner*, au sens de « labourer », « cultiver » (124), *ahan* « terre à labourer, cultiver » et « terre labourée, cultivée » (124) ; *coron* « extrémité, terme », dont la glose par *parfection* laisse percer l'origine étrangère pour le copiste de *C* (97 ; 139)[27] ; *deventrain* « intérieur », si fréquent dans la littérature spirituelle (119 ; *denentrain* par erreur dans l'édition), ainsi que d'autres moins connus, dont les attestations proviennent cependant d'écrits du Nord : *rendage* « profit » (110), *reprendement* « reproche » (41), *ressoing* « crainte » (109) ou encore *enfranchir, (l'âme) enfranchie* (1, 12, 13, 16..., 77, 86, 90, 111, 115, 118, 127, etc), dont l'aire, plus étendue, va de l'Angleterre à la Champagne. Des formes plus attendues dans une copie picarde du XIIIe s. que dans une copie orléanaise du milieu du XVe accrochent également le regard, telles *richisse* (« richesse » 13), *boine* (« bonne » 7) ou les pft 1 *je peu* et *je sceu,* récurrents dans les § 131 et 132, par exemple. On hésitera, tant elles sont typées (Wallonie et Est), devant les formes isolées *atres* « autres » (57) et *mas* « mais » (110) : vrais régionalismes passés à travers tous les filtres ou fautes de plume ?

Une partie des mots régionaux revêt un intérêt supplémentaire en ce qu'elle est cause de diffractions textuelles entre le français et le latin. Au premier point du § 11, l'âme est *toute effouldree et espoventee* de ses horribles défauts, en latin *profundata* (angl. *afoundred*). *Effouldree* est sans aucun doute la leçon primitive, non comprise par le traducteur latin, qui a lu *effondree* et traduit en conséquence, et approximativement glosée par le copiste de *C.* Le verbe *esfoudrer* est, en effet, un terme ancien, rare et régional (Herman de Valenciennes, Gautier de Coincy). Le célestin remanieur de la *Discipline d'amour divine,* lorsqu'il reprend le passage, achève le processus en substituant à *effouldree* le classique, exact, mais moins imagé, *estonnee* (p. 223)[28]. Autre exemple : pour dire que Jésus n'aurait pas fait de Marie sa mère s'il avait trouvé en elle le plus petit interstice privé de lumière divine, *C* dit *autant de vuide comme estre en vain* (« vacant ») *le ploy* (« pli ») *d'un petit meulequin, qui est un petit ver,* et *l* : *quantumcumque modicum in vobis vacuum* (126). *Meulequin* ou *molequin* « étoffe précieuse de lin, mousseline », « pièce de vêtement, et particulièrement coiffe ou voile, faite de cette étoffe » et ses dérivés *molequinier, molequinerie* sont des mots du Nord, bien vivants encore au XVe dans ces provinces dont la manufacture et le commerce des draps avec l'Angleterre avaient fait la richesse (le traducteur anglais ne s'y est évidemment pas trompé, qui parle de *a frounce of a kerchef*)[29]. Le traducteur latin n'a pas compris ou a reculé devant une comparaison si triviale, comme il le fait d'ordinaire ; le copiste du Val de Loire (ou son modèle), lui, a pris le parti de la fidélité à une lettre qui lui échappait et tenté une glose à l'intention des lecteurs, mais il

27. Passé dans la version longue de la *Discipline d'amour divine* (p. 324-325) : *que vous puissez attaindre le coron et la fin de vraye perfection*. Cf. *infra*, p. 272.

28. Voir l'édition du passage, p. 298.

29. Pour tout savoir du *meulequin*, on se reportera dorénavant à l'article de Z. Kocher, « The Virgin Mary and the Perfect *Meulequin* : Translating a Textile Analogy in Marguerite Porete's *Mirror of Simple Souls* », *Philological Quarterly*, 90/1, 2011, p. 1-19.

est tombé à côté[30]. Au § 139, 11, la diffraction *repos* fr. / *absconsio* lat. résulte, elle aussi, d'une divergence de déchiffrement dans un contexte amphibologique : là où la tradition latine a lu **repons(e)* (déverbal non attesté, mais tout à fait vraisemblable, grammaticalement parlant, du verbe ancien *repondre,* « (se) cacher », dont le part. passé est *repons*), la tradition française a lu *repous(e)*, d'autant plus naturellement aux débuts rouchis de la chaîne des copies qu'il s'agit là d'une forme régionale wallonne de « repos », et a opté pour la graphie classique *repos*. De même, si, au § 28, l'âme *nage* en français, mais *submergitur* en latin, c'est que dans la scripta du modèle, le verbe *noer* « nager » (encore conservé tel quel dans la rubrique titre de *C*) était réalisé sous la forme wallonne *noyer* (que pourrait avoir perpétuée la *Discipline d'amour divine*, p. 338), sur laquelle le traducteur s'est mépris.

Mais revenons au § 126, lignes 16-17. Pour rendre sensible l'incommensurable plénitude de la grâce dont fut comblée Marie, et sa disproportion avec ce qu'en purent recevoir les autres mortels, même les plus privilégiés comme Jean-Baptiste, qui fut illuminé dès le ventre de sa mère, l'Âme compare le Précurseur à une *espine* et Marie à une baleine : *[le]bon Baptiste, qui n'est que une espine envers vous, qui estes la balene*, tandis que le traducteur latin se contente d'un abstrait *Baptista qui nichil fuit respectu dominae* et que le traducteur anglais saute le passage. La comparaison de la Vierge à la baleine n'est pas des plus fréquentes, mais elle n'est pas inconnue non plus. On la retrouve dans le célèbre *Rosarius* dominicain en langue d'oïl du ms. BnF, fr. 12483, des années 1330, très précisément pour illustrer la plénitude de la grâce que reçut l'élue : de tous les poissons la baleine est le plus grand et celui qui contient le plus de biens ; de même Marie est « la dame souverainne Sur toutes autres », car, lorsqu'elle eut conçu le fils de Dieu, elle fut remplie de toutes les grâces[31]. Que vient donc faire l'épine (« épine » et « aiguille » en afr) ici ? Simple évocation de l'insignifiant, si minuscule et si vil qu'il en est quasi invisible (l'aiguille dans la meule de foin) ? voire, moins superficiellement, évocation du stérile, nuisible et malfaisant (avec, en arrière plan, Mt 13, la parabole du semeur) ? C'est possible, mais malgré tout peu satisfaisant sous une plume qui

30. Même s'il convient de lire *ver* comme une graphie de *vair*.

31. « Je vous diray de la balainne, / qui de biens est farsie et plainne. / En la mer n'a poisson si grant / ne aussi ou ait de biens tant. / [...] / Mout proprement par la balainne / j'enten la dame souverainne / sur toutes autres, c'est Marie /... / De toutes graces fu remplie. / Pour ce a cethe est comparee / qui grant poisson est concree. /... / Diex Marie crea et fist, / puis en luy humanité prist. / Donc Marie quand dedens soy / eut conceü le souvrain roy / Dieu, bien fu de grace plainne. / Pour c'est comparee a balainne » (fol. 157). Connu depuis 1916 grâce à une précieuse étude d'A. Långfors dans les *Notices et Extraits de la Bibliothèque Nationale*, t. 39, 1916, p. 503-665, le *Rosarius* fait l'objet d'un regain d'intérêt depuis une vingtaine d'années ; il a été partiellement publié, malheureusement dans des éditions fragmentaires qui le dénaturent (pour ce qui nous touche directement : S. Sandqvist (éd.), *Le bestiaire et le lapidaire du Rosarius (B.N. f. fr. 12483)*, Lund, LUP (« Études romanes de Lund », 55), 1996). Une édition globale est en préparation par M. L. Savoye (IRHT). Je la remercie de m'avoir confié sa transcription.

recherche toujours l'image ou la métaphore la plus immédiatement suggestive, le reste du texte est là pour le montrer : les deux éléments mis en balance (épine/baleine) n'appartenant pas au même monde (inanimé *vs* animé, végétal *vs* animal), l'esprit n'associe pas spontanément leurs images ; du coup, le rapprochement des contraires voulu ne produit pas le même impact et la comparaison de l'un à l'autre perd de sa pertinence. À moins que l'*espine* ne soit pas celle que nous croyons. Et, de fait, le mot pourrait bien désigner tout autre chose [32]. Il existe, en effet, un petit poisson d'eau douce commun dans les rivières de la France d'oïl, pourvu de plusieurs épines très pointues sur la dorsale et truffé de fines arêtes, connu sous le nom standard évocateur d'*epinoche,* auquel répond une grande variété d'appellations régionales. Parmi celles-ci dominent dans tout le quart Nord-Est de la France des dérivés de *spina,* dont les plus fréquents en territoire wallon et picard sont *(e)spine, (e)spinette, espinoque* (*épine, épinette, épinoque* et *epeinnoque*) [33]. La comparaison retrouve alors sa cohérence : l'épinoche appartient, elle aussi, au règne aquatique, où elle fait figure de repoussoir à la baleine. C'est, en effet, une espèce commune, de taille minuscule (quelques centimètres), à la chair rare et méprisée, véritable nid d'épingles à la limite du comestible, dont le commerce, interdit dans la France du XIIIe siècle, ne se faisait que sous le manteau – en bref, pour la ménagère nécessiteuse d'alors, le pire spécimen de menu fretin que l'on puisse trouver sur le marché. Du moins est-ce ce que suggère sans ambiguïté le picard Hue Piaucele dans un fabliau, *Sire Hain et dame Anieuse*, où les épinoches jouent un rôle décisif par leur vileté même [34], à mille lieues donc du prestige biblique, des propriétés merveilleuses et des qualités naturelles que la culture médiévale prêtait à la baleine, dont le *Rosarius* se fait l'écho après les bestiaires.

Que le traducteur latin ait escamoté l'image par principe, parce qu'il la trouvait irrespectueuse ou bancale, parce qu'elle ne lui parlait pas (qu'a-t-il lu et qu'a-t-il compris ? le blanc simultané de la version anglaise, d'ordinaire plus accueillante au pittoresque, laisse bien supposer, de part et d'autre, un recul devant un obstacle), il reste que ces passages, comme tant d'autres où les références à des réalités concrètes sont absentes de la version latine du *Miroir* au profit de notations abstraites, sont autant d'indices que le texte français du XVe ne procède pas du latin. En voici un échantillonnage complémentaire :

32. Comme le soupçonnait Romana Guarnieri (p. 624 [274]).

33. Voir W. von Wartburg, *Französisches Etymologisches Wörterbuch*, Bâle, Zbinden, 1966, t. 12, p. 179, s.v. *spina* et E. Rolland, *Faune populaire de la France*, t. 3, Paris, Maisonneuve, 1881 (réimpr. 1967), p. 172-173. Ces noms recouvrent deux espèces, le *gasterosteus pungitus* et le *gasterosteus aculeatus*.

34. Je dois ces précieuses indications sur l'épinoche médiévale à Cécile Le Cornec-Rochelois, qui a eu la gentillesse de me communiquer un chapitre de sa thèse inédite sur *Le Poisson au Moyen Âge : savoirs et croyances*, Université Paris IV, 2008, p. 438-445.

Au second point du § 11, l'âme est *excusee et exoniee, sans oeuvrer, de croire que Dieu est bon* « est excusée et justifiée sans accomplir les oeuvres, en croyant que Dieu est bon ». *Essoignier* n'est ni un archaïsme ni un picardisme, mais c'est un terme du droit coutumier, un terme technique que *C* a glosé par son équivalent du droit romain, plus générique, *excuser* ; précaution louable étant donné la polysémie périlleuse de la famille dérivée du germanique *SUNNI (« soin, préoccupation » / « empêchement, excuse »). La traduction latine ne porte pas trace de la métaphore juridique. Au § 86, l'âme est comblée des délices de la bonté divine sans avoir eu besoin de chercher à se les procurer *par paine ne par halage,* « en se donnant du mal et en payant la taxe », c'est-à-dire à la manière des commerçants qui peinent à rassembler leur marchandise et doivent ensuite acquitter une taxe (le *halage*) avant de pouvoir la mettre en vente à la halle – métaphore droit sortie du quotidien d'une ville active du Nord. Le traducteur latin opte pour une formulation platement redondante et réductrice, *cum labore et briga,* faisant fi de l'image. Or celle-ci, loin d'être gratuite, est en correspondance directe avec la typologie des états de vie du *Miroir* (*cf.* les § 57, *De ceuls qui sont en l'estat des marris et comment ilz sont sers et marchans,* et 63). Au § 115, c'est un élément typique du paysage du plat pays, l'écluse, et un mot spécifiquement régional, *l'estanche,* qui disparaissent de la version latine : *l'estanche de l'espandement de divine amour* vs *retentione expansionis divini amoris.* Au § 131, une métaphore empruntée à l'art équestre subit le même sort : *par quoy je n'aloye pas l'ambleure* vs *nullo modo poteram ibi habere modum.*

Je m'arrête là, mais non sans avoir rappelé à quel point la référence au vécu, l'ancrage des métaphores dans le temps et la société contemporains, sont caractéristiques de la littérature de spiritualité vernaculaire du XIIIe siècle, comme ils le sont parallèlement de la prédication *ad populum* et comme ils l'étaient d'une certaine écriture monastique des XIIe-XIIIe siècles, dont sont précisément nourries les béguines – à l'instar des clercs qui ont choisi de s'adresser aux laïcs en quête de perfection dans leur propre langue[35]. La production du XVe dans son ensemble privilégiera l'atemporel et des modes d'expression plus abstraits faisant la part belle à l'allégorie. Il y a toutes les chances – j'irais même jusqu'à dire, il n'y a aucun doute : le cas de figure est exactement celui du ms. de Valenciennes – pour que l'abondance des images et métaphores typées, qui est une des caractéristiques du *Miroir* français *C,* soit un trait d'écriture original. D'autant plus que passer d'un particulier concret à un générique abstrait peu ou prou englobant – de *meulequin* à *quantumcumque*, de *une espine* à *nichil*, d'*estanche* à *retentio*, d'*ambleure* à *modum* – est une démarche qui ne pose pas de problème, lorsqu'on est porté par le contexte et que la langue d'arrivée est une et fixe. À l'inverse,

35. La *Somme le roi* (1278) de frère Laurent, confesseur dominicain de Philippe le Hardi, en est l'exemple type. Plus l'écriture se veut littéraire, plus y est sensible la recherche conjointe du pittoresque et de la sobriété.

retrouver sous une formulation générique une expression imagée bâtie sur des réalités qui ne font pas nécessairement partie de votre univers, et avec des mots qui, la plupart du temps, n'appartiennent pas à votre fonds linguistique, est une mission impossible ; *a fortiori* recréer *a nihilo* comparaisons, images et métaphores cohérentes dans un univers et avec des matériaux linguistiques qui ne sont pas les vôtres. La version française *C* du *Miroir* ne peut pas procéder de la version latine *l*[36]. En revanche, elle garde bien la trace d'une écriture préexistante d'oïl parsemée de régionalismes du Nord et porteuse de traits stylistiques conformes aux habitudes du genre au temps de Marguerite.

L'ensemble de ces relevés demanderait à être complété, les datations, les analyses et la mise en perspective lexicologique à être affinées ; je suis la première à souhaiter qu'un philologue ait le courage de poursuivre la tâche : elle est complexe, mais passionnante. Deux données de principe semblent, toutefois, se dégager avec force dès maintenant : on ne peut aboutir au texte français de *C* à partir du texte latin du *Miroir* ; comme le texte latin, le texte français de *C* dérive en ligne directe de l'original vernaculaire de Marguerite, certaines de ses bévues en étant peut-être la meilleure preuve.

36. Sans discuter un à un les indices mis en avant en sens contraire (et certains le mériteraient, c'est sûr), un mot de rectification quand même à propos d'*immo* et *ainçois* : chacun dans leur langue, les deux adverbes ont le même fonctionnement et la même valeur, qui est fonction du contexte, selon que celui-ci est assertif, interrogatif ou négatif (pour le français, on pourra se reporter, entre autres, à G. Kleiber, « Sur l'emploi adversatif de *mais* et de *ainz (ainçois)* en ancien français », *Travaux de Linguistique et de Philologie*, t. 16, 1978, p. 271-292 et L. Schøsler et P. Van Reenen, « La fonction pragmatique des particules AINZ, APRES, DONC, LORS, OR, PUIS, SI en ancien français », dans O. Merisalo et T. Natri (éd.), *Actes du XIII*[e] *congrès des romanistes scandinaves*, t. 2, Jyväskylä, Publications de l'Institut des langues romanes et classiques, 1998, p. 637-657). On ne peut donc arguer de leur présence en parallèle pour justifier l'antériorité d'une version par rapport à l'autre. Au ch. 35, 44, le français et le latin disent exactement la même chose : « puisque Amour demeure en vous [...] loin d'oser me mêler davantage de vous gouverner, c'est moi qui vous promets obéissance [...] ». Je ne vois pas où se situerait le contresens de *C*. On pourrait même aller plus loin : en oïl, la présence du conditionnel *je ne me oseroie plus mesler*, se justifie ; c'est un conditionnel "de politesse" (type *je n'oserais vous contredire*), d'autant mieux en situation ici que Raison se pose explicitement en inférieure de son interlocutrice. Le subjonctif imparfait latin *non essem amplius ausa* n'a pas la même pertinence, qui n'est pas porteur, en principe, de cette valeur sémantique (il y faudrait un subjonctif parfait) et dont l'emploi n'a pas de justification syntactique – sauf à représenter, justement, la transposition aveugle de la forme romane conservée à bon escient par *C* (suivant le modèle prégnant des systèmes hypothétiques, où conditionnel roman → subjonctif impft lat.). Un relevé systématique ferait sans aucun doute apparaître d'autres discordances modales révélatrices entre les versions. Le raisonnement est toujours le même : en partant d'une source romane commune, rien n'empêche d'aboutir à la fois à *C* et à *l* ; en partant de *l*, il est, selon les cas, impossible ou très aléatoire, d'aboutir à *C*.

Annexe
Notes de lecture sur l'édition Guarnieri / Verdeyen

Le *Miroir* dans sa version du XVe n'est pas d'une fréquentation aisée, mais il n'est pas servi par son édition. La ponctuation ne guide pas la lecture : elle n'est ni appropriée à la syntaxe du moyen français, ni conforme à l'usage français traditionnel ; elle mériterait d'être reprise de fond en comble. L'établissement du texte laisse également à désirer ; les passages ambigus ou d'interprétation difficile ne sont pas signalés, à défaut même d'être éclairés.

Sans toucher au fond des choses, et sans retourner au manuscrit, un certain nombre de corrections spontanées peuvent être introduites au vu des deux versions, française et latine, présentées en vis-à-vis dans l'édition du *Corpus Christianorum*. Quelques-unes ont déjà été signalées par P. Skårup, et une ou deux rectifications typographiques ont été opérées entre l'édition Guarnieri et l'édition Verdeyen. Le relevé provisoire qui suit prend en compte cet acquis. Il s'abstient volontairement d'intervenir dans les séquences d'interprétation douteuse, ainsi que sur la ponctuation, sauf cas d'espèce.

1,10 *ponct.* en sa naif. Je vous prie → en sa naif, je vous prie

1,16 oit → oït

1,35 au tel → autel

4,4 *et dans tout le texte* pouse que → pousé que (*loc. conj.*) 5,44 ; 11,148 ; 41,27 ; 46,11 ; 49,21 ; 88,56 ; 97,8 ; 105,16 ; 107,6 ; 108,27,28 ; 124,6 ; 131,73 ; 138,16

4,22 ou je esté → ou j'é esté

7,10 le prent → l'aprent ; 7,23-24 *ponct.* par nul desirer. Ainçoys demoure ... sa voulenté, et pour ce fait Amour → par nul desirer, ainçois demoure ... sa voulenté. Et pour ce fait Amour

8,4 *correction abusive ; lire* quelle merveille est ce, si ceste Ame n'a point... (*prop. interr. ind.*) ; 8,30-31 c'est a entendre que... toutes chouses *entre tirets (incise)*

9,31 escripture → Escripture ; 9,33 *supprimer la virgule devant* la ou (« ainsi que »)

10,9 innocent<e> → innocent *correction abusive (adj. épicène en afr.)* ; 10,13 La vive de louenge *ne fait pas sens. Un autre agencement des lettres à jambages suggère* L'aünie de louenge (« celle qui partage la louange rendue à Dieu » ; aüner, aünir <ADUNARE « joindre, unir »), *ce qui est certainement beaucoup plus proche*

de la leçon primitive, ainsi que l'indique la concordance avec la version anglaise vnyon of heriyn *et avec la formulation de 12,46 :* les veines de divine cognoissance et la mouelle de divine amour et l'union de divine louenge

11,10 dont → ont (« *où* ») ; 11,73 constance *n'est pas en situation ici ; erreur de lecture (abréviation ?) pour* congnoissance (*angl.* knowinge) ; 11,76-77 *corr.* celle *en* ce *et conserver* cognu ; 11,99-100 : *corrompu ?* 11,103 moins → <le> moins ; 11,131 *supprimer la virgule* ; 11,132 fine → finé ; 11,136 *supprimer les virgules* ; 11,138 *point devant* Et se Dieu plaist

13,18 *pas de virgule* ; 13,22 *pas de virgule après* n'a compte ; 13,28 *corr.* mesmes → messes ; 13,34 *virgule après* conseil est ; 13,38 *et passim* (24,12 ; 44,19 ; 45,7 ; 53,17etc.) pevent→peuent ; 13,45,55 *pas de virgule ;* 13,62 hayé → haÿe

16,7 qui→qu'i (« *qu'il* ») ; 16,13 *pas de virgule* ; 16,15 *supprimer* ce : qu'elle ne peut avoir, que Dieu veult ; 16, 51 dedans elle<s>

17,20 *pas de virgule après* heure ; 17,26 *pas de virgule* ; 17,29 ble → blé

18,19 en tous → en tous <temps>

20,14-16 *le passage a été mal interprété par le copiste, mais le texte de base est facilement récupérable* : Dont il semble que celles qui telles sont cognois<troient> celles qui ce sont, se elles estoient ou selles [*'où celles'*] sont. Amour : C'est verité, dit Amour, car celles qui telles sont, s'elles estoient ou selles [« *où celles* »] sont, cognoistroient leurs compaignes...

21,19 *point après* que luy ; 21,33 *pas de virgule après* Vertuz

22,14 desseure → dessevre ; 22,25 *point devant* et se [= si] voit ...

23,53-55 *modifier la ponctuation et reprendre le texte d'après la Discipline* : Telle ame, dit Amour, est (*ms.* a) une abisme, par humilité, de memoire, d'entendement et de voulenté, trespersant [*attribut d'*abisme] de cognoissance par subtilité et tres franc [abisme *est masc. ou fém.*] ; *voir ici même*, p. 304.

28,6 *remplacer le point-virgule par une virgule :* demoure en elle, c'est elle [= si est elle] ; 28,15 *signaler une lacune entre* puis amer *et* c'est en amour [*angl.* Thus am I meued in the thing that I love more]

30,22-24 *reprendre la ponctuation et corr.* : ... envers ce qui est de luy qui oncques ne fut dit ne ja dit ne sera, que tout ce que on en dist, <que> oncques ne fut dit et que l'en en pouroit ... ; 30,41 *point après* je ne sçay

31,25 *la négation a été déplacée ; corr.* : que ce qui <ne> me souffist, car se ce que j'ayme me souffisoit ; 31,39 Est sans faille non → Et (*corr.*), sans faille, non ; 31,46 *pas de virgule* ; 31,53 els → est

32,24 *corr.* pour ce est ce <plus> mieulx mien

35,31 servie → seroie ; 35,40 *d'après la réponse, ce semble une interrogation plutôt qu'un ordre*

38,19 *virgule après* grace ; 38,20 *corr.* n'en feroit → nen / ne seroit ; 38,22 cequi → ce qui ; 38,24 *pas de virgule entre* estre *et* fors

39,14 veoir goute *en contexte positif est inhabituel* (« qui ont un tant soit peu de discernement » ; *angl.* see *seul*) ; 39,27 qui l' <a> muee

40,13 *pas de virgule après* si cler ; 40,16-17 *supprimer la parenthèse* ; 39,18 *corr.* devenue a nyent → devenue nyent *ou* venue a nyent

41,10 *corr.* ne trouver <elle mesmes> ne elle mesmes conduire (cf. *Discipline, ici même, p. 303, note 136)*

44,16 *corr* et la ne peut → et ne la peut

45,29 *point devant* encore ne seroit ce nient

46,9 *la seconde partie de la réplique de l'Ame est à mettre dans la bouche de Raison. Soit :* L'Ame.- Oy, dea ! dit ceste Ame. <Raison> Et comment donc ? <L'Ame>Vrayement, c'est bien nient ...

47,6 *pas de virgule*

48,13 doievent *est surprenant; corr.* devroient ; 48,26, *lat.* : *corr.* timidae → tumidae *ou préférer* formidolosae ; 48,28 gutent → gictent (*lecture*)

50,25 *corr.* dounee → douee *ou* dowee, douwee, *selon la scripta wallonne (vérifier la graphie)*

52,59 ; 124,93 *et dans tout le texte, la corr.* o<e>uvrer *est inutile*

53,11 ; 57,36 ; 64,7 etc*., supprimer la corr.* <Ain>si

55,15 *la restitution* t<en>ue [la tenue que telles gens ont a ce] *est en accord avec la version anglaise, le subst.* holdyngc *auquel elle a recours étant usuel au sens figuré de « opinion, jugement, avis », comme avec le calque de la version latine tenor (« persévérance, continuité »), lui-même rendu dans la traduction italienne par* convinzione. *Il y a donc toutes les chances pour que ce soit là la leçon originale. On remarquera que, si, en français, le sens moderne du verbe* se tenir à qc *est ancien, l'emploi du substantif* tenue *dans la même acception et l'usage de la locution* avoir de la / ne point avoir de tenue *« (ne pas) faire preuve de constance dans ses opinions, (ne pas) avoir de suite dans les idées » ne semblent pas attestés avant le XVI*[e] *- XVII*[e] *s.*

56,30 mye e celle → mye a celle

57,20 *pas de virgule* ; 57,28 *corr. inutile*

58,11 la *corr.* mere → me<st>re *semble devoir être introduite, en dépit de l'accord de l'angl.* modir

59,17 que l'en <ne> peut parler ; 59, 23 *corr.* mouvement → moment (*angl. et lat.*)

59,26 *corr. inutile ; la permutation des graphies est récurrente ; même remarque* 69,28 *et* 29 ; 75,18 ; 91,13 ; 105,28 *et* 29, etc.

60,26 *remplacer le point-virgule par une virgule*

61,15 lat. *déplacer la virgule devant* habet ; 61,39 *corr.* si me tolle <la cognoissance> et garde

62,23 exripre, *sic* ? 62,34 *lacune probable* : il ne souffisit [*subj. imp.*] pas a JC faire <ce qu'il fist>pour eulx, se il n'eust fait tout ce que l'umanité en peut [*pft*] porter ; *lat* : aliquid quod fecerit, *angl.* : onything that I dide

63,19 *pas de virgule après* c'est.

65,25 oyés→oÿes ; 65,26 *ponct.* : voire encore, se ainsi estoit qu'elle fust si basse que ...

66,6 a-ffin ; 66,7 *pas de virgule après* dictes moy ; 66,8 esioyés → esjoÿes ; 66,11 *corr.* car quant → car tant ceste Ame fut en <vostre> amour enmantellee que elle print

67,14 car il <l'>a / car i l'a

69,20 *pas de virgule* : le mien est que... ; 69,22 *ponct.* : ou nous nous radressons. Et je vous di que a celluy ; 69,25 le don → au /ou don ; 69,27 croioye → croi<r>oye

72,36 ierarchies (*de même* 77, 31) ; 72,38 *ponct.* : et si sont tous anges. Mais le premier ... seulement de ange ; mais les Seraphins ... 72, 48 s'esjoÿst

73,34 pour tant se

74,6 *corriger* la glose par surnom → la chose par <son> surnom, *plutôt que* → la chose par son nom *(*cf. *S. Piron, p. 84 ; lat.), compte tenu de la distinction établie entre* surnom *et* droit nom (*angl.* : for moost vndirstandith a thing bi his surname) ; 74, 15 peüt → peut

75,2 tra<n>sfiguracion

76,16 Jehain→Jeham

77,32 tous ceulx a qui ; 77,34 *virgule après* dedans ; 77,55 *corr.* Et <quant> je vi ce, dit Amour, je (cf. *V*) ; 77, 68 *virgule après* demanday

78,1 obeÿ ; 78,21 *ponct.* : ma voulenté et ce

79,33 lequel l'ay → lequel j'ay ; 79,42 par noblesse l'entendement de la glose → par noblesse d'entendement la glose ; 79,40 *corr. erronée* (senti, *pft 3, est correct*) ; 79,49 *corr.* saoullant → souleil (sol *lat.*, sunne *angl.*)

80,14 incomprehensible

81,27 espouse → espous

82,3 *ponct.* : qui telle est, parfaictement est franche ; 82,8 pour tant se ; 82,13, 19, 22 *pas de virgule* : est que elle ; 82,53 *corr.* ceste est, et ce luy souffist ; merveilleux, dont ceste est merveilleuse ; et c'est → s'est [*c.à d.* si est] plaisante Amour (*comparer avec la Discipline, ici même* p. 305)

84,21 *corr. abusive* (dont, *subj.pr.3, est correct*) *; même remarque* 94,20

85,5 de stocs → d'estoc(s) ; pinte → purté (*lecture*)

86,13 merveilles sont, ce dit Amour, bien ; 86,53 *corr.* souvent → pluseurs (*anticipation de copie*)

87,9 *ponct.* : je ne suis fors que

88,37 le stoc → l'estoc ; 87,38 y est (*lat.* jacet, *angl.* lieth) *est certainement une réinterprétation d'un copiste résultant d'une mauvaise lecture d'un* i *ou d'un* g *consonantique initial* [g] ; *rétablir* jest *ou* gest, *forme potentiellement analogique du pl. 6* gesent, *bien attesté à une date ancienne (cf. Fouché, p. 70 n.3), ou corr.* gist ; 88,58 *supprimer la virgule*

90,24-25 *ponct.* : Or vous diray je, dit Amour, par le contraire de l'Ame Enfranchie. La vie ...

91,16 *l'intervention ne porte pas là où il faudrait :* en telle bonté <ce> qu'il savoit de luy → en telle bonté qu'il avoit de luy ; 91, 23 *lacune* : Et ycy <est le> point

92,14 ad<n>ienties

93,4 *remplacer les deux points par une virgule* ; 93,5 a emplie → aemplie

94,30 o<n>cques

95,7 de ce que on ; 95,11 *plutôt* <finé> *que* <fini> ; 95,15 *et* 19 : *la concordance des versions lat. et angl. appuie les corrections* le muet → la mue *et* ceste v<o>it, Dieu le v<o>it

96,14, 15 *pas de virgule*

97,13 n'est paradis que ; 97,15 *virgule devant* car ; 97,21-22 *ponctuation* : de la glose ; mais semblance n'est mie verité. Mais verité est ; 97,45 *point virgule → virgule*

98,1 son<t> ; 98,5 *et* 6 esbaÿssent ; 98, 13 *ponct. :* dames a qui

99,7 c'est qu'ilz

100,17 L'en leur doit bien croire : *si l'on juge la forme du pronom* leur *originale* (*le latin a de même* sibi), *la seule interprétation possible est « on doit bien leur faire crédit »* ; 100,20 *ponct.* ce qu'il croit, cil ne croit mie ; 100,23 *pas de point virgule ;* 100,24 *pas de virgule après* voulenté

101,23 *corr.* ce que mien est, c'est qu'il est, et pour ce <s'> a il toudis ; 101,27 me puisse → m'e<n> puisse (?) ; 101,39 comme cy <a> beaulx motz

104,23 *corr.* chee → chet

105,7 *corr.* endui → enclin (*lecture*)

106,15 *virgule après* nature ; 106,22 *corr.* Mais de ce qu'il est, ce <est> de luy en moy ; 106,25 *virgule au lieu de deux points après* Ame ; 106,28 *corr.* c'est a dire que qui a ce qu'elle dira, en verité, elle a

107,10 si verra que ; 107,11 c'est a entendre que ; 107,12 haït → hait

108,9 *corr. abusive* (finé)

109,9 oyé → oÿe ; 109,21 C'est voir, dit l'Ame, Verité (*apostrophe*), en verité ; 109,22 *correction abusive* (tien) ; 109,30 *conserver* apaisay [ay = é] je ; 110,36 *corr. inutile*

110,16 *corr.* telle → elle ; 110,26 mas → *plutôt* ma<i>s ; 110,28 *rectifier* elles estoit → elle s'estoit (*verbe pronominal* soi ester)

111,19 *ponct.* : donne, de sa bonté aussi, franche.

115 *corr. ponctuation* : Amy de moy, dit ceste Ame, qui tel est demaine, sans estanche

116,15 *et* 16 esjoye<e>, esjoyé → esjoÿe

117,7 *ponct.* : en moy. Et parmy ce suis exemple de salut, mais encore, qui plus est, le salut ; 117,44 bonte → bonté ; 117,48 *point virgule → virgule*

118,19 *corr. mal venue ; lire* : me trouvay je ung temps fut, jadis (« *je me trouvai, il y a un certain temps, dans le passé* »), dit l'Ame ; 118,22 *ponct.* : deffaulte d'amour, telz gens sont si couars ! Mais ce n'est pas ; 118,73 celustre : *seul* lustre « *éclat, brillant* » *semble attesté, et pas avant la fin du* XVe *s. ; la présence d'une glose laisse craindre que ne soit sous-jacent à* celustre *un mot ancien ou régional, déformé et réinterprété par rapprochement avec un terme moderne*; 118,142 le veoir → se veoir ; 118,143 *corr.* C'est profondesse d'umilité, qui l'asiet en la chaere ; 118,156 *corr. mal venue :* fermee *est la bonne leçon (« ferme, définitive »), c'est le lat.* formata *qui est fautif (angl.* firme & stable) ; *voir la Discipline, ici même*, p. 302, note 133) ; 118, 179 *ponct.* : qui est dont toute chose est

119,7 nient cogneu<e>s ; 119,14 *corr. inutile* ; 119,18 *rectifier* denentraine → deventraine

121,15 de strain→d'estrain ; 121,28 *pas de virgule* ; 121,42 *et* 44 *et* 49 *corr.* mées → mets (*vérifier la lecture*)

122,76 m'enchartra ; *ponct.* : 122,104 Non fais, sauve ; 122,132 ce ne suis je mie, c'est il seul ; 122,139 suis plaine. C'est

123,23 *corr.* ne dessevre mie <de> la grace

124,68 *l'addition* <oÿ> *est discutable ;* 124,104 oyé → oÿe ; 124,111 *ponct.* : le seurplus ; et aussi fait il. Et ce... en Marie, car Marie ; 124,114 *deux points → virgule* ; 124,121 ou desert, de Marie

125,22 *ponct.* : A qui monstra il ce ne [*coordonnant*] le cela il ?

126,4 *ponct.* : Elle, pour telle oeuvre, ne luy chailloit ; 126,8 moyen, pour yssir ; 126,23 meulequin, qui est ung petit ver, hors de ;126,36 mesfait. Mais il ... de necessité, car ; 126,45 Pour ce car

127,11 *ponct.* : joincture d'elle en la personne ; 27,20 *corr.* : mais non feray je, ny fais, fors que perdre → mais non feray ; je n'y fais fors que perdre

128,26 c'est a entendre que

129,7 *ponct.* : en creature, de sa bonté, pour creature

130, 49 : *corr. abusive* (compren ge)

131,6 *corr.* revance → re<te>nance ; 131,33 *ponct.* : meditacions que, ainçoys que je ; 131,55 de luy, je l'ameroie ; 131,65 verst → veïst ; 131,66 *point virgule → virgule* ; 131,83 *supprimer un des deux* comment ; 131,109 la response de <moy> ; 131,113 *ponct.* : dont il avoit vesqu et bien cuidoit ; 131,123 donnee, et ainsi

132,33 *corr.* : esclar hautain persant, me monstra soubdainement et luy et moy, c'est assavoir luy tres hault et moy si bas que

133,7 *corr.* quant j'estoie esmarrie → es marriz (*angl.* this that I was thanne is marrynge) ; 133,31 fine → fin

138,13 *corr.* parfont analer ne plus nulz homs estre → parfont avaler ne plus <nuz> nulz homs estre

139,1 et 3 poins → plois *« manière d'être, de se conduire » ; le lat.* plicis *est un calque servile du mot roman original, qui a été remplacé par une lectio facilior à un moment de la transmission ; c'est aussi* pointz *qu'a lu l'auteur de la Discipline,* p. 17 (cf. *ici même*, p. 295), *tandis que* p. 340 (*ici même* p. 314*), il transfère sur* poys (pondus) *le sémantisme de* plois ; 139,12 *supprimer les virgules* ; 139,16 *virgule → point* ; 139,26 comprolissez → complissez (*mauvaise lecture et réinterprétation latinisante à partir de* proles *?*) ; 139,34 prier → priez

QU'EST-CE QUE LA LIBERTÉ DE L'ESPRIT ?
LA PAROLE DE MARGUERITE ET LA RAISON DU THÉOLOGIEN

Olivier BOULNOIS

Le *Miroir des âmes simples* a-t-il vraiment échappé aux flammes qui ont dévoré son auteur ?

D'une part, le *Miroir* de Marguerite Porete a quelque chose de miraculeux. C'est une véritable bouteille à la mer, à ma connaissance le seul document complet qui provienne d'un auteur assimilé au Libre esprit, le seul qui ne provienne pas d'un interrogatoire d'inquisiteurs ou d'une liste de propositions condamnées. Il nous donnerait donc une occasion exceptionnelle de comprendre de l'intérieur cette doctrine sans déformation systématique.

Mais d'autre part, il semble difficile d'arracher l'œuvre aux préjugés qui ont accompagné sa condamnation et failli conduire à sa destruction. Sa première éditrice, Romana Guarnieri, prenait pour acquis l'existence d'un mouvement dissident dont Marguerite aurait été la principale porte-parole : le Libre esprit [1]. Et beaucoup d'historiens ont prolongé cette première réception : même s'ils ont parfois inversé la valeur des signes, ils ont souvent tenu le *Miroir* pour un témoignage sur cette « Hérésie du libre esprit ». Ce qui est encore une manière de lire l'œuvre à travers les flammes de l'inquisiteur.

Car lorsqu'on lit de près cet ouvrage, qui énonce à sa manière l'itinéraire d'un esprit vers Dieu, notre perplexité redouble, devant des doctrines finalement si classiques. Qu'y avait-il de si dangereux dans la pensée d'une béguine tout entière tendue vers la vie de prière et vers l'union à Dieu ? Dit-elle réellement quelque chose d'inouï et de neuf ? Ou bien sont-ce les circonstances historiques qui ont changé et qui ont soudain rendu suspectes et incompréhensibles des expressions traditionnelles ?

1. R. Guarnieri, « Il movimento del Libero Spirito », *Archivio italiano per la storia della pietà*, 4, 1965, p. 351-708.

Depuis le livre de R. E. Lerner[2], on ne peut plus voir dans l'hérésie du Libre esprit qu'une construction d'inquisiteur, résultant d'un croisement entre la condamnation de Marguerite et les préoccupations de l'archevêque de Strasbourg envers les béguins de son diocèse. Il existe sans doute une orientation spirituelle partagée dans les milieux des béguines de Flandre, du Brabant et de la Rhénanie. Mais il semble difficile de parler d'une doctrine dont Marguerite fournirait l'unique témoin. Bien au contraire, c'est la condamnation du *Miroir*, et les extraits qu'elle faisait circuler, qui a, une fois de plus, nourri le fantasme des inquisiteurs et, au-delà, des théologiens. Là comme ailleurs, la censure théologique a produit un effet de système d'autant plus remarquable qu'il était plus déformant[3].

Pour confirmer cette hypothèse, je souhaite étudier les énoncés du *Miroir* concernant la liberté de l'esprit, m'interroger sur leur signification, et comprendre quelle relation complexe entretiennent les énoncés réels de Marguerite avec l'interprétation des docteurs, des juges et des inquisiteurs.

I. L'INTERPRÉTATION DES INQUISITEURS

Examinons tout d'abord comment le système de l'hérésie a été progressivement construit dans l'histoire.

1. *La condamnation de Marguerite*

Nous savons qu'une commission de théologiens, à la demande de l'inquisiteur Guillaume de Paris, a condamné 15 propositions extraites de l'œuvre de Marguerite. Trois d'en elles ont été conservées.

– L'article 1 : Que l'âme anéantie donne congé aux vertus, et n'est plus désormais dans leur servitude, car elle n'en a pas l'usage, mais les vertus lui obéissent à volonté[4].

2. Lerner, *Heresy*.

3. Pour établir quelques jalons de cette logique théologique, voir A. Le Boulluec, *La notion d'hérésie dans la littérature grecque,* Paris, Études augustiniennes, 1985 ; D. Iogna-Prat, *Ordonner et exclure, Cluny et la société chrétienne face à l'hérésie, au judaïsme et à l'islam, 1000-1150*, Paris, Aubier, 2000[2] ; A. de Libera, *Penser au Moyen Âge*, Paris, Seuil, 1991. Comme les inquisiteurs bâtissent le canevas de leur interrogatoire sur les listes de thèses hérétiques, il n'est pas étonnant de voir de nombreux accusés reprendre à leur compte, au XIVe siècle, les thèses attribuées à Marguerite.

4. « Quod anima adnichilata *dat licentiam virtutibus* nec est amplius in earum servitute, quia non habet eas quoad usum, sed virtutes obediunt ad nutum ». Cela correspond au *Miroir*, ch. 6, p. 24 : « Je estoie adonc *serve* de vous, or en suis delivree » et ch. 21, p. 80 : « ceste *Ame a prins congé aux Vertuz, quant a l'usage d'elles* et quant au desir de ce que elles demandent, mais les Vertuz n'ont mie prins congé a elle, car elles sont toujours avec elles ».

– L'article 15 : Que cette âme ne se soucie pas des consolations de Dieu ni de ses dons, et ne doit ni ne peut s'en soucier, car elle tourne toute son attention vers Dieu, et sinon sa tension vers Dieu serait entravée [5].

– Un article intermédiaire, transmis par les *Chroniques* du continuateur de Guillaume de Nangis : Que l'âme anéantie dans l'amour du créateur, peut et doit <concéder> à la nature tout ce qu'elle demande et désire, sans reproche ou remords de conscience [6].

2. *Le Concile de Vienne*

Cet avis purement théologique a donné à Guillaume de Paris les arguments qui lui ont permis de faire condamner Marguerite. Mais il a aussi servi à mettre en place un dispositif réglementaire, celui qui fut construit par le Concile de Vienne en 1311. Les pères du Concile définirent deux canons. Une décision disciplinaire, *Cum de quibusdam mulieribus*, ordonnait la suppression du mode de vie de « certaines femmes, communément appelées béguines », qui « débattent et prêchent de la Sainte Trinité et de l'essence divine » [7] ; elle fut mitigée dans les faits, une fois que tous les béguinages eurent été inspectés par les autorités épiscopales. La définition doctrinale de l'hérésie supposée était quant à elle formulée dans le canon *Ad nostrum* :

1. L'homme peut atteindre un tel degré de perfection qu'il soit rendu tout à fait impeccable.
2. Une fois qu'il a atteint ce degré de perfection, il n'est pas nécessaire de jeûner ni de prier, car alors la sensualité est si parfaitement soumise à l'esprit et à la raison, que l'homme peut concéder librement au corps tout ce qui lui plaît.
3. Ceux qui sont dans cet esprit de liberté, ne sont pas soumis à l'obéissance humaine, ni aux commandements de l'Eglise, avec citation de 2 Cor. 3, 17.
4. L'homme peut obtenir dans la vie présente la béatitude finale.
5. Que toute nature intellectuelle est naturellement bienheureuse en elle-même, et que l'âme n'a pas besoin d'une lumière de gloire qui l'élève à la vision de Dieu.

5. « Quod talis anima non curat de consolationibus Dei nec de donis eius, nec debet curare nec potest, quia tota intenta est circa Deum, et sic impediretur eius intentio circa Deum ». Voir *Miroir*, ch. 9, p. 32 : « *Telle Ame n'a soing* de chose qui luy faille » ; ch. 26 : « sans vouloir *nulz de ses dons,* que l'en appelle *consolacions* » ; et ch. 27 : « Meditacion d'Amour Pure n'a que *une seule entente* (non habet nisi unum solum intentum), c'est que elle amast tousjours loyalement sans vouloir nul guerdon » [...] Pource n'a Loyal Amour que *une seule entente,* et c'est qu'elle puisse tousjours loyalement amer ; car qui auroit deulx ententes en une mesmes œuvre, l'une affoibliroit pour l'aultre ».

6. « Quod anima annihilata in amore conditoris *sine reprehensione conscientiae vel remorsu potest et debet naturae* quidquid appetit et desiderat <concedere> », éd. P. Verdeyen, « Le procès d'inquisition contre Marguerite Porete et Guiard de Cressonessart », *Revue d'histoire ecclésiastique*, 81, 1986, p. 47-94, ici p. 88. Voir *Miroir*, ch. 17, p. 69 : « Ceste Ame donne a Nature quanqu'elle luy demande ; et est vray, dit Amour, que ceste Ame n'a mie tant de cure ne d'amour aux choses temporelles, qu'elle sceust gaigner en *refuser a Nature sa demande* ; ainçoys, feroit conscience de luy tollir ce qui est sien ».

7. *Clementis papae V Constitutiones*, 3, 11, 1, éd. E. Friedberg, *Corpus iuris canonici*, t. 2, Graz, Akademische Druck, 1959, c. 1169-1170.

6. L'âme parfaite donne congé aux vertus.
7. Que le baiser d'une femme, quand la nature n'y incline pas, est un péché mortel ; mais que l'acte charnel, quand la nature y incline, n'est pas un péché.
8. Que lors de l'élévation du Corps du Christ, ils ne doivent pas se lever ni lui montrer de la révérence : affirmant que ce serait pour eux de l'imperfection, s'ils descendaient de la pureté et de la hauteur de leur contemplation, et méditaient sur le sacrement de l'eucharistie ou la passion de l'humanité du Christ [8].

Deux questions se posent ici, l'une doctrinale, et l'autre philologique.

1. *Doctrinale*. Ce texte semble condamner tout le contraire de ce qu'enseigne Marguerite Porete : il voit surgir le laxisme moral et l'adultère, là où Marguerite prône la dévotion la plus extatique. Peut-on s'en tirer en distinguant une sorte d'enseignement « subtil », comme le dira Gerson, celle de la liberté spirituelle, et une compréhension vulgaire, qui en détourne le sens vers le libertinage ? Ou une condamnation précise, celle de Marguerite, et une condamnation large, celle des Béguines au concile de Vienne ?

2. *Philologique*. On sait à quel point Philippe le Bel a pesé sur le déroulement du Concile de Vienne. Jusqu'ici, on s'est beaucoup interrogé sur l'origine des propositions condamnées. On est allé chercher une liste d'erreurs établie par Albert le Grand à Cologne, ou au contraire des témoignages de la fin du XIVe siècle. Ne vaut-il pas mieux faire l'hypothèse que certaines propositions condamnées

8. *Ibid.*, 5, 23, c. 1183-1184 : « [...] secta quaedam abominabilis quorundum hominum malignorum, qui Beguardi, et quarundam infidelium mulierum quae Beguinorum vulgariter appellantur, in regno Allemanniae [...] tenens et asserens doctrina sua sacrilegia et perversa inferius designatos errores. Primo videlicet, quod homo in vita praesenti tantum et talem perfectionis gradum potest acquirere, quod reddetur penitus impeccabilis et amplius in gratia proficiscere non valebit. Nam, ut dicunt, si quis semper posset proficere, posset aliquis Christo perfectior inveniri.

Secundo, quod ieiunare non oportet hominem nec orare, postquam gradum perfectionis huiusmodi fuerit assecutus, quia tunc sensualitas est ita perfecte spiritui et rationi subiecta, quod homo potest libere corpori concedere quidquid placet.

Tertio, quod illi, qui sunt in praedicto gradu perfectionis et spiritu libertatis, non sunt humanae subiecti obedientiae, nec ad aliqua praecepta Ecclesiae obligantur, quia, ut asserunt, *ubi spiritus Domini, ibi libertas* [2 *Cor*. 3, 17].

Quarto, quod homo potest ita finalem beatitudinem secundum omnem gradum perfectionis in praesenti assequi, sicut eam in vita obtinebit beata.

Quinto, quod quaelibet intellectualis natura in se ipsa naturaliter est beata, quodque anima non indiget lumine gloriae, ipsam elevante ad Deum videndum et eo beate fruendum.

Sexto, quod se in actibus exercere virtutem est hominis imperfecti, et perfecta anima licentiat a se virtutes.

Septimo, quod mulieris osculum, quum ad hoc natura non inclinet, est mortale peccatum, actus autem carnalis, quum ad hoc natura inclinet, peccatum non est, maxime quum tentatur exercens.

Octavo, quod in elevatione corporis Iesu Christi non debent assurgere nec eidem reverentiam exhibere, asserentes, quod esset imperfectionis eisdem, si a puritate et altitudine suae contemplationis tantum descenderent, quod circa ministerium (al. : mysterium) seu sacramentum Eucharistiae aut circa passionem humanitatis Christi aliqua cogitarent. [...] nos sacro approbante concilio sectam ipsam cum praemissis erroribus damnamus et reprobamus omnino, inhibentes distinctius, ne quis ipsos de cetero teneat, approbet vel defendat. »

auraient été reprises, après un certain travail de réécriture et de remise en ordre, de la condamnation de Marguerite Porete ? C'est ce qu'a montré Romana Guarnieri pour certaines propositions [9], mais il faut reconnaître avec Robert Lerner que la plupart proviennent plutôt de conflits autour de la mystique rhénane (Strasbourg, Cologne).

On peut esquisser des rapprochements avec la pensée de Marguerite sur certains points précis.

L'article 2, sur l'inutilité du jeûne et de l'oraison, et le droit de satisfaire la nature correspond à l'article transmis par les *Chroniques* du continuateur de Guillaume de Nangis, mais aussi au *Miroir*, chap. 9 : « Laquelle Ame ne desire [ne ne desprise] pouvreté ne tribulation, ne messe ne sermon, *ne jeune ne oraison* et donne a nature tout ce qu'il luy fault, sans remors de conscience » [10]. Il n'est pas impossible que ce point corresponde à l'un des articles de la condamnation de Marguerite aujourd'hui perdus.

L'article 6 indique le congé aux vertus donné par l'âme parfaite, et correspond exactement à l'article 1 de la condamnation de Paris.

On remarque, en sens inverse, que la proposition 15 condamnée chez Marguerite : « Qu'une telle âme n'a plus cure des consolations de Dieu ni de ses dons, ne doit pas s'en soucier et ne saurait même le faire, car c'est Dieu seul qui retient son attention, et ces choses y feraient entrave » n'est pas reprise par le Concile de Vienne. L'article 8, envisagé par R. Guarnieri [11], ne mentionne que la méditation du sacrement de l'autel et de la Passion du Christ, et n'a pas de correspondant chez Marguerite.

À la différence de ce que disait R. Guarnieri, mais comme le faisait déjà observer J. Orcibal, il ne semble pas possible de rapprocher du *Miroir* la quatrième proposition – la possibilité d'atteindre ici-bas la vision béatifique –, ni la cinquième – l'inutilité du *lumen gloriae* –, qui visent Dietrich de Freiberg : Marguerite emploie d'ailleurs le terme technique d'« habitus de gloire » [12].

Les condamnations du Concile de Vienne opèrent donc un choix parmi les propositions condamnées de Marguerite. Elles en reprennent certaines, mais elles les agglomèrent à d'autres : les thèses joachimites des franciscains spirituels, les thèses condamnées par Albert à Cologne et la thèse de Dietrich de Freiberg sur la vision béatifique, qui provient d'un horizon universitaire bien différent.

9. *Archivio italiano per la storia della pietà*, 4, 1965.

10. « Talis anima [...] non appetit [nec despicit] paupertatem, tribulationem, missas, sermonem, ieiunium vel orationem, et semper dat naturae quicquid petit absque omni remorsu conscientiae » ; « desires neither scorn nor poverty », etc., *Miroir-Speculum*, p. 32-33 (*Cf.* Lerner, « New Light », p. 102).

11. R. Guarnieri, « Il movimento », art. cit., p. 416.

12. J. Orcibal, « Le *Miroir des simples âmes* et la "secte" du Libre Esprit », *Revue de l'histoire des religions*, 176, 1969, p. 35-60, ici p. 40. *Cf.* « l'abbit de gloire », ch. 60 (*Miroir*, p. 176) : on peut comprendre « vêtement de gloire » (en consonance avec l'expression biblique « revêtus de la gloire ») mais il s'agit plus probablement de la notion théologique d'*habitus gloriae*, fondement de la béatitude.

Mais cette agrégation fait sens : la censure est en train de faire du Libre esprit un *système*. La coalescence de la spiritualité de l'abandon de la volonté propre (Marguerite), de la théologie de l'histoire (joachimisme), et de la métaphysique de la vision béatifique (Dietrich), permet de construire le *système de l'hérésie*.

3. *Un avis de Jacques Fournier*

Avec l'article 3, les censeurs construisent l'« hérésie du Libre esprit », en rapprochant la pensée de Marguerite de la citation de 2 Cor. 3, 17 : « Le Seigneur, c'est l'Esprit, et là où est l'Esprit du Seigneur, là est la liberté », caractéristique des lectures joachimites ou oliviennes [13]. Nous savons que l'idée de Libre esprit, qui sert ainsi à épingler l'hérésie, vient tout simplement de saint Paul. Citons par exemple : « Là où est l'Esprit du Seigneur, là est la liberté » (2 Cor. 3, 17). Paul représenterait ainsi une forme d'anomisme, c'est-à-dire l'opposition entre le régime judaïque de la Loi, et le nouveau régime, évangélique, de l'Esprit [14]. Certes, la liberté de l'esprit constitue, pour Olivi, l'essence même des Epîtres de Paul, comme il le dit dans le Prologue de ses commentaires de Paul [15]. Rappelons aussi que cette opposition a pris une tournure historique avec Joachim de Flore, qui oppose à l'âge de la loi du Père et à l'âge du Fils, le troisième état, l'âge de l'Esprit.

13. L'article 1, fondé sur l'idée de parvenir à un état si excellent qu'on ne puisse plus progresser, car *sans cela quelqu'un pourrait être plus parfait que le Christ*, peut venir de développements des franciscains spirituels. L'un des arguments d'Olivi en faveur de la compréhension franciscaine de la plus haute pauvreté consiste à dire précisément que la pauvreté franciscaine est, comme celle du Christ, la plus haute possible, telle qu'aucune autre ne peut être plus grande. *Cf.* P. J. Olivi, *De usu paupere. The* Quaestio *and the* Tractatus, éd. D. Burr, Olschki, University of Australia, Florence, Perth, 1992 ; *Quaestio de usu paupere* p. 32 : « Non solum falsum sed etiam hereticum esset dicere paupertatem aliquam esse perfectiorem quam evangelicam. Sed certum est paupertatem illam que vovebit pauperem usum cum abdicatione omnis iuris esse maiorem quam illam que absque primo solum vovet istud secundum. Ergo hereticum est dicere in voto paupertatis evangelice pauperem usum non includi ».

14. Pour étudier cette question à fond, il faudrait examiner les principaux commentaires de ce passage, et ceux de l'Epître aux Galates : « Si vous êtes conduits par l'Esprit, vous n'êtes pas sous la Loi » (Galates 5, 18). En Galates 5, 14, la liberté se résume dans le commandement « Tu aimeras ton prochain comme toi-même », et en 6, 2, la liberté devient « Loi du Christ », deux versets qui reviendront dans le débat autour du libre esprit. Selon R. Lerner (*The Heresy,* p. 66), Henri de Virnebourg (le futur accusateur de Me Eckhart), est le premier à avoir accusé les bégards d'hérésie, en 1307. Car selon Henri, les bégards se proclamaient mus par l'Esprit, et non plus sous le régime de la loi (Gal. 5, 18), parce que la loi n'était pas faite pour les justes (I Tim. 1, 9). (Rappelons que, contrairement à cette lecture « antinomienne » de Paul, celui-ci ajoutait : « tout m'est permis, mais tout n'est pas profitable (*sumpherei*) », I Cor. 6, 13 ; *cf.* 10, 23).

15. Pierre de Jean Olivi, *Lectura super epistulas ad Romanos,* éd. A. Boureau, Turnhout, Brepols (CCCM, 233), 2010, p. 3 : « Ad contemplandam et prelibandam in summa doctrinam epistolarem diuinissimi Pauli, menti mee nihil occurrere potuit breuius et clarius quam uerbum eiusdem II Cor 3 dicentis *Ubi spiritus Domini, ibi libertas*. Si enim quero eius auctoritatem seu causam efficientem, ipse est *spiritus libertatis* cuius uas aut uehiculum singulare fuit iste apostolus ita ut ipse quodammodo dici possit *spiritus libertatis*. Si etiam queras eius materiam, finem et formam, semper occurrit *spiritus libertatis*. Septiformis enim spiritus qui iuxta testimonium Ysaie in Christo quieuit est materia huius libri » (je souligne).

> Tertius ergo status erit circa finem seculi, iam non sub velamine litere, *sed in plena spiritus libertate*, quando evacuato et destructo pseudo-evangelio filiie perditionis et prophetarum eius, hi qui ad iustitiam erudient multos erunt sicut splendor firmamenti et quasi stelle in perpetuas eternitates [16].

Mais l'expression de *libertas spiritus* reste très rare chez Joachim de Flore et ses disciples. Le thème principal de sa réflexion reste celui de l'intelligence spirituelle (*intelligentia spiritualis)*, ouvrant à une lecture de l'Écriture qui fonde une théologie de l'histoire. La désignation des franciscains radicaux comme Spirituels, bien attestée au début du XIVe siècle, s'en inspire : ils sont les *viri spirituales* qui combattront l'Antéchrist. C'est peut-être sur ce terrain que Guiard de Cressonnessart se sent proche de Marguerite.

Pourtant, il n'y a rien là que de très traditionnel, dans la longue durée de l'exégèse de Paul, ou dans la durée plus courte de la réception franciscaine de Joachim de Flore. Le seul lien qui ait été établi entre le joachimisme et le libre esprit l'a été quinze ans plus tard (en 1325) dans un avis de Jacques Fournier contre la *Lectura super Apocalypsim* d'Olivi, récemment étudié par Sylvain Piron [17] : si l'intelligence spirituelle donne accès à la vision béatifique, l'homme, vagabond sur la terre, sera devenu impeccable au sens propre, et il n'aura plus besoin de l'Eglise et des sacrements. J. Fournier oppose à cette opinion la bulle du Concile de Vienne qui condamne les adhérents au Libre esprit, parce que la divinisation en cette vie les place au-dessus des autres fidèles. Mais nous sommes quinze ans après le procès de Marguerite, et précisément à la lumière du concile de Vienne.

Or la thèse de II Cor. 3, 17 n'est pas citée par Marguerite… Certes, il semble indiscutable que la notion d'esprit ou d'âme « enfranchie » est clairement l'équivalent du syntagme *libertas spiritus*. Mais précisément, le censeur rapproche cette doctrine de celle de Joachim et d'Olivi. L'eschatologie d'un temps de l'Esprit leur apparaît comme *une des manières possibles d'interpréter la liberté de l'esprit* au début du XIVe siècle.

4. *L'interprétation de Gerson*

Comment passe-t-on de la parole de Marguerite au raisonnement implacable de l'inquisiteur ? Et pourquoi ? Près d'un siècle plus tard, Gerson déclare :

> Il peut arriver que l'amour commence par l'esprit (*spiritus*), mais il faut craindre fortement que la chair ne soit consumée par les plaisirs des sens. […] C'est pour cette raison entre autres que les Bégards et les Bégardes semblent avoir erré, en raison d'un amour sans discernement, dissimulé sous le nom de dévotion. Un argument en ce sens se trouve dans un petit livre d'une subtilité presque incroyable,

16. Joachim de Fiore, *Expositio in Apocalypsim*, Venise, Bindoni et Pasini, 1527, f. 5rb.

17. S. Piron, « Un avis retrouvé de Jacques Fournier », *Médiévales*, 58, printemps 2008, p. 113-134. Comme le dit S. Piron : « Un tel rapprochement entre les béguins du Rhin et ceux du Midi n'avait jamais été effectué dans les documents connus à ce jour. En 1325, la dissidence radicale du groupe mené par Prous Boneta l'avait rendu particulièrement pertinent ».

> composé par une femme qui s'appelait Marie de Valenciennes ; elle traite de la prérogative et de l'éminence de l'amour divin, et, si quelqu'un y parvient, il est, selon elle, détaché de toute loi des commandements ; et elle introduit en sa faveur ce texte, tiré de l'Apôtre : « Aie la charité, et fais ce que tu veux » [18].

La référence à l'Apôtre est évidemment erronée, puisqu'il s'agit d'une citation d'Augustin ; on peut se demander si, de la même façon, il ne faudrait pas corriger « Marie » en « Marguerite ». En effet, Gerson vise bien une formule qui se trouve chez Marguerite : « Amye, amez et faites ce que vous vouldrez » [19]. Ce texte témoigne d'une connaissance du « petit livre d'une subtilité presque incroyable » de Marguerite. Auteur spirituel de langue française, originaire lui aussi des marges nord-est du royaume de France, Gerson pouvait avoir eu connaissance du *Miroir,* qui y circulait encore.

Selon Gerson, l'erreur de Marguerite, puis des béguines, était de penser la vie spirituelle comme supérieure à la loi, selon le modèle du pouvoir absolu du prince « détaché des lois » (*princeps legibus solutus*). Elle était de détacher la mystique de l'éthique, et de laisser croire qu'il est possible de vivre l'amour de Dieu sans observer des préceptes moraux – car si tous les commandements se résument dans l'amour de Dieu, ce n'est pas pour que celui-ci soit séparé des autres. Gerson cite ensuite la fin de la neuvième *Bucolique* de Virgile : « Ceux qui aiment ne se forgent-ils pas toutes choses ? ». L'amour est une puissance de fiction. Il « se repaît d'illusions », comme dira une traduction du XVIIe siècle. L'amour commence sous une forme spirituelle très épurée, mais chez les êtres les plus faibles il risque de devenir charnel. Derrière Marguerite Porete, Gerson entrevoit Cécile Volanges, et les *Liaisons dangereuses.*

Ce n'est pas seulement un risque, c'est une fatalité : « Et certainement, la chose se passe ainsi, puisque l'amour, parmi toutes les passions de l'âme, est le plus pénétrant et le plus aliénant. Or s'il est vrai, chaste et saint, il permet de connaître les réalités célestes d'une manière impensable (*incogitabiliter).* Mais s'il est vain, erroné ou concupiscent, il forme pour lui-même diverses illusions, de telle façon qu'il croit voir, ou se représenter mentalement (*cogitare*) ce qu'il ignore totalement. Nous voyons l'expérience de cette chose dans l'amour. Et si la dénommée Marie n'avait pas parlé des vagabonds sur terre, tout entiers obligés à accomplir les préceptes divins, mais qu'elle avait appliqué l'amour qu'elle

18. Jean Gerson, *Œuvres complètes,* éd. P. Glorieux, (Tournai, 1960-1973), vol. 3, 1962, *L'œuvre magistrale (87-105), 90, De distinctione verarum revelationum a falsis, « Quintum signum »* p. 51 : « Potest fieri ut amor a spiritu incipiat, sed vehementer formidandum est ne per blanditias sensuum <éd. L. Ellies du Pin, I, 55 ; éd. : sensim> carne consumatur. [...] Amplius hanc ob causam inter caeteras videntur errasse Begardi et Begardae, ob indiscretam dilectionem nomine devotionis palliatam. Argumentum hujus rei est in quodam libello incredibili pene subtilitate ab una foemina composito, quae *Maria de Valenciennes* dicebatur ; haec agit de praerogativa & eminentia dilectionis divinae, ad quam si quis devenerit, *sit secundum eam ab omni lege praeceptorum solutus*, adducens pro se illud ab Apostolo sumptum : « *Charitatem habe, et fac quod vis* ». Sur ce point, voir Lerner, *Heresy*, p. 164-168.

19. *Miroir,* ch. 13, p. 56.

décrivait à l'état des bienheureux, elle aurait pu, sur certains points, dire quelque chose de plus élevé sur la jouissance <de l'union> à Dieu ; mais l'orgueil de son esprit a chu, mêlé qu'il était d'une telle passion d'amour. C'est pourquoi elle croyait jouir sans cesse de Dieu quand régnait dans son esprit cette passion forte à l'égard de Dieu, si loin qu'elle était des commandements divins »[20].

Paul Janet et Sigmund Freud croient découvrir quelque chose lorsqu'ils expliquent la mystique par l'hystérie. Ils ne font que mettre un nom sur le diagnostic de Gerson. Tout vient de la soumission d'une femme à la passion d'amour. Or l'amour est un sentiment ambivalent : il commence par l'esprit, mais consume les sens. Il est à la fois l'affect le plus intime et le plus extatique. Il peut être véridique, et dans ce cas permet l'union à Dieu par-delà toute connaissance. Il peut être trompeur, fait d'illusions et d'hallucinations, comme l'amour virgilien, et pousser celui qu'il envahit à prendre ses désirs pour la réalité. Marguerite croyait jouir de Dieu quand la passion régnait en elle. – Moralité : celui qui ne possède pas les instruments du discernement, et notamment une formation théologique, peut croire qu'il fait l'ange alors qu'il fait la bête.

L'erreur est double :

1. *L'anomisme.* La faute principale de Marguerite de Valenciennes est d'avoir opposé le primat de l'amour divin, aux commandements moraux et donc à la loi divine.

2. *L'oubli de la différence entre viator et comprehensor.* Marguerite applique aux vagabonds sur terre, les *viatores*, des propos sur la béatitude ; or la béatitude est réservée à l'au-delà.

En un mot, l'origine de l'erreur est le manque de formation logico-théologique, qui conduit Marguerite à se soumettre aux passions sans principe de discernement. Les deux erreurs sont d'affirmer que l'âme pure et libre n'est pas soumise aux commandements moraux, et que la béatitude est accessible ici bas. Deux passions s'ajoutent à l'amour : l'orgueil, d'avoir cru pouvoir s'élever au niveau de la béatitude ; la concupiscence, car l'on peut craindre que l'amour, faute de règles, commence dans l'esprit, et s'achève par les « délices des sens » – une erreur que

20. Jean Gerson, *Œuvres complètes,* vol. 3, 90, *De distinctione verarum revelationum a falsis,* p. 51-52 : « Recolitis opinor, ut apud [52] Virgilium in Bucolicis quaesitive ponitur : « *An qui amant, sibi omnia fingunt ?* » Et certe res sic se habet, quoniam amor inter omnes animae passiones magis penetrativus et alienativus ; et si verus est, castus et sanctus, juvat incogitabiliter ad cognoscendum coelestia. Si autem vanus sit, erroneus aut libidinosus, varias sibi format illusiones, ita ut credat videre seu cogitare quae prorsus ignorat. Experimentum hujus rei in amore ereos conspicimus. Etenim si praedicta Maria *non de viatoribus* utique ligatis ad praeceptorum divinorum impletionem, sed de statu beatorum, dilectionem quam describebat applicasset, vix altius quicquam de divina fruitione, quoad aliqua, dici potuerat ; sed fallebat eam sua tumiditas animi tantae passioni dilectionis immixta. Putabat itaque iugiter se frui Deo dum vigebat haec passio fortis circa Deum in ejus animo quantumcumque a divinis praeceptis longe esset. »

Gerson n'attribue pas directement à Marguerite, mais à laquelle il lui reproche d'ouvrir toute grande la porte.

Il est manifeste que, dans ce passage, Gerson résume à sa manière les chefs d'accusation du Concile de Vienne. On y retrouve *le même amalgame* entre béatitude ici-bas (Dietrich) et abandon contemplatif. Puisque Marguerite Porete parle de l'homme vagabond sur la terre, et *parce qu'elle ignore* que la béatitude véritable n'est pas accessible ici-bas, elle ne *peut pas* décrire l'amour unitif, conçu comme une puissance extatique au-delà de l'intellect, à la manière des Victorins ; elle ne peut donc parler que d'une passion, c'est-à-dire d'un affect sensible, charnel, versatile. Cet amour vit dans l'illusion sur lui-même, et peut provoquer de véritables hallucinations, où la mystique croira voir le divin alors qu'elle ne fera que se représenter les projections de son désir. Le syllogisme est imparable. Mais il mêle des prémisses tirées de Marguerite à d'autres, issues de Dietrich et des franciscains spirituels.

En 1425, dans une lettre adressée à son frère Jean le Célestin, Gerson analyse l'erreur de ces derniers : elle repose sur la doctrine des Bégards et des Béguines. Comme le signale I. Iribarren, les Célestins étaient, comme les Chartreux, « les propagateurs par excellence » d'œuvres mystiques comme le *Miroir,* qui figuraient sur les rayons de leur bibliothèque (aux côtés de Catherine de Sienne et d'Angèle de Foligno)[21]. Plus précisément, Jean Gerson s'en prend au traité d'Ubertin de Casale, *Arbor vitae crucifixae Iesu* : ses erreurs, selon lui, prennent leur source chez Joachim de Flore, dans l'*Evangile Eternel,* et dans « l'esprit de liberté des Bégards et Béguines ». Car ceux-ci appuient les méfaits qu'ils perpètrent sur une « erreur touchant la loi et l'esprit de liberté », dont l'auteur n'est pas nommé : selon celle-ci, « *l'âme parfaite, reconduite en Dieu, perd son vouloir, de telle sorte qu'elle n'a aucun vouloir, aucun non-vouloir (nolle), si ce n'est le vouloir divin qu'elle eut de toute éternité dans son être idéal divin.* Une fois admis cela, ils disent par conséquent qu'ils peuvent faire tout ce qu'exige leur affection charnelle, sans péché ni crime puisque, d'après ce qui précède, ils n'ont ni vouloir ni non-vouloir »[22].

21. Voir I. Iribarren, « Jean Gerson, spiritual adviser to the Celestines », dans G. L. Potestà (dir.), *Autorität und Wahrheit. Kirchliche Vorstellungen, Normen und Verfahren (XIII.-XV. Jahrhundert),* München, Oldenbourg, 2012, p. 159-178 ; elle remarque, p. 166, que « the Carthusians and the Celestines were the propagators *par excellence* of the works of mystical authors, at a time when the instability of the ordinary ecclesiastical authority had opened the way for the non-initiated to serve as intermediaries for the Spirit ». *Cf.* G. Hasenohr, « Aperçu de la diffusion et la réception de la littérature de spiritualité en langue française au dernier siècle du Moyen âge », in *Wissensorganisierende und wissensvermittelnde Literatur im Mittelater.* éd. N. R. Wolf, Wiesbaden, Reichert, 1987, p. 78-79.

22. Jean Gerson, *Œuvres complètes,* vol. 2, *L'œuvre épistolaire,* Tournai, 1960, 55, *Gerson à son frère Jean le Célestin,* 1er octobre 1425, p. 259-261 : « Fuit alius error de lege et spiritu libertatis sub quo Begardi et Begardae nefanda et abominabilia perpetrarunt facinora. Ponit error iste quod anima perfecta reducta in Deum, perdit suum velle, ita quod nihil habet velle vel nolle nisi velle divinum quale habuit ab aeterno in esse ideali divino ; quo ajecto dicunt consequenter se posse agere quicquid carnalis affectio deposcit sine peccato vel crimine, cum non habeant velle et nolle. Diversificatur autem modus iste,

Gerson identifie le non-vouloir à l'être essentiel de l'âme, telle qu'elle est de toute éternité dans la science divine, c'est-à-dire son être idéal. Il interprète cet état d'impeccabilité comme autorisant toutes les actions quelles qu'elles soient, puisque le mérite ou la faute est dans la volonté ; sans volonté, il n'y a plus de responsabilité, de mérite ni de faute. Ils peuvent alors se livrer à « tout ce qu'exige leur affection charnelle ». Nous passons là encore du respect de l'ordre et de la perfection idéale aux désirs les plus charnels.

Gerson distingue alors deux versions de cette doctrine de l'abandon de la volonté propre. Les subtils abandonnent leur volonté propre entre les seules mains de Dieu, les plus grossiers se contentent de faire abandon de leur volonté propre entre les mains d'un maître spirituel. Soumis à cette autorité, ils perpètrent alors des abominations qu'on n'ose même pas nommer.

Ce texte témoigne là aussi d'une connaissance du *Miroir,* qui ne provient ni des trois articles de Paris que nous connaissons, ni du Concile de Vienne. Le *Miroir* dit en effet que l'âme simple, retournée à Dieu par l'amour divin, n'a plus de volonté et devient pur non-vouloir : « *Fine Amour fait avoir une amour et ung vouloir [i.e celui de Dieu], et pource est mon vouloir devenu ung nient vouloir* »[23]. Elle retrouve ainsi l'identité avec le vouloir divin qu'elle avait de toute éternité, avant d'avoir été créée et de commencer à vouloir : « *Mais celluy a paix qui demoure en nient vouloir, la ou il estoit ains qu'il eust vouloir* »[24]. Gerson connaissait le *Miroir* depuis 1401 (date du *De distinctione*), il y fait encore allusion ici.

Une seconde erreur consiste en ce que « l'homme parfait ne doit avoir nul souci des choses humaines comme elles vont, pas même de lui-même, pour savoir s'il sera damné ou sauvé ; mais dans toutes ces choses et en chacune d'elles, ils attendent la volonté divine, et s'y complaisent, qu'elle les sauve ou qu'elle les damne »[25]. Elle se rapproche de l'article 15 des condamnations de Paris. Mais elle évoque surtout le chapitre 11 : cette âme ne se soucie pas d'elle-même : « ceste Ame n'a que faire si non de ce dont Dieu a a faire. D'elle ne luy chault ; a Dieu en chaille, qui plus l'ayme que cest Ame ne se ayme »[26]. Et le chapitre 17 : « Ceste Ame n'a mie tant de cure ne d'amour aux choses temporelles, qu'elle sceust gaigner en refuser a Nature sa demande »[27].

quoniam sufficit aliquibus ut sub Deo solo suam abnegent totaliter voluntatem, in qua abnegatione dicunt summam consistere perfectionem. Sunt alii rudiores, idiotae et simplices, qui seducti per astutos faciunt hanc abnegationem propriae voluntatis per modum professionis et obedientiae in manibus illorum ; qua facta promittunt astuti tales et perversi quod amplius peccare nequeunt ; sub quo praetextu perpetrant innumerabiles nec referendas abominationes ».

23. *Miroir,* ch. 133, p. 392.

24. *Miroir,* ch. 111, p. 302.

25. Gerson, *A son frère Jean le Célestin*, p. 260 : « Fuit alter error quod homo perfectus nullam debet habere curam de rebus humanis quomodo vadant, immo nec de seipso si damnetur vel salvetur ; sed in omnibus & singulis divinam expectare voluntatem et in illa complacere, sive salvet sive damnet. »

26. *Miroir,* ch. 11, p. 40.

27. *Miroir,* ch. 17, p. 68.

Ici, la racine de l'erreur est bien la perte de toute volonté propre. Mais elle prend la forme d'une certitude d'être juste et conforme à la volonté divine, donc d'un sentiment d'impeccabilité, qui peut alors concéder aux désirs charnels tout ce qu'ils exigent. Une seconde erreur prend la forme de la soumission totale à la volonté divine, y compris dans l'acceptation de la supposition impossible que Dieu puisse damner l'âme abandonnée à Dieu par amour. Mais Gerson ne nous dit pas en quoi cette thèse est erronée.

Un autre passage de l'œuvre de Gerson, moins connu et plus rarement associé à Marguerite, porte sur les Bégards, appelés Turlupins[28] : « parvenus à la paix tranquille de l'esprit », ils se disent « déliés (*absolutum*) des lois des préceptes divins » – là encore, comme le prince *legibus solutus*[29]. Mais cette paix est sans doute inspirée par Satan, qui se fait passer pour l'Ange de lumière.

L'erreur est d'abord de vivre sans règle, car la règle religieuse est une manière de « régler ses affects sur la norme du Christ ». C'est aussi de s'adonner à la dévotion sans formation philosophique, ni logique ni métaphysique. Les membres du Libre esprit se livrent à une mystique de l'affection, « surtout dominée par le sentiment », sans user de la philosophie pour en expliquer les concepts. Ils ne savent pas exposer leurs affects à d'autres avec le langage adéquat. Ils s'abusent eux-mêmes, et soit ne peuvent rien enseigner, soit trompent les autres. Leur mystique se tient sur le plan de l'imagination, ils finissent par avoir des visions, qui sont des fictions, mais qu'ils confondent avec de véritables miracles, et qu'ils ornent des vocables de la théologie mystique de Denys (anagogie et extase).

C'est notamment le cas des femmes. Pour Gerson, c'est particulièrement la mystique féminine qui est pathologique – au sens propre du terme. Car, du côté des sentiments, les femmes ont un désir plus vif, « obstiné », insatiable (selon une thèse médicale bien connue, liée à la définition aristotélicienne de la femme à partir de la matrice, désir en attente de forme) ; mais du côté de la vertu et de la connaissance, elles manifestent, par compensation, un élan plus faible que les hommes. D. Elliott a récemment montré que le discernement spirituel servait à Gerson pour discréditer les femmes mystiques, au sein d'une stratégie plus vaste destinée à réformer

28. Contrairement à certaines interprétations fantaisistes, Turlupin est bien un synonyme de bégard, c'est seulement par ce biais qu'il s'est trouvé associé à une hérésie, *cf.* Lerner, *Heresy,* p. 52.

29. Gerson, *Œuvres complètes,* ed. P. Glorieux, vol. 3, *L'œuvre magistrale (87-105),* Tournai, Desclée, 1962, p. 100, *De Theologia mystica, lectiones sex,* p. 250-292, Pars I, consideratio 8, p. 255-256 : « Deinde compertum est, multos habere devotionem, sed non secundum scientiam, quales proculdubio pronissimi sunt ad errores, etiam supra indevotos si non regulaverint affectus suos ad normam legis Christi ; si praeterea capiti proprio, propriae scilicet prudentiae inhaeserint, spreto alio consilio. Hoc in Beghardis et Turelupinis manifestum fecit experientia. Dum itaque sequebantur affectus suos sine regula et ordine, postposita lege Christi, praesumptio nequissima praecipitavit eos, ut dicerent, hominem postquam ad pacem tranquillam spiritus pervenisset, absolutum esse legibus divinorum praeceptorum ; quam pacem similem valde paci illi, quam Apostolus dicebat [Philipp. IV, 7], omnem exsuperare sensum, in eis causabat angelus Satanae, transfigurans se hoc modo in angelum lucis. Propterea necesse est pro coargutione aut directione talium esse viros studiosos in libris eorum, qui devotionem habuerunt secundum scientiam. »

l'université dans le sens d'une théologie spirituelle [30]. Elle insiste à juste titre sur la conséquence historique de cette attitude : il n'est pas possible de considérer d'un côté la mystique féminine comme un élan spontané, et de l'autre la stratégie du théologien comme une manière de surveiller et punir : à partir de Gerson – mais il n'est lui-même que la plus haute figure d'un long processus –, c'est la mystique féminine elle-même qui prend forme et se structure dans le discours du théologien, dangereusement proche de la figure de l'hérétique et de la sorcière. Bientôt, les soupirs de la sainte et les cris de la fée ne feront qu'un.

La solution du conflit entre les pratiques des béguines et les exigences de l'orthodoxie consistera désormais à soumettre les bégards et béguines à une direction spirituelle exercée par des individus qui auront non seulement la dévotion, mais aussi la science capable d'ordonner la dévotion : des religieux formés à la théologie, probablement.

De ce fait, à partir de Gerson, comme l'a bien souligné M. Vial, la (théologie) mystique cesse d'être une doctrine de l'union à Dieu, atteinte au comble d'une ascension intellectuelle [31]. Elle devient une passion de l'âme, principalement féminine, un discours érotique et fictionnel.

Un diagnostic est posé. Il ne changera plus. Désormais, la mystique est de l'ordre de la fable. Michel de Certeau le mettra en évidence de façon éclatante pour le XVIIe siècle [32]. Mais tout le diagnostic est déjà construit ici, par l'implacable analyse des inquisiteurs, des censeurs et de Gerson, qui forment la chaîne d'un même discours. La ligne de partage passe désormais entre la théologie spéculative et la mystique affective. La mystique devient un discours affectif, principalement féminin et visionnaire, non point qu'elle revendique d'abord ce statut, mais parce que c'est la place que lui assigne l'institution théologique.

II. Le propos de Marguerite

Doit-on croire qu'avec l'œuvre de Marguerite Porete, nous avons affaire à la seule effusion d'une mystique sauvage, à l'expression du désir libéré de l'institution, ou simplement au discours typiquement féminin d'un groupe social comme celui des béguines, qui aurait pu exceptionnellement s'exprimer hors des institutions répressives ? Cette interprétation, qui se croit libératrice, n'est finalement

30. D. Elliott, *Proving Woman : Female Spirituality and Inquisitional Culture in the Later Middle Ages*, Princeton, Princeton UP, 2004, p. 5-6 : « His subsequent failed attempt to defend Joan of Arc will ironically testify to the success of his antiwoman initiatives. Gerson's efforts were enthusiastically embraced and extended by subsequent scholars, hence placing a seal on the declining fortunes of female spirituality. Ultimately, the distance between saint and heretic practically disappeared. »

31. M. Vial, *Jean Gerson théoricien de la théologie mystique*, Paris, Vrin, 2006.

32. Michel de Certeau, *La fable mystique (XVIe -XVIIe siècle)*, Paris, Gallimard, 1982.

rien d'autre que celle est construite par la censure. Elle se borne à transformer le blâme en éloge.

Or malgré la saveur des images, la puissance concrète du récit, le *Miroir* est tout entier construit sur une structure doctrinale et ascétique. Il prend même parfois la forme d'une dispute universitaire, avec ses jeux d'hypothèses (ch. 124), ses questions, ses réponses, et l'obligation d'affirmer ou de nier (ch. 131).

Le plan du *Miroir* est complexe, et mériterait à lui seul une étude [33]. Mais il sinue autour d'un axe qui est plusieurs fois scandé par des listes d'états, de degrés ou de points (ch. 11). L'itinéraire est donné dès le titre du ch. 1 : « *L'Ame touchée par Dieu, et dénuée de tout péché dans le premier état de grâce, est élevée par les grâces divines au septième état de grâce, où l'âme possède la plénitude de sa perfection en jouissant de Dieu dans le pays de la vie.* » La structure de cette progression est donnée par l'énumération de « sept estres de noble estre » (états de noblesse, ch. 1), ou « sept estaz » (de grâce, ch. 61). Comme les trois ordres selon Pascal, ces états sont incommensurables, et chacun est infiniment éloigné du suivant, comme « une goute d'eaue » l'est « envers toute la mer » (ch. 61). Les quatre premiers états sont encore une forme de servitude, car l'âme y dépend encore de la nature : « Et pourtant, parmi les quatre premiers états, il n'y en a pas de si grand que l'âme n'y vive en très grande servitude » [34]. Dans le premier état, l'âme obéit aux commandements. Dans le second, elle suit les conseils de perfection évangélique. Dans le troisième, elle abandonne les bonnes œuvres, et renonce à sa volonté propre. Dans le quatrième, elle contemple Dieu, abandonne tout labeur et toute obéissance ; elle se réjouit d'être abandonnée à l'amour divin. Les trois états suivants sont une libération d'origine surnaturelle. Dans le cinquième, l'âme « est en esbauts » (ébats) « avec son amant » (ch. 58), c'est la liberté de charité, où l'âme est dégagée de toutes choses. Elle est souvent ravie au sixième état, quand Dieu la libère par une apparition de sa propre gloire (ch. 61) : elle atteint alors un état de paix (ch. 58). Le septième état est l'état de gloire, dont le sixième n'était qu'une fugitive anticipation (ch. 61). En effet, les six premiers états appartiennent à la vie terrestre, mais le septième, la perfection de l'union dans la gloire divine, n'appartient qu'à la vie future [35]. La difficulté du *Miroir* est qu'il ne suit pas cette structure de façon linéaire, ni par conséquent de manière proportionnelle : l'étude des deux derniers états est extrêmement dilatée, et occupe la plus grande part

33. S. Piron a déjà montré que le ch. 118 est antérieur à la composition du livre dans sa forme actuelle : tout le dialogue entre Ame, Amour et Raison est un exposé qui prépare et suppose ce chapitre plus structuré. S. Piron, « Adnichilatio », *Mots médiévaux offerts à Ruedi Imbach*, éd. I. Atucha, D. Calma, C. König-Pralong, I. Zavattero, FIDEM, Porto, 2011, p. 23-31, ici p. 30 : « Le chapitre 118, qui expose les sept états ou degrés par lesquels passe l'âme, détonne dans l'ensemble. Il est à la fois le plus long du livre et l'un des rares qui échappent à la forme dialoguée. Mais il est surtout annoncé dès le premier chapitre, signe qu'il préexistait à la rédaction de l'ouvrage ».

34. *Miroir*, ch. 61, p. 176 : « Et non pourtant il n'y a de si grant estat, de tous les quatres estaz, ouquel l'Ame ne vive en très grant servage ».

35. Sur les sept états, voir Lerner, *Heresy*, p. 202-203.

du texte. Et la frontière entre la terre et le ciel n'est pas absolue : l'âme peut être tout entière « joincte et unie a haulte Trinité » (ch. 68) dès cette vie, même si c'est une anticipation fulgurante de l'autre.

Comme l'avait déjà suggéré J. Orcibal, la source principale de Marguerite est l'œuvre de Guillaume de Saint-Thierry. Je voudrais établir ce point plus précisément.

1. *Une trame cistercienne ?*

L'idée même de liberté de l'esprit a été formulée par Guillaume de Saint-Thierry. Dans sa *Lettre aux frères du Mont Dieu*, notamment, Guillaume entendait décrire le cheminement de la vie spirituelle. Ce texte a eu un succès phénoménal (240 manuscrits), il est souvent attribué à saint Bernard au XIIIe et au XIVe siècle, et a fait l'objet de traductions en langue vernaculaire [36]. Il comprend trois étapes, l'état « animal » des commençants, l'état « rationnel » des progressants ; l'état « spirituel » des parfaits. On a pu discerner dans cette œuvre un véritable traité tripartite sur l'ascension mystique : 1. la formation de l'homme animal (apprentissage de l'obéissance, soumission du corps et habitude de bien faire) ; 2. La formation de l'homme rationnel (apprentissage de la pensée, de la vertu, et naissance de l'amour de Dieu) ; 3. la formation de l'homme spirituel (apprentissage de l'unité de l'esprit, de la contemplation, achèvement dans l'union avec Dieu). Ce schéma inspiré d'Origène repose sur une tripartition entre corps, âme et esprit.

On ne peut pas dire que l'œuvre de Marguerite suive ce plan – son cheminement ressemble plutôt à une carte du tendre –, mais plutôt qu'elle suppose cette hiérarchie, notamment lorsqu'elle oppose le corps et la nature à la raison, et la raison à l'âme anéantie ou à l'esprit.

Chez Guillaume, le développement sur l'unité d'esprit se trouve au sommet de la troisième partie : l'âme « se hâte de sortir vers la *liberté de l'esprit* et vers l'unité, si bien que l'homme fidèle devient, comme on l'a souvent dit, un seul esprit avec Dieu » [37]. C'est là le comble de la perfection : « Parce qu'il est devenu un seul esprit

36. G. Hasenohr a signalé une série de traductions du XIIe siècle, dites « cisterciennes », du Nord-Est (saint Bernard, saint Grégoire, Richard de Saint-Victor, Guillaume de Saint-Thierry). Des fragments de la traduction des *Moralités sur Job* sont édités par W. Foerster, *Li Dialoge Gregoire lo Pape*, Paris-Halle, Champion-Lippert, 1876 (réimpr. 1965), la traduction de la *Lettre aux frères du Mont-Dieu*, par V. Honemann, *Die Epistola ad fratres de Monte Dei, lateinische überlieferung und mittelalterliche Übersetzungen*, Zurich-Munich, Artemis, 1978. G. Hasenohr a également mentionné une traduction du *Beniamin minor* de Richard de Saint-Victor, « Sur une ancienne traduction lorraine (XIIe s. ?) du *Beniamin minor* », *Revue d'Histoire des Textes*, 21, 1991, p. 237-242.

37. Guillaume de Saint-Thierry, *Lettre aux frères du Mont-Dieu (Lettre d'or)* § 286, éd. J. Déchanet, Paris, Cerf (Sources chrétiennes, 223), 1985, p. 374) : <ratio…> « … erumpere festinat in libertatem spiritus et unitatem : ut, sicut jam saepe dictum est, fidelis homo unus spiritus efficiatur cum Deo ». Trad. fr. éd. V. Honemann, p. 279 : « et per affection de cuer et per auangement d'oeure se hastet de saillir fors an franchise et an uniteit d'esperit. ansi ke li foiaules cuers deuignet uns esperit ansamble deu ».

avec Dieu, il est spirituel. Et telle est, *en cette vie,* la perfection de l'homme »[38]. Une perfection est donc accessible à l'homme *ici-bas*. La doctrine de la perfection terrestre, qui définit, selon le Concile de Vienne puis Gerson, l'erreur des bégards et des béguines, n'en était pas une au XIIe siècle. En effet, la distinction technique entre félicité terrestre et béatitude céleste n'est devenue radicale qu'à partir de saint Thomas, dans la polémique contre les philosophes artiens.

L'adhésion au bien entraîne l'habitude des vertus, qui cessent d'être un effort, pour devenir naturelles : « voici la perfection même et la vraie sagesse de l'homme : <l'âme> embrasse et contient en elle-même toutes les vertus, *non empruntées d'ailleurs, mais comme naturellement inhérentes à elle* »[39]. De même que l'habitude est une seconde nature, la vertu n'est plus rien de pénible. Remarquons ici que le paradoxal : « donner à nature tout ce qu'il lui faut, sans remords de conscience », qui semblait ouvrir à tous les laxismes, lorsqu'on le citait hors contexte, est immédiatement suivi chez Marguerite Porete par cette remarque capitale : « telle nature est si bien ordonnée par transformacion de unité d'Amour, à la quelle la voulenté de ceste Ame est conjoincte, que la nature ne demande chose qui soit défendue » (cette nature est si bien ordonnée par sa transformation unifiante [...], que la nature ne lui demande rien qui soit défendu)[40]. Un aristotélicien pourrait souscrire à cette thèse : la nature de l'âme vertueuse est tellement transformée qu'elle ne désire rien d'autre que le bien. Si l'âme prend congé des vertus, ce n'est pas pour plonger dans l'immoralité : « les oeuvres des Vertuz sont toutes dedans telle âme encloses, qui obeyssent sans contradiction » (ch. 134). « Il est vrai que cette âme a pris congé des vertus quant à leur usage et quant au désir de ce qu'elles exigent, mais les vertus n'en ont pas pris congé, car elles sont toujours avec elle, mais en lui obéissant parfaitement » (ch. 21).

Le stade de l'amour est celui par lequel commence Marguerite Porete : « C'est toi-même qui t'aimes en nous, et nous en toi, quand par toi nous t'aimons »[41]. – Marguerite, ch. 12 : «par quoy il appert que ceste Ame n'a point de voulenté, sans la voulenté de Dieu, qui luy fait vouloir tout ce qu'elle doit vouloir »[42].

38. Guillaume de Saint-Thierry, *Lettre aux frères du Mont-Dieu* § 287 : « quia factus est unus spiritus cum Deo, spiritualis est. Et haec *in hac vita* hominis perfectio est » (SC 223, p. 374). Je souligne. Trad. fr. éd. V. Honemann, p. 279 : « c'est ceu per cai il est saiges et espiriteis ki deuenuz est uns esperiz ensamble deu. Et ceste est li perfections de l'ome an ceste vie ».

39. Je souligne, *Lettre,* § 276 : « Et ipsa est perfectio et vera hominis sapientia : omnes amplectens in se et continens virtutes, non aliunde mutuatas, sed velut naturaliter insitas sibi » (SC 223, p. 364 ; trad. fr ed. V. Honemann, p.277).

40. *Miroir*, ch. 9, p. 32-34 ; voir aussi ch. 17, p.68.

41. *Cf.* Guillaume de Saint-Thierry, *La contemplation de Dieu*, 11, éd. J. Hourlier, Paris, Cerf (SC, 61), 1959, p. 98.

42. *Miroir*, p. 48.

L'opposition entre entendement de raison et entendement d'amour (*intellectus rationis* et *intellectus amoris*) est construite par Guillaume de Saint-Thierry, dans son *Miroir de la foi* 24-25 [43]. Or c'est l'axe principal de l'opposition construite par Marguerite au chapitre 12, c'est-à-dire de l'interprétation du neuvième et dernier point de la hiérarchie construite par Marguerite : l'état où l'âme anéantie n'a plus de volonté :

> Hé Entendement de Raison, dit l'Ame anénantie, [...] ! Vous prenez la paille et laissez le grain, car vostre entendement est trop as, par quoy vous ne povez si haultement entendre, comme il esconvient entendre à celluy qui bien veult entendre l'estre dont nous parlons. Mais Entendement de Divine Amour [...] l'entend bien sans arrest, car elle est ce mesmes [44].

On trouve chez Marguerite une doctrine qui vient peut-être de Guillaume de Saint-Thierry : « La satiété elle-même ne diminue pas le désir mais l'augmente » [45] – réminiscence de l'épectase de Grégoire de Nysse. Elle s'exprime à la fin du chapitre 12 : « je luy diray de quoy elle a deffaulte de souffizance. C'est de vouloir le divin vouloir, *lequel qui plus le veult et moins a de tel vouloir sa souffizance* » – plus on la veut, moins on y trouve sa suffisance [46].

La curieuse question du chapitre 54 prend sens si l'on connaît Guillaume de Saint-Thierry : « Hee, pour Dieu, dit Raison, dictes, quelles gens sont ceulx de la montaigne ? » [47]. Or Guillaume de Saint-Thierry déclare : « Comme le Psalmiste le dit de la montagne du Seigneur : [...] c'est en ce lieu qu'habitera la race de ceux qui cherchent le Seigneur, de ceux qui cherchent la face du Dieu de Jacob » [48]. Bien sûr, l'image de la montagne comme lieu de la contemplation est devenue un cliché, mais ce passage atteste une certaine proximité avec Guillaume.

L'âme divinisée proclame : « Je suis Dieu par nature divine, et ceste Ame l'est par droicture d'amour » [49]. Comparer avec Guillaume de Saint-Thierry : « L'homme de Dieu mérite de devenir, non pas Dieu certes, mais ce que Dieu est. L'homme est par grâce ce que Dieu est par nature » [50].

J'ai classé ces rapprochements du plus convaincant au moins convaincant. Il est impossible de démontrer que Marguerite Porete a lu directement Guillaume, mais il faut reconnaître que son discours construit une sorte de nuage de points étroitement superposable aux positions de Guillaume. Ce sont moins des citations

43. *Le Miroir de la foi*, ed. J. Déchanet, Paris, Cerf (SC, 301), 1982, p. 88-90.

44. *Miroir*, ch. 12, p. 50.

45. Guillaume de Saint-Thierry, *La contemplation de Dieu* 6, p. 80.

46. *Miroir*, ch. 12, p. 52. Je souligne.

47. *Miroir*, ch. 54, p. 158.

48. Guillaume de Saint-Thierry, *Lettre aux frères du Mont-Dieu*, § 25, p. 162 ; trad. fr. éd. V. Honemann, p. 229.

49. *Miroir*, ch. 21, p. 82.

50. *Lettre aux frères du Mont-Dieu*, p. 354 ; trad. fr. ed. V. Honemann, p. 275. Bien entendu, à lui seul, ce rapprochement ne suffit pas : cette doctrine est traditionnelle, elle a pu être connue par d'autres voies.

indirectes que des doctrines supposées connues. Naturellement, outre les traductions en langue vernaculaire, il existe d'autres mediums de transmission : les sermons ou les discours d'autres béguines. La langue vernaculaire est avant tout le lieu d'une transmission orale.

Marguerite reprend donc une doctrine traditionnelle de la béatitude, atteinte ici-bas au terme d'exercices spirituels. Loin d'être une innovation révolutionnaire, cette doctrine est plutôt archaïque : elle se situe dans des coordonnées cisterciennes largement dépassées, voire condamnées, par la théologie universitaire de la fin du XIIIe siècle.

Par rapport à Guillaume, Marguerite effectue pourtant un renversement significatif : « Ceste Ame *lesse les mors ensevelir les mors* et les malheureux faire oeuvre de vertu »[51]. Nous y trouvons bien sûr une allusion à Matthieu 8, 22. Une lecture allégorique de cette expression se trouve chez Guillaume de Saint-Thierry[52]. Mais il s'agissait là des pécheurs, qui sont morts ; alors qu'ici, ce sont les vertueux qui sont morts ! C'est la vertu elle-même qui se trouve ainsi brocardée. La progression spirituelle ne vise pas seulement à laisser pour mort le péché, mais plus encore, à dépasser la vertu morale elle-même. L'opposition entre l'amour et les œuvres devient radicale.

Pour prendre une vision d'ensemble de la culture de Marguerite Porète, il faut aussi signaler des rapprochements avec la pensée de saint Bernard, celle de Hugues de Saint-Victor, de saint Anselme et de saint Bonaventure.

Une comparaison de Marguerite évoque saint Bernard, l'autre grand cistercien : « Or vous dirons aussi lesquieulx sont marriz, qui sont sers et marchans »[53]. Marguerite fait ici allusion à la triade « esclave-mercenaire-fils », utilisée pour parler de la crainte de Dieu – peut-être sous l'influence de Bernard de Clairvaux, qui assimile les deux premiers états comme liés au propre, tandis que le troisième y a renoncé avec sa volonté : « Certes, l'esclave (*servus*) fait parfois l'oeuvre de Dieu, mais parce qu'il ne le fait pas de son initiative, on sait qu'il demeure encore dans sa rudesse. Le salarié (*mercenarius*) le fait, mais parce qu'il ne le fait pas gratuitement, il est convaincu d'être entraîné par sa propre cupidité »[54]. Seul l'amour désintéressé fait l'œuvre de Dieu par amour pour Dieu lui-même. Lui participe de la vraie charité.

La définition de la justice évoque saint Anselme : « tout ce que ceste Ame veut en consentement, c'est ce que Dieu vieult qu'elle vueille »[55].

51. *Miroir*, ch. 52, p. 154.

52. *Oraisons méditatives*, V, 6, p. 96.

53. *Miroir*, ch. 57, p. 164.

54. *De diligendo Deo* 34, *Opera Omnia*, éd. J. Leclerq, H. M. Rochais, t. 3, Rome, Editiones cistercienses, 1963, p. 148, 220-149, 15.

55. *Miroir*, ch 12, p. 48 ; *cf.* Anselme de Cantobéry, *De libertate arbitrii* 8, éd. F. S. Schmitt, *Opera omnia,* t. 1, Seckau, 1938, p. 220 : « Nulla autem est iusta voluntas, nisi quae vult quod deus vult illam velle » ; trad. fr. (modifiée) M. Corbin, *L'œuvre de saint Anselme de Cantorbéry*, t. 2, p. 235 : « il n'y a de volonté droite que celle qui veut ce que Dieu veut qu'elle veuille ».

Une image éloquente fait penser à Grégoire le Grand : « Adonc est ceste Ame acomparagee a l'aigle, pource que ceste Ame vole hault et tres hault, mais encore plus hault que nulz autres oyseaux, car elle est empennee de Fine Amour. Elle regarde plus clerement la beaulté du soleil, le raiz du soleil et la resplendisseur du soleil et du raiz qui lui donne pasture de la mouelle du hault cedre » [56]. L'aigle symbolisant Jean l'Evangéliste, Grégoire le Grand y voit le symbole de la contemplation mystique : dans l'intelligence des mystères divins, cette contemplation est semblable à l'aigle, qui vole plus haut que les autres oiseaux, et regarde les rayons du soleil sans être ébloui. Mais l'interprétation allégorique a été relayée par les plus grands exégètes et théologiens du XIIIe et du XIVe siècle. L'image se trouve encore dans le Prologue de la *Postille* sur Ezéchiel d'Hugues de Saint-Cher, dans le Prologue du *Commentaire sur Jean* d'Albert le Grand, et chez Eckhart [57]. Une certaine connaissance des Pères et des théologiens est donc indiscutable.

Une autre image prouve une certaine imprégnation théologique : « comme le fer est vestu du feu, et a la semblance perdue de luy, pource que le feu est le plus fort qui l'a mue<e> en luy » [58]. L'image vient de Bernard de Clairvaux : « être ainsi affecté, c'est être déifié [...] comme un fer enflammé et embrasé par le feu » [59]. Elle remonte à une scolie sur Maxime le Confesseur traduite et reprise par Jean Scot Erigène [60].

56. *Miroir*, ch. 22, p. 82. Il s'agit d'une interprétation allégorique d'Ezéchiel 17, 3-4 : « Le grand aigle [...] vint au Liban [...] il prit la moelle du cèdre » (Vulgate).

57. L'image vient de Grégoire le Grand, *Morales sur Job* 31, 94, éd. M. Adriaen, A. de Vogüé, trad. Moniales de Wisques, Paris, Cerf (SC, 525), 2009, p. 355 : « L'aigle figure la fine intelligence des saints et leur contemplation sublime. Assurément, le regard de l'aigle dépasse en acuité celui de tous les autres rivaux, au point qu'il regarde fixement le soleil rayonnant sans que ses yeux se ferment, éblouis par l'éclat de sa lumière. [...] Il est dit que l'aigle place son nid sur les hauteurs escarpées, parce que, méprisant les désirs terrestres, elle se nourrit déjà en espérance des biens du ciel. Il place son nid sur les hauteurs escarpées, parce qu'elle n'établit pas le séjour de son âme dans une vie basse et abjecte ». *Cf.* Hugues de Saint-Cher, *Postillae*, Lyon, 1669, t. 5 « Prologus Auuctoris in Ezechielem », f. 2 a r, et 64 v - 65 r ; Albert le Grand, *Enarrationes in Ioannem*, éd. A. Borgnet, Paris, Vivès, 1899, t. 24, p. 1-10, et J. Casteigt, « Le commentaire d'Albert le Grand au Prologue de l'*Evangile* selon Jean. Un texte liminaire au XIIIe siècle, sur le seuil du commentaire exégétique et de l'œuvre philosophique », dans P. Marot (dir.), *Les textes liminaires*, Toulouse, Presses universitaires du Mirail, 2010, p. 413-449.

58. *Miroir*, ch. 52, p. 152.

59. *De diligendo Deo* 10, 28, p. 143, l. 17-20 et 1, p. 119, l. 19.

60. Maxime le Confesseur, *Ambigua ad Iohannem*, éd. E. Jeauneau, Turnhout, Brepols (CCSG, 18), 1988 ; Erigène, *Periphyseon* I, 10, éd. E. Jeauneau, Turnhout, Brepols, 1996, (CCCM, 161), p. 16 ; trad. fr. F. Bertin, *De la division de la nature, Periphyseon, Livre I et Livre II*, Paris, 1995, p. 79. *Cf.* É. Gilson, « Maxime, Erigène, S. Bernard », *Aus der Geisteswelt des Mittelalters (Festschrift M. Grabmann)*, Münster, Aschendorff, 1935, p. 188-195 ; J. Pépin, « *Stilla aquae modica multo infusa vino, ferrum ignitum, luce perfusus aer*. L'origine de trois comparaisons familières à la théologie mystique médiévale », *Miscellanea André Combes (= Diuinitas*, 11), t. 1, Roma, 1967, p. 331-375 (repris dans *« Ex Platonicorum persona » : Etudes sur les lectures philosophiques de Saint Augustin*, Amsterdam, Hakkert, 1977, p. 271-315) ; à compléter avec la note de A. Lévy, *Le créé et l'incréé. Maxime le Confesseur et Thomas d'Aquin*, Paris, Vrin, 2006, p. 79, n. 4.

Marguerite Porete a donc incontestablement une certaine connaissance de la théologie savante, contrairement à l'image des béguines construite par Gerson[61], mais aussi aux réhabilitations romantiques de la mystique béguinale.

2. *Le projet de Marguerite Porète : une ascension spirituelle*

Pour Marguerite, qu'est-ce que la liberté ?

Pour l'éthique aristotélicienne, il n'est pas question d'une doctrine de la volonté, ni même de rechercher la liberté sur le plan du choix : la liberté est ce qui caractérise les hommes de bien, elle va donc de pair avec la vertu. Imaginer une liberté sans vertu n'a tout simplement aucun sens pour l'aristotélisme.

Augustin introduit d'autres paramètres dans la doctrine de la liberté, notamment en admettant l'idée d'un libre arbitre, identifié à la volonté libre. Il caractérisera ensuite l'éthique comme l'ensemble des comportements qui se conforment à l'acte d'aimer Dieu ; est donc juste un acte fait par amour pour Dieu. Cela conduit Augustin à distinguer entre le libre arbitre, faculté foncière de la volonté en tant qu'elle choisit, et la liberté, qui coïncide avec la sagesse morale. Comme les controverses anti-pélagiennes l'ont montré, il n'y a, pour Augustin, pas d'action juste sans la grâce, c'est-à-dire sans amour de Dieu, au double sens du terme : amour de l'homme pour Dieu, amour de Dieu pour l'homme.

a. L'âme possède une volonté libre. Pour Marguerite, Dieu a librement donné à l'âme la volonté libre[62]. C'est même la seule chose qu'il lui ait donnée, puisque toutes les autres lui sont seulement prêtées. Ainsi, indirectement, Dieu a tout donné à l'homme. En effet, la volonté est une faculté d'appropriation : si ma volonté veut, je possède ce que je veux. – Mais d'où vient cette liberté de la volonté ? L'âme répond qu'elle ne possède la liberté qu'en donnant à Dieu totalement sa volonté, c'est-à-dire finalement en renonçant à toute volonté propre. La liberté est donc simultanément dépossession de sa volonté propre, et réception de la volonté divine.

b. Ensuite, de manière tout à fait augustinienne, Marguerite affirme que la chute consiste à vouloir un bien moindre que Dieu[63]. La faute consiste donc à cesser d'aimer Dieu pour lui-même, à ôter de lui sa volonté. C'est-à-dire aussi à ne pas vouloir ce que Dieu veut.

c. En outre, si l'âme fait sa propre volonté au lieu de faire celle de Dieu, elle perd la liberté divine, et la doit donc à Dieu[64]. Cette dette n'est autre que le péché : « Regardez donc que vous devez de l'une de voz deffaultes, et vous trouverrez que vous devez autant a Dieu pour une de voz deffaultes comme sa volonté vault,

61. Mais non de l'œuvre de Marguerite proprement dite, puisqu'il reconnaît sa subtilité.

62. *Miroir*, ch. 104, p. 284.

63. *Miroir*, ch. 105, p. 286.

64. *Miroir*, ch. 107, p. 290-292.

que vous luy avez tollue ne vostre volonté faire »[65]. Notre dette envers Dieu est précisément de lui devoir ce que nous n'avons plus : la volonté droite que nous avons perdue en faisant la nôtre.

La liberté culmine dans la droiture, comme chez saint Anselme, c'est-à-dire dans la justice gardée pour elle-même et sans aucun autre motif. C'est pourquoi elle aboutit à une forme d'impassibilité :

> Hee, Amour, dit Raison, quant sont telles Ames en la droite franchise de Pure Amour ?
> *Amour*. – Quant elles n'ont nul desir ne nul sentement ne en nul temps point d'affection d'esperit ; car tel usage les asserviroit, pource que il est trop loing de paix de franchise[66].

La liberté est un état de paix, de tranquillité de l'âme. Alors l'âme ne fait rien qui aille en sens contraire à cette paix intérieure. « Aussi ne font elles, dit Amour, nulle chose qui soit contre la paix de leur estre de dedans, et si pourtent en pais l'ordonnance d'Amour »[67]. Les âmes gardent dans la paix l'ordre de l'amour. Elles respectent l'*ordo amoris* qui fait reposer l'éthique sur l'amour de Dieu.

Cette dialectique est ascensionnelle : respecter le primat de la charité, c'est devenir soi-même amour, et donc s'unir à l'amour divin. Elles sont à la fois uniques et communes à toutes choses, selon une logique métaphysique qui remonte au *De libero arbitrio* d'Augustin : ce qu'il y a de plus haut est à la fois le plus unifié et le plus commun à toutes choses, de même que Dieu est à la fois unique et le principe commun de toutes choses. « Telle<s> Ames sont seules en toutes choses, et comunes en toutes choses, car elles ne desfranchissent leur estre pour chose qui leur adviegne. [...] ainsi ont telles Ames leur estre de Dieu et en Dieu, sans prendre impurté en elles pour choses que elles voient ne oient dehors elles »[68]. Quoi qu'il leur arrive, rien ne peut leur faire renier leur liberté.

3. *L'amour pur accomplit les commandements de l'Église*

Le *Miroir* commence très classiquement, au chapitre 3, par le rappel du commandement de l'Église : « Premierement que l'aymons de tout nostre cœur » [...] « Et noz proesmes [prochains] comme nous-mesmes »[69].

Bref, de manière traditionnelle depuis Augustin, mais encore chez Thomas, Marguerite résume l'ensemble des commandements moraux par le commandement de charité : « Ces commendements sont à tous de necessité de salut ». Contrairement à ce que disent les censeurs, les « commandements de l'Eglise » ne sont pas cités en mauvaise part, mais concentrés dans leur signification

65. *Miroir*, ch. 108, p. 292.
66. *Miroir*, ch. 24, p. 88.
67. *Miroir*, ch. 24, p. 88.
68. *Miroir*, ch. 24, p. 90.
69. *Miroir*, ch. 3, p. 16.

conceptuelle : ils se réduisent à la charité. Celle-ci est immédiatement identifiée au conseil donné au jeune homme riche « si tu veux être parfait, va et vends tout ce que tu as » – le conseil de pauvreté accomplit le commandement de charité. « Qui bien le tendroit il demoureroit en vraye charité ».

Mais très rapidement, à partir du chapitre 5, Marguerite passe de l'accomplissement des œuvres de charité à la « foi sans œuvre », et à la paix que celle-ci donne dès lors que l'âme est anéantie. Comment a lieu l'anéantissement ? Essentiellement par le renoncement à la volonté propre. La théologie de l'anéantissement qui se profile ici est aussi un discours de l'accomplissement : l'anéantissement de la créature est la manifestation de l'être divin, l'accomplissement de la volonté divine en l'homme. Ainsi c'est une théologie de l'esprit, comme négation réciproque de Dieu par l'homme et de l'homme par Dieu [70].

Dans cet état, Marguerite n'hésite pas à dire que l'âme retrouve une forme d'innocence. On peut penser, naturellement, qu'il s'agit de l'innocence d'avant la chute. C'est ce que font les censeurs, sans doute par un rapprochement avec les franciscains les plus radicaux, qui considèrent la très haute pauvreté comme un retour à l'état d'avant la chute [71]. Mais Marguerite la compare plutôt à l'innocence du petit enfant avant l'âge de raison : l'âme est dans la liberté du pur amour, « quand elle ne fait rien qui aille contre ce qu'exige la paix de son être intérieur ». « Regardez l'enfant qui est pur innocent : fait il chose ne lesse a faire pour grant ne pour petit, se il ne luy plaist ? » [72].

L'âme dans l'état de pur amour ne fait rien qui soit contre ce qu'il lui plaît. Elle n'a donc aucune raison de délaisser la paix et la justice qui l'anime.

4. *L'amour pur est le renoncement à la volonté propre*

C'est le dessaisissement de sa volonté propre qui devient le lieu de la liberté, celle-ci s'identifiant à l'amour de Dieu et donc à la charité. C'est exactement le titre du chapitre 45 : « Comment ceux qui n'ont point de voulenté vivent en franchise de charité ».

Lorsque l'âme ne veut rien, elle est libre, parce qu'elle est au-delà d'elle-même, de son propre, tandis que vouloir, c'est s'approprier, retomber au niveau du moi, et perdre sa liberté : « Car tant comme je ne vueil nient, dit ceste Ame, je suis seule en luy sans moy, et toute enfranchie, et quant je veuil aucune chose, dit-elle je suis avec moy, et ainsi ay perdu franchise. Mais quant je ne veuil nient, et j'ay perdu tout hors de mon vouloir, adonc ne me fault il rien ; franc estre est mon maintien » [73].

70. *Miroir*, ch. 130, p. 374-376.

71. Jean Peckham, *Expositio super regulam* ch. 4, dans Bonaventure, *Opera omnia*, t. VIII, Quaracchi, Coll. S. Bonaventurae, 1898, p. 413a : « Quinta ratio est, ut *statum innocentiae perditae*, ut erat possibile, *renovaret* » (je souligne).

72. *Miroir*, ch. 29, p. 98.

73. *Miroir*, ch. 51, p. 150-152.

Par le renoncement à la volonté, l'âme renonce au propre. Il n'y a donc plus de moi, source de toute appropriation. Cette sortie hors de soi coïncide avec la liberté.

Comme disait s. Bernard, être libre, c'est être « libre de soi » *(liber sui)*, détaché de soi-même. Le renoncement à la volonté propre est donc la clé de la sortie hors de soi, une extase qui n'a ici rien d'affectif, mais qui est rigoureuse. Cet état de liberté par la charité est considéré comme le cinquième état de grâce, le plus haut avant la gloire, qui est une révélation théophanique de Dieu, et avant le septième, qui est l'état même de Dieu [74].

Le stade de la paix se situe nettement au-dessus du repentir moral. Tout le chapitre 111 est consacré à analyser la différence entre la « guerre que fait le reprennement [reproche] ou remors de conscience » et l'« onccion de paix ». La paix est élevée au-dessus des sens, elle demeure dans les délices, dans la pleine satisfaction que l'âme obtient de celui qu'elle aime en s'unissant à lui par l'amour. Tandis que le remords est une guerre. Celui qui veut bien agir se voue à cette sorte de guerre : quelles que soient ses bonnes œuvres, il en trouvera toujours d'autres où il se fera des reproches. Mais pour sortir du cycle de l'action et du remords, il faut se tenir dans le non-vouloir : « En telle guerre est souvent cil qui en voulonté demoure, quelques bonnes œuvres que la voulenté face. Mais celluy a paix, qui demoure en nient vouloir la ou il setoit, ains qu'il eust vouloir. La divine bonté n'a de quoy le reprendre » [75]. Si quelqu'un demeure sans vouloir, il est en paix, et la bonté divine n'a rien à lui reprocher. Il n'y plus de « blâme », source de toute moralité, plus de « reproche » : le « reprennement » fait écho à la réprimande (« reprise ») du Père ou du souverain. Ainsi, le repentir est l'expression dans la conscience de la réprimande paternelle de Dieu. Mais cette phase n'est pas encore la vraie paix de l'âme, atteinte par le non-vouloir.

« Or avons nous voulenté, hors yssant de sa bonté et hors de sa puissance, pour estre plus francs, ainsi qu'il a voulenté hors de nostre puissance, de sa propre franchise. » [76]. – Nous avons ainsi une volonté issue de sa bonté et hors de sa puissance, pour être d'autant plus libres, de même qu'il a une volonté hors de notre puissance, par sa propre liberté.

Marguerite soutient que la volonté humaine échappe à la puissance divine, de même que la volonté divine échappe à notre puissance. Elle conçoit le rapport entre Dieu et l'homme comme le rapport de deux libertés, et non comme une liberté finie sur laquelle la puissance divine aurait pouvoir, comme dans l'augustinisme, avec tout le problème de la prédestination qui en découle. Si l'on excepte l'instant de la création, puisque nous avons été créés sans nous, nous dialoguons d'égal à égal avec Dieu.

74. *Miroir*, ch. 61, p. 176.
75. *Miroir*, ch. 111, p. 302.
76. *Miroir*, ch. 111, p. 302.

5. *Les Vertus sont intégrées dans son être*

La relation entre l'action et la contemplation est analogue à la relation entre la vertu et la grâce de l'union à Dieu. C'est une intégration à un niveau supérieur. « Elle est si loing de l'oeuvre des Vertuz, qu'elle ne pourroit entendre leur langage. Mais les oeuvres des Vertuz sont toutes dedans telle Ame encloses, qui obeiyssent sans contredit a elle »[77]. Marguerite affirme même que l'essentiel consiste alors à recevoir les dons de Dieu, qui ne sont pas *contraires* aux vertus, mais *supérieurs* à elles[78].

Dès le ch. 8, à propos du congé donné aux vertus, Marguerite disait : « telles Ames ont mieulx les Vertuz que nulles des aultres creatures, mais elles n'ont mie l'usage d'elles, car elles ne sont mie a elles ainsy comme elles souloient ; et aussi elles ont assez esté serves pour devenir franches d'ores en avant »[79]. Ou encore : « mais telle nature est si bien ordonnee par transformacion de unité d'Amour, a laquelle la voulenté de ceste Ame est conjoincte, que la nature ne demande chose qui soit deffendue »[80]. Il ne s'agit pas de défendre une morale laxiste, ou une éthique de situation. Il s'agit d'unifier toutes ses actions par la forme de la charité. Les paradoxes de Marguerite Porete sont en continuité avec la théologie classique de la charité, ils la poussent seulement à sa limite. Le dépassement de la loi morale s'inscrit dans la ligne d'Augustin, avec la supériorité de la contemplation sur l'action, ou de Guillaume de Saint-Thierry, avec la supériorité de la vie spirituelle sur la vie morale.

III. « Aime et fais ce que tu veux »

Après avoir fait une coupe sagittale dans l'œuvre de Marguerite Porete, je voudrais la situer dans l'évolution historique du moi religieux, sur la longue durée.

L'expression « aime et fais ce que tu veux », qui se trouve chez Marguerite[81], et dont Gerson critique l'interprétation, vient d'Augustin : « Aime et fais ce que tu veux : si tu te tais, tais-toi par amour, si tu parles, parle par amour ; si tu corriges, corrige par amour ; si tu obéis, obéis par amour ; qu'au-dedans se trouve la racine de la charité ; de cette racine ne peut sortir que du bien »[82]. C'est un résumé de la foi

77. *Miroir*, ch. 134, p. 394.
78. *Miroir*, ch. 105, p. 288.
79. *Miroir*, ch. 8, p. 28.
80. *Miroir*, ch. 9, p. 32.
81. *Miroir*, ch. 13, p. 56 : « Amye, amez et faites ce que vous vouldrez » ; le latin a *anima* (« âme »), au lieu de « Amye », ce qui est sans doute moins fautif, puisque Amour s'y adresse à l'âme.
82. Augustin, *Tractatus in Johannem* VII, 7, 8, Paris, Études augustiniennes (BA, 75), 2003, p. 303-305 : « Dilige et fac quod vis : sive taceas, dilectione taceas ; sive clames, dilectione clames ; sive emendes, dilectione emendes ; sive pareas, dilectione pareas ; radix sit intus dilectionis, non potest de ista radice nisi bonum existere. »

baptismale, mais on remarque qu'Augustin encourage celui qui corrige son prochain à le faire, du moins s'il recherche le bien commun. La même action peut être accomplie par charité ou par malice. Un père peut corriger son enfant par charité, et un marchand d'esclaves caresser son esclave par malice. « Les actions humaines ne se distinguent les unes les autres qu'en les rapportant à la racine de la charité ». L'expression intervient donc pour justifier la discipline ecclésiastique et nullement une forme de liberté de l'esprit. Concentrés sur le premier mot de la formule, certains auteurs ont identifié dilection et amour de Dieu ; il est pourtant manifeste qu'Augustin ne vise directement ici que l'amour fraternel, comme le prouve le contexte, les reprises tout au long des homélies, mais aussi son commentaire de l'Epître de Jean [83]. Oubliant qu'elle fait partie d'un enseignement sur la charité, certains l'ont invoquée soit en faveur de thèses laxistes, soit pour cautionner la morale de situation. Or la phrase a été prononcée en période de controverse antidonatiste ; elle doit se comprendre aussi (mais non uniquement) comme une justification des mesures de répression contre le Donatisme. On dirait aujourd'hui : « qui aime bien châtie bien ». Dans l'amour d'autrui, c'est la liberté de l'agent qui doit coïncider avec la loi de l'Église [84].

L'expression est souvent reprise au XIIe siècle. G. Constable, dans son livre sur la *Réforme du XIIe siècle,* insiste sur l'idée que cette sentence était « parmi les préceptes favoris des auteurs spirituels de l'époque » [85]. Par exemple, Bernard de Clairvaux l'utilise dans la *Lettre* 219. On comprend alors l'amour comme s'appliquant d'abord à Dieu, puis au prochain par amour de Dieu, selon l'*ordo amoris* défini par Origène. Ses implications sont équivalentes à celles de la Règle d'or [86]. Il est souvent utilisé pour justifier des innovations, comme celles de la règle des Prémontrés.

Mais l'utilisation la plus forte est celle que donne Césaire d'Heisterbach, qui, dans son *Dialogue des Miracles*, l'utilise pour justifier qu'un saint personnage ait volé. « Beaucoup de choses sont permises aux saints qui sont interdites aux gens

83. *Ibid.*, VII, 8, 4 ; *cf. Epistula in Iohannem tractatus,* prol. ; V, 4, 7 ; 8, 14 ; 9, 1 ; *cf.* V. J. Bourke, « Saint Augustine and Situationism », *Augustinus*, 12, 1967, p. 117-123 ; P. Agaësse, « Introduction » dans Augustin, *Commentaire de la première Epître de s. Jean*, Paris, Cerf (SC 75), 1961, p. 7-102 ; comme le dit É. Gilson, *Introduction à l'étude de saint Augustin,* Paris, Vrin, 1982², p. 182 : « Thèse vraie d'une vérité absolue, mais qui ne vaut que pour une charité parfaite ; s'il s'agit d'une charité imparfaite – et qui oserait se vanter d'aimer Dieu d'un amour totalement dépouillé ? – elle ne l'est plus que relativement et à proportion exacte du degré de cette charité ».

84. J. Gallay, « *Dilige et quod vis fac.* Notes d'exégèse augustinienne », *Recherches de science religieuse*, 43, 1955, p. 545-555.

85. G. Constable, *The Reformation of the Twelfth Century,* Cambridge, CUP, 1996, p. 262-263. Voir aussi G. Constable, *« Love and do What You Will » : The Medieval History of an Augustinian Precept*, Kalamazoo, Medieval Institute Publications, 1999, qui mentionne Marguerite Porete p. 26.

86. La devise sur le sceau du prieuré normand de Sainte-Barbe l'indique : « *Si recte vivis, fac mihi quod tibi vis* » – fais pour moi ce que tu veux à condition de vivre droitement, ce qui est probablement la même chose que d'aimer droitement (cité par G. Constable, *The Reformation,* p. 278).

qui ne sont pas saints : *là où est l'esprit du Seigneur, là est la liberté*, d'où l'autorité : "aie la charité et fais ce que tu veux" »[87]. Ici, l'argument est associé à la liberté de l'esprit, et signifie clairement que la charité peut justifier l'exception à la règle morale. La réserve selon laquelle ce principe est limité aux saints, ne fixe en réalité aucune démarcation, puisque c'est précisément la charité qui confère la sainteté. Une brèche s'est ouverte, ici par le biais d'une justification de la piété populaire. Elle communique directement avec une morale de situation. L'amour peut s'affranchir des lois des hommes et même de celles de Dieu.

La sentence est justifiée au XIIe s. par Abélard, dans le *Sic et Non*. Selon Abélard, le texte d'Augustin signifie que tout ce qui est fait par la charité ne peut être imputé comme un péché : si toute ton intention tend vers Dieu, ton œil sera simple, ton corps transparent. Chez Abélard, c'est un moyen de concentrer l'éthique sur l'intention : toute action est bonne lorsqu'elle a pour but l'amour de Dieu[88]. Cette maxime fonde ici clairement une éthique de l'intention.

Cette interprétation lui a valu une volée de bois vert de la part de Richard de Saint-Victor : « Ils affirment que les œuvres ne sont rien. [...] Or la preuve de la charité, c'est la manifestation de l'œuvre »[89]. Il n'y a pas d'amour, il n'y a que des preuves d'amour. Richard montre bien que la maxime ne doit pas être interprétée comme un désintérêt pour la qualité morale des œuvres : au contraire, non seulement celui qui est rempli de charité ne fait jamais le mal, mais il ne s'abstient pas de faire le bien. Bref, la charité se poursuit dans les œuvres.

87. Césaire d'Heisterbach, *Dialogus Miraculorum*, dist. 6, ch. 5, éd. J. Strange, Cologne, Heberle, 1851, t. 1, p. 352 : « NOVICIUS : Quomodo excusabitur hoc factum ? MONACHUS : Multa licent sanctis, quae his qui sancti non sunt, non licent. *Ubi spiritus Domini, ibi libertas*. Unde auctoritas : Habe caritatem, et fac quicquid vis. Excusavit eum caritas, excusavit eum necessitas, excusavit eum auctoritas, excusavit eum fraternitas. Caritas, quia consolatio pauperum fecit illum egere. » (je souligne).

88. Pierre Abélard, *Sic et Non : A Critical Edition*, éd. B. B. Boyer and Richard McKeon, Chicago, University of Chicago Press, 1977, p. 97-98 : « Sed nec tamquam mendacii reos argui sanctos conuenit, si nonnulla quandoque aliter quam se rei ueritas habeat arbitrantes, non per duplicitatem sed per ignorantiam dicant ; nec praesumptioni uel peccato imputandum est quidquid ex caritate ad aliquam aedificationem dicitur, cum apud Deum omnia discuti iuxta intentionem constet, sicut scriptum est : Si oculus tuus fuerit simplex, totum corpus tuum lucidum erit. Unde et illud est beati Augustini *De Ecclesiastica Disciplina* tractantis : « Habe, inquit, caritatem, et fac quicquid uis ». Idem super epistolam Iohannis : « Qui non habent caritatem, non sunt ex Deo. Quidquid uis, habe ; hoc solum non habeas, nihil tibi prodest. Alia si non habeas, hoc habe, et implesti legem ». Item : « Semel ergo breue praeceptum tibi praecipitur : dilige, et quod uis fac. »

89. Richard de Saint-Victor, *Adnotatio in Psalmum XLIV* (PL 196, 322D) : « Error, ut arbitror, quorumdam hic reprehenditur, *qui opera nihil esse attestantur*. Habe, inquiunt, charitatem, et fac quidquid vis, recte utique. Nam charitate plenus sicut nullum malum ex voto committo, sic nullum bonum quod ad faciendum suppetit, facile praetermitto. Et hoc est utique quod Augustinus dicit, non quod tua negligentia fingit. *Probatio enim charitatis est exhibitio operis.* » (Je souligne).

Hugues de saint Victor n'est pas moins sévère. Pour Hugues, le but de son adversaire (Abélard) semble être de déconnecter morale et charité, comme si ce qu'il appelle charité désignait une prédestination à la sainteté. Il en fait ainsi une vertu qui ne peut être perdue, même si l'on commet des crimes, si bien qu'on pourrait transgresser la loi tout en ayant la charité. C'est ainsi, dit-on, que David a commis un meurtre et un adultère sans cesser d'avoir la charité. Si la charité est la plénitude de la loi, elle ne peut commander le contraire de celle-ci [90]. Hugues pousse à l'absurde la position des adversaires : quitte à dire qu'on conserve la charité tout en commettant ces actions, autant dire qu'elles ne sont pas des péchés, puisque « Celui qui est né de Dieu ne pèche pas » et « Aie la charité et fais tout ce que tu veux ». S'abandonner à la charité serait permettre de faire tout ce que l'on veut (*quidquid libet, quidquid volunt*). Or cela, ce serait violer les préceptes de la loi, et corrompre le droit naturel. Tout au contraire, Hugues refuse d'interpréter la sentence d'Augustin comme une autorisation de faire n'importe quoi : la charité est avant tout, selon la citation paulinienne qu'il reprend clairement à son compte, la plénitude de la loi. Par conséquent, fonder l'éthique sur la seule charité, sans la conformité à la loi, serait dangereux.

Ainsi s'est mise en place une interprétation antinomienne de l'expression augustinienne, construite par les adversaires d'Abélard afin de mieux le réfuter. La représentation des théologiens et des inquisiteurs s'inscrit dans cette ligne. Elle est tournée maintenant vers Marguerite, et non plus vers Abélard.

Conclusion

Nous avons affaire à deux régimes de discours. Les inquisiteurs disent la même chose que Marguerite. Leurs citations sont philologiquement exactes. Mais, détachées de leur contexte et placées dans un autre régime de discours, leur sens est altéré.

Tout le problème porte sur le rapport entre les différentes étapes de la vie spirituelle. Celles-ci fonctionnent chez Marguerite Porete sur le modèle de l'éviction des formes : lorsqu'une forme supérieure est acquise, elle joue le rôle

90. Hugues, *De sacramentis*, II, xiii, 12 (PL 176, 546 C) : « Ostendant mihi hic si possunt dilectionem quae plenitudo legis est, ubi et praecepta legis violantur ; et jus naturae corrumpitur. Lex dicit : Non occides. Non moechaberis. Non concupisces uxorem proximi tui (Rom. XIII ; Exod. XX ; Deut. V). Si charitas hic est, plenitudo legis hic est. Si plenitudo [546 D] legis est, quomodo praevaricatio esse potest ? Si talia facientem charitatem habuisse dicunt ; quare non etiam in hoc faciendo nihil peccasse dicunt, quia Scriptura dicit : Qui natus est ex Deo non peccat (I Joan. V) ; et quia rursum alibi dicitur : *Habe charitatem et fac quidquid vis ?* Si enim hoc verum est quod talia facientes *charitatem retinere possunt*, cum iis qui charitatem habent *quidquid libet* agere conceditur, perfecto quidquid egerint, *peccatum non esse comprobatur*. Eant ergo cum charitate sua et *faciant quidquid voluerint* ; quia magnos defensores habent alios quidem defendentes, quod charitatem non amittant, alios autem concedentes, ut quidquid volunt cum charitate faciant » (je souligne).

de la forme inférieure, comme l'intellect chez l'homme peut, selon saint Thomas assumer toutes les fonctions de la vie organique ; de même la charité assume toutes les fonctions de la vie vertueuse, mais elle se situe à un autre niveau. Or les censeurs y voient une exclusion ou un rejet.

De plus, formés par le débat scolastique entre Abélard et Hugues de Saint-Victor, ils ont cru y voir un passeport pour une morale de l'intention.

Marguerite prônait le détachement à l'égard de la loi, des œuvres, et de la volonté propre, en vue de l'union à Dieu. Les censeurs y ont vu une incitation à l'adultère, au libertinage, au laxisme moral. Ils en ont inversé le signe. Sur quel plan d'intelligibilité a pu s'instituer ce renversement ? Sur celui de la naissance non pas d'une subjectivité, ou d'une individualité moderne, mais au moins d'une liberté intérieure.

Marguerite en est autant l'actrice que la victime. En effet, dès lors que l'amour de Dieu ne peut plus se lire dans l'ordre social, en des actions extérieures soumise à la médiation de l'Église, des œuvres et de la loi, elle échappe à toute juridiction et on peut tout soupçonner. En affirmant que ces thèses ne sont pas tant condamnables en elles-mêmes que parce qu'elles peuvent tourner la tête aux plus faibles, c'est ce que soutiennent clairement Gerson et les Constitutions clémentines.

Marguerite Porete inaugure bien un discours singularisant, une parole en exil intérieur, détachée de l'ordre social et retournée vers elle-même pour se porter vers Dieu. Dans cet espace intérieur, où se croisent la langue littéraire de l'amour courtois et la langue spirituelle de la mystique cistercienne, les théologiens scolastiques n'ont pas retrouvé la science divine qu'ils avaient l'habitude de pratiquer – où les cœurs et les corps s'offraient aux règles de la logique. Avec Marguerite Porete, nous sommes bien à un tournant dans l'histoire de la spiritualité.

AU-DELÀ DE LA DETTE
LA DISSOLUTION DE LA RELATION D'AMOUR DANS LE *MIROIR DES SIMPLES AMES* DE MARGUERITE PORETE

Camille DE VILLENEUVE

Dans un beau livre, Jacques Le Brun déploie et lie diverses figures du pur amour [1]. L'amplitude chronologique de son travail ne lui a pas permis de s'attarder sur l'époque médiévale. Il consacre au Moyen Âge, à propos de la Griselda de Boccace, une sous-partie de chapitre. Le *Miroir des simples ames* de Marguerite Porete a pourtant une place non négligeable dans l'histoire du pur amour [2]. En effet, sans constituer une théorie, le *Miroir* dessine les traits d'un idéal amoureux qui sera l'enjeu de la querelle du quiétisme. Dans le *Miroir*, le pur amour s'affranchit de la figure nuptiale de l'amour, fréquente dans les écrits des béguines et des religieuses du XIIIe siècle et héritière des commentaires du Cantique des Cantiques [3]. Une certaine figure du Dieu séducteur ou amant se défait dans le livre de Marguerite Porete, figure incarnée dans les écrits mystiques par la personne du Christ. La spiritualité porétienne se tourne vers Dieu dans une relation qui ne se soumet plus à l'empire de l'échange, du don et du contre-don, de la dette imprescriptible – celle de toute créature envers son Créateur. Au chapitre 131 du *Miroir*, l'âme en vient ainsi, par une suite de suppositions, à imaginer que Dieu

1. J. Le Brun, *Le pur amour de Platon à Lacan*, Paris, Seuil (Librairie du XXIe siècle), 2002.

2. Le cas échéant, je cite la traduction française du *Miroir des simples âmes anéanties* par Claude Louis-Combet, Jérôme Millon, 2001.

3. Par exemple dans les écrits d'Hadewijch d'Anvers, de Gertrude de Helfta, de Mechtild de Magdebourg. La bibliographie portant sur les béguines est vaste, on retiendra quelques titres : W. Simons, *Cities of ladies*, University of Pennsylvania Press, 2001 ; P. Vandenbroeck (éd), *Le jardin clos de l'âme : l'imaginaire des religieuses dans les Pays-Bas du Sud*, Bruxelles, Martial et Snoeck, 1994 ; G. Epiney-Burgard et E. Zum Brunn, *Femmes troubadours de Dieu*, Turnhout, Brepols, 1988 ; P. Volti (éd.), *Mulieres religiosae et leur univers. Aspects des établissements béguinaux au Moyen Âge tardif*, Amiens, LAUP, 2003.

puisse en aimer un autre, qu'elle-même puisse en aimer un autre ou qu'un autre puisse l'aimer mieux que Dieu. Ces suppositions sont autant de défis que l'âme relève, s'affranchissant de son amour même et d'un Dieu d'amour, ambition que madame Guyon poursuivra[4]. La bonté de Dieu Créateur, malgré le martyre que l'âme subit, s'y révèle plus certaine que son amour. En cela, le *Miroir* opère un déplacement dans l'élaboration du pur amour. Formulé dans les écrits des béguines comme la supposition d'un Dieu qui puisse damner ou punir gratuitement et se montrer cruel, le pur amour trouvait sa justification dans l'assurance d'un Dieu aimant dont l'âme de la religieuse ne serait jamais séparé. Dans le *Miroir*, le pur amour se dessine, plus que dans tout autre écrit spirituel médiéval, comme un abandon sans condition à la volonté de Dieu qui ouvre à l'âme l'espace d'une liberté inédite, où loin de se perdre en Dieu elle se découvre, « et luy et moy » (ch. 132) – dans une symétrie séparatrice qui anticipe le « parce que c'était lui, parce que c'était moi » de Montaigne évoquant La Boétie – à l'abri de la dette et de l'imagination[5].

Le *Miroir* ne se conforme pas au modèle itinérant de certains écrits spirituels, décrivant l'ascension de l'âme vers Dieu[6]. Il se présente, au fil du dialogue entre les figures personnifiées telles Amour, Ame et Raison, comme une traversée en forme d'hélicoïde, pour reprendre l'image de Giovanna Fozzer[7]. Le mouvement en est généré par les retours de l'âme affranchie vers ses états encore serviles. Ces rechutes de l'âme approfondissent le sens de l'affranchissement dont le *Miroir* est l'élaboration et manifestent le caractère didactique du livre. L'âme chante et déchante pour faire entendre tous les points de la franchise, décrits au chapitre 11,

4. Madame Guyon, *Les Torrents et Commentaire au Cantique des Cantiques de Salomon*, éd. Cl. Morali, Grenoble, J. Millon, 1992. Au sujet de Madame Guyon et plus généralement sur la spiritualité du pur amour au XVIIe siècle, voir entre autres, de l'abbé Brémond, l'*Histoire littéraire du sentiment religieux en France*, Grenoble, J. Millon, 2006, et Michel Terestchenko, *Amour et désespoir de François de Sales à Fénelon*, Paris, Seuil, 2000, ainsi que le livre de J. Le Brun, *Le pur amour*.

5. Montaigne, *Les Essais*, édition établie par J. Balsamo, M. Magnien et C. Magnien-Simonin, Paris, Gallimard (La Pléïade), 2007, I, 27, p. 195 : « Si on me presse de dire pourquoy je l'aymoys, je sens que cela ne se peut exprimer, qu'en respondant : Par ce que c'estoit luy, par ce que c'estoit moy ».

6. Malgré la description précise des sept états de l'âme dans le *Miroir*, au chapitre 118, le texte de Marguerite Porete tel qu'il nous a été laissé n'a pas la forme d'un Itinéraire comme l'a souligné Marco Vannini dans son introduction à *Lo specchio delle anime semplici*, « Libro di vita e di battaglia », Milano, San Paolo, 1994, p. 77 : « Resta l'impressione che esso [lo schema lineario] sia qualcosa di estrinseco – quasi un recipiente con cui dare forma ordinata al ribollente materiale dell'esperienza dello spirito –, tanto è vero che si ha una certa difficoltà ad inserirvi sistematicamente i contenuti del Miroir, che è rimane appunto uno Speculum, assai più che un Itinerarium ».

7. Dans son introduction à *Lo specchio delle anime semplici,* « Specchio di grazia e conoscenza », p. 63 : « Il libro ha una struttura che procede in senso elicoidale, con giri sempre più vasti : il pensiero è già in nuce nei primi capitoli, vi è la propositio e poi la spiegazione del tema (...). È un procedimento fatto di riprese (...) adatto a memorizzare, a contenere mentalmente senza altri ausili, ad approfondire ».

et ce qu'il convient de faire pour y parvenir [8]. Les rechutes de l'âme manifestent ses difficultés à passer du cinquième au sixième état [9]. En ce dernier s'opère l'anéantissement de la volonté propre, du désir et de la relation amoureuse. Au seuil du sixième état, l'âme épuise progressivement ce qui lui est propre – volonté, raison, affectivité. Le franchissement vers le sixième état, jamais totalement accompli, se joue dans cet épuisement des facultés de l'Ame, qui est aussi épuisement de la relation d'amour.

Du cinquième au sixième état, l'enjeu est d'échapper à la réciprocité amoureuse de l'âme et de Dieu fondée sur une dette elle-même réciproque. Le vocabulaire du commerce est prégnant dans le *Miroir* pour décrire le rapport de l'âme à Dieu [10]. Il se réfère autant à l'usage théologique de la dette qu'aux usages proprement commerciaux : Charité est dite « sage marchande », Dieu est dit riche et l'âme pauvre (ch. 11), l'âme demande l'acquittement de sa dette (ch. 34), et Dieu également est en dette envers l'âme car Il lui doit la liberté (ch. 36).

L'amour qui lie l'âme et Dieu, du fait de cette dette, les engage dans des stratégies amoureuses. La bienveillance de l'aimé doit pouvoir être captée, comme si sa bonté n'était jamais certaine. En gagnant le sixième état, l'âme renoncerait à ces stratégies de la volonté et à l'union divine, voire même à toute expérience de Dieu ; l'âme libre n'est plus sinon Dieu. Sans volonté, l'âme n'a plus de vie propre – l'espace intérieur se dissout [11]. Ce mouvement, comme le montre le chapitre conclusif du texte français du *Miroir*, ne trouve jamais sa fin, Raison et Nature ayant toujours leurs ruses pour renaître du néant [12]. L'âme phénix, au chapitre 11, est l'image du moi raisonnant et volontaire renaissant de l'anéantissement. C'est cette lutte recommencée contre la volonté et ses ruses qui fait du *Miroir* un livre de bataille, comme l'a souligné Romana Guarnieri, faisant écho aux propos de l'Ame elle-même [13].

8. *Miroir*, ch. 80, p. 226 : « Je chante, dit ceste Ame, l'une heure a chant, l'aultre a deschant, et tout pour ceulx qui ne sont mie encore frans, affin qu'ilz oyent aucuns poins de franchise, et quelle chose il convient, ains que on parviengne a elle ».

9. Ces états sont exposés par l'Ame au chapitre 118.

10. Les métaphores commerciales dans le *Miroir* et en général, l'usage de l'allégorie par Marguerite Porete, font l'objet du livre de S. Kocher, *Allegories of Love in Marguerite Porete's Mirror of Simple Souls*, Turnhout, Brepols, 2008. Voir notamment les pages 127-146.

11. *Miroir*, ch. 7, p. 26 : « Ceste Ame, dit Amour, ne sçait plus de Dieu parler, car elle est adnientie de tous ses desirs forains et de sentement de dedans » ; ch. 41, p. 128 : « [L'Ame] est morte a tous sentemens de dedans et dehors ». Proche du *Miroir*, Musil fait écrire à Ulrich, dans *L'homme sans qualités*, que l'amour n'est pas un sentiment mais une extase : Robert Musil, *L'homme sans qualités*, II, Points Seuil, 1956, p. 680 : « L'amour est-il un sentiment ? Je crois que non. L'amour est une extase ».

12. *Miroir*, ch. 139, p. 402 : « Hee, Dieux ! Que Nature est subtile en pluseurs poins, en demandant sur forme de bonté et sur coulour de sa neccessité cela ou elle n'a nient. Certes ce qu'elle demande est souvent menassable ; car parmy telx baraz elle reçoit souvent ce que sien n'est mie, en desrobant elle mesmes de sa force et vigour, et de sa gentillesse. Je l'ay esprouvé a ma grant meschance ».

13. Dans sa préface à *Lo specchio delle anime semplici*, « Margherita Porete e il suo *Miroir des simples âmes*», p. 27 : « al termine di una lunga battaglia e di angosce mortali, in cui giunge a disperare

Cette analyse sera consacrée à l'exploration de la stratégie amoureuse fondée sur la dette qui lie l'âme et Dieu. Deux voies s'ouvrent à l'âme pour s'affranchir de cet amour encore marchand. Elles correspondent aux cinquième et sixième états décrits au chapitre 118, tous deux états de l'âme affranchie. Par la voie du cinquième état, l'âme fait usage de sa mauvaiseté pour attirer la bonté divine ; elle demeure dans la négociation [14]. Au sixième état, l'Ame, renonçant à toute réciprocité amoureuse, acquiesce à la possibilité d'un Dieu dont l'amour ne serait pas garanti [15]. Cet acquiescement est opéré au chapitre 133 par les suppositions impossibles auxquelles l'Ame se soumet.

Dans le premier cas, l'échange d'amour et de bonté demeure. Il est garanti par la mauvaiseté de l'âme qui sert de gage (I). Mais pour atteindre le sixième état, l'âme doit mettre à l'épreuve tout rapport de dépendance et d'échange par la perte de la garantie de l'amour de Dieu. La dernière supposition impossible du chapitre 131 est celle d'un Dieu radicalement libre amoureusement. Sa liberté ouvre à l'âme la seule possibilité d'un amour qui ne soit pas amour de soi mais réciprocité affranchie de la dette, renouvelant, en le rapportant à Dieu, l'idéal antique de l'*amicitia* (II).

L'ENDETTEMENT RÉCIPROQUE OU L'ENFER DE L'ÉCHANGE

Au chapitre 59, Amour distingue trois degrés de vie : « Au commencement vesquit ceste Ame de vie de grace, laquelle grace est nee en la mort de peché. Après vesquit, dit Amour, de vie d'esperit, laquelle vie d'esperit est nee en la mort de nature ; et maintenant vit de vie divine, laquelle vie divine est nee en la mort d'esperit » [16]. Que la dette soit réciproque est une vérité connue seulement de l'âme qui est en vie d'esprit. Pour l'âme qui est en vie de grâce, c'est-à-dire l'âme morte au péché, la dette est encore unilatérale et rémissible. Les âmes en vie de grâce sont endettées envers Dieu, mais elles lui donnent suffisamment pour être en règle avec lui, ainsi que l'explique Amour au chapitre 62 : « Telle gent, dont nous avons parlé, qui sont mors a peché mortel et nez en vie de grace, n'ont nul reprennement ne remors de conscience, mais que ilz se acquitent envers Dieu de ce que il comande tant seulement » [17]. L'Ame en vie de grâce, s'acquitte de ce que Dieu demande.

della propria salvezza, rimette il suo libero volere nel volere di Dio ». Les métaphores du champ de bataille et de la guerre apparaissent dans le *Miroir* aux chapitres 85, 111 et 137.

14. *Miroir*, p. 324 : « Le quint estat est que l'Ame regarde que Dieu est, qui est dont toute chose est, et elle n'est mie, si n'est dont toute chose est. Et ces deux regars luy donnent une merveilleuse esbahyssance, et voir qu'il est toute bonté, qui a mis franche voulenté en elle qui n'est mie, sinon en toute mauvaisté ».

15. *Miroir*, p. 330 : « Le siziesme estat est que l'Ame ne se voit point, pour quelconque abysme d'umilité que elle ait en elle ; ne Dieu, pour quelconque haultiesme bonté qu'il ait ».

16. *Miroir*, p. 170.

17. *Miroir*, p. 180.

En vie d'esprit en revanche, la réciprocité amoureuse est placée sous le signe du don et de la dette irrémissible. Celle-ci engage d'abord l'Ame envers Dieu. Dieu a été jusqu'à mourir pour les péchés de l'âme. L'Ame lui demande ainsi l'acquittement de cette dette : « mais je vous prie, doulx ami et courtoys, que vous me acquitez de ceste debte, vous qui avez le povoir de tout faire » (chap. 34, p. 112). Cette dette, l'âme l'a contractée infiniment en soulevant contre Dieu sa volonté propre, par son péché : « Car ainsi, comme Dieu est incomprehensible au regart de sa puissance, aussi pareillement est ceste Ame endebtee de son nient incomprehensible d'une heure du temps, sans plus, que elle a eu voulenté contre luy » (chap. 80, p. 226). L'âme est en dette du fait qu'elle a été créée et rachetée (même si elle avait été seule à pécher, précise l'Ame au chapitre 34, le Christ aurait accompli pour elle son sacrifice [18]).

La relation de l'âme à Dieu a son origine dans l'amour de Dieu, que l'on pourrait définir avec la célèbre formule de Lacan : « L'amour c'est donner ce qu'on n'a pas à quelqu'un qui n'en veut pas » [19]. Dieu a donné à l'âme ce qu'il n'avait pas – la volonté libre de faire le mal, lui-même ne pouvant pécher car, au contraire de l'Ame, il ne pourrait le vouloir. Dieu préfère donner à l'Ame la volonté de faire le mal plutôt que lui enlever la liberté de sa volonté : « Car nientplus que Dieu peut pecher, qui vouloir ne le peut, ne puis je pecher, se ma voulenté ne veult. Telle franchcise m'a l'amy de moy de sa bonté par amour donnee. Et si je le vouloie, pourquoy ne le souffreroit il ? Se il ne le souffroit, son povoir me touldrait franchise. Mais sa bonté ne le pourroit souffrir, que son povoir me deffranchist de riens ; c'est assavoir que nul povoir me tollist mon vouloir, se ma voulenté ne s'i veult assentir. Or m'a sa bonté, par pure bonté, franche voulenté par bonté donnee » (chap. 103, p. 282). La puissance divine est ordonnée à la bonté de Dieu, qui assure à l'âme la plus grande liberté. Même pécheresse, l'âme est libre ; elle peut, sans perdre sa liberté, se tourner vers le mal. Cette liberté ne peut être attribuée à Dieu, bien qu'elle vienne de Lui. Marguerite Porete exalte la liberté de la volonté avec les mêmes accents qu'Olivi ou Henri de Gand [20].

L'Ame, réalisant la deuxième partie de la formule de Lacan, ne veut pas de ce don qui la conduit au péché. En abandonnant sa libre volonté à Dieu, elle sera donc affranchie de toute dette à son égard, puisqu'elle se libérera du péché. L'âme tend

18. La Loi s'adresse de la même manière, singulière, à celui qui tente de la pénétrer dans la nouvelle de Kafka « Devant la loi ». Le *Miroir* inviterait au dépassement du masochisme de l'amour, ici au lieu de la Loi.

19. J. Lacan, *Séminaire XII, Problèmes cruciaux pour la psychanalyse*, séance du 17 mars 1965, inédit. Voir au sujet de l'élaboration de cette formule chez Lacan Jean Allouch, *L'amour-Lacan*, EPEL, 2009, p. 15.

20. Voir sur cette question, dans le contexte des condamnations de 1277, Fr.-X. Putallaz, *Insolente liberté, Controverses et condamnations au XIIIe siècle*, Fribourg - Paris, Éditions Universitaires - Cerf, 1995.

donc à rendre à Dieu ce qu'il a donné, dont elle ne veut pas, et ce que par le même temps elle lui a enlevé en puissance, puisque en péchant, l'Ame porte atteinte à la puissance divine : « Dieu haït tout péché, et qui se consent a peché faire, il toult a Dieu sa voulenté » (ch. 107, p. 292). La Bonté de Dieu donne à l'âme une volonté libre « hors de sa puissance » (chap. 111, p. 302). En apparence, l'abolition de la dette réparerait cette atteinte faite à la puissance de Dieu.

Dieu pour sa part est endetté et obligé envers l'âme. Sa dette, c'est la paix qu'il se doit de donner à l'âme : « Sire, je cognois bien que de ceste debte, c'est assavoir de me donner paix, vous vous estez bien acquitez » (chap. 36, p.118). Il ne peut reprendre ce qu'il a donné, « car autrement ne seroit ce pas don, se il y avoit defaillance » (chapitre 92, p. 260), c'est un don « sans nul retour » (Chapitre 98, p. 272). Il ne peut sans injustice retirer à l'Ame sa volonté libre (chap. 103, p. 282). L'Ame a droit à sa bonté, du fait de la justice propre à l'amour à laquelle Dieu doit se soumettre [21]. Dans les deux sens, la dette est infinie ; Dieu ne peut pas enlever à l'Ame ce qu'Il a donné librement, et l'Ame ne peut pas rendre à Dieu ce qu'Il lui a donné dans sa bonté, qui dépasse infiniment la sienne.

Seul Dieu pourrait acquitter la dette de l'âme, se soumettant pour cela à la règle de « divine droiture» [22]. Elle est celle de la Charité qui, comme dit Amour au chapitre 4, se trouve être « sage marchande ». Mais les marchands dans le *Miroir* sont moins considérés encore que les vilains [23]. Le vrai amour ne consiste pas en donner ou recevoir, explique Amour. En effet, l'amour qui donne et prend est un amour encore trompé par Nature [24]. L'âme négociatrice n'est pas encore l'âme affranchie. Cette dernière ne donne ni ne prend. Mais alors, l'âme affranchie aime-t-elle encore, et de quel amour, si c'est d'un amour non-marchand ? L'abolition de la dette, paradoxalement, est accordée à l'âme qui demeure dans la négociation, dans la captation de la bonté de Dieu, et elle n'est jamais complète. En donnant tout, l'âme s'assure d'un don total en échange. L'affranchissement de la dette par l'âme marchande se fait par l'espérance qu'elle met en cette proposition : « qui plus donne plus luy demoure » (*et quando plus donat, plus abundat*) [25]. Elle oblige Dieu à la bonté. La structure de la dette perdure au cinquième état de l'âme. Le don total ne préserve pas de l'échange ; l'amour provoque la bonté de Dieu.

21. *Miroir*, ch. 50, p. 148 : « a temoings de sa bonté, qui le me devait ».

22. *Miroir*, ch. 77, p. 216. Amour : « Il me faut garder la paix de ma divine droiture et rendre à chacun ce qui est sien ».

23. S. Kocher, *Allegories*, p. 117 : « Oddly, Porete sometimes represents serfs as becoming noble, but she does not envision merchants as becoming ennobled even though this was much more likely to happen in reality ».

24. *Miroir*, ch. 110, p. 300 : « Car tant est l'Ame a soy, qu'elle demoure en amour. Laquelle amour l'a faicte, tant qu'elle maint en elle, orgueilleuse et jolie. Car Nature est avec telle amour, et pource a souvent en tel estre de quoy donner et prendre, dont est l'Ame dangereuse et fiere ». Voir aussi chap. 27.

25. *Miroir*, ch. 4, p. 18-19.

Par sa nature, la volonté de Dieu est contrainte. Dieu ne peut se départir de sa bonté [26]. Il est aussi obligé par l'Ame qui réclame au nom de la bonté divine l'acquittement de sa dette (chap. 80). L'Ame croit en cette bonté sans la connaître : « Je crois Dieu en moi, sa bonté ne me peut perdre » dit-elle au chapitre 85. Par sa parole l'âme protège la création de la damnation en rappelant la bonté de Dieu. Cette garantie est justifiée par Dieu le Père lui-même au chapitre 50, à l'occasion d'une unique apparition dans le *Miroir* : la Personne du Père apparaît garante de l'amour bienveillant de Dieu, donnant une réponse anticipée à l'hypothèse de l'anéantissement par le bon plaisir divin qui apparaîtra de nouveau au chapitre 131 [27].

Le cinquième état est l'aboutissement de cette obligation réciproque à la bienveillance. L'âme se fait somme des maux ; concentrant en elle le mal afin de le conjurer, elle s'assure la bonté de Dieu : *sum summa et complementum omnium malorum*, dit-elle au chapitre 117. Or, ce *summa* fait écho à la *summitas* (la souveraineté) de l'âme affranchie (chap. 81). Elle gagne donc sa souveraineté par le mal, en attirant sur elle la bonté de Dieu. Le seul moyen de préserver la création du mal, c'est de rassembler sur soi tous les maux. En même temps cette concentration est la garantie du salut de tous.

L'Âme, comble du mal, réclame de Dieu le comble de sa bonté. L'âme est *exemplum* qui détient l'exemplaire du Livre. En cet état d'exemplarité, l'anéantissement est encore une forme de captation de la bonté divine. En revanche au sixième état, l'âme n'est plus un exemple : « Telle Ame, dit Amour, est en la plus grant parfection de l'estre, et plus pres du Loingprès, quand Saincte Eglise ne prent point exemple en sa vie » [28]. Elle perd donc son exemplarité [29]. L'âme affranchie n'est pas appelée à la sainteté publique, elle abandonne sa souveraineté.

Comment passer du cinquième au sixième état, de la relation amoureuse à l'amour pour rien ? La dernière des suppositions impossibles du chapitre 131 en opère le passage.

26. *Miroir*, ch. 117, p. 312 : « Dieu ne peut tort faire, car il se defferrait ».

27. *Miroir*, ch. 50, p. 148 et 150 : « Car combien que Dieu nous ayme, dit ceste ame, comme il a monstré par oeuvres divines et par souffrances humaines, pourtant ne nous ama il mie, dit ceste Ame, contre luy ; et se il mourut pour nous et print char humaine, ce fut avec luy, a tesmoing de sa bonté, qui me le devoit, puisque sa divine voulenté le vouloit ; pourtant dit ceste Ame, ne nous ama il mie contre luy. Car, se tout ce que la Trinité avoit creé en son savoir deust avoir esté dampné sans fin, pourtant n'eust mie Jhesuschrist le Filz de Dieu emprunté a verité, pour nous tous saulver.

Helas moy ! Dit ceste Ame dont me vient ce que j'ay dit, et ne scet pas checun, que ce ne peut estre ?

Amour – Ouy, dit Amour, doulce amye, mes amis le scevent bien que ce ne peut estre.

<Personne de Dieu le Père> – Mais vous le dictes, vous qui estes m'amye chere, dit la personne de Dieu le Pere, pource que ytelle doit estre mon ainsnee fille, qui est heritiere de mon royaulme, qui scet les secrez du Filz par l'amour du Saint Esperit, qui de luy a ceste Ame cy dounee ».

28. *Miroir*, ch. 134, p. 394.

29. Ce qui suggère que le *Miroir* est en réalité un Au-delà du Miroir et de la spécularité morale propre aux miroirs médiévaux. Miroir et exemplaire jouent en effet presque en synonymes dans le *Miroir*.

« La proposition indécente »[30] : Les suppositions du chapitre 131

Les suppositions que fait l'âme au chapitre 131 du *Miroir* participent de la stratégie amoureuse que nous avons évoquée. Par elles, l'âme cherche à apaiser Dieu car elle est « toute mauvaiseté ». Elles sont encore des dangers à l'occasion desquels l'âme éprouve sa domination et celle de Dieu – le terme latin de *dongerium,* calque du français dangier, est un dérivé de *dominium.* Les suppositions naissent, dit l'Ame, à l'occasion d'une méditation. Ces suppositions ont déjà été énoncées et annoncées au chapitre 9 : « Qui demanderoit a telles franches Ames, seures et paisibles, se elles vouldroient estre en purgatoire, elles diroient que non ; se elles vouldroient estre en ette vie certifiees de leur salut, elles diroient que non ; ou s'elles vouldroient estre en paradis, elles diroient que non » (p. 32). Elles sont les héritières des défis lancés aux amants dans la littérature courtoise, notamment du don contraignant analysé par Jean Frappier et dont l'ouverture du *Chevalier de la Charrette* de Chrétien de Troyes offre un exemple canonique[31]. Toutefois, les suppositions du chapitre 131 vont plus loin que les défis lancés par les dames à leurs amants, en ce qu'elles dissolvent la relation d'amour elle-même. La promesse de fidélité est constitutive du serment fait au suzerain, tout comme elle est l'enjeu de la soumission du chevalier à sa dame[32]. Or les dernières suppositions suggèrent que l'âme et Dieu, puissent rompre cette promesse.

Dans le texte français, l'âme « dit » d'abord les suppositions, sur le mode d'une affirmation. Le mode d'énonciation change quand les dernières suppositions que l'Ame se représente lui sont posées par Dieu lui-même : elle se « demande » ce qu'elle ferait si Dieu lui demandait d'en aimer un autre. L'affirmation devient suggestion et introduit le trouble. De même, l'âme avait commencé par une méditation. Puis elle « regarde en pensant », le regard de l'esprit se fait voyeur, imaginant cet exercice d'échange amoureux : Dieu en aimant une autre, l'âme en aimant un autre, ou étant mieux aimé d'un autre. L'Ame fait l'hypothèse d'un Dieu amoureusement trompeur. L'enfer amoureux se trouve ici concentré dans la possibilité de la jalousie et la crainte de la séduction, fruits d'une imagination s'emportant – et que suggère la longue suite, peu à peu accélérée, des suppositions. Le *Miroir* anticipe, ici, la proposition de Spinoza sur le jaloux qui a la chose aimée en haine « du fait qu'il est contraint de joindre l'image de la chose aimée à l'image de celui qu'il hait », ce tiers apparaissant comme « autruy » dans les suppositions

30. L'expression m'a été suggérée par le Professeur Robert Lerner.

31. Voir J. Frappier, « Le motif du don contraignant dans la littérature du Moyen-Âge », *Amour Courtois et Table Ronde*, Genève, Droz, 1973, p. 225-264.

32. L. Verdon, « Expressions et usages des comportements affectifs dans le cadre de la seigneurie (Provence XIIIe s.). L'exemple de l'amour dû au seigneur » dans D. Boquet et P. Nagy (dir.), *Politiques des émotions au Moyen Âge*, Firenze, SISMEL Edizioni del Galluzzo, 2010, p. 255-274.

de Marguerite [33]. Or ces suppositions sont difficiles au point qu'à l'Ame, il lui « faillit le sens ». Elles font du pur amour non pas seulement un désintéressement allant jusqu'à la désappropriation de soi, par l'humiliation ou l'abaissement que subit Griselda dans la nouvelle de Boccace, mais un renoncement à l'amour même, qui est la dernière propriété [34]. Griselda, elle, reste toujours amoureuse de son époux, le marquis de Saluces, qui n'exige jamais d'elle qu'elle en aime un autre – ses cruautés ont cette limite. Ce qui dans le *Miroir* paraît intolérable à l'âme se révèle un symptôme de son amour d'elle-même. Son amour est encore amour de soi, ce que le latin marque plus encore en élidant le « avec luy» désignant Dieu en français : *Diligebam me et habebam me* (ch. 131) [35]. Consentant au désir divin, l'âme échappe à l'amour de soi. Elle n'en conçoit pour elle-même ni haine ni mépris. Rien dans le *Miroir* ne paraît de l'affectivité sacrificielle paraissant dans certains écrits contemporains, amplifiée au XVIIe siècle par le pessimisme moral. L'anéantissement de la volonté n'est d'ailleurs pas celui du moi, qui demeure près de Dieu une fois l'âme entrée dans le pays de Franchise : « Car l'espandement de la divine amour, qui se monstra a moy par divine lumiere d'un esclar haultain persant qui me monstra soubdainement et luy et moy » [36]. Le « moy » n'est pas ici psychologique, il est le moy de la créature humiliée devant Dieu, sans volonté donc sans intériorité ni réflexivité.

Ces suppositions ont déjà été anticipées dans le texte par des propositions les contrariant. En effet dès le chapitre 32, l'Ame assure qu'elle ne peut aimer un autre que Dieu. Au chapitre 36, le pacte amoureux veut que Dieu veuille toujours ce que l'Ame veut. La droiture d'amour exige en effet l'accord des volontés des amants (chap. 43). Au chapitre 77, l'âme était aussi invitée à ne rien refuser des demandes d'Amour. Or l'ultime demande de Dieu, au chapitre 131, rompt le pacte amoureux et exige la transgression de l'amour. En même temps que l'Ame opère son affranchissement, Dieu opère le sien.

Il se joue alors la réciproque de la proposition empruntée à Lacan ; ici l'âme donne ce qu'elle n'a pas (sa volonté qui lui vient de Dieu) dont Dieu pourrait ne pas vouloir. Il y a donc parfaite égalité : si l'âme renonce librement à son don – la volonté libre – Dieu peut renoncer librement à celui de l'âme. Et ce renoncement est une libération de la dette. C'est la plus grande réciprocité et la plus grande égalité qui veulent que Dieu ne veuille pas de l'amour de l'âme. Cette parfaite réciprocité dans la liberté se fait au sacrifice de la réciprocité

33. Spinoza, *Ethique*, présenté et traduit par B. Pautrat, Paris, Seuil, 2010, part. 3, proposition 35, scolie, p. 271.

34. Sur la désappopriation de soi qu'engage le désintéressement de Griselda, voir l'article de F. Mariani Zini, « Du plaisir d'être indifférent et de la vertu du désinterêt » dans *Ut Philosophia Poesis, Questions philosophiques dans l'oeuvre de Dante, Pétrarque et Boccace*, J. Biard et F. Mariani Zini (éd.), Paris, Vrin, 2008, p. 223-258.

35. *Speculum*, p. 387. En français, p. 386 : « Je me amoye tant avec "luy" ».

36. *Miroir*, chap. 132, p. 390.

amoureuse. La dernière supposition impossible serait perverse s'il ne s'agissait de l'amour divin. Semblable suggestion l'est par exemple dans le cas d'Héloïse et Abélard, lorsqu'Abélard enjoint Héloïse d'aimer Dieu mieux que lui [37]. L'idéal amoureux du *Miroir* suppose la pluralité des amours, comme souvent dans les textes médiévaux. L'amour divin n'y est pas l'amour humain ; la figure que prend l'amour pur dans la modernité, chez Sacher-Masoch par exemple, manifeste au contraire leur confusion. Dans le *Miroir*, la supposition impossible conduit les amants au-delà de la relation amoureuse exclusive et agit contre toute représentation, celle de l'acte d'amour – le don – et de l'objet de l'amour – Dieu étant séparé de ses attributs pour n'être plus qu'un néant.

La première demande de l'âme est de se voir au temps de la Création (chap. 107), où l'âme était avant de provenir de la bonté de Dieu (chap. 135). Les âmes anéanties retournent à l'origine de toute liberté : celle pour Dieu de créer, celle pour l'âme de vouloir (chap. 94). Le mouvement du *Miroir* fait donc plus qu'une « théurgie réparatrice », qui mimerait l'annihilation de Dieu dans la création par l'annihilation de l'âme en Dieu par sa mauvaiseté [38]. L'âme n'a pas dit son dernier mot en négociant contre la possible colère de Dieu – l'engageant à la bonté par des procédés apotropaïques. Coïncider avec l'acte créateur n'a pas de fin réparatrice ; la réparation serait encore au compte des œuvres propres aux âmes serviles. L'âme ne s'inquiète pas de l'orientation du vouloir divin, elle affirme dès le début du *Miroir* que Dieu est bon et incompréhensible (chap. 11). Mais elle doit faire l'abandon de son savoir de la bonté de Dieu, aller au-delà de la considération du bien et du mal en Dieu (chapitre 10). Au-delà du bien et du mal, parce que au-delà du péché (chap. 124). Le pur amour retrouve le désir de Dieu de créer un monde libre. Créer une liberté, quitte à ce qu'elle choisisse le mal, ou puisse ne pas vouloir l'amour de Dieu. La mystique propre au *Miroir* est donc une mystique tournée vers le Père, et non vers le Fils (chap. 67 et 69) [39]. Le Christ est encore miroir, et donc exemple. Suivre le Christ c'est travailler, être dans le labeur des vertus. C'est encore la voie des vilains. L'imitation du Christ est une manière

37. Abélard et Héloïse, *Correspondance*, éd. E. Bouyé, Paris, Gallimard, 2000, lettre cinquième d'Abélard à Héloïse, p. 163 : « Porte donc vers [Jésus], je t'en conjure, et non vers moi toute ta piété, toute ta compassion, toute ta componction ».

38. C'est l'hypothèse de Luc Richir dans son livre *Marguerite Porete, une âme au travail de l'Un,* Bruxelles, Ousia, 2002, p. 110-113.

39. Comme c'est souvent le cas chez les mystiques visionnaires. Voir R. Guarnieri, « La devozione alla croce e al crocefisso in Angela da Foligno », in *Donne e Chiesa tra mistica e istituzioni (secoli XIII-XV)*, Roma, Storia e Letteratura, 2004 p. 215-227 et p. 272 : « Margherita, diversamente da altre mistiche, (...), rinuncia ad appoggiarsi alla stampella di ipotetiche visioni ». Voir aussi M. Schmidt, « The Importance of Christ in the Correspondence between Jordan of Saxony and Diana d'Andalo, and in the Writings of Mechtild of Magdebourg » dans K. Emery, J. Wawrykow (éd.), *Christ among the medieval Dominicans, Representations of Christ in the Texts and Images of the Order of Preachers*, Notre Dame, U. of Notre Dame Press, 1998, p. 100-112.

de payer sa dette. C'est en allant vers le Père que l'âme s'affranchit de la demande. Elle acquiert la liberté du Père.

L'amour est alors véritablement pour rien car abstrait de l'exigence d'un retour, et en vue du rien, en vue du néant. L'âme qui atteint la vie illuminée n'a plus que faire de Dieu. Dieu ne lui manque pas. Il n'est pas même absent, comme dans la mystique nuptiale, jouant de ses apparitions et disparitions. Il le serait pour celui qui le cherche. Or celui qui cherche Dieu est encore avec lui-même [40]. L'âme noble n'est ainsi pas mélancolique, mais sanguine et colérique [41]. Elle ne souffre pas du manque ou de l'absence de l'objet d'amour. Son néant n'est pas le fait de la défaillance de l'objet aimé. L'amour pur que dessine le *Miroir* n'est pas l'amour héroïque qui anime le mélancolique Lancelot, absorbé par la pensée de la reine Guenièvre, au début du *Chevalier de la Charrette* de Chrétien de Troyes [42]. L'âme colérique, écrit Hildegarde de Bingen, est une âme forte et de bonne constitution, elle a une bonne santé et beaucoup de volonté. Seules des âmes fortes et volontaires peuvent engager une entreprise telle que l'anéantissement du vouloir. L'humilité nécessite « force et vigour » (ch. 139, p. 402).

LES RUSES DE NATURE

Le *Miroir* s'achève sur une mise en garde contre Nature. Elle a été dans le *Miroir* associée à Raison. Dame Nature représente les lois naturelles auxquelles l'âme au début du *Miroir* se soumet, lui accordant tout ce qu'elle réclame – proposition qui vaudra, parmi d'autres, condamnation au *Miroir*. C'est aussi la Nature donatrice (ch. 22), donc encore engagée dans une affaire de don et d'engendrement. L'Ame prend congé d'elle au chapitre 22, car celui qui obéit à Nature a encore une affectivité morale, une intériorité (chap. 41), quand l'âme affranchie n'a plus de sentiment moral (ch. 114). L'âme servile a des croyances, des espérances, des peurs et des craintes. Celui qui se soumet à Raison est aussi l'esclave de Nature. Nature est encore dans la demande et dans le sentiment. Elle cherche à obtenir ce qu'elle n'a pas par des ingéniosités, « ingeniis naturae » (ch. 138), qui sont celles de l'amour de soi. Mais la métaphore qu'utilise Amour à la fin du *Miroir* pour décrire l'action de Nature ressemble à celles, utilisées dans la littérature médiévale, pour désigner l'action divine. Le rayon de soleil qui fait

40. *Miroir*, chap. 110 : « Qui quiert, il est « avec » soy, et si se a, et si luy fault quelque chose, puisqu'il se mect au querir ».

41. *Miroir*, ch. 99, p. 274 : « Or ont telz gens de tous les ordres pour l'esperit la plus haulte mancion, et de nature la plus gentile complexion ; c'est, qu'ilz sont sanguins ou colleriques, non mye mellencolieux ne fleumatiques ».

42. Sur les affinités entre l'amour héroïque et la mélancolie, voir le traité d'Arnaud de Villeneuve, *Tractatus de amore heroico*, Barcelona, Publicacions i Edicions de la Universitat de Barcelona, 1985. Voir aussi J. Roubaud, *La fleur inverse, Essai sur l'art formel des troubadours*, Ramsay, 1986, notamment le chapitre 2, « Eros mélancolique », p. 55-95.

s'évaporer l'eau d'un tissu humide est proche de celui qui, traversant le ventre de Marie, engendre le Christ. C'est donc aussi d'une certaine représentation de Dieu que l'âme doit s'affranchir, précisément celle du Dieu engendrant le Christ, du Dieu recourant aux « ingeniis », ayant du savoir-faire et dont on pourrait chercher les effets dans la nature. La Nature, dit Amour dans le texte latin, *trahit*, elle attire à soi, *sicut sol attrahit aquam de panno*[43]. Elle attire à soi comme c'est la nature d'amour d'attirer ou de séduire. Les termes d'« attractum » et de « tractus » désignent l'action de l'amour au chapitre 106. Maître Eckhart, dans ses sermons aux religieuses et aux béguines, formulera de telles mises en garde contre l'amour humain porté au Christ[44]. Traverser la représentation christique, trop susceptible d'être fétichisée, est aussi l'enjeu du septième pas d'Angèle de Foligno[45]. Se tenir près de Dieu face-à-face, c'est risquer la vision érotique et fétichiste des yeux du Christ, de sa bouche amoureuse. Entrer dans la représentation, c'est s'affranchir de la séduction de la vision, pénétrer la ténèbre – l'image du Christ attire, mais plus encore la ténèbre et le non-amour. La séduction n'est plus opérée par le corps fétichisé du Christ. L'abstraction n'est pas la disparition de l'image, mais une pénétration de l'image.

Les dangers de Nature sont illustrés par le monologue de l'âme affranchie se déclarant la mieux aimée, au chapitre 136, dans un passage conservé seulement en latin et en anglais. L'âme marchande réapparaît dans cette reprise de la première personne, qui annule l'indifférence de l'âme affranchie signifiée par la troisième personne. Elle est alors encore dans l'échange : *Ita quod ego recipio tantum de vestra misericordia continue, quantum vos de potentia habetis respectu illius quod patior*[46]. L'âme anéantie peut encore être la dupe de Nature qui parle le langage de la bonté et du besoin. La structure non-linéaire du *Miroir* pourrait signifier l'échec des aspirations de l'Ame, qui continuerait d'approcher le lieu délaissé par Dieu sans jamais pouvoir l'habiter[47]. Le *Miroir* reste le lieu du raisonnement et du contredit, propre à la volonté qui sert les vertus[48].

43. *Speculum*, p. 403 ; *Miroir*, p. 402 : « Qui cecy veult entendre si se garde des engins de nature, car ainsi soubtilement comme le soleil tire l'eaue hors du drap, dont nul ne s'apparçoit, pouse qu'il le regarde, pareillement se déçoit Nature sans son sceu, se elle n'est sur sa garde par tres grant esprouve ».

44. Voir Ed.-H. Weber O.P, « Le Christ selon Maître Eckhart », in *Christ among the medieval Dominicans*, p. 414-429.

45. *Le Livre d'Angèle de Foligno, d'après les textes originaux*, trad. J.-Fr. Godet, Grenoble, Jérôme Millon, 1995, p. 57-161.

46. *Speculum*, p. 401. Traduction Combet, p. 260 : « Ainsi je reçois continûment de votre miséricorde autant que vous avez de puissance, à la mesure de ce que j'endure ».

47. Kocher, *Allegories*, p. 56 : « The text presents itself as re-inscribed, over-inscribed, repetitive but self-consciously and fundamentally incomplete ». En cela le miroir inachevé trouve sa vérité dans le dépassement de toute spécularité, donc du soi et de toute trace du soi dans l'amour.

48. *Miroir*, chap. 8, p. 30. Amour : « les Vertus font tout ce que telles Ames [affranchies] veullent, sans danger et sans contredit ».

Conclusion

Le *Miroir* situe l'amour pur dans sa radicalité : un amour qui ne soit pas une relation, toujours imaginaire, dupe des représentations de la raison, de la dette et de l'obligation, et donc encore amour de soi. C'est un amour au-delà de la dette, donc au-delà du don. La radicalité de cette proposition suppose un geste criminel, comme le conclut le *Miroir* (chap. 137), une guerre civile qui nécessite de tuer ses propres amis, vertus et Nature. Le *Miroir* est un champ de bataille sur lequel l'âme se dépouille de toute affectivité, intériorité et réflexivité.

L'amour affranchi tend à rejoindre la souveraine liberté de Dieu en son acte créateur. Il n'y a pas d'amour sans la reconnaissance de la liberté de Dieu créateur, à la bonté incompréhensible, et de celle de l'âme, qui ne se laisse pas prendre aux jeux de séduction divins. L'amour pur, sans réciprocité, garantit la plus grande réciprocité de liberté. En cela, Marguerite Porete prépare la théorisation de l'amour pur au XVIIe siècle. Fénelon et Madame Guyon, parmi d'autres, jetteront le doute sur le caractère attractif et délicieusement contraignant du bien et de la grâce divine, faisant de la bonté de Dieu une bonté qui ne se donne pas, qui « cesse de faire du bien » écrit Michel Teretschenko[49]. Marguerite Porete invente une voie inédite entre l'amour narcissique de la courtoisie et l'amour oblatif de la spiritualité féminine[50].

Les récents développements de la phénoménologie sur le don et l'amour ont pris des chemins que le *Miroir* semble aussi anticiper. Jacques Derrida, poursuivant les intuitions d'Emmanuel Lévinas, évoque un amour dans la séparation qui ne donne plus prise à la jalousie, échappant à la circularité de l'échange. Seule une forme d'asymétrie amoureuse ou amicale pourrait garantir le respect de l'altérité[51]. Le *Miroir* procède également à l'affranchissement de la circularité en renonçant à la dette, mais au nom de la liberté plus que de l'altérité, relativisant ainsi l'hypothèse d'un Autre mauvais ou pervers. Loin que l'âme se perde sous le coup d'une altérité qui lui échappe, elle accède à l'autonomie d'un moi qui ne soit ni créé ni réfléchi, se tenant entre Dieu et rien.

49. *Miroir*, p. 54.

50. Au sujet du caractère narcissique de l'amour courtois voir Y. Foeher-Janssens, *La jeune fille et l'amour, Pour une poétique courtoise de l'évasion*, Genève, Droz, 2010, p. 19.

51. J. Derrida, *Psyché, Inventions de l'autre*, Paris, Galilée, 1998, « En ce moment même dans cet ouvrage, me voici », p. 201 : « Il, celui qui est passé au-delà de tout être, doit être exempt de toute jalousie, de tout désir de possession, de garde, de propriété, d'exclusivité, de non-substitution. Et le rapport à [Dieu] doit être pur de toute économie jalouse ». Voir aussi *Politiques de l'amitié*, Paris, Galilée, 1994, *La carte postale : de Socrate à Freud et au-delà*, Paris, Flammarion, 1980.

MARGUERITE PORETE ET LE DISCOURS COURTOIS

Jean-René VALETTE

Parmi les « langages de l'amour » en présence au début du XIIIe siècle, il en est deux qui « brillent du plus grand éclat » et qui « paraissent être alors le plus étroitement en concurrence, sinon en confrontation explicite » [1] : celui des poètes et celui des théologiens.

Il aurait été aisé d'illustrer ces deux discours [2] par un certain nombre d'œuvres phares, empruntées, d'un côté à la lyrique amoureuse ou aux romans arthuriens, de l'autre aux traités, aux sermons ou aux sommes de cette période. Afin de saisir le lien qui s'établit entre « discours courtois » [3] et « discours théologique », il nous a paru plus fructueux de nous attacher aux œuvres qui les font cohabiter. C'est le cas, aux alentours de 1220, du cycle du *Lancelot* en prose, qui déploie les *pulcherrimae*

1. C. Baladier, *Érôs au Moyen Âge. Amour, désir et delectatio morosa*, Paris, Cerf, 1999, p. 202. Voir aussi J.W. Baldwin, *Les Langages de l'amour dans la France de Philippe Auguste. La sexualité dans la France du Nord au tournant du XIIe siècle*, trad. B. Bonne, Paris, Fayard, 1997 [2].

2. Afin de rompre avec une tentation essentialiste qui postulerait l'existence séparée d'une « littérature » ou d'une « théologie », nous utiliserons le terme de *discours*. Ajoutons que le mot même de *littérature*, qu'il nous arrivera d'employer par commodité, est, au Moyen Âge, un vocable « ambigu, à la fois inadéquat et irremplaçable » (M. Zink, « Littérature(s) », *Dictionnaire raisonné de l'Occident médiéval*, J. Le Goff et J.-C. Schmitt (dir.), Paris, Fayard, 1999, p. 611).

3. L'adjectif *courtois* est susceptible de s'appliquer à trois réalités distinctes : 1. Un style de vie, un idéal humain caractéristiques de la nouvelle forme de socialité aristocratique qui émerge au cours du « second âge féodal » : il s'agit de la courtoisie. 2. Une érotique, étroitement liée à la vie de cour, que G. Paris a nommée *amour courtois* à la fin du XIXe siècle, dans un article consacré au *Chevalier de la charrette* (*Romania*, 12, 1883, p. 459-534). Cette expression, inconnue du Moyen Âge, n'est pourtant pas absurde : « Gaston Paris fut fort bien inspiré », estime G. Duby (*Histoire des femmes en Occident*, dir. G. Duby et M. Perrot, t. 2, *Le Moyen Âge*, dir. Ch. Klapisch-Zuber, Paris, Plon, 1991, p. 266). 3. Un ensemble de textes poétiques et romanesques, une « littérature » apparue dans les domaines d'oc et d'oïl, aux XIe et au XIIe siècle, et appelée à irriguer toute la période médiévale, avec des variantes tenant à la personnalité des auteurs.

ambages Arturi regis[4] selon un « double esprit »[5], qui conjugue mystique du désir tournée vers la Dame (dans le droit fil de la *fin'amor*) et quête du Saint-Graal, qui subordonne peu à peu la chevalerie *terrienne* à la chevalerie *célestiele*. C'est aussi le cas, à la fin du XIIIe siècle, de Marguerite Porete qui, dès le prologue du *Miroir des simples âmes*, se propose d'écrire l'expérience mystique de Dieu au miroir de la chevalerie, en développant « un petit exemple de l'amour du monde », fondé sur l'amour d'une demoiselle pour le roi Alexandre, et en invitant son lecteur à « entendre » celui-ci « pareillement de la divine amour »[6].

Entreprendre de rapprocher le *Miroir* et le *Lancelot*, au motif qu'ils articulent en leur sein discours théologique et discours courtois, ne procède cependant pas d'une symétrie de façade. Si les deux œuvres sont distantes de près de quatre-vingts ans, le lien qu'elles établissent entre ces deux discours s'enracine dans un même passé, dans ce XIIe siècle « tout entier voué à élucider le problème de l'amour »[7]. En son temps, É. Gilson s'était penché sur la question de cette genèse commune, soulignant l'importance d'une « vague mystique, dont la force est perceptible dès les environs de 1125 et qui va déferler sur le XIIe siècle » et notant que « la naissance de ce mouvement est un problème aussi pressant que celui de la naissance de la littérature en langue vulgaire ou de l'art ogival »[8]. Après avoir observé que « l'éclosion de la poésie courtoise et du roman courtois, toute cette littérature amoureuse en langue française, est précédée ou accompagnée d'une abondante spéculation théologique sur l'amour », il tentait d'établir un rapport, en des termes empruntés au vocabulaire de l'analogie :

> La littérature mystique du XIIe siècle complète harmonieusement sa littérature profane et la couronne, et elle va bientôt la reformer à son image[9].

4. Selon la formule que Dante utilise à propos du *Lancelot en prose* (*De vulgari eloquentia*, I, X, 2).

5. À la suite de F. Lot, *Étude sur le Lancelot en prose*, Paris, Champion, 1918, la notion de double esprit renvoie à la coexistence de l'idéal courtois et de l'idéal religieux dans cet *opus magnum* du roman médiéval.

6. Marguerite Porete, *Miroir*, 1, 14-15. Le premier numéro renvoie au chapitre, le second aux lignes ou vers considérés.

7. Saint Bernard, *Œuvres*, éd. M.-M. Davy, Paris, Aubier Montaigne, t. 1, p. 213.

8. É. Gilson, *La Théologie mystique de saint Bernard*, Paris, Vrin, 1931, p. 24.

9. *Ibid.*, p. 14. Voir aussi l'appendice IV (« Saint Bernard et l'amour courtois ») où cette question est reprise pour elle-même. Voir aussi l'étude de J. Deroy, « Thèmes et termes de la *fin'amor* dans les *Sermones super Cantica Canticorum* de saint Bernard de Clairvaux », dans M. Boudreault et F. Möhren (dir.), *Actes du XIIIe Congrès international de linguistique et philologie romanes (Université Laval, 29 août-5 sept. 1971)*, Laval, PUL, 1976, p. 853-863. Comme É. Gilson, J. Deroy souligne « des différences d'idéologie, de langue, de genre littéraire » ainsi que « l'aversion de saint Bernard pour les *scurriles cantilenas*, pour les chansons frivoles », mais en même temps il « cr[oit] discerner des zones de contact, des influences des troubadours ou plutôt des réactions de Bernard, inspirées par son amour du Verbe » (p. 862-863).

Une telle formule vaut assurément pour la lyrique amoureuse et notamment pour le développement des romans du Graal [10]. S'agissant du *Miroir des simples âmes*, il est possible de reprendre cette expression mais en en renversant les termes. À la fin du XIIIe siècle, en effet, alors que les œuvres en langue romane ont connu un essor spectaculaire et que le rapport de force entre l'Église et l'aristocratie s'est modifié, il est possible d'affirmer, en prenant appui sur l'œuvre de Marguerite Porete et en paraphrasant É. Gilson, que la littérature profane *a reformé à son image* la littérature mystique.

Si l'on veut comprendre les liens qui s'établissent entre Marguerite Porete et la littérature courtoise, il importe donc d'étudier ce processus dans son ensemble et selon une double dimension – diachronique et synchronique :

1. L'avènement du langage courtois dont se sert Marguerite Porete pour exprimer son expérience mystique, comme l'ont fait avant elle François d'Assise et ses premiers disciples [11], Dante en son *dolce stil nuovo* ainsi que les extatiques d'Allemagne ou de Brabant [12], précède le *Miroir* de près de deux siècles. Il correspond au développement, à partir du début du XIIe siècle, des chansons de geste, des poèmes des troubadours et des trouvères ainsi que des romans, qui marquent l'origine véritable de la littérature française [13].

2. L'antériorité chronologique ne constitue pas seulement la condition qui permet à Marguerite Porete d'utiliser le langage, déjà cousu de fil théologique, que l'essor des textes romans met à sa disposition. Si l'auteur du *Miroir des simples âmes* peut se tourner vers la littérature courtoise, c'est en raison du contexte discursif auquel appartiennent les œuvres considérées, ce que M.-P. Halary nomme des *conjonctures*, « ces moments où des discours divers répondent à une ou des questions mais en apportant des réponses différentes ».

10. Voir notre ouvrage, *La Pensée du Graal. Fiction littéraire et théologie (XIIe - XIIIe siècle)*, Paris, Champion, 2008.

11. Voir en particulier, L. Battais, « La courtoisie de François d'Assise. Influence de la littérature épique et courtoise sur la première génération franciscaine », *Mélanges de l'École Française de Rome*, 109/1, 1997, p. 131-160 ; J. Dalarun, « François d'Assise et la quête du Graal », *Romania*, 127, 2009, p. 147-167.

12. C'est le cas notamment de Mechtilde de Magdebourg et d'Hadewijch d'Anvers. L'influence courtoise avait touché ces femmes par l'intermédiaire de la poésie lyrique du Minnesang qui s'était développée dans les terres allemandes au cours de la seconde moitié du XIIIe siècle comme un héritage direct des troubadours et des trouvères du Nord de la France. Voir G. Epiney-Burgard et E. Zum Brunn, *Femmes troubadours de Dieu*, Turnhout, Brepols, 1988.

13. Les historiens font traditionnellement remonter l'origine de la littérature française à la *Séquence de Sainte Eulalie* (vers 881-882) et à un certain nombre d'autres poèmes romans (*Vie de saint Léger*, *Vie de saint Alexis*). Cependant, « si la littérature française n'avait connu que cette première naissance, elle aurait végété à l'ombre des lettres latines. Mais dans les dernières années du XIe siècle se manifeste une seconde naissance, plus soudaine que la première, plus surprenante et dont les suites allaient être plus fécondes » (M. Zink, *Littérature française du Moyen Âge*, Paris, PUF, 2001 [1992], p. 39).

Ainsi de la question de l'amour « à laquelle apportent une réponse spécifique les textes monastiques du XIIe siècle autant que les textes romanesques, lyriques ou même épiques » [14].

Spiritualiser l'édifice charnel

Soulignant le rôle que joue la poésie courtoise dans l'essor des écrits mystiques des béguines, dom J.-B. Porion invitait à reconnaître dans ce « transfert au plan spirituel des modes courtois, de la générosité chevaleresque et de la poésie lyrique amoureuse » un processus de vaste ampleur, « digne en tout cas de retenir l'attention » [15]. Rendre compte d'un tel transfert exige cependant de prendre en considération la première étape du processus, celle qui concerne en propre la littérature courtoise. C'est parce que le discours courtois est lui-même *spiritualisé* au moment où il s'élabore en tant que tel au XIIe siècle qu'il va pouvoir, à son tour, contribuer au « transfert spirituel » évoqué plus haut, en devenant, en quelque sorte, *spiritualisant*. Loin de constituer un détour, l'examen de cette élaboration est donc indispensable à l'intelligibilité de la relation qui s'établit entre l'œuvre de Marguerite Porete et les textes courtois.

Le Chevalier de la charrette et les romans du Graal : « religion d'amour » et semblances *spirituelles*

Longtemps les critiques se sont plu à emprunter les voies de l'analogie, à l'instar d'É. Gilson [16], et à relever dans les œuvres littéraires le « reflet de l'idéal monastique et mystique sur une société en formation » [17], aussi bien dans le domaine de la *fin'amor* que dans celui des récits inspirés par le Graal, aussi bien dans la lyrique et dans les romans du XIIe siècle que dans le vaste *Lancelot-Graal*, qui s'offre comme une forme de synthèse de toute cette littérature.

Pour nombre d'entre eux, le roman du *Chevalier de la charrette*, composé par Chrétien de Troyes vers 1180, a constitué, un observatoire idéal. Écrit à l'instigation de Marie de Champagne, fille d'Aliénor d'Aquitaine, et petite-fille du premier troubadour connu, Guillaume IX, cette œuvre-carrefour a fait pénétrer dans le domaine d'oïl les thèmes de la lyrique occitane. Attentifs à l'élaboration

14. M.-P. Halary, « Allures courtoises, beautés courtoises », *Allures médiévales. Essais sur l'ordre du mouvement et ses rythmes, la marche et la démarche, PRIS-MA*, tome XXVII, 1 et 2, n° 51-52, 2011, p. 163.

15. Dom J.-B. Porion éd., *Hadewijch d'Anvers, Écrits mystiques des béguines*, Paris, Seuil, 1954, p. 56.

16. É. Gilson n'a-t-il pas montré que cette notion constitue une composante essentielle de l'« esprit » de la philosophie médiévale ? Voir à cet égard *L'Esprit de la philosophie médiévale*, Paris, Vrin, 1944 [1932], chap. 5. Voir aussi, plus récemment, E. J. Ashworth, *Les théories de l'analogie, du XIIe au XVIe siècle*, Paris, Vrin, 2008.

17. Dom J.-B. Porion éd., *Hadewijch d'Anvers*, p. 56.

du langage poétique de la *fin'amor*, les spécialistes y ont souvent relevé, au titre de l'ornement difficile, l'usage de « métaphores religieuses »[18] : « dans l'univers autonome et intérieur de la *fin'amor* se multiplient les calques de religion », note J. Frappier, lesquels tendent à faire de la *fin'amor* « une religion de l'amour avec des adorations, des extases, des scrupules, des repentirs, des examens de conscience, une ascèse, des joies, des tourments »[19].

Parti sur les traces du ravisseur de la reine, Lancelot s'engage dans un parcours semé d'embûches, d'épreuves et de souffrances, qui l'apparentent bientôt à un chemin de croix. D'emblée confronté à la charrette, il est partagé entre Raison et Amour, la première lui recommandant de ne pas prendre place dans le véhicule d'infamie, contrairement au second :

> N'est pas el cuer, mes an la boche
> Reisons, qui ce dire li ose ;
> mes Amors est el cuer anclose,
> qui li comande et semont
> que tost en la charrete mont.
> Amors le vialt et il i saut,
> que de la honte ne li chaut
> puisqu'Amors le comande et vialt[20].

> Raison n'a son séjour que sur les lèvres : elle se risque à lui parler ainsi. Amour est dans le cœur enclos : il donne un ordre et un élan. Bien vite il faut monter dans la charrette. Amour le veut : le chevalier y bondit. Que lui importe la honte, puisque tel est le commandement d'Amour[21] ?

Arrivé sur les lieux quelques instants plus tard, Gauvain refusera d'imiter son compagnon afin de ne pas endosser l'humiliation qui s'attache à la périphrase insultante – « le chevalier de la charrette » –, laquelle restera désormais attachée à Lancelot. Ainsi soutenu par l'opposition entre l'extérieur (Raison, qui enseigne par la bouche) et l'intérieur (Amour, dont le siège est situé dans le cœur), irrigué par la puissance d'Amour, tout le début du roman repose sur un puissant paradoxe, d'inspiration paulinienne : ce qui est exaltation pour le cœur n'est qu'humiliation aux yeux des hommes tandis que l'humiliation absolue et la faute pour le cœur ne sont que raison et honneur aux yeux des hommes[22]. Avant de parvenir au terme

18. R. Dragonetti, *La technique poétique des trouvères. Contribution à l'étude de la rhétorique médiévale*, Genève, Slatkine Reprints, 1979 [1960], p. 113-121. À côté des métaphores religieuses, R. Dragonetti étudie aussi la transposition du vocabulaire féodal, ce qu'on a nommé le *vasselage* amoureux, ainsi que les métaphores empruntées aux plantes et à la lumière.

19. J. Frappier, « Structure et sens du Tristan : version commune, version courtoise », *Cahiers de Civilisation Médiévale*, 6, 1963, p. 265.

20. Chrétien de Troyes, *Le Chevalier de la charrette*, éd. M. Roques, Paris, Champion, 1975, v. 370-377.

21. Traduction J. Frappier, Paris, Champion, 1982.

22. « Car ce qui est folie de Dieu est plus sage que les hommes, et ce qui est faiblesse de Dieu est plus fort que les hommes. » (I Corinthiens I, 25)

de sa quête douloureuse [23], Lancelot devra franchir le Pont de l'Epée. Contraint de se débarrasser de son armure et de progresser à l'horizontale le long de la gigantesque lame effilée, il sera blessé aux mains et aux pieds, ce qui n'est pas sans évoquer les stigmates du Christ. « Une fois de plus, souligne E. Baumgartner, Chrétien a repris à la lettre un motif de la lyrique d'oc, celui de l' "amant martyr", tout en jouant bien entendu des échos qui se tissent ainsi entre la figure du martyr de Dieu, voire du Christ lui-même, et celle du martyr d'amour, pour qui la dame devient, comme dans la poésie des troubadours, l'idole à qui rendre un culte à la limite du blasphème » [24]. Ainsi, en découvrant à la fontaine les cheveux et le peigne de la reine, le héros s'en empare, il les vénère et il les place « entre sa chemise et sa chair », avec une ferveur toute religieuse [25]. De même, devant le lit où l'attend la reine, il reste en adoration « car en nul cors saint ne croit tant » (v. 4653) et, lorsqu'il doit partir, il s'agenouille, faisant « tot autel / con s'il fust devant un autel » [26] [*exactement comme s'il était devant un autel*].

À côté du martyr d'amour, le roman cultive une autre image, sur le mode lyrique de l'amant *esbahi* : celle du *Chevalier Pensif*, qui constitue un véritable topos, du *Chevalier de la charrette* au *Quichotte* [27]. L'extase amoureuse intervient aussitôt après la séparation de Lancelot et de Gauvain. À la différence d'autres épisodes, qui insistent sur l'épiphanie de la figure aimée [28], le passage met l'accent sur l'oubli de soi, qui en est la condition, sur l'anéantissement de la volonté égotiste, en des termes déjà présents chez Guillaume IX [29] et que l'on retrouvera dans une certaine mesure chez Marguerite Porete :

23. Sur l'emploi récurrent du mot *penitence*, voir R. Dragonetti, *La technique,* p. 118.

24. E. Baumgartner, *Romans de la Table Ronde de Chrétien de Troyes*, Paris, Gallimard (Foliothèque), 2003, p. 146.

25. Adam de la Halle parle des yeux de sa dame comme d'un reliquaire (*saintuaire*), métaphore dont use également Thibaut de Champagne, mais au sens de lieu très saint (*haut saintuaire*), pour évoquer le séjour de celle qu'il aime (voir R. Dragonetti, *La technique*, p. 85 et 122).

26. V. 4717-4718. On notera la rime, qui rapproche le pronom indéfini *autel* « la même chose » et le substantif *autel*. On ne saurait mieux exprimer l'analogie entre les deux plans. Voir cet exemple, tiré de l'œuvre de Robert de Soissons : « Bele dame, droiz cors sainz, / Je vous enclin jointes mains / Au lever et au couchier » (cité par R. Dragonetti, *La technique*, p. 121).

27. Sur ce topo, voir C. Méla, *La Reine et le Graal. La conjointure dans les romans du Graal (de Chrétien de Troyes au* Livre de Lancelot*)*, Paris, Seuil, 1984, p. 31. Conformément au sens médiéval de l'adjectif *pensif* (« perdu dans ses pensées, coupé de la réalité »), le topos met en œuvre le motif de la *dorveille*, ainsi nommé parce que l'extase amoureuse plonge le sujet dans un état intermédiaire entre la veille et le sommeil (voir M. Stanesco, « "Entre sommeillant et esveillé" : un jeu d'errance du chevalier médiéval », *Le Moyen Âge*, 39, 1984, p. 401-432). Précipité à bas de son cheval par un adversaire qui le tire brutalement de son extase, Lancelot paraîtra se réveiller.

28. On songe notamment au célèbre épisode des gouttes de sang sur la neige (Chrétien de Troyes, *Le Conte du Graal*, éd. F. Lecoy, Paris, Champion, v. 4142-4193).

29. « L'expérience poétique du "pur néant" chez Guillaume IX d'Aquitaine », *Médiévales*, 6, 1984, p. 48-68. Voir en particulier les p. 58 *sq.*, qui insistent sur la voie de la nescience et sur les liens avec la tradition mystique.

A tant s'en va chascuns par lui ;
et cil de la charrete panse
con cil qui force ne deffanse
n'a vers Amors qui le justise ;
et ses pensers est de tel guise
que lui meïsmes en oblie,
ne set s'il est, ou s'il n'est mie,
ne ne li manbre de son non,
ne set s'il est armez ou non,
ne set ou va, ne set don vient ;
de rien nule ne li sovient
fors d'une seule, et por celi
a mis les autres en obli ;
a cele seule panse tant
qu'il n'ot, ne voit, ne rien n'antant. (v. 710-724)

Chacun s'en va sur son chemin à lui. Le chevalier de la charrette est abîmé dans sa méditation comme un sujet livré sans force et sans défense à la souveraineté d'Amour. Sous l'empire de son penser, [il s'en oublie lui-même]. Il ne sait s'il existe ou s'il n'existe pas. De son nom il n'a plus souvenance. Est-il armé ? Ne l'est-il pas ? Il n'en sait rien. Il ne sait où il va, il ne sait d'où il vient. De son esprit chaque être est effacé, hormis un seul, pour lequel il oublie tout le reste du monde. À cet unique objet s'attachent ses pensées. C'est pourquoi il n'entend, ne voit, ne comprend rien [30].

La série anaphorique qui s'ouvre au v. 716, comme pour gloser le contenu du verbe *oblie*, apparu à l'extrémité du vers précédent, est à cet égard particulièrement remarquable. Le mot *obli* revient à la fin de la série, sous forme substantivale, comme pour la clore, et si le verbe *oblie* rimait avec l'adverbe de négation *mie*, le substantif *obli* rime désormais avec le pronom démonstratif *celi*, qui renvoie à la femme aimée. D'une certaine manière, tout est dit à travers ce jeu de variations stylistiques : il faut que l'amant s'oublie à lui-même pour que surgisse, au terme d'un mouvement que le texte étaye en multipliant les formes de la négation (« ne set s'il est, ou s'il n'est mie, / ne ne li manbre de son nom », etc.), la mention de la femme aimée – sur fond d'anéantissement : « de rien nule ne li sovient / fors d'une seule, et por celi / a mis les autres en obli » (v. 720-722).

Si l'extase amoureuse, au même titre que la découverte du peigne et des cheveux de la reine, peut apparaître comme l'une des récompenses obtenues par l'amant pour prix de son ascèse, la joie d'amour, accordée lors d'une seule nuit, vient couronner la quête de Lancelot, en un récit où l'évocation de cette merveille unique [31] repose sur « le brouillage des codes religieux et érotique » [32]. Il ne faut

30. Traduction J. Frappier.

31. « Tant li est ses jeus dolz et buens, / et del beisier, et del santir, / que il lor avint sanz mantir / une joie et une mervoille / tel c'onques ancor sa paroille / ne fu oïe ne seüe » (*Le Chevalier de la charrette*, v. 4674-4684) [Dans son plaisir d'amour il goûte un tel bonheur, né des baisers, de toute la fête des sens, qu'il leur advint un prodige de joie. Jamais encore on n'entendit parler de telle merveille].

cependant pas se méprendre sur la nature de ce don car l'amour de la dame ne se mérite jamais, comme le croit à tort le roi Baudemagu quand il s'étonne de l'accueil glacial que la reine a réservé à son amant. Ainsi que le souligne E. Baumgartner, « dans la *Charrette*, Lancelot, celui qui a tout parié sur la *fin'amor*, apprend au fil de ses exploits et de ses souffrances que le don d'amour, le pur *joy* des troubadours, est tout aussi imprévisible et gratuit que la grâce divine. Quel que soit son "mérite", l'amant n'a rien à exiger, rien d'autre à attendre que garder foi et espérance en la dame qu'il s'est choisie. En se donnant gratuitement, quand elle en a décidé – et totalement, Guenièvre consacre, elle, l'éminente dignité de la *fin'amor*, de l'absolue franchise des corps et des cœurs sur laquelle elle se fonde » [33].

À la suite du *Chevalier de la charrette*, qui présente la *fin'amor* comme une loi, comme une religion dont les amants sont les fidèles – dans la plus pure tradition courtoise –, Chrétien de Troyes compose le *Conte du Graal*, qui restera comme son dernier roman et comme le premier d'une importante production littéraire dans laquelle la référence à la Bible joue un rôle fondamental [34].

Au sein de ce vaste corpus, il convient de détacher les *Hauts Livres* du Graal, qui forment en quelque manière une tradition distincte, moins liée à Chrétien de Troyes qu'à Robert de Boron. Dans ces romans qui prétendent être directement inspirés par Dieu, écrits sous la dictée d'un ange ou traduits d'un livret composé par le Christ, la chevalerie se trouve « au pied de la Croix » [35]. Tel se présente le *Roman de l'Estoire dou Graal*, élaboré par Robert de Boron au début du XIIIe siècle afin de narrer l'« invention » de la relique du Précieux-Sang, bientôt baptisée *Graal*, dont le Christ confie la garde à Joseph d'Arimathie et à ses descendants, avec mission de veiller sur elle dans la Bretagne légendaire des récits arthuriens. Telle se présente également la *Queste del Saint Graal* (vers 1220), le plus célèbre des *Hauts Livres*, conçu comme un véritable évangile de la Table Ronde où le héros, Galaad, comparé au Christ – « de semblance ne mie de hautesce » [36] *[de ressemblance, non d'égalité]*, se substitue au Perceval des premiers romans pour entraîner dans son sillage les quêteurs du Graal. Entre ces deux œuvres, *alpha* et *omega* des proses

32. E. Baumgartner, *Romans de la Table Ronde*, p. 147.

33. *Ibid.*, p. 151-152.

34. Ainsi que le souligne E. Baumgartner, « l'histoire du roman médiéval, de 1150 à 1250 environ, et tout spécialement du roman arthurien, se définit moins par l'imitation d'un modèle littéraire qui, au reste, est inexistant, que par une rivalité apparente avec le Livre par excellence, le texte sacré ». Cette imitation repose néanmoins sur « une double et contradictoire ambition : fonder la légitimité de l'écriture profane en la modelant à la *semblance* de la sainte Écriture mais surtout constituer le *romanz* (et les romans) en écriture autonome » (« L'écriture romanesque et son modèle scripturaire : écriture et réécriture du Graal », dans E. Baumgartner, *De l'*Histoire de Troie *au* Livre du Graal. *Le temps, le récit (XIIe-XIIIe siècles)*, Orléans, Paradigme, 1994 [1ère publication de l'article, 1985], p. 88).

35. E. Baumgartner, *L'Arbre et le pain. Essai sur la Queste del Saint Graal*, Paris, CDU/SEDES, 1981, p. 38.

36. *La Queste del Saint Graal*, éd. A. Pauphilet, Paris, Champion, 1923, p. 38, l. 21.

graaliennes, les récits s'offrent soit comme des *estoires*, tournées vers les origines chrétiennes du Graal (*L'Estoire del Saint Graal*), soit comme des *questes* invitant la chevalerie terrestre à s'accomplir en devenant *célestiele* (*Perlesvaus*).

Formant le sommet mystique du *Lancelot* en prose, la *Queste del Saint Graal* subordonne le thème de la quête chevaleresque à la construction d'un itinéraire mystique organisé autour du Graal et de Galaad. La première manifestation du *Saint-Vessel* recouvert d'un linge précieux, devant la cour tout entière réunie le jour de la Pentecôte, vise à faire naître un inextinguible désir, celui de voir le Graal plus *apertement* qu'il ne s'est manifesté. S'il est vrai que toute théophanie est assimilable à un éclair fugitif destiné à enflammer le désir [37], l'apparition du Graal constitue une véritable « blessure d'amour », destinée à entraîner les chevaliers dans son sillage. Et c'est dans un esprit qui doit beaucoup au *Cantique des cantiques* [38] que se développe, à partir de là, la *Queste*. Tel Lancelot, qui prie Dieu « en plorant molt tendrement que Il en tel leu le menast ou il aucune chose del saint Graal poïst veoir » (253, l. 1-2), les compagnons de la Table Ronde recherchent quelque reflet du visage divin. Parvenus au terme du parcours, les « serjant Jhesucrist », ceux qui se sont « traveillié et pené por veoir partie des merveilles dou Saint Graal », apprendront que leurs efforts n'ont pas été vains : ils en recevront « le plus haut loier que onques chevalier receussent » (p. 269, l. 25 *sq.*). Au cours de cet itinéraire, Galaad, élaboré *en semblance* du Christ, est le héros, tantôt proche et tantôt lointain, dans la compagnie duquel tous les quêteurs aspirent à mener la quête. L'éloignement du Bon Chevalier médiateur de conversion, la distance qu'il creuse avec Gauvain au moment où débutent les aventures, confèrent une véritable profondeur à la région de dissemblance dans laquelle se trouve le pécheur [39]. Dans l'absence s'éprouve la dissemblance, ainsi que le souligne l'auteur à propos de Perceval : « et s'il pert ainsi le Chevalier qui s'en vet, il n'avra ja mes de joie » (p. 89, l. 10-11).

37. « À qui se trouve être l'objet de l'élection et de la dilection divines, se montre en effet, de temps à autre, quelque reflet du visage de Dieu, à la façon d'une lumière enclose dans les mains, qui tour à tour paraît et se cache au gré du porteur. Cet aperçu fugitif, donné à l'âme comme dans un éclair, l'enflamme alors du désir de posséder en sa plénitude la lumière d'éternité et l'héritage de la parfaite vision de Dieu » (Guillaume de Saint-Thierry, *Lettre aux frères du Mont-Dieu (Lettre d'or)*, éd. J. Déchanet, Paris, Cerf, 1975, § 268).

38. « L'Époux sortit et s'en alla. Et maintenant, blessée d'amour et brûlante du désir de l'absent, pénétré de la douceur d'un renouveau sacré, renouvelée par la délicieuse saveur, et, tout soudain, mise de côté, abandonnée à elle-même [...] en compagnie des jeunes filles, plus ou moins associées avec elle à la faveur reçue aux celliers, l'Épouse s'élance sur la trace odorante de l'Époux qui fuit. Et, dans le bouillonnement de son désir, elle donne l'essor au saint Cantique par ce cri : « Qu'il me baise d'un baiser de sa bouche » (Guillaume de Saint-Thierry, *Exposé sur le cantique des cantiques*, texte latin, introd. et notes par J.-M. Déchanet, trad. par M. Dumontier, Paris, Cerf 1998 [1962], § 29).

39. « Diex ! fet mesires Gauvains, tant sui meschaanz ! Or sui je li plus maleureus chevaliers dou monde, qui vois suivant ce chevalier de si pres et si nel puis atteindre ! (*Queste del Saint Graal*, p. 51, l. 26 *sq.*).

Dans les trois domaines principaux où se déploie le discours courtois au XIIe et au XIIIe siècle (la lyrique d'oc et d'oïl, le roman de chevalerie tel que l'invente Chrétien de Troyes, les romans du Graal), il est donc possible de relever la présence d'éléments empruntés à ce que les spécialistes nomment, faute de mieux, le domaine religieux[40]. Le recours à un tel langage figuré (métaphorique) a néanmoins à ce point embarrassé la critique littéraire qu'elle ne l'a pas toujours reconnu comme tel et qu'elle s'est souvent interrogée sur sa visée. À quoi tend la « symbiose spirituelle de la religion et de la chevalerie » que J. Frappier observait dans la *Queste del Saint Graal* ? À l'« idée d'une chevalerie au service de la religion » ou bien à celle d'une « religion de la chevalerie »[41] ? « Le texte se lit-il comme un ouvrage d'édification pieuse ou bien comme un roman de chevalerie ? », s'interroge à son tour M. Séguy[42]. De la même façon, quel statut accorder au *Chevalier de la charrette* ? Sans doute s'agit-il d'un roman de chevalerie, mais des travaux (isolés, il est vrai) ont pu lui prêter un statut allégorique, cherchant à dégager un sens caché sous « l'habillage romanesque ». Le roman constituerait une « allégorie du Salut » : « Lancelot y est le Sauveur engagé dans la quête salvatrice » de l'âme humaine, laquelle serait représentée par la reine Guenièvre[43]. La lyrique occitane n'échappe pas aux mêmes interrogations : si l'amour de loin chanté par Jaufré Rudel, selon Y. Lefèvre, « c'est l'idéal des croisés, c'est l'amour mystique qui doit les mener en Terre Sainte et, au-delà, vers Dieu et la vision béatifique »[44], il est justiciable d'autres interprétations, comme le montre P. Bec dans un article qui s'attache à recenser ces dernières[45].

À toutes ces questions, une entreprise *contextualisante* permet, dans une grande mesure, de répondre.

Charnel / spirituel

À la différence de l'ensemble des médiévistes, qui « placent le christianisme au centre de leurs préoccupations, non par choix, mais par nécessité », parce que sa présence et celle de l'Église « habite[nt] le Moyen Âge », les spécialistes de

40. Comme le mot de littérature, l'adjectif religieux et surtout le substantif religion, sont à la fois « inadéquats et irremplaçables ». On sait que la notion de religion, telle que nous la connaissons, émerge au XVIIIe siècle (voir A. Guerreau, « Fief, Féodalité. Féodalisme, Enjeux sociaux et réflexion historienne », *Annales ESC*, 1, 1990, p. 156).

41. J. Frappier, « Le Graal et la chevalerie », *Romania*, 75, 1954, p. 205.

42. M. Séguy, *Les Romans du Graal ou le signe imaginé*, Paris, Champion, 2001, p. 219.

43. J. Ribard, *Le* Chevalier de la charrette. *Essai d'interprétation symbolique*, Paris, Nizet, 1972, p. 171 et 173.

44. Y. Lefèvre, « L'*amors de terra lonhdana* dans les chansons de Jaufré Rudel », dans *id.*, *Mélanges de littérature médiévale*, Bordeaux, Bière, 1991 [1 ère publication de l'article, 1969], p. 184. Voir aussi, dans le même recueil, « Jaufré Rudel et son amour de loin », p. 195-214.

45. P. Bec, « "Amour de loin" et "dame jamais vue". Pour une lecture plurielle de la chanson VI de Jaufré Rudel », *Écrits sur les troubadours et la lyrique médiévale (1961-1991)*, Orléans, Paradigme, 1992, p. 265-282 [1 ère publication de l'article, 1989].

littérature cultivent souvent une forme radicale de décontextualisation : « l'objet de leur étude ne leur paraît digne d'intérêt que s'il échappe à l'imprégnation chrétienne. Ils n'ont de cesse qu'ils n'aient délimité une littérature "profane", échappant autant qu'il se peut à la contamination religieuse. [...] Elle seule, au fond, leur paraît mériter le nom de littérature »[46]. Or la « littérature » ne saurait exister indépendamment de la société qui l'a vue naître, elle en est une composante à part entière[47]. Dans le cas qui nous occupe, seule une approche attentive aux conditions socio-historiques permettra de construire (et non plus seulement d'observer) les rapports qui se nouent entre le discours courtois et ce qui a été présenté jusque-là comme un discours métaphorique. Trois données méritent, à cet égard, de retenir l'attention : il s'agit de l'amour qui, dans une société dominée par l'Église et par le système de représentations chrétien, constitue le nom du lien social[48] ; de la distinction des clercs et des laïcs, qui est « l'un des fondements de la société médiévale et de son idéologie »[49] ; de l'avènement, enfin, à côté du latin, d'une langue et d'une littérature vernaculaires.

Les conditions qui ont rendu possible ce dernier phénomène ont souvent été décrites[50]. La naissance des écrits en langue romane supposait que les clercs perçoivent la nécessité de traduire des textes religieux afin d'assurer l'efficacité de leur prédication[51]. L'apparition d'une littérature profane impliquait que l'aristocratie prenne conscience d'avoir ses propres valeurs, éventuellement différentes de celles des clercs, que le chevalier puisse devenir, à côté du saint, un autre modèle possible[52]. Un événement majeur a favorisé et accéléré ce processus. Il s'agit de la réforme grégorienne, amorcée à la fin du XIe siècle sous l'égide du pape Grégoire VII : entreprenant de se séparer du pouvoir temporel, de définir plus

46. M. Zink, *Poésie et conversion au Moyen Âge*, Paris, PUF, 2003, p. 1.

47. « Le roman, pas plus que le reste de la littérature et de l'art, n'est pas produit pour décrire la société et il ne la "reflète" pas, mais il en fait partie. » (J. Le Goff, préface à E. Köhler, *L'Aventure chevaleresque. Idéal et réalité dans le roman courtois*, Paris, Gallimard, 1970 [éd. origininale 1956], p. xiv).

48. Voir sur ce point A. Guerreau-Jalabert, « Formes et conceptions du don : problèmes historiques, problèmes méthodologiques », dans E. Magnani (dir.), *Don et sciences sociales. Théories et pratiques croisées*, Dijon, Éditions Universitaires de Dijon, 2007, p. 193-208 (en particulier p. 197-201).

49. J.-C. Schmitt, « Clercs et laïcs », *Dictionnaire raisonné de l'Occident médiéval*, p. 214.

50. Voir en particulier les travaux de M. Banniard, et notamment : *Le Haut Moyen Âge occidental*, Paris, PUF (Que sais-je ?), 1980 ; *Genèse culturelle de l'Europe (Ve-VIIIe siècles)*, Seuil (Points Histoire), 1989 ; « Genèse de la langue française », *Histoire de la France littéraire*, M. Prigent (dir.), t. 1, *Naissances, Renaissances (Moyen Âge-XVIe siècle)*, F. Lestringant et M. Zink (dir.), Paris, PUF, 2006, p. 9-35.

51. Voir M. Zink, *La Prédication en langue romane avant 1300*, Paris, Champion, 1982.

52. « Le poème en langue romane fut l'une des expressions maîtresses de la culture chevaleresque. En ces œuvres littéraires se découvrent plus clairement qu'ailleurs les traits singuliers de cette culture, fondée sur l'exaltation de l'amour profane, du désir masculin et du plaisir que donnent les femmes. » (G. Duby, « Le modèle courtois », *Histoire des femmes en Occident*, G. Duby et M. Perrot (dir.), t. 2, *Le Moyen Âge*, C. Klapisch-Zuber (dir.), Paris, Plon, 1991, p. 267)

nettement ses propres modes de fonctionnement et de mieux contrôler sa sphère d'influence, l'Église creuse les différences entre clercs et laïcs ou, mieux, ainsi que l'écrit P. Henriet, elle renforce « la délimitation des champs (laïque/ecclésiastique, profane/sacré, spirituel/charnel, etc.), fondée sur des bases anciennes, mais désormais plus systématiques, avec un passage du fonctionnel à l'essentiel »[53].

Ainsi, comme le souligne É. Andrieu avec une grande netteté, « les nouveaux textes, chansons et romans, font face au moment de leur émergence à une formation discursive qui a la mainmise sur les structures de représentation de l'ensemble de la société »[54]. Proposant de qualifier cette *formation discursive* d'*ecclésiastique,* l'auteur précise : « écrit en latin, dans des centres de diffusion qui ont acquis pleine autorité et légitimité sur la production des formes symboliques, le discours ecclésiastique domine toute la production écrite des XIe et XIIe siècle et c'est lui qui a plein pouvoir d'énoncer le christianisme »[55]. Il va de soi que les énoncés produits par ce discours englobant sont parfois très différents mais, comme l'a montré A. Guerreau-Jalabert, il est possible de repérer quelques-unes des constantes du discours clérical, parmi lesquelles « la relation antagoniste du charnel et du spirituel », qui constitue « comme la matrice à travers laquelle sont perçus et pensés, dans la société chrétienne médiévale, divers pans de la réalité matérielle, pratique et idéelle »[56].

À l'égard de ce discours prescriptif, qui place au niveau inférieur ceux des hommes qui pratiquent la sexualité au lieu de l'amour-*caritas* (impliquant, quant à lui, continence ou virginité), et à une époque où « l'aristocratie reconnaît la prééminence du principe spirituel comme fondement des relations sociales »[57], la littérature courtoise va déployer pour son propre compte trois formations discursives :

La première relève du renversement du charnel en spirituel. Elle correspond à la *fin'amor*, qui fait de la femme l'objet d'un service d'amour qui la « divinise »[58]. Ce modèle, largement représenté dans la lyrique occitane et dans la poésie des trouvères, triomphe, comme nous l'avons vu, dans le *Chevalier de la charrette*.

53. P. Henriet, « En quoi peut-on parler d'une spiritualité de la Réforme grégorienne ? », *Revue d'Histoire de l'Église de France*, 96, 236, 2010, p. 91. Voir aussi, dans le même numéro, G. Lobrichon, « Les réformateurs ont-ils inventé les laïcs ? (c. 1000-c. 1110) », p. 29-41.

54. É. Andrieu, « Le statut littéraire des premières chansons de geste : idéologie et utopie », conférence prononcée le 11 mars 2010 dans le cadre du séminaire de P. Marot, « Littérature et inscription des savoirs » (ELH-PLH, Université de Toulouse-Le Mirail). Nous remercions l'auteur d'avoir bien voulu nous communiquer le texte de son intervention.

55. *Ibid.*

56. A. Guerreau-Jalabert, « Le temps des créations (XIe-XIIIe siècle) », *Histoire culturelle de la France*, dir. J.-P. Rioux et J.-F. Sirinelli, t. 1, Paris, Seuil (Points Histoire), 2005 [1997], p. 236. Voir aussi J. Baschet, *La Civilisation médiévale*, Paris, Aubier, 2004.

57. A. Guerreau-Jalabert, « Parenté », *Dictionnaire raisonné de l'Occident médiéval*, p. 874.

58. Voir A. Guerreau-Jalabert, « Traitement narratif et signification sociale de l'amour courtois dans le *Lancelot* de Chrétien de Troyes », *Amour et chevalerie dans l'œuvre de Chrétien de Troyes, Actes du colloque de Troyes (27-29 mars 1992)*, dir. D. Quéruel, Besançon, Annales littéraires de l'Université de Besançon, 1995, p. 247-259.

La seconde, qui se développe dans deux autres romans de Chrétien de Troyes (*Erec et Enide*, *Yvain ou le Chevalier au lion*), repose sur l'invention du *mariage courtois*. Visant à surmonter le caractère aporétique de la *fin'amor* (comme impasse du désir pour des chevaliers dont la fonction consiste, en tant que laïcs, à se perpétuer dans la génération), elle cherche à équilibrer charnel et spirituel en faisant de l'épouse (ou dame) une amie. Tel est le sens, en particulier, d'*Erec et Enide*, qui s'attache à spiritualiser le mariage (charnel et seigneurial) par la *fin'amor* (chevaleresque et spirituelle). L'épisode final dit de la *Joie de la cour* consacre, sur le mode lyrico-narratif, l'équilibre ainsi atteint.

En promouvant la figure du chevalier célestiel, les *Hauts Livres* du Graal font appel à un troisième ressort, celui de la surenchère[59]. À l'image de Galaad, de Perceval ou de Bohort, les chevaliers spirituels sont sans doute plus spirituels que les chevaliers *terriens* qui forment la cour d'Arthur mais ils sont aussi plus spirituels que la plupart des clercs en ce qu'ils accèdent à la vision des saints mystères. Invité à porter ses yeux au fond du Graal, Galaad voit « tot apertement ce que langue ne porroit descrire ne cuer penser », il contemple « les merveilles de totes autres merveilles »[60], c'est-à-dire l'origine des hautes entreprises et la source des prouesses chevaleresques : « la començaille des granz hardemenz et l'achoison des grans proeces ».

Le discours courtois se présente ainsi comme un discours spirituel décléricalisé. Il est spirituel dans la mesure où, portant la contestation sur le terrain de l'amour-*caritas*, il vise à spiritualiser l'édifice charnel auquel les laïcs sont assimilés. Il est décléricalisé parce qu'il emprunte, transforme et détourne les termes, les motifs et les thèmes du discours clérical afin de leur faire servir une tout autre fin, à savoir une définition spirituelle de la chevalerie.

Il est probable que si un transfert a pu avoir lieu au XIIIe siècle, de la littérature courtoise vers une littérature mystique nouvelle, c'est parce que la courtoisie avait auparavant capté le discours clérical afin de bâtir une telle définition de la chevalerie. En d'autres termes, dans un univers où l'amour est le nom qu'il convient de donner aux modes de relations socio-historiques, le *spiritualisé* devient *spiritualisant* dans la mesure où, une fois que le discours courtois a gagné en autonomie, il peut contribuer à la naissance d'un autre langage, d'un langage mystique lui-même profondément décléricalisé[61].

59. Voir A. Guerreau-Jalabert, « Le graal, le Christ et la chevalerie », *Pratiques de l'eucharistie dans les Églises d'Orient et d'Occident (Antiquité et Moyen Âge)*, N. Bériou *et al.* (dir.), Paris, Institut d'Études Augustiniennes, 2009, t. 2, p. 1068-1069.

60. *La Queste del Saint Graal*, p. 278, l. 4 *sq.* Galaad voit [distinctement ce que l'esprit ne peut concevoir ni la langue décrire], trad. E. Baumgartner, Paris, Champion, 1983.

61. M. de Certeau, *La Fable mystique (XVIe-XVIIe siècle)*, Paris, Gallimard (Tel), 1982, p. 24 : « Depuis le XIIIe siècle, c'est-à-dire depuis que la théologie s'est professionnalisée, les spirituels et les mystiques relèvent le défi de la parole. Ils sont par là déportés du côté de la "fable". Ils se solidarisent avec toutes les langues qui parlent encore, marquées dans leur discours par l'assimilation à l'enfant, à la femme, aux illettrés, à la folie, aux anges ou au corps. »

II. Discours courtois et écriture mystique

Nombre d'études ont déjà repéré, ponctuellement ou de manière plus suivie, les traces de ce que M. Huot de Longchamp nomme une « composante courtoise »[62]. Les lignes qui suivent emprunteront à leur tour cette voie et s'efforceront de présenter une synthèse, sans prétendre pour autant à une impossible exhaustivité. Si, comme l'écrit J. Dagens, « les rapports entre Dieu et l'âme sont, dans notre livre comme dans les poèmes de Hadewijch, des rapports de courtoisie »[63], il ne saurait être question de se borner à la mise au jour d'un « corps étranger », d'un élément allogène qui resterait peu ou prou en lisière. L'élaboration d'une écriture nouvelle, au creuset de ce que B. Newman nomme pour sa part une *mystique courtoise*[64], impose de modifier l'appréhension traditionnelle du lien intertextuel, tant il est vrai que la réponse qu'un discours apporte à un autre discours « peut créer des effets de sens *nouveaux* et radicalement *différents* », selon une formule déjà citée[65].

La « composante courtoise »

L'inventaire qui suit repose sur la distinction de quatre plans d'analyse (les mots, les thèmes, les formes, les œuvres).

1. Au plan lexical[66], il convient peut-être d'abord de relever la présence du mot *courtoisie*, forgé à partir de *cour*[67]. Bien représenté dans l'ensemble de l'œuvre[68], ce terme est rattaché, dans le prologue, à la figure d'Alexandre :

> Si advint que celle damoisele oit parler de la grant courtoisie et noblece du roi Alixandre, et tantost sa volenté l'ama, pour la grant renommee de sa gentillesse. [...] Je oÿ parler d'un roy de grant puissance, qui estoit par courtoisie et par tres grant courtoisie de noblece et largesse ung noble Alixandre. (1, 18 *sq.*)

62. M. Huot de Longchamp édit. et trad., Marguerite Porete, *Le Miroir des âmes simples et anéanties*, Paris, Albin Michel, 1984, p. 23.

63. J. Dagens, « Le Miroir des simples âmes et Marguerite de Navarre », dans *id.* (dir.), *La Mystique rhénane. Actes du colloque de Strasbourg (16-19 mai 1961)*, Paris, PUF, 1963, p. 281.

64. B. Newman, « La mystique courtoise : Thirteenth-Century Beguines and the Art of Love », dans *Ead.*, *From Virile Woman to Woman Christ. Studies in Medieval Religion and Literature*, Philadelphia, U. of Pennsylvania Press, 1995, p. 137-167.

65. Voir la fin de notre introduction générale.

66. Les remarques concernant ce plan reprennent les éléments d'une étude publiée dans les *Cahiers de Recherches Médiévales et Humanistes*, 23, 2012, sous le titre « Marguerite Porete et la confrontation des discours : le prologue du *Mirouer des Simples Ames* », p. 273-289.

67. La première attestation de courtoisie figure dans le *Roman de Thèbes* (1152). Sur l'histoire et le sens de ce terme, voir M.-N. Toury, « Courtoisie », *Dictionnaire du Moyen Âge*, dir. C. Gauvard, A. de Libera, M. Zink, Paris, PUF, 2002. Le terme de cour figure à six reprises dans le *Mirouer*, où il peut renvoyer aussi à « la court du ciel » (131). Les données statistiques relatives à *cour*, *courtois*, *courtoisie* sont empruntées à un mémoire de Master 2 réalisé, sous notre direction, par C. Antoine (Université Bordeaux 3, 2010).

68. Sachant que Courtoisie est également l'une des instances allégoriques qui mènent le dialogue, il est possible de relever près de 35 occurrences du mot dans l'ensemble de l'œuvre.

L'entourage du mot (*noblece*, *gentillesse*, *largesse*) mérite de retenir l'intérêt ne serait-ce que parce que le fait de discours observable ici permet de renvoyer à un fait de langue souvent repéré : *courtoisie* est un terme autour duquel « gravite » un « important champ lexical ». C. Roussel fait observer qu'une telle constellation « s'avère remarquablement stable pendant tout le Moyen Âge », relevant parmi les mots qui la composent : « *Gentillesse* (noblesse), *prouesse*, *chevalerie*, *hardement* (courage), *largesse*, *loyauté*, *droiture*, *mesure*, *humilité*, *sagesse*, *nourriture* (éducation) » [69].

La courtoisie désigne ainsi un « traditionnel faisceau de valeurs caractéristiques d'une certaine idéologie commune à la plupart des romans du XIIe siècle » [70]. Il peut être tentant de chercher à construire des relations hiérarchiques entre ces valeurs, en se montrant attentif aux colocations, soit pour tenter de faire de *courtoisie* un hyperonyme, comme semble le suggérer l'expression citée plus haut (« par tres grant courtoisie de noblece et largesse », 1, 36-37), soit pour explorer d'autres liens sémantiques, à la faveur de tours tels que « la pure courtoysie de sa divine noblesse » (19, 33) ou « la noblesse de la courtoysie de mon espoux » (36, 4-5). Selon M. Stanesco, une telle entreprise est vouée à l'échec :

> Chaque mot-clé est non seulement polysémique, mais il possède une *aura* qui déborde sur celle des autres. La courtoisie se définit par une constellation de sens multiples. Les mots ont une surdétermination émotive et une charge incantatoire. Ils refusent de livrer leur sens par des approches strictement analytiques. Rien de systématique par conséquent à découvrir dans la courtoisie, à la différence de la pensée du clerc, qui a une passion pour le système et l'abstraction [71].

Au sein d'un tel complexe, l'amour constitue un véritable centre de perspective, ce dont témoignent les nombreuses occurrences de *amour*, *amer* et *ami*. L'emploi de ce dernier terme, qui figure dans le prologue (« aucune figure de son amy »), bientôt relayé par la référence au « palais ouquel les très nobles amis de ce seigneur demourent » (1, 27 *sq.*), suffirait à révéler la présence de la « composante courtoise », de même que l'apostrophe figurant dans le chant de l'Âme : « Amis de gentil nature, / Vous estes moult a louer : / Large, courtoys sans mesure… » (122, 53-55). On se souvient, en effet, que « la spécificité du mouvement courtois réside dans cette association étroite d'un code de savoir-vivre

69. C. Roussel, « Courtoisie », *Dictionnaire raisonné de la politesse et du savoir-vivre du Moyen Âge à nos jours*, dir. A. Montandon, Paris, Seuil, 1995, p. 176. Aux occurrences relevées dans le contexte immédiat de *courtoisie*, il faut ajouter les termes *noble* et *noblesse*, véritables leitmotive de l'œuvre, ainsi que les termes qui renvoient aux *realia* « courtoises » : *roi*, *seigneur*, etc. Sur ces mots, voir G. M. Cropp, *Le Vocabulaire courtois des troubadours de l'époque classique*, Genève, Droz, 1975.

70. J. Frappier, « Vues sur les conceptions courtoises dans les littératures d'oc et d'oïl au XIIe siècle », *Cahiers de Civilisation Médiévale*, 2, 1959, p. 135-136 [article repris dans Amour courtois et Table Ronde, Droz, 1973].

71. M. Stanesco, « Courtoisie et société de cour au Moyen Âge », *Histoire de la France littéraire*, t. 1, Paris, PUF, 2006, p. 638.

et d'un art d'aimer »[72]. Si la distinction, proposée par J. Frappier, entre une courtoisie entendue *lato sensu* comme art de vivre et d'une courtoisie *stricto sensu* (art d'aimer) présente un indéniable intérêt pédagogique, il faut insister, avec les auteurs du XIIe siècle, sur le caractère organique de ce lien : « la courtoisie consiste à aimer », écrit Marcabru, tandis que Bernard de Ventadour établit une relation entre l'homme le plus courtois et celui qui connaît le mieux l'amour. Chrétien de Troyes paraît renchérir en expliquant que tout ce qu'un amant fait pour son amie est *corteisie* :

> Einz est amors et corteisie
> quan qu'an puet feire por s'amie. (*Le Chevalier de la charrette*, v. 4359-4360)
>
> Tout ce qu'on fait pour son amie n'est rien qu'amour et courtoisie.

Si Chrétien coordonne ainsi *amor* et *courtoisie*, il faut rappeler à nouveau que l'association du substantif *amor* et de l'adjectif *corteis* est rarissime, le Moyen Âge lui préférant *vraie amor*, *bone amor* et surtout *fine amor*. Marguerite Porete, dès le prologue du *Mirouer*, célèbre à son tour « la pure amour, la noble amour, la haulte amour de l'Ame Enfranchie » (1, 3-4). Au même titre que *Courtoisie*, *Fine Amour* est l'une des instances allégoriques de l'œuvre. Surtout, elle favorise la course de l'Âme : si celle-ci « vole hault et tres hault, mais encore plus hault que nulz aultres oyseaux », c'est qu'elle est « empennee de Fine Amour » (22, 5-6).

2. Parmi les nombreux thèmes ou *mises en scènes*[73] relevant du discours courtois, il est permis d'en distinguer quatre : l'âme noble, l'amour de loin, le service d'amour et la quête.

Au chapitre 82, par référence à l'héraldique[74], sont présentés les quatre quartiers de noblesse dont dispose l'Âme, désormais affranchie : l'absence de remords et de regrets, l'absence d'amour-propre et de volonté personnelle, la prise de conscience de son néant, la connaissance de la bonté divine et l'acceptation de Sa Volonté. Ce type d'allusion n'est pas isolé tant le *Mirouer* multiplie les références à la vie aristocratique : les vocables *noble* et *noblesse*, on l'a vu, sont très souvent employés comme synonymes de *courtois* et de *courtoisie*, l'ensemble de ces termes entrant dans un rapport d'antonymie fondamental avec *vilain* et *vilenie*. Il s'agit là d'une opposition essentielle, qui apparaît déjà chez Guillaume IX, et qui déborde le simple cadre du vocabulaire. S'il est vrai que « toute civilisation est fondée sur des oppositions d'ordre juridique, moral, esthétique, entre le sacré et le profane, le licite et l'illicite, le bon et le mauvais, le beau et le laid », celle qui

72. C. Roussel, « Courtoisie », art. cit., p. 193.

73. Nous empruntons cette expression à M. Huot de Longchamp, *op. cit.*, p. 23, afin de mieux insister sur la manière dont les mots qui forment le langage courtois s'actualisent en certain nombre de schèmes structurants à caractère figuratif ou représentatif.

74. Une autre allusion à l'héraldique figure au chap. 53. Voir sur ce point la note de M. Huot de Longchamp, *op. cit.*, p. 253.

correspondrait à la société dite courtoise repose sur le couple *courtois/vilain*[75], lequel s'articule sur un double plan, social et moral : l'homme courtois est forcément de condition sociale noble[76]. Cependant, il existe des nobles vilains et des vilains nobles[77]. La polarité ne se réduit donc pas à l'aspect social. L'un des thèmes récurrents du discours courtois est justement la distinction entre noblesse de naissance et noblesse de vertu, la valeur figurée ou morale permettant à Marguerite Porete d'opposer les *marris*, c'est-à-dire les manants, appelés aussi *moutons* ou *ânes*, et l'âme noble[78]. Le *Mirouer* insiste sur ce qui sépare l'âme affranchie de l'âme serve, mendiante ou marchande, il montre « comment l'âme appelle vilains ceulx a qui il souffist estre sauvez »[79], à telle enseigne que l'antithèse *vilain/courtois* revêt un rôle structurant dans le déploiement de l'itinéraire mystique[80].

Une seconde mise en scène repose sur l'amour de loin, thème dont les pages qui précèdent ont déjà souligné l'origine troubadouresque. Ne limitant pas ses effets au prologue, « l'amour loigntaine, [...] si prouchaine ou dedans, [...] si loing dehors » (1, 25) accompagne et soutient le déploiement de l'itinéraire mystique. Comme l'a montré P. Bec, l'éloignement spatial est seulement une modalité : « la *fin'amor* est par définition un *amor de lonh* : la distance géographique [...] n'étant qu'un des aspects de la transcendance fondamentale (sociale, psychologique, voire sexuelle) qui valorise la dame »[81]. En d'autres termes, quelles que soient les lectures socio-historiques ou psycho-poétiques auxquelles a pu donner lieu la dialectique rudélienne du *çai* et du *lai*, c'est à partir de ce que L. Spitzer nomme le « paradoxe amoureux », fondé sur la tension « posséder/ne pas posséder,

75. M. Stanesco, « Courtoisie et société de cour au Moyen Âge », art. cit., p. 638.

76. Faut-il rappeler que le thème de l'homme noble n'irrigue pas seulement la culture chevaleresque ? S'enracinant notamment dans un verset de l'évangile de Luc (« Un homme noble s'en fut en un pays lointain pour s'y gagner un royaume et revenir ensuite », Lc 19, 12), il connaît, au cours des siècles, un important développement théologique. Il constituera l'un des centres de perspective majeurs de la pensée eckhartienne.

77. Voir les exemples que donne C. Roussel, « Courtoisie », art. cit., p. 177-178.

78. « Cette distinction fondamentale entre l'âme noble et la vilaine n'a rien à voir avec une quelconque hiérarchie sociale ou ecclésiastique. Les "vilains de cœur", les "petits esprits", les ânes ou les moutons sont pour Marguerite aussi bien les clercs de l'Université qui la condamnèrent que ceux des Ordres réguliers qui l'interprétèrent de travers et mêmes les béguines qui ne surent la comprendre [*cf.* chap. 122] » (E. Zum Brunn, « Introduction », dans Marguerite Porete, *Le Miroir des simples âmes anéanties*, trad. C. Louis-Combet, Grenoble, Millon, 1991, p. 16)

79. Tel est le titre du chap. 63.

80. « Cette distinction d'origine féodale symbolise les deux étapes ou catégories principales de la vie spirituelle – classiquement subdivisée en sept états de grâce. Les quatre premiers états – qui correspondent à la première catégorie – n'intéressent plus guère Marguerite, sauf pour exhorter ceux qui se trouvent en pays étranger à s'en arracher. Dans la seconde se trouvent les bienheureux anéantis, libres et simples – qu'ils vivent dans le cinquième état d'aveugle vie anéantie ou que, grâce à l'éclair, ils aient accès à la vie anéantie illuminée, anticipant en quelque sorte, autant que possible ici-bas, sur le septième état, celui de la fruition divine après la mort du corps. » (E. Zum Brunn, *op. cit.*, p. 15-16)

81. P. Bec (dir.) *Anthologie des troubadours*, Paris, UGE (10/18) 1979, p. 86.

voir/ne pas voir, voisin/lointain »[82] que se comprend l'amour de loin. Il y a là « une certaine façon d'envisager le désir et le plaisir » commune aux théologiens de la *caritas*[83], d'une part, aux troubadours et aux trouvères, de l'autre : l'absence « n'est nullement conçue comme inexistence mais bien plutôt comme lancinante distance, comme séparation éprouvante, par rapport à un être qui est le plus intensément désiré qu'il se peut : Dieu, d'une part ; la femme, d'autre part »[84].

Les thèmes du service d'amour et de la quête peuvent être étudiés conjointement dans la mesure où le second consiste, dans une certaine mesure, en une *spatialisation* du premier. Dans la tradition courtoise, l'expression du service d'amour se calque non seulement sur le service divin mais encore sur le service féodal, à telle enseigne que les spécialistes évoquent, à cet égard, l'existence d'un *vasselage amoureux*. Ainsi, dans le *Mirouer*, l'Ame noble accepte toutes les épreuves que Dieu lui impose sous la figure de Dame Amour, de même que le chevalier, dans la littérature courtoise, accepte toutes celles imposées par sa dame. Défini par Hugues de Saint-Victor, comme « la jouissance que prend le cœur de quelqu'un à quelque objet pour quelque motif », l'amour est « désir en l'appétit, joie en la fruition – désir, il court ; joie, il se repose »[85]. Une telle définition convient aussi bien à l'amour courtois qu'à l'amour mystique. Tout dépend de l'objet visé, Dieu dans un cas, un être du monde dans l'autre. L'amour est quête de joie dans la lyrique[86] et dans le roman[87] aussi bien que dans le *Mirouer des Simples Ames* : si dans le *Chevalier de la charrette*, la joie d'amour que connaît l'amant doit rester indicible[88], la quête dont Marguerite Porete emprunte le schème narratif

82. L. Spitzer, « L'amour lointain de Jaufré Rudel et le sens de la poésie des troubadours », dans *id.*, *Études de style*, Paris, Gallimard (Tel), 1970 [1959], p. 81-133.

83. Voir à cet égard le thème platonicien, puis plotinien et augustinien, de la *regio dissimilitudinis*. Au XIIe siècle, Bernard de Clairvaux lui donnera un lustre particulier, en distinguant cinq régions de l'âme (le paradis, l'enfer, le purgatoire, le monastère), la région de la dissemblance renvoyant à notre condition d'exilés. « Entre, va dans la région de la dissemblance, je veux dire ce monde », écrit Nicolas de Clairvaux (*Sermo de s. Nicoleo Myrensi*, *PL*, t. 184, col. 1057a.).

84. C. Baladier, *Éros au Moyen Âge*, p. 9.

85. *De Substantia dilectionis*, II, dans Hugues de Saint-Victor, *Six opuscules spirituels*, éd. et trad. R. Baron, Paris, Cerf (Sources chrétiennes), 1969.

86. « A la joi appartient d'amer mout finement ! » (Bondel de Nesle, « Ma joie me semont », éd. Wiese, 18, cité par R. Javelet, « L'amour spirituel face à l'amour courtois », dans M. de Gandillac et É. Jeauneau (dir.), *Entretiens sur la renaissance du XIIe siècle*, Paris, Mouton, 1968, p. 313). Sur le motif troubadouresque du *joi*, voir l'étude classique de C. Camproux, *Joy d'amor (Jeu et joie d'amour)*, Montpellier, Causse et Castelnau, 1965.

87. Dans le domaine littéraire, en marge de la joie d'amour, d'origine lyrique, il faut signaler le thème de la joie de la cour (particulièrement représenté dans *Érec et Énide*) ainsi que la joie suscitée par le Graal. De manière plus générale, voir J.-L. Chrétien, *La Joie spacieuse. Essai sur la dilatation*, Paris, Minuit, 2007.

88. Chrétien se refuse à exprimer l'incomparable joie d'amour éprouvée par les amants (« toz jorz iert par moi teüe, / qu'an conte ne doit estre dite »), ajoutant même : « Des joies fu la plus eslite / et la plus delitable cele / que li contes nos test et cele. » (*Le Chevalier de la charrette*, v. 4680-84)

au discours courtois[89] s'accomplit dans l'évocation de l'Âme nageant « en la mer de joye », selon une image traditionnelle visant à exprimer l'union mystique :

> Telle Ame, dit Amour, nage en la mer de joye, c'est en la mer de delices fluans et decourans de la Divinité, et si ne sent nulle joye, car elle mesmes est joye, et si nage et flue en joye, sans sentir nulle joye, car elle demoure en Joye, et Joye demoure en elle ; c'est elle mesmes joye par la vertuz de Joye, qui l'a muee en luy. (*Mirouer*, 28, 1-7)

3. Au plan formel, deux faits doivent être signalés. L'un relève du procédé allégorique, qui devient prépondérant dans la littérature de langue vernaculaire à partir du *Roman de la Rose*, même si la personnification est en vogue dès la fin du XIIe siècle chez Raoul de Houdan, Huon de Merri ou Chrétien de Troyes[90]. L'autre ressortit à l'écriture proprement lyrique et plus précisément de ce que P. Dronke, a nommé, d'une heureuse formule, le *continuum lyrique*. Laissant de côté le premier procédé, très souvent étudié, surtout dans le rapport qu'il entretient avec le *Roman de la Rose*[91], nous nous intéresserons au second, plus étroitement lié à la définition même de la courtoisie[92].

Par *continuum lyrique*, phénomène qu'il rencontre aussi bien chez Marguerite Porete que dans la *Lumière ruisselante de la Déité* de Mechthilde de Magdebourg, P. Dronke entend la manière dont « l'écriture passe de la prose rythmée [...] à des passages rimés plus soutenus et jusqu'à des formes entièrement poétiques »[93]. Le *continuum* ainsi désigné revêt trois aspects distincts. Il se présente d'abord sous la forme d'une prose à caractère « poétique » dont la perception est liée à la présence de rythmes et d'homéoteleutes, à l'emploi fréquent de l'*anominatio*[94],

89. S'agissant du thème de la quête, nombre de références pourraient être sollicitées. À côté des modèles représentés par le roman chevaleresque (voir plus haut les analyses relatives au *Chevalier de la charrette* et aux romans du Graal), il serait évidemment possible de renvoyer au roman courtois allégorique. Voir en particulier, à cet égard, M. Bertho, qui se propose de montrer comment « le Miroir emprunte au *Roman de la Rose* la trame narrative de la *Queste* » (*Le* Miroir des âmes simples et anéanties *de Marguerite Porete. Une vie blessée d'amour*, Paris, Larousse, 1993, p. 50-52).

90. Voir notamment, dans le *Chevalier de la charrette*, l'épisode, commenté plus haut, de la joute qui oppose Amour et Raison.

91. Sur ce point, voir, parmi d'autres travaux, C.M. Müller, *Marguerite Porete et Marguerite d'Oingt de l'autre côté du miroir*, Peter Lang, 1999 ; S. Kocher, *Allegories of Love in Marguerite Porete's* Mirror of Simple Souls, Turnhout, Brepols, 2008.

92. La courtoisie ne consiste pas seulement en un art de vivre ou en un art d'aimer. Être courtois suppose aussi de s'adonner à la poésie. Dans le *Mirouer*, l'Âme donne la précision suivante : « Amour m'a fait par noblece / Ces vers de chançon trover » (122, 35-36).

93. P. Dronke, *Women Writers in the Middle Ages. A Critical Study of Texts from Perpetua († 203) to Marguerite Porete († 1310)*, Cambridge, CUP, 1984, p. 218. Voir aussi, du même auteur, « Lyrical Poetry in the Work of Marguerite Porete », dans W. Cummins *et al.* (éd.), *Literary and Historical Perspectives of the Middle Ages, Proceedings of the 1981 SEMA Meeting*, Morgantown, West Virginia UP, 1982, p. 1-19.

94. M. Huot de Longchamp n'hésite pas à évoquer de « véritables jongleries verbales » (*op. cit.*, p. 241).

procédés auxquels il faut ajouter la multiplication des anaphores [95] ou encore la constitution de listes [96]. La seconde composante du *continuum* lyrique, plus aisée à circonscrire, se confond avec six ensembles en vers libres (ou non réguliers), inégalement répartis au cours de l'ouvrage. Comme en écho au poème régulier qui ouvre le livre et qui lui sert de préface, c'est sur une très forte composante lyrique que se clôt la première partie du *Mirouer* puisque ses trois derniers chapitres (120, 121, 122) sont formés presque uniquement de pièces poétiques : trois chants de louange adressées à l'Âme anéantie par Vérité (120), Sainte-Église et Sainte-Trinité (121), puis la chanson de l'Âme (122), composée de onze parties toutes différentes d'un point de vue métrique. Dans le reste de l'œuvre, les pièces en vers sont rares : elles apparaissent dans quatre chapitres distincts de la première partie de l'ouvrage (6 [97], 86, 88, 97) et en une seule occasion au cours de la seconde (132). Il faut enfin relever la présence de quelques poèmes entièrement réguliers, particularité qu'on ne rencontre pas chez Mechtilde de Magdebourg. Outre celui qui sert de préface à l'ouvrage et qui n'est probablement pas de la main de Marguerite, un rondeau (122, 27-34) et un douzain d'heptamètres (122, 53-64) figurent dans le long chant de l'Âme.

Aux bornes de ce *continuum*, s'inscrivent deux autres « formes » qui, d'une certaine manière, l'encadrent et l'englobent : d'un côté, la prose didactique, sur laquelle repose la trame de ce « traité de mystique spéculative relatant une expérience personnelle sous une forme dialoguée » [98] ; de l'autre, l'indicible divin, qui échappe au langage discursif mais dont le chant, sous certaines conditions, peut offrir comme un substitut – même si, par définition, « le langage de telle vie de divine vie est close silence de l'amour divine » (94, 1-2). Une fois parvenue à « l'escole divine » (122, 25), l'Âme fait appel au poème le plus musical du *Mirouer* comme s'il s'agissait ainsi de marquer une limite. Au seuil de l'ineffable, le rondeau semble clore le langage humain sur lui-même :

> Penser plus ne m'y vault,
> Ne œuvre, ne loquence.
> Amour me trait si hault,
> (Penser plus ne m'y vault)

95. Voir, par exemple, le chap. 4.

96. Voir l'énumération des 12 noms que l'Âme reçoit d'amour (10, 5 *sq.*). Sur un tel procédé, voir M. Jeay, *Le Commerce des mots. L'usage des listes dans la littérature médiévale (XIIe-XVe siècles)*, Genève, Droz, 2006.

97. Au chapitre 6, le Congé des vertus doit être mis en relation avec une tradition poétique bien représentée au XIIIe siècle. Outre les noms de Jean Bodel, de Baude Fastoul et d'Adam de la Halle, il faut mentionner celui de Conon de Béthune, qui a pu être cité par la critique à propos de ce congé.

98. G. Hasenohr, « Marguerite Porete », dans G. Hasenohr et M. Zink (dir.), *Dictionnaire des Lettres françaises. Le Moyen Âge*, Paris, Fayard, 1992.

De ses divins regars,
Que je n'ay nulle entente.
Penser plus ne m'y vault,
Ne œuvre ne loquence. (122, 27 *sq.*)

Le choix d'une telle forme, fondée sur la perfection du cercle[99], ne doit évidemment rien au hasard au moment où le *Mirouer* atteint son acmé[100]. Il fait apercevoir la correspondance que l'écriture établit entre l'évolution de la parole au chant et l'abandon de la grossièreté des disciples de Raison pour la douceur du pays d'Amour. Grâce au *continuum* lyrique, la poétique de l'anéantissement[101] dessine un itinéraire, qui conduit de Raison à Amour, de la parole au chant, de la pluralité des voix à l'unité de la voix d'amour : celle que l'Âme devenue simple – simplifiée – fait parler en elle. Un tel *continuum* poétique, qui déjoue les classifications traditionnelles[102], offre également le mérite de faire résonner simultanément langage humain et langage divin, en relation avec un projet qui, selon le prologue du *Mirouer*, invite à comprendre la « divine amour » grâce à « l'amour du monde ».

4. Si l'on s'intéresse à présent aux œuvres elles-mêmes, force est de reconnaître que les références possibles sont innombrables. Au cours du siècle et demi qui précède la composition du *Mirouer des Simples Ames*, une production littéraire considérable s'est accumulée sur les deux versants – lyrique et romanesque – du discours courtois. À cela s'ajoute le caractère topique d'une littérature à laquelle « on ne demandait pas alors, comme aux poètes romantiques, d'exprimer les sentiments *dictés par la nature*, mais d'user des *lieux* qui en fournissent le style et le sens ; aussi les trouvères ne se lasseront-ils guère de reprendre les mêmes

99. Voir la célèbre définition donnée par Guillaume de Machaut : « Ma fin est mon commencement / Et mon commencement ma fin » (*Poésies lyriques de Guillaume de Machaut*, éd. V. Chichmaref, Paris, Champion, 1907, II, p. 575).

100. « Par sa forme circulaire, le rondeau devient symbole de ce noyau où le regard de l'âme rencontre les "divins regars", ce que le dernier chapitre du Mirouer définit par le recouvrement de la simplicité. Il s'agit d'un nouveau cercle de liberté qui remplace le "servage" de la "prison" du raisonnement où l'Âme était "enclose". Par sa perfection formelle (sa simplicité et sa circularité), le rondeau renvoie également à la perfection divine, à la noblesse de l'union qui a eu lieu à l'école divine, là où le Saint-Esprit écrit sa leçon sur le parchemin de l'Âme. C'est donc au cœur de la "jointure" avec la divinité que se fait la jointure du texte. » (C.M. Müller, *Marguerite Porete et Marguerite d'Oingt de l'autre côté du miroir*, p. 150)

101. Sur ce point, voir notre article, « *Continuum* lyrique et révélation dans le *Miroir des âmes simples et anéanties* de Marguerite Porete », *Littérales*, 41, 2007 (= *Littérature et révélation au Moyen Âge, II. Écrire en vers, écrire en prose : une poétique de la révélation*, dir. C. Croizy-Naquet), p. 119-133, auquel nous avons emprunté une partie des remarques qui précèdent. Sur l'importance de cette notion dans l'œuvre de Marguerite Porete à l'époque où la langue latine vient d'inventer le terme d'*adnichilatio*, voir S. Piron, « Adnichilatio », *Mots médiévaux offerts à Ruedi Imbach*, I. Atucha *et al.* (dir.), Porto, FIDEM, 2011, p. 23-31 (en partic. p. 29-31).

102. Voir P. Dronke, *Verse with Prose From Petronius to Dante. The Art and Scope of the Mixed Form*, Cambridge Mass., Harvard University Press, 1994.

topiques»[103]. Pour cette double raison, il est difficile, voire impossible, de convoquer l'ensemble des références susceptibles d'être concernées, *a fortiori* de fixer un lien univoque. C'est le cas tout particulièrement du domaine lyrique[104].

Cela ne signifie pas pour autant que la tradition romanesque ait été moins sollicitée. Dans l'œuvre de Marguerite Porete, les chercheurs ont relevé quantité de traits discursifs permettant d'évoquer une véritable «*mise en roman* de son expérience»[105]. Parmi les nombreuses œuvres citées, deux ouvrages se détachent nettement, le *Roman d'Alexandre* et le *Roman de la Rose*, sans doute parce qu'ils occupent, l'un et l'autre, une position clé dans la structure de l'œuvre : «el primero le usará como punto de partida de su obra, del segundo tomará, entre otras cosas, la configuración de sus protagonistas como personificaciones alegóricas»[106]. Au seuil du *Mirouer*, la référence au *Roman d'Alexandre*, composé vers 1180 par Alexandre de Paris (ou de Bernay), permet d'amorcer l'élaboration de la figure du *Loingprés*, si décisive dans l'économie de l'ouvrage[107]. Une précision donnée par le prologue permet en l'occurrence – une fois n'est pas coutume – d'établir un lien indiscutable, malgré l'immense littérature que le Moyen Âge a consacrée à la figure Alexandre. Il s'agit de la référence au désir exprimé par la demoiselle amoureuse de faire «paindre ung ymage qui representoit la semblance du roy, qu'elle amoit, *au plus pres qu'elle peut de la presentacion* dont elle l'amoit» (1, 29-31), laquelle renvoie, dans le *Roman d'Alexandre*, à l'épisode de la reine Candace[108]. Une fois le seuil de l'œuvre franchi, le lecteur entre dans le domaine de la *senefiance* où interviennent les figures allégoriques. Ainsi que l'ont rappelé les pages qui précèdent, le *Roman de la Rose* devient alors la référence majeure[109].

103. R. Dragonetti, *La technique poétique des trouvères*, p. 169. Voir aussi P. Zumthor, *Essai de poétique médiévale*, Paris, Seuil, 1972.

104. B. Newman, «The *Mirror* and the *Rose*: Marguerite Porete's Encounter with the Dieu d'amours», dans R. Blumenfeld-Kosinski *et al.* (dir.), *The Vernacular Spirit. Essays on Medieval Religious Literature*, New York, Palgrave, 2002, p. 105 : «In the case of lyric, the répertoire of thèmes, tropes, and even rhyme schème was so universally shared by poets within the tradition that it would be nearly impossible to prove a mystic's literary debt to one trouvère or minnesinger rather than another.»

105. M. Bertho, *Le Miroir des âmes simples*, p. 47. Voir les exemples donnés précédemment.

106. B. Garí, «Filosofía en vulgar y mistagogía en el *Miroir* de Margarita Porete», dans N. Bray et L. Sturlese (dir.), *Filosofia in volgare nel Medioevo. Atti del Convegno della Società italiana per lo studio del pensiero medievale* (Lecce, 27-29 settembre 2002), Louvain-la-Neuve, FIDEM, 2003, p. 138, qui précise : «Ambos son fundamentales en la construcción a lo largo de todo el Espejo del juego entre cercanía y distancia como nudo de la relación amorosa traducida aquí en amor místico».

107. Voir notre article, «La figure du Loingprés dans le *Mirouer des Simples Ames* de Marguerite Porete», *La Personnification du Moyen Âge au XVIIIe siècle*, Actes du colloque de l'université de Paris Ouest Nanterre La Défense (4-5 novembre 2010), dir. M. Demaules, à paraître dans *Littérales*.

108. Alexandre de Paris, *Le Roman d'Alexandre*, trad. L. Harf, éd. E. C. Amstrong *et al.*, Paris, Le Livre de Poche (Lettres gothiques), 1994, livre III, laisses 245-247. La reine Candace, amoureuse du héros, fait exécuter par Apelle un portrait aussi fidèle que possible, qui lui permettra de reconnaître immanquablement le roi macédonien lorsqu'il se présentera, pourtant déguisé, devant elle.

109. Voir aussi A. Strubel, *Le Roman de la Rose*, Paris, PUF, 1984 et *id.*, «*Grant senefiance a*». *Allégorie et littérature au Moyen Âge*, Champion, 2002.

En dépit des limites que rencontre la démarche intertextuelle quand elle vise des œuvres précises, la recherche mérite d'être poursuivie. Comme le montre un ouvrage récent de S. Kocher, il est possible d'affiner les critères de l'enquête. Ainsi la prise en considération du sexe du personnage menant une quête amoureuse [110] permet-elle de réduire les dimensions du corpus narratif à prendre en considération, même si assez nombreuses sont les héroïnes qui se lancent dans ce type d'entreprise. C'est le cas de Nicolette dans *Aucassin et Nicolette*, de Manekine dans *La Manekine*, de Silence dans le *Roman de Silence*, de Liënor dans le *Roman de la Rose de Guillaume de Dole*, d'Euriaut dans le *Roman de la Violette* ou encore d'Aelis dans l'*Escoufle* [111]. En ce qui concerne les œuvres lyriques, une autre méthode est explorée, qui consiste à proposer un certain nombre de rapprochements avec des trouvères actifs à Valenciennes vers 1229, dans le cadre de la Confrérie de Notre-Dame-du-Puy [112], puis avec des poètes arrageois tels que Adam de la Halle, Guillaume le Vinier ou Jehan Bretel, enfin, en élargissant la perspective, avec des auteurs du Hainaut (Baudoin de Condé, Jacques de Cambrai, Gontier de Soignies, Colin Muset) [113].

Entendement de Raison et Entendement d'Amour

Si l'on souhaite à présent considérer la manière dont la « composante courtoise » formant langage [114] s'articule au projet mis en œuvre par Marguerite Porete, il convient de revenir au prologue du *Mirouer* et au rapport d'analogie qu'il pose :

> Or entendez par humilité ung petit exemple de l'amour du monde, et l'entendez aussi pareillement de la divine amour. (1, 14-15)

La correspondance entre l'*exemple* et sa glose repose sur trois relations principales : Une noble demoiselle, « fille de roy, de grant cuer et de noblesse et aussi de noble courage », et l'Âme « qui ce livre fist escrire » ; L'amour que l'une et l'autre vouent au roi puissant dont la renommée est parvenue jusqu'à elles : il s'agit d'Alexandre pour la première et, pour la seconde, d'un roi « qui estoit par courtoisie et par tres grande courtoisie de noblece et largesse ung noble

110. Faut-il rappeler que dans le *Miroir* c'est une âme qui est en quête ?

111. S. Kocher, *Allegories*, p. 68.

112. Voir J.-C. Herbin, « Activité poétique et ménestrels à Valenciennes aux XIVe et XVe siècles », L. Nys et A. Salamagne (dir.), *Valenciennes aux XIVe et XVe siècles. Art et histoire*, Valenciennes, PUV, 1996, p. 297-313.

113. Les liens qu'elle établit avec des poèmes célèbres (ceux de Guillaume le Vinier ou de Jacques de Cambrai, notamment) n'ont pas empêché la spécialiste d'étendre son enquête à des œuvres anonymes, en particulier composées par des femmes, ainsi qu'à des tours de langage, dont les proverbes ont conservé la trace (Kocher, *Allegories*, p. 49 *sq.*).

114. À propos de l'idée selon laquelle, avant d'être un état d'esprit, l'amour courtois est un langage, voir R. Schnell, « L'amour courtois en tant que discours courtois sur l'amour », *Romania*, 110, 1989, p. 72-126 et 331-363.

Alixandre » ; L'image utilisée pour pallier l'absence de l'être aimé : de même que la noble demoiselle fait peindre la *semblance* du roi, de même l'Ame a fait écrire le livre que nous lisons.

Le prologue ne cesse d'insister sur la concordance qu'il convient établir entre l'*exemple* et ce qu'il signifie au regard de l'amour de Dieu. Afin de soutenir le parallèle introduit par l'injonction initiale (« entendez ung petit exemple [...], et l'entendez aussi [...] de la divine amour... »), l'auteur mobilise un certain nombre d'outils grammaticaux : *pareillement, semblablement, au tel*. Concordance ne signifie pourtant pas identité, comme le montrent les écarts, nécessaires également à l'élaboration de l'analogie : écart entre la demoiselle (évoquée à la troisième personne) et l'Ame, qui dit *je* (comme toutes les figures allégoriques du *Mirouer*) ; écart entre le personnage d'Alexandre et Dieu, métaphoriquement présenté comme « ung noble Alexandre » ; écart, enfin, entre la demoiselle, qui fait peindre un portrait d'Alexandre selon sa représentation à elle, et l'Âme qui reçoit son *ymage* directement de la main du *roy*.

Entre l'amour du monde et la divine amour, un rapport est donc établi *more analogico*, qui invite à *entendre* l'un par l'autre. Mais que signifie le mot *entendre* ? La question mérite d'autant plus d'être posée que ce terme est au cœur de la relation qui s'institue entre les deux discours qui nous intéressent.

Si l'entendement est bien « [ce] qui donne lumiere », comme le rappelle Marguerite Porete (64, 50), il convient de distinguer, dans la ligne de Guillaume de Saint-Thierry, Entendement de Raison et Entendement d'Amour[115], ce que confirme la réplique un peu vive que l'Âme adresse à Raison :

> Hee, Entendement de Raison, [...] Vous prenez la paille et laissez le grain, car vostre entendement est trop bas, par quoy vous ne povez si haultement entendre, comme il esconvient a entendre a celluy qui bien veult entendre l'estre dont nous parlons [il s'agit de la vie divine]. Mais Entendement de Divine Amour, qui demoure et est en Ame Adnientie et qui est enfranchie, l'entend bien sans arrest, car elle est ce mesmes. (*Mirouer*, 12, 28)

L'opposition entre la paille et le grain, habituelle dans la littérature spirituelle[116], correspond aux deux nourritures de l'âme : le raisonnement et la contemplation[117]. Afin de comprendre les secrets de la cour du « doulx pays »,

115. Guillaume de Saint-Thierry, *Oraisons méditatives*, éd. J. Hourlier, Paris, Cerf (SC, 324), 1985, § 4. L'expression *amor ipse intellectus* est régulièrement utilisée par le même auteur, par exemple dans *son Exposé sur le Cantique des Cantiques*, éd. J.-M. Déchanet, Paris, Cerf (SC, 82), chant I, VII, 76 et I, final, 144. Elle se rencontre aussi chez Bernard de Clairvaux ou chez Gilbert de Hoiland. Sur le lien de Guillaume avec la mystique rhéno-flamande, voir P. Verdeyen, *Guillaume de Saint-Thierry, premier auteur mystique des anciens Pays-Bas*, trad. du néerlandais par A. Louf, Turnhout, Brepols, 2003.

116. Voir aussi les chap. 82 et 121 du *Mirouer*.

117. « La vue pour contempler Dieu, c'est la charité et cette vue nous est donnée par l'auteur de la nature. Cet organe visuel comporte deux yeux, palpitant sans interruption [...] : l'amour et la raison.

il convient donc de renoncer à la connaissance discursive et médiate pour se tourner vers « la connaissance contemplative de Dieu, en ce qu'elle a d'immédiat et de passif, de "substantiel" » [118].

Le concours prêté par le discours courtois suit, dans une certaine mesure, chacune de ces deux voies. Du côté de l'entendement de raison, il faut faire figurer le système allégorique ainsi que la création, grâce à la forme dialoguée, d'une tension dramatique spontanée entre les personnifications des forces intérieures et des forces célestes mises en présence (*Ame* et *Dame Amour*, entourées de *Courtoisie* et *Entendement d'Amour*, confrontées à *Raison*, *Entendement de raison* et aux Vertus). Le déploiement d'un entendement d'amour suppose, quant à lui, la mise en œuvre d'un « engin subtil », selon l'expression souvent utilisée par les poètes du XIVe siècle, c'est-à-dire d'une écriture sollicitant moins le raisonnement discursif que la poésie et le chant [119]. À la rudesse, souvent présentée par Marguerite Porete comme l'apanage de Raison, s'oppose la subtilité, propre à ce J. Cerquiglini nomme une « pensée du réseau » [120]. Dans la mesure où les termes constituant le champ lexical de la courtoisie offre une « constellation de sens multiples », chaque mot-clé possédant « une *aura*, une surdétermination émotive et une charge incantatoire » [121] qui défie toute hiérarchisation, voire toute conceptualisation, dans la mesure où l'écriture repose sur un véritable *continuum* lyrique, le *Mirouer* relève sans doute d'« une impossible lecture théologique » selon

Quand l'un de ces yeux fonctionne sans l'autre, il n'avance en rien, peut-on dire. En revanche, ils peuvent beaucoup l'un et l'autre lorsqu'ils se prêtent une aide mutuelle [...]. Chacun peine à sa manière. La raison ne peut atteindre Dieu qu'en ce qu'il n'est pas. L'amour, lui, consent à se reposer que dans ce qu'Il est. » (Guillaume de Saint-Thierry, *De la nature et dignité de l'amour*, 8, 21, *Œuvres choisies*, trad. J.-M. Déchanet, Paris, Aubier, 1943).

118. M. Huot de Longchamp, *op. cit.*, p. 266, note 3 du chap. 110. Cette opposition figure dans le poème placé en tête du *Miroir* : « Humiliez dont voz sciences / Qui sont de Raison fondees, / Et mettez toutes vos fiances / En celles qui sont donnees / D'Amour, par Foy Enluminees, / Et ainsy comprendrez ce livre / Qui d'Amour fait l'Ame vivre » (v. 22-28).

119. Voir J. Cerquiglini, *« Un engin si soutil ». Guillaume de Machaut et l'écriture au XIVe siècle*, Paris, Champion, 2001. La même expression figure dans le *Mirouer*, pour rendre compte de ce que l'auteur nomme l'« art en creature ». L'« art » est « ung engin soubtil dont entendement naist » (110, 5) : « cest engin soubtil est la substance de l'Ame ; et la cognoissance est la somme de l'Ame, laquelle cognoissance est de substance et d'entendement » (110, 13 *sq.*). Sur ce passage difficile, voir les remarques suggestives proposées par E. Zum Brunn, qui établit un lien direct avec la conception médiévale exprimée par Eckhart, selon laquelle l'art concerne la connaissance, et qui cite A. Coomaraswmy, *La Transformation de la nature en art. Les théories de l'art en Inde, en Chine et dans l'Europe médiévale*, trad. J. Poncet et X. Mignon, Lausanne, L'Âge d'homme, 1994 (chap. 2, « La vision de l'art chez Maître Eckhart »), dans Marguerite Porete, *Le Miroir*, trad. C. Louis-Combet, p. 209, n. 1.

120. J. Cerquiglini, *« Un engin si soutil »*, p. 10. Ailleurs, l'auteur remarque que rude et subtil constituent les deux termes sur lesquels repose la tension caractéristique de l'œuvre de Guillaume de Machaut (*ibid.*, p. 245).

121. Nous reprenons les termes de M. Stanesco, cités plus haut.

l'expression de M. Huot de Longchamp [122]. De cette expérience de Dieu, qui vise à se communiquer par entendement d'amour, la seule lecture véritable serait d'ordre poétique.

La mise en œuvre d'un tel *engin subtil* correspond sans doute à un don d'amour, mais à un don d'amour divin et non humain, car « il y a grant difference entre don d'amy par moyen a amie et don qui est sans moyen d'amy a amye » (5, 23 *sq.*). D'une certaine manière, le livre que nous lisons relève à la fois de ces deux formes de dons – du don médiat et du don sans moyen, c'est-à-dire sans médiation. C'est pourquoi il est à la fois long et court, spéculatif et poétique, discursif et lyrique.

Au chapitre 119, en effet, « l'Ame qui a fait escrire ce livre s'excuse de ce qu'elle a fait le livre si long en paroles, qui semble petit et brief aux Ames qui demourent en nient et qui sont cheues d'amour en tel estre » [123]. Le *Mirouer* est « long en paroles » pour les âmes qui séjournent dans le pays où Raison a seigneurie :

> J'ay dit, dit ceste Ame, que Amour l'a fait escrire par humaine science, et par le vouloir de la mutacion de mon entendement, dont j'estoie escombree, comme il appert par ce livre ; car l'Amour l'a fait, en descombrant mon esperit parmy ces trois dons, dont nous avons parlé [124] (119, 23 *sq.*).

Il est court, en revanche, pour les âmes anéanties, celles qui ont connu l'éclair de l'extase, l'expérience du don « aucunes foiz donné en ung moment de heure » à l'âme « escolliere de la Divinité » (9, 39 *sq.*). Ainsi en est-il du livre ouvert par Amour :

> Car ce livre est de telle condicion, que si toust que Amour l'ouvre, l'Ame scet tout, et si est toute œuvre de parfection en elle emplie par l'ouverture de ce livre. (101, 19).

Une telle leçon, faut-il le préciser ? « n'est mie mise en escript de main d'omme, mais c'est du Saint Esperit, qui escript ceste leçon merveilleusement, et l'Ame est parchemin precieusement » (66, 15 *sq.*). C'est pourquoi, au terme de l'itinéraire, Marguerite Porete peut affirmer :

> Amour m'a fait par noblece
> Ces vers de chançon trouver.
> C'est la Deité pure,
> Dont Raison ne scet parler. (122, 35 *sq.*)

122. M. Huot de Longchamp, *op. cit.*, p. 17.

123. Ce titre, qu'on ne saurait attribuer à Marguerite Porete, figure, dans le manuscrit de Chantilly, au début du chap. 119.

124. Il s'agit des trois grandes étapes de la vie spirituelle, qui consistent en autant de morts : mort au péché, mort à la nature, mort à l'esprit. Voir le chap. 54 du *Mirouer*.

Habituellement décrite en termes d'influence, la relation que la littérature courtoise entretient avec le *Miroir des simples âmes* peut également être abordée sous l'angle de l'intertextualité, afin que l'enquête ne se borne pas à relever les traces d'une présence, à circonscrire une composante, à isoler un « corps étranger». À une démarche statique, consistant à dresser un inventaire et à décrire un processus univoque, il a paru utile de substituer une approche visant à aborder le lien intertextuel comme un problème à construire, comme un dialogue noué au sein d'une conjoncture commune. Préféré à la notion de littérature, trop souvent conçue comme une essence coupée de l'histoire et de la société qui lui donnent sens, le concept de *discours courtois*, étroitement articulé au plan du fonctionnement social et des représentations (*courtoisie*, *amour courtois*), a paru propre à appréhender le rapport intertextuel en termes socio-historiques, à travers la confrontation des énoncés.

Souvent présenté comme le « prolongement mystique d'une littérature courtoise finissante »[125], le *Miroir des simples âmes* posait la question intertextuelle à un double niveau, ce qui nous a contraint à consacrer un premier volet à la littérature dite courtoise. Le discours que cette dernière articule plus de cent cinquante ans avant l'œuvre de Marguerite Porete ne surgit pas, en effet, *ex nihilo*. Il s'élabore dans la confrontation avec le discours clérical dominant, par écart distinctif, renversement ou détournement, afin fournir une définition spirituelle du système de valeurs et de représentations des grands laïcs[126]. Et c'est sans doute parce que la dame s'est « divinisée » sous l'effet du désir profane et que la chevalerie terrestre est devenue *célestiele*, que ce discours courtois, une fois constitué, va pouvoir se prêter, entre rudesse et subtilité, à l'élaboration d'une nouvelle écriture, orientée, cette fois, par le désir de Dieu.

Entre le discours courtois construit à partir du discours clérical et le discours mystique élaboré grâce au discours courtois, il y a sans doute continuité (l'évolution de l'un à l'autre témoigne des progrès accomplis par les laïcs sur le terrain de la spiritualité[127]). Il ne saurait y avoir symétrie dans la mesure où la confrontation des discours ne repose pas sur une dialectique binaire, qui serait fondée, en l'occurrence, sur un mouvement de balancier régulier entre profane et le religieux. À la proposition de sens avancée par le texte courtois, le texte mystique apporte une réponse différente.

125. M. Huot de Longchamp, *op. cit.*, p. 268.

126. A. Guerreau-Jalabert note à cet égard : « Contrairement à ce que disent trop d'historiens, ce sont bien les représentations chrétiennes qui organisent les modes de pensée et les conceptions du monde non seulement des clercs, mais aussi des laïcs dominants [...]. Ainsi, ce que l'on appelle depuis le XIXe siècle l'amour courtois [...] et qui est certainement une des plus grandes créations de l'imaginaire occidental, est un produit des modes de pensée chrétiens. » (« Formes et conceptions du don », p. 197).

127. A. Vauchez, *La spiritualité du Moyen Âge occidental (VIIIe-XIIIe siècle)*, Paris, Seuil, 1994.

Selon qu'il est *spiritualisé* (par le discours clérical) ou *spiritualisant* (en ce qu'il fournit un langage à l'expérience mystique), le discours courtois produit des effets de sens radicalement nouveaux. C'est ce dont témoignerait, pour ne prendre qu'un exemple, la figure du *Loingprès* : préparée dès le prologue, dans le cadre du « petit exemple du monde » et par référence au thème littéraire de l'« amour loingtaine », elle apparaît pour la première fois au chapitre 58, afin de ravir l'âme et d'assurer, en un éclair, la « demostrance de la gloire ». L'auteur ne tarde pas à préciser que ce « Loinprés ravissable » est « la Trinité mesmes » (61, l. 27). Il y a là quelque chose de remarquable. En tant que *troubadour de Dieu* [128], Marguerite Porete a forgé « une sorte de nom divin » [129] inconnu de la Bible, avec tous les enjeux théologiques que cet acte de nomination suppose mais aussi avec toutes les conséquences littéraires qu'il entraîne : non seulement elle nomme Dieu mais elle le nomme bien [130].

128. Selon la formule qui sert de titre à l'anthologie, citée plus haut, de G. Epiney-Burgard et d'E. Zum Brunn.

129. Nous empruntons cette formule à J.-B. Porion, *Hadewijch d'Anvers*, p. 161, n. 1.

130. Voir l'éloge adressé par Marguerite de Navarre au XVIe siècle : « Et son Loin Près. / Oh ! que c'est bien nommer / Celui qui doit par sus tout être aimé / [...] Gentil Loing Près » (*Les Prisons*, éd. S. Glasson, Droz, 1978, v. 1331-1371). Voir aussi C. M. Müller, « La lettre et la figure : lecture allégorique du *Mirouer* de Marguerite Porete dans *Les Prisons* de Marguerite de Navarre », *Versants*, 38, 2000, p. 161-162.

ADDENDA ON AN ANGEL

Robert E. LERNER

In the spring of 1963, when I was working on my doctoral dissertation, I had the good sense to locate myself in Munich. This was sensible because my topic was the so-called « Heresy of the Free Spirit » and the recognized master of the topic was Herbert Grundmann, then in Munich as President of the Monumenta Germaniae Historica. After I gathered sufficient courage, I made an appointment to see him. He was friendly enough, but perhaps a little skeptical about whether it was worth his time to continue discussions with what must have seemed to him a rather strange bird. But I had come prepared with questions, and one concerned « the Angel of Philadelphia » – Guiard of Cressonessart, who was tried together with Marguerite Porete : was he a Joachite ? This was a stroke of luck. Grundmann had never heard of Guiard and wanted to know more. So I pulled out a relevant document edited in the late nineteenth century by Charles-Victor Langlois [1] (which I just « happened to have with me ») and he asked whether he could borrow it, promising to return it on another meeting. After that the ice was broken. Grundmann congratulated me on my find, arranged to meet with me several more times, and even invited me to dinner at his home with his family. Later, he included a mention of Guiard in a footnote in his seminal article « Ketzerverhöre des Spätmittelalters » [2].

Apparently « an angel » was watching over me. But I mention this incident for a different reason ; namely that my engagement with Guiard of Cressonessart dates from very far back. I considered him briefly in my *Heresy of the Free Spirit* (1972) and published a sustained consideration in 1976 [3]. Until now the latter publication

1. C.-V. Langlois, « Marguerite Porete », *Revue historique*, 54, 1894, p. 295-99, at p. 297.

2. H. Grundmann, « Ketzerverhöre des Spätmittelalters als quellenkritisches Problem », *Deutsches Archiv für Erforschung des Mittelalters*, 21, 1965, p. 519-75, at 526, n. 16, reprinted in Grundmann, *Ausgewählte Aufsätze, I : Religiöse Bewegungen*, Stuttgart, Hiersemann, 1976, p. 364-416, at p. 370, n. 16.

3. Lerner, *Heresy*, p. 77-78 ; Lerner, « Angel ».

remains the only study devoted entirely to him. It is true that in 1986 Paul Verdeyen treated Guiard in his « Procès d'inquisition contre Marguerite Porete et Guiard de Cressonessart »[4], but Verdeyen added nothing substantial to my account. Given that for practical purposes no advance concerning the subject has been made for some thirty-five years[5], do I have any reason to « return to Philadelphia » ? I think I do. In the following I will present new knowledge regarding Guiard's learning, as well as a new conclusion regarding the language of his trial. Then I will turn to the one tangible relevant document that I overlooked in 1976 and that needs thorough consideration. Since the details of Guiard's case can be found in my earlier publication or that of Verdeyen, I will not repeat what is already known.

GUIARD'S LEARNING

As a prerequisite for considering my protagonist's learning, it is important to note that he was a cleric. When I wrote about Guiard in 1976 I was too distracted by the designations of him in the trial records as *beginus* and *pseudo-religiosus*. At the time I hypothesized that the stipulation in his condemnation that he be deprived of all clerical privileges and stripped of clerical insignia was perhaps only a precaution taken in case he really was a cleric. But I neglected to pay sufficient attention to the fact that the documents refer to him as « of the diocese of Beauvais », clearly a designation for a cleric. The *beginus* and *pseudo-religiosus*, then, must be terms of opprobrium that do not outweigh the reality of Guiard's clerical status.

Such status implies Latinity, but how much further can we go ? To begin I would like to reaffirm my earlier argument that Guiard's central contention, that he was the « Angel of Philadelphia », sent to guard over those who « gave up all, wishing to hold to the rigor of evangelical poverty », must be understood as an appropriation of basic points from late thirteenth-century Franciscan Joachism. In my article of 1976 I showed that the ultimate inspiration for Guiard's thought was Joachim of Fiore. For Joachim the seven churches of Asia in the Book of Revelation (as well as other septenaries in Revelation) stood for seven times or periods in the history of the Church, meaning that the sixth church of Asia, that of Philadelphia, stood for the sixth period. That time was both portentous and propitious. It was the time of a special new order and vanguard into the seventh time – the time of Joachim's earthly Sabbath. In the Abbot's own language, « from the sixth time of the second status must begin the third status and new order which

4. *Revue d'histoire ecclésiastique,* 81, 1986, p. 47-94.

5. A qualification concerns the work of Josep Perarnau regarding a connection with Arnald of Villanova that I will discuss below. I. Leicht, *Marguerite Porete : eine fromme Intellektuelle und die Inquisition*, Freiburg i. B., Herder, 1999, p. 384-397, reviews Guiard's thought in some detail, albeit generally following the guidelines set down in my article of 1976.

is created in the image of the Holy Spirit », and « [the Angel of the Church of Philadelphia] has been given to know in spirit the hidden sacraments ».

In my article of 1976 I pointed out as well that one crucial aspect of Guiard's scheme was supplementary to Joachim's thinking : the idea that the new order associated with the Angel of Philadelphia would be particularly dedicated to evangelical poverty. That was the Franciscan ingredient, first worked out by Saint Bonaventure. In his life of Saint Francis, the *Legenda Maior*, Bonaventure popularized the view that Francis was the embodiment of Revelation's « Angel of the Sixth Seal » – the angel « having the seal of the living God » (Rev. 7.2). Then, in his *Collationes in Hexaemeron* (delivered in Paris in 1273), Bonaventure considered two other angels. One was the Angel of Philadelphia who was sixth in a series of septenaries, and the other was the « Angel With a Face Like the Sun » (Rev. 10.1-2), who appears in Revelation under the aegis of the sixth angel blowing the sixth trumpet [6]. These two stood implicitly for Saint Francis, for both had full knowledge of Scripture : the Angel of Philadelphia was favored by Him who has « the key of David » and who set before this angel « an open door » (Rev. 3. 7-8), whereas the Angel With a Face Like the Sun holds an « open book ». In the same context Bonaventure refers to the « sixth time » of the Church, and elsewhere points to the sixth time as that of the present and the time of the Franciscan Order.

In 1976 I did not know that the Franciscan Peter Olivi equated all three angels (« Philadelphia » ; « Sixth Seal » ; « face like the sun ») in his short lecture, *De doctrina scripture* because that text had not been published. But it has been in the interim [7]. Dated persuasively by Sylvain Piron to autumn 1279 [8], it dilates on the number six in terms of Revelation's « opening of the seven seals ». Six stands for the Passion because Christ was crucified on a Friday (*sexta feria*). But more, it refers to all of the three angels that Bonaventure had equated with Francis. The « Angel of Philadelphia » and the « Angel With a Face Like the Sun » are « crowned » – the first literally (Rev. 3.11), the second with « a rainbow over his head » (Rev. 10.1) ; furthermore, the « key of David » of the first and « open book » of the second are the open knowledge of the gospel of Christ. The « Angel of the Sixth Seal » fits into this picture as well, for the entire passage refers to the opening of the sixth seal. But to leave no doubt Olivi completes his equations by

6. In my « Angel », p. 353, I mistakenly confused the angel of Rev. 10.1-2 with the Angel of the Sixth Seal « having the sign of living God ».

7. See now D. Flood and G. Gál (ed.), *Peter of John Olivi on the Bible,* St. Bonaventure, N.Y., Franciscan Institute Publications, 1997, p. 78-123.

8. S. Piron, « Le métier de théologien selon Olivi », in C. König-Pralong *et al.* (eds.), *Pierre de Jean Olivi, philosophe et théologien*, Berlin, De Gruyter (Scrinium Friburgense, 29), 2010, p. 17-85, at p. 54. In the same article (p. 28-29, 35) Piron assembles evidence to support an argument that Olivi was Bonaventure's « most faithful student » in regard to the apocalyptic-prophetic thought manifested in Bonaventure's *Collationes super Hexaemeron*, and even that an entire section of *De doctrina scripture* is simply an abbreviation of part of the *Collationes*. The similarity of the passage from *De doctrina scripture* here discussed and that from the *Collationes* on the angels of Philadelphia and « face like the sun » (Coll. XX, 29) might seem to be another indication of a direct debt.

writing that « the burden of Christ's cross » is borne *ad litteram* by this angel, who carried « the sign of the living God ». Saint Francis hovers [9].

Otherwise Olivi, as an avowed student of Joachim, wrote more clearly than did Bonaventure that the seven churches of Asia in the Book of Revelation stood for seven periods of Church history. In his *Lectura super Apocalipsim*, completed in 1297, he not only made this equation but stated immediately in his prologue that the sixth period was the present and characterized by the « renovation of evangelical life and the overcoming of Antichrist » [10]. Seen in this light, Guiard of Cressonessart's trial statements that the seven churches of Revelation stood for different times of the Church, with the church of Philadelphia standing for the time marked by those who « wish to hold to evangelical rigor », simply put himself and his followers in the place of Saint Francis and the Franciscan Order [11].

Aside from Olivi's *De doctrina scripture*, another noteworthy text regarding the context of Guiard's thought that I did not notice in 1976 is the prophecy of « Brother Columbinus » [12]. Closest of all those mentioned to Guiard's time and place, this prophecy first appears (according to current knowledge) in a copy made in northeastern France around 1305, and then in a French royal register datable to 1306/1307. Its currency in Paris not much later is proven by the fact that it was cited in an Antichrist treatise written in the Parisian cloister of the Cordeliers in 1315 by the Franciscan Hugo de Novocastro [13]. According to « Columbinus » (« Brother Little Dove » : most likely a Franciscan pseudonym), God had worked his plan « by sevens » in many different ways [14]. The « seven seals » of Revelation stood for seven periods, each of 220 years, of which the sixth was the present. Columbinus specifies further that toward the end of the sixth period, specifically in 1287, there would be an onset of tribulations, after which would come Antichrist's advent in 1316, and then the Sabbath age, beginning in 1320. The possibility that Guiard

9. Piron, p. 74 : « L'identification de ce dernier avec saint François est tellement évidente qu'elle n'a pas besoin d'être énoncée expressément ».

10. « Primum notabile. Quantum ergo ad primum, qui scilicet sunt septem status ecclesie in hiis visionibus descripti. [...] Sextus est renovationis evangelice vite. [...] » I use the critical edition by Warren Lewis, currently in preparation.

11. I should make clear, however, that I am not arguing that Guiard read Olivi or even Bonaventure ; only rather that contact with contemporary Franciscans would have led him to their ideas. A computer search of Olivi's *Lectura super Apocalypsim*, impossible in 1976 for both technological and editorial reasons, reveals no verbal matches with Guiard's trial testimony. I thank Professor Warren Lewis for providing me with a digital copy of his edition-in-preparation of the *Lectura*.

12. E.A.R. Brown and R.E. Lerner, « On the Origins and Import of the Columbinus Prophecy », *Traditio*, 45, 1989-90, p. 219-256.

13. R.E. Lerner, « Antichrist Goes to the University : The *De victoria Christi contra Antichristum* of Hugo de Novocastro, OFM (1315/1319) », in S.E. Young (ed.), *Crossing Boundaries at Medieval Universities*, Leiden, Brill, 2011, p. 277-313.

14. Brown and Lerner, p. 249-250 : « Secundum fratrem Columbinum in revelatione sua, Deus in creatione sua operatus est per septenas. [...] iterum operatus est per septenas secundum legem suam, complendo per vii sacramenta ecclesie et statuit vii signacula tempori, et tunc precepit a nativitate eius quodlibet illorum vii signaculorum et voluit durare ccxx annis. [...] et incipient imminere tribulationes anno domini Mcclxxxvii et non cessabunt ad annum domini Mcccxx ».

knew this source is particularly intriguing. According to his trial testimony he had been in the Sainte-Chapelle (Paris) four years or a little more before the date of the trial, meaning roughly 1305 or 1306, just the time when the Columbinus prophecy was entered into the French royal register. Could the convergence of dates, place, and ideas mean that Guiard was associated in some way with the royal chancery ? And more. Guiard stated that it was when he was in the Sainte Chapelle that he realized that he had been called to a special office twenty years before, a span which could possibly coincide with the crucial date of 1287 in the Columbinus prophecy. To be sure, the lack of verbal matches between Guiard's exposition of his views and the text of the prophecy renders the foregoing no more than speculation. But at the very least, cognizance of Columbinus provides a whiff of the eschatological atmosphere that the self-proclaimed « Angel of Philadelphia » was likely to have breathed in or around Paris in the early fourteenth century.

However Guiard may have learned of the Franciscan-Joachite periodization of seven ages of the Church, his trial testimony certainly reveals numerous verbal matches with the language of the Book of Revelation. He referred to the « seven churches [of Asia] designated in the Apocalypse », to the sixth, « the Church of Philadelphia », of Christ's message to the « angel » of Philadelphia (Rev. 3 :7-13). He knew as well the reference to Christ in that context as « He that hath the key of David » (Rev. 3 :7), and Christ's statement to the angel : « behold, I have set before thee an open door » (Rev. 3: 8). All of this evidently raises the question of whether Guiard actually read Scripture. In support of an affirmative answer, I would first point to his reference to his moment of truth in the Sainte-Chapelle as being characterized by « the opening of the meaning of Scripture » [*intellectus scripturarum*]. Moreover, I would place great weight on his appropriation of the biblical term *zona pellicea*. This term does not appear in Revelation. Instead it appears as a description of Elijah's garb in IV Kings (1,8) and John the Baptist's in Matthew (3,4) and Mark (1,6). I emphasize Guiard's use of the term *zona pellicea* because he would not have inherited it from a Franciscan source, either written or oral. While analogies between Francis and Elijah and Francis and John the Baptist abound in Franciscan writings, these pay no attention to the *zona pellicea* because Saint Francis chose to wear a cord.

Contemporary Augustinian Friars indeed adopted the *zona pellicea* for their own habit because as « hermits » they chose this accessory of Elijah and John as a mark of their own dedication to eremitical asceticism. Heinrich of Friemar OESA, in the earliest history of his Order (1334), maintained that the « founder », St. Augustine, wore the *zona* as a means for self-mortification and claimed that Augustine chose « leather », the skin of a dead animal, because he himself was dead to all « bestial motions » [15]. Heinrich, and shortly after him, Jordan of Quedlinburg

15. R. Arbesmann, « Henry of Friemar's "Treatise on the origin and development of the Order of the Hermit Friars" », *Augustiniana*, 6, 1956, p. 37-145, at p. 93 : « Quod etiam designat zona vel

OESA, did know that the *zona pellicea* was the mark of Elijah and John the Baptist, but in writing about Augustine's choice of the *zona* neither drew any eschatological implications [16]. Guiard of Cressonessart on the other hand surely was placing himself in the mold of Elijah and John, for these two were central in Joachite schematics as « spiritual » visionaries who prefigured the coming of a new age. Accordingly, it would seem likely that he found the *zona pellicea* as emblems of Elijah and John by searching through Scripture on his own [17].

Indeed it is possible to go further and point out that Guiard's book learning appears in other regards. For one, his statement in his trial that « *angel* is the name of an office, not of a nature » applies a proposition from formal theology. Saints Augustine and Gregory the Great applied the distinction *officium, non natura* to the term angel in general and the thirteenth-century Franciscan Gilbert of Tournai used it in a sermon treating St. Francis as « the angel having the sign of the living God » [18]. Too many possibilities arise to identify Guiard's specific source, but it is clear enough that he did not devise the distinction between « office » and « nature » on his own.

Granted that « office » versus « nature » is a theological commonplace, a third instance of our protagonist's learning is rarified theology. I refer to a remarkable observation communicated to me by Sean Field. Namely, the distinction Guiard drew in his trial between the « key of excellence », held only by Christ, and the « key of ministry », held by the pope, echoes a passage in Thomas Aquinas's *Sentences* Commentary. Just as Guiard had said that he received « the key of David », thereby alluding to « Christ who has the key of excellence, whereas his vicar the pope has the key of ministry », so Thomas before him had written :

cingulus, quo vestis cingitur, ne defluat : quia dignum reputabat, quod corpus suum plus ceteris innocentibus eremitis deberet affligere quanto triginta annorum spatio tempus suum vanius pro laude mundi et complacentia seculi expenderat. Si vero per zonam corrigia intelligatur, prout legitur, quod Elias et Johannes Baptista zona pellicea sunt precincti, tunc per corrigiam vel zonam pelliceam, que fit de corio mortuorum animalium, significatur mortificatio omnium motuum bestialium, qui in beato Augustino post eius conversionem quasi funditus sunt extincti ». (Observant readers may notice that this author is Heinrich of Friemar the Elder, one of the numerous theologians called to consult on Guiard's case in 1310 ; I believe, however, that this is no more than a coincidence.)

16. Jordan of Saxony [of Quedlinburg], *Liber Vitasfratrum*, ed. R. Arbesmann and W. Hümpfner, New York, Cosmopolitan science (« Cassiciacum », 1), 1943, p. 48-52. This work dates from 1357.

17. The trial record has him using a less than usual biblical term for « carrying a cross », *baiulare crucem* (Luke 14 : 27), but I would not want to place too much weight on this.

18. Augustine, *Ennarationes in Psalmum 103*, PL 36, c. 1348 : « Angelus enim officii nomen est, non naturae » ; Gregory the Great, *Homiliae in Evangelia*, PL 76, 1250C : « Sciendum quoque quod angelorum vocabulum nomen est officii non naturae ». Gilbertus de Tornaco, *Sermo S. Francisci* : « *Vidi alterum angelum ascendentem ab ortu solis habentem signum dei vivi,* Apoc. VII. Constitutus in spiritu, beatus Iohannes Evangelista, considerans excellenciam beati Francisci, notificat eum ex tribus : ex officio quod implevit, ibi *vidi alterum angelum*. Angelus enim nomen est officii non nature ». The formal distinction was called to my attention by Sean L. Field, and the Gilbert text is edited by Hal Friday, « The *Vidi Alterum Angelum* Topos in Two Sermons by Guibert of Tournai for the Feast of St. Francis », *Franciscan Studies*, 70, 2012, p. 101-138, at p. 120-121.

> And so [Christ] is said to have the keys of excellence (*claves excellentie*), according to some [...] But the efficacy of the Passion remains in the sacraments of the Church ; and because of this, the power to remove the aforesaid obstacle remains in the ministers of the Church, who are the dispensers of the sacraments, not by their own virtue, but by divine virtue, and the Passion of Christ. And this power metaphorically is called the key of the Church, which is the key of ministry (*clavis ministerii*) [19].

Although computer searches have not located Thomas's distinction regarding the keys in any other source, that of course does not prove that it was not made elsewhere. Yet even if it had been, it still would only have occurred in a technical theological disquisition of the sort normally read by university students or university graduates. That it appears in the trial record of a *beginus* rather takes one aback.

Added to the *zona pellicea*, the distinction between *natura* and *officium*, and the distinction between *clavis excellentie* and *clavis ministerii*, a fourth index of book learning is Guiard's explanation of the meaning of *Philadelphia*. The most frequently recurring glosses for the Greek place name in the exegesis of Guiard's day were *dilectio fraterna* (originating with Bede) or *salvans hereditatem* (originnating with Haimo of Auxerre) [20]. The *Glossa ordinaria* and Richard of St. Victor offer the choice of one or the other [21]. But Guiard stated in his trial that *Philadelphia* meant *salvans adhesionem Domini vel adherentem Domino* (« saving adhesion of the Lord or the adherence to the Lord »). This explanation appears in the *Interpretationes nominum Hebraicorum*. Sometimes attributed to Stephen Langton, this was a new thirteenth-century reference work, appended at the end of numerous Latin Bibles that circulated in France in Guiard's day. The gloss for *Philadelphia* in the *Interpretationes* is almost identical to Guiard's : *salvans herentem Domino vel salvans adhesionem Domini* [22]. Perhaps the man who called himself « the Angel of Philadelphia » knew all three possible meanings of the word – « brotherly love »,

19. Thomas Aquinas, *In IV Sententiarum*, dist. 18, q. 1, art. 1 : « [...] ideo dicitur a quibusdam quod habet clavem auctoritatis ; sed in Christo homine fuit haec potestas ad removendum praedictum obstaculum per meritum passionis, quae etiam dicitur januam aperire ; et ideo dicitur habere secundum quosdam claves excellentiae. Sed quia ex latere dormientis in cruce sacramenta fluxerunt, quibus Ecclesia fabricator ; ideo in sacramentis Ecclesiae efficacia passionis manet ; et propter hoc etiam in ministris Ecclesiae, qui sunt dispensatores sacramentorum, potestas aliqua manet ad praedictum obstaculum removendum, non propria virtute, sed virtute divina, et passionis Christi ; et haec potestas metaphorice clavis Ecclesiae dicitur ; quae est clavis ministerii ».

20. Bede, *Explanatio Apocalypsis*, PL, 93, c. 140d : *Philadelphia dilectio fraterna interpretatur* ; Haymo Halberstatensis [recte : Autissiodorensis], *Expositio in Apocalypsim*, PL, 117, c. 953a : *Philadelphia dicitur salvens haereditatem Dei.*

21. *Biblia Latina cum glossa ordinaria,* Strasbourg, A. Rusch, 1480/81, repr. Turnhout, 1992, v. 4 (unpaginated) : *amor fratris vel salvans hereditatem* ; Richardus S. Victoris, *In Apocalypsim Joannis,* PL 196, c. 742c : *Philadelphia interpretatur amor fratris vel salvans hereditatem.*

22. I use the appendix to the Vulgate Bible printed in Lyons, 1519, as http://www.wlb-stuttgart.de/referate/theologie/vuindice.html. The same reading is reported to be in a thirteenth-century French Bible, Paris, Bibliothèque Mazarine, lat. 6, see R. L. H. Lops, *La Bible de Macé de la Charité. VII : Apocalypse,* Leiden, Brill, 1982, p. 16-17, 256.

« saving the inheritance », and « saving the adhesion of the Lord » – and decided upon the last as most relevant to his own calling of saving those who were « the Lord's adherents ». That of course is merely speculation, but there appears to be no doubt that Guiard took the gloss of *Philadelphia* he enunciated from a Latin appendix to a Latin Bible [23].

Four examples, then, indicate that the « Angel of Philadelphia » was possessed of thorough Latinity and of a degree of theological sophistication that all but certainly demonstrates that he must at one time have embarked on an advanced theological education.

THE LANGUAGE OF THE TRIAL

The appearance of specialized Latin terminology in the trial furthermore seems tantamount to proof that the trial itself was conducted in Latin. Were we dealing solely with short biblical phrases such as *clavis David* or *ostium apertum*, it might be possible to imagine that Guiard used French equivalents in an examination conducted in the vernacular. In that case the scribe or notary who was responsible for the trial record perhaps knew some basic scriptural vocabulary, and put the French into Latin in his Latin document to match the Vulgate. But « leather belt » in French would have been « ceinture de cuir », a term nothing like Latin *zona pellicea*. If Guiard had said « ceinture » there would have been no motive for the scribe to have translated that as *zona* since the more common Latin *cingulum* would have sufficed. On the other hand we have seen that *zona pellicea* is exactly the biblical term for the garb of Elijah and the Baptist, and since Guiard had good ideological reason to base his habit on theirs he must have used that term.

One such example might still prove little. Guiard might conceivably have used two Latin words for the sake of precision in a trial held in the vernacular. But the rest of the evidence snaps this slender reed. One can hardly imagine the accused offering the French for *angelus est nomen officii non nature*, for *clavis excellentie/clavis ministerii*, and for *Philadelphia interpretatur salvans adhesionem Domini vel adherentem Domino*, with the French being transformed to appear as it does more or less verbatim as it appears in Latin theological sources. No scribe or notary is likely to have had all of this in his head. One might just possibly suppose that the Dominican Inquisitor knew *clavis excellentie/clavis ministerii* from St. Thomas, but not that he just happened to remember the least familiar of three possible glosses of *Philadelphia*, and it beggars the imagination

23. For the use of the *Interpretationes* as a glossing tool in a Parisian sermon of c. 1270, see L.J. Bataillon, « Une intervention maladroite de Pierre de Tarentaise en faveur des Mendiants », in T. Prügl and M. Schlosser (Hg.), *Kirchenbild und Spiritualität : Dominikanische Beiträge zur Ekklesiologie und zum kirchlichen Leben im Mittelalter*, Paderborn, Schöningh, 2007, p. 143-77, at p. 161, n. 40.

that he would have gone to the trouble of looking up disparate sources merely for the nefarious purpose of putting words into Guiard's mouth. And one must note again that the gloss of *Philadelphia* that appears in Latin in the trial record is the one that best corresponded to Guiard's sense of calling.

Could the trial have been held in the vernacular with the accused constantly breaking into Latin on his own volition ? Not only does the record never hint at such a thing but it stands to reason that if the accused was willing to speak frequently in Latin his examiner would have held the trial in that language. In 1976, as a student of « popular heresy », I was accustomed to taking a Latin transcript to be a filter for a vernacular hearing and it did not even occur to me that Guiard's trial may not have matched that pattern. But since Guiard apparently was not a « popular heretic », it now seems clear that his trial was conducted in the language of theological precision.

Arnald of Villanova's Letter to « Those Wishing to Live in Evangelical Poverty »

I come now to one text tangibly connected to the case of Guiard of Cressonessart that I overlooked in 1976. This is a letter written by the Catalan physician, prophet of Antichrist, and spokesman for ecclesiastical reform, Arnald of Villanova, addressed to those « wishing to live in evangelical poverty ». Its relevance is based on the fact that much of it inveighs against unauthorized wearing of the *zona pellicea*. Drawing on a tip I gave him, Josep Perarnau announced the link between Arnald's letter and the Parisian data in 1988[24]; then, with Oriana Cartaregia, he edited the complete text in 1993[25]. Yet the letter remains « new knowledge » concerning Guiard's case because it hitherto has gone virtually unnoticed in the body of scholarship pertaining either to Marguerite Porete or her « accomplice »[26].

24. J. Perarnau, « Noves dades biogràfiques de mestre Arnau de Vilanova. II. Arnau de Vilanova i Guiard de Cressonessart », *Arxiu de Textos Catalans Antics*, 7-8, 1988-1989, p. 279-280. This first attempt by Perarnau at dating and accounting for the letter is very rough and is unfortunately misled by the mistaken dating by Paul Verdeyen of the opening of Guiard's trial to 1309 instead of 1310.

25. O. Cartaregia and J. Perarnau, « El text sencer de l'*Epistola ad gerentes zonam pelliceam* d'Arnau de Vilanova », *Arxiu de Textos Catalans Antics*, 12, 1993, p. 7-41 (hereafter : « El text »). Perarnau had already published the letter, without knowledge of the connection to Guiard's case, from an incomplete copy in the anthology of Arnald's writings in Biblioteca Apostolica Vaticana, Vat. lat. 3824 : « Troballa de tractats spirituals perduts d'Arnau de Vilanova », *Revista Catalana de Teologia*, 1, 1976, p. 489-512. The edition he made in collaboration with O. Cartaregia is based on a collation of the Vatican manuscript with a complete copy discovered by Cartaregia in a manuscript now in Genoa.

26. There is no trace of it in I. Leicht, *Marguerite Porete*, which otherwise contains a full consideration of the evidence concerning Guiard. Nor do either of the Perarnau titles appear in the extensive bibliography given by B. Hahn-Jooss, Ceste Ame est Dieu par condicion d'Amour. *Theologische Horizonte im* Spiegel der einfachen Seelen *von Marguerite Porete*, Münster, Aschendorff, 2010, p. 287-295. An exception is a passing reference in L. A. Burnham, *So Great a Light, So Great a Smoke : The Beguin Heretics of Languedoc*, Ithaca, Cornell UP, 2008, p. 150, n. 65.

First, a brief summary. Writing for the benefit of those who wish to advance in « the spiritual life of evangelical perfection », Arnald offers guidance under four headings : poverty, humility, charity, and chastity. Concerning poverty and chastity his advice is brief and routine. The section on humility is slightly longer but noteworthy only insofar as it advances a proper response to the possibility of being called a heretic. Were that to happen, one should not reply « you lie », but instead answer : « "Brother", or "Lord", saving the reverence due to you, I am not one ». Why so ? Granted that the charge is false, one cannot be sure of its motive [27]. In teaching humility to devotees of apostolic poverty, Arnald evidently foresees a chance that they might be charged with heresy. Yet the phrasing is conditional, offering no indication that he had any particular case in mind.

The section on charity, by far the longest, inveighs against the wearing of a leather belt (*zona pellicea*). Charity is at issue because the charitable person seeks the salvation of others, and in so doing guards against offending the weak and ignorant with gratuitously outrageous behavior. An example is wearing a leather belt, unnecessary for perfection of the spiritual life or the practice of evangelical poverty. Those seeking to pursue an evangelical calling should take Christ and the apostles alone as models. Granted that John the Baptist wore a leather belt, he « was not the light but witness to the light », and he did not offend by wearing it, for the gospels indicate that he wore it only in the desert. Accordingly, those devoted to John can licitly wear the belt « in the solitude of the desert » [28]. But wearing the belt in populated places is licit only if is not « prohibited by a bishop or official [meaning episcopal official] or any ruler of the Church ». Those who might continue wearing the belt when it is prohibited might be pleasing themselves, but they would be contradicting true charity because they would not be helping the weak and ignorant. Indeed they might be alienating them, for the ones they might otherwise help might conclude they were schismatics or heretics.

Arnald proceeds further to say that one should not suppose that rulers of the Church who prohibit the wearing of the leather belt do so out of malice. They may wish in good conscience to avoid placing people under excommunication for violating the Decretals, which prohibit the founding of new orders without the consent of the apostolic see. And even if the prohibition itself were malicious, violating it would be prideful. In conclusion Arnald addresses the objection that Christ himself gave license for the faithful to imitate John the Baptist. Christ indeed praised John when speaking to crowds, but this did not mean that he wished them to imitate John in every way. Moreover, when Christ said to the Pharisees « John came to you in the way of justice » (Matth. 21, 32), he meant that John could be imitated in the execution of justice, which excluded

27. « El text », p. 27-28.

28. Here Arnald may have meant to be acknowledging an exception for the Augustinian Hermits, but of course in reality the members of this new mendicant order were « hermits » only in principle.

imitation according « to the signs of justice which he observed in exterior things ». By this standard (imitating John's life) the apostles themselves would have failed the test. In sum, one could wear the belt « spiritually » by « cultivating the justice of perfect chastity in girding one's flesh » ; to that degree « no one can prohibit this spiritual belt to anyone ». Yet « every vicar of Christ can prohibit a tangible one ».

Because the circumstances of Arnald's letter are not easy to determine, one must begin with an inquiry into dating. A firm *terminus ante quem* for the composition is late summer 1311 on the grounds of Arnald's death in a shipwreck off the coast of Genoa on 6 September 1311 [29]. A *terminus post quem* can be based on the appearance of the letter in a collection of Arnald's writings made for the papal curia, now MS Vat. lat. 3824. Aside from our letter, the entire collection was copied in 1305, with the last item done shortly after the month of August ; then, sometime after that, the letter to "the cultivators of evangelical poverty" was added [30]. Although this copy could have been made anywhere between early autumn 1305 and the end of Arnald's life, there seems good reason to attribute the addition to the direction of Arnald himself. Vat. lat. 3824 was a virtually complete anthology of Arnald's Latin « spiritual » writings, and the author himself would have wanted to bring it up to date with the addition of his latest work. If so, this would give a *terminus ante quem* of March 1309, when Clement V moved his curia from Poitiers to Avignon, for Arnald could only have had access to the manuscript in Avignon. Two time spans would then be permitted for the copying of the letter in the Vatican manuscript on the grounds of Arnald's known presence in or near Avignon concurrent with the residence in Avignon of the curia : July through early September 1309, and parts of the time between February and June of 1310 [31]. Of these two, the argument for July-September 1309 seems stronger. First of all, this was the more extended stay : Arnald is only known for certain to have been in Avignon during 1310 on 8 June, although he was in Marseilles on 19 February and 17 June [32]. Secondly, the Vatican manuscript does

29. Martí de Barcelona, « Regesta de documents arnaldians coneguts », *Estudis Franciscans*, 47, 1935, p. 261-300, at p. 293, n° 151.

30. Biblioteca Apostolica Vaticana, Vat. lat. 3824. For analysis, J. Perarnau i Espelt, « L'*Allocutio Christiani* [...] de Arnau de Vilanova », *Arxiu de Textos Catalans Antics*, 11, 1992, p. 7-135, at p. 12-24, and *id.*, « Noves dades sobre manuscrits "espirituals" d'Arnau de Vilanova », *Arxiu de Textos Catalans Antics*, 27, 2008, p. 351-424, at p. 372-83. Perarnau proposes a copying of the letter « around 1309 » in the former article (p. 24) and « around 1310 » in the latter (p. 374).

31. 1309 : Martí de Barcelona, « Regesta », p. 286-88, Martí de Barcelona, « Nous documents per a la biografia d'Arnau de Vilanova », *Analecta sacra Tarraconensia*, 11, 1935, p. 85-127, at p. 117 ; 1310 : Martí de Barcelona, « Regesta », p. 290-292.

32. Respectively Martí de Barcelona, « Regesta », p. 291, n° 135 ; 290, n° 132 ; 292, n° 136. Note too Martí de Barcelona, « Nous documents », p. 121, regarding 1310 : « l'estada d'A. a la Cort Papal fou aquesta vegada breu ».

not include a work that Arnald wrote in October 1309, creating the probability that he arranged for the inclusion of the letter that concerns us before then [33].

The likelihood of composition before or during the period between July and September 1309 is confirmed by a second retrieved copy. This appears in a manuscript now in Genoa that once was owned in Florence by Lorenzo de'Medici's physician, Pierleone of Spoleto († 1492). The Genoa manuscript consists of three discrete parts, all of Catalan provenance but perhaps not bound together before they reached Pierleone. The first and third, containing respectively a work by Ramon Lull and a medical treatise by a Valencian physician (and revealing a Catalan watermark), have no direct relevance. The second part, dating from roughly the opening of the fifteenth century, is the one that contains the letter by Arnald of Villanova. Its Catalan provenance is established by the scribe's employment of a characteristic Catalan orthographical trait: « tunch » for *tunc*, « nunch » for *nunc*. Most likely the unit originated in Barcelona, for Pierleone acquired at least two other manuscripts from that city [34]. Given its Catalan provenance and the fact (to be treated presently) that its remaining contents are also associated with Arnald, strong grounds exist for believing that it descended from an exemplar made by someone close to Arnald. Indeed the possibility cannot be excluded that it came from Arnald's « publishing house » in Barcelona, financed by income Arnald himself had provided [35].

It helps now to examine the entire contents of the second part of the Genoa manuscript, all written in the same hand. First comes our letter, and then an anonymous text, *Conflictus Iudeorum*. This is a polemical confrontation with a certain

33. I refer to the *Interpretatio de visionibus in somniis*... as F. Santi, « Gli *Scripta Spiritualia* di Arnau de Vilanova », *Studi medievali*, 3rd series, 26, 1985, p. 977-1014, at p. 993, n° 40.

34. For the contents of the Genoa manuscript, « El text », p. 22-23, and for further analysis, Perarnau, « Noves dades sobre manuscrits », at p. 415-24. Vat. lat. 11581, known to have been owned by Pierleone, was copied in Barcelona in 1488: see R.E. Lerner, « The Prophetic Manuscripts of the "Renaissance Magus" Pierleone of Spoleto », in G. L. Potestà (ed.), *Il profetismo gioachimita tra Quattrocento e Cinquecento*, Genova, Marietti, 1991, p. 97-116, at p. 106, n. 10. According to Perarnau, « Noves dades sobre manuscrits », p. 394-98, Vat. Lat. 5732 was copied by the same hand as Vat. lat. 11581, the copyist of both being an employee of the archiepiscopal see of Barcelona, one Miquel Miravet. On the latter see the copious documentation of J. Hernando i Delgado, « Del llibre manuscrit al llibre imprès. La confecció del llibre a Barcelona durant el segle XV », *Arxiu de Textos Catalans Antics*, 21, 2002, p. 257-603. Perarnau, p. 422, favors a theory that the three parts of the Genoa manuscript reached Pierleone via a physician attached to the Valencian Roderic Borja, who rose from the cardinalate to become Pope Alexander VI in 1492, and would have been present in Rome, where Pierleone was residing. This might be an attractive way to account for Pierleone's ownership of the Valencian medical treatise, but not for the other two parts because, as Perarnau shows (p. 421), the binding of the three parts was done by an Italian, and thus most likely someone in Pierleone's service. The latter's well-established interest in prophetic writings make it most probable that he acquired the second part of the Genoa manuscript directly from Catalonia.

35. On Arnald's *scriptorium* in Barcelona, R.E. Lerner, « Writing and Resistance Among Beguins of Languedoc and Catalonia », in P. Biller and A. Hudson (ed.), *Heresy and Literacy, 1000-1530*, Cambridge, CUP, 1994, p. 186-204, at p. 193-94.

« Master Samuel » – evidently the leader of a community of Jews on the island of Sicily – that has been shown convincingly by Josep Perarnau to have been written by Arnald of Villanova [36]. Thereupon follows a copy of the Pseudo-Joachite *Liber de Flore,* with interspersed commentary. Although the authorship of the *Liber de Flore* eludes identification, Gian Luca Potestà has shown that the commentary probably was written by Arnald [37]. If not, the author was surely someone in Arnald's ambiance, for Arnald appears as a heroic character in the text of the commentary [38]. Completing the unit is a hitherto neglected anonymous text, *Tractatus contra passagium in partes ultra marinas*, presenting arguments against launching a crusade. This has been shown by Perarnau to be another work by Arnald [39]. All told, then, we have three works by the same author, as well as one other containing a commentary by that author or someone close to him. Since all are presented anonymously, it is possible to draw the inference that the antigraph was a collection executed by a scribe who assumed knowledge of the common authorship and name of the author.

Working on the assumption that the unit of the Genoa manuscript in question descended from one made under Arnald of Villanova's supervision (or perhaps by a secretary after his death), it seems likely that the three letters were written in close proximity to each other. Josep Perarnau takes another step, proposing that they appear in the order in which they were written [40]. This idea seems attractive, first because all the texts in the Arnaldian anthology, Vat. lat. 3824, are in chronological order, and second because our letter appears in Vat. lat. 3824, whereas the other texts in the Genoa manuscript do not. The dating of the communication to « Master Samuel » unfortunately is troublesome, for it refers to a king, evidently Frederick of Trinacria, taking ruthless action against Jews that apparently is not otherwise recorded [41]. On the other hand, the letter advising against a crusade is

36. J. Perarnau i Espelt, « Problemes i criteris d'autenticitat d'obres spirituals atribuïdes a Arnau de Vilanova », *Arxiu de Textos Catalans Antics*, 13, 1994, p. 25-103, at p. 78-84.

37. G.L. Potestà, « Dall'annuncio dell'anticristo all'attesa del pastore angelico », *Arxiu de Textos Catalans Antics*, 13, 1994, p. 287-344, at p. 324.

38. H. Grundmann, « *Liber de Flore* : Eine Schrift der Franziskaner-Spiritualen aus dem Anfang des 14. Jahrhunderts » in *id.*, *Ausgewählte Aufsätze. Teil 2 : Joachim von Fiore*, Stuttgart, Hiersemann, 1977, p. 101-65, at p. 128-29, 156-62. (This article was published originally in the *Historisches Jahrbuch*, 44, 1929, p. 33-91, where the relevant pages are p. 58-60, 84-89).

39. Perarnau, « Problemes », p. 85-94. Perarnau appears to have overlooked the fact that the same letter appears in a second fifteenth-century copy in another Genoa manuscript. See O. Cartaregia, *I manoscritti « G. Gaslini » della Biblioteca Universitaria di Genova* (Roma, Istituto poligrafico e zecca dello Stato, 1991, p. 29-31, describing manuscript A. IX. 30 : *Tractatus contra passagium in partes ultra marinas quod petrus promovebatur*. Unfortunately the catalogue provides no information about the provenance of this manuscript, which at any rate is otherwise not connected in any obvious way with Arnald. I have not seen this copy. Both the *Conflictus* and the *Tractatus contra passagium* are evidently in urgent need of being edited : Perarnau notices much in both texts, but not everything.

40. Perarnau, « Noves dades sobre manuscrits », p. 422.

41. Perarnau, « Problemes », p. 80 : « Alias mandat vobis ex nunch, et pro deffinitiva sententia vobis dicit, quod si volueritis in terra sua vel dominio remanere, ceperitis infra mensem a die hodierna mutare vos ad solum vel locum quem ista ebdomada vobis faciet assignare extra civitatem vel habitaciones

more helpful. Here Arnald refers to a crusade that already had been called but that so far had issued in failure : those who had reached the sea had found no ships waiting and returned home « scandalized, sorrowful, and grumbling »[42]. The crusade in question evidently was the one called by Clement V in August 1308. This indeed foundered until the winter of 1310, but then a fleet left Brindisi and successfully consolidated the dominion of the Hospitallers on Rhodes[43]. Accordingly, Arnald would hardly have written about a fizzled crusade after early 1310, but could have done so late in 1309. If the argument about chronological order is accepted, that would further confirm the prior argument that the letter of concern here predates October 1309.

We come now to the central question : for whom and for what reason was Arnald writing the letter that contains the adjurations about the leather belt ? Josep Perarnau has assumed that Arnald wrote directly to Guiard of Cressonessart while the latter was in inquisitorial custody (which would have been between late 1308 and early 1310) to convince him to submit to authority and cease wearing his belt[44]. But I would reject this out of hand. For one, it is extremely difficult to imagine that Arnald would have thought that a letter of his could be delivered to someone held in detention by a Dominican inquisitor when he himself was *persona non grata* with the Dominican Order. Secondly, although Arnald's letter treats the matter of the belt at the greatest length, it also offers instructions about poverty, humility, and chastity irrelevant to a man in prison. And, most conclusively, the letter could not have been written to Guiard alone because it was addressed to a plurality rather than to an individual.

Did Arnald know anything about Guiard of Cressonessart's views in particular ? It seems not. Even if one accepts the possibility that he wrote after the trial of 9 April 1310, he could not have had knowledge of the trial's details, for his letter is concerned only with guarding against the wearing of the belt on the model of John the Baptist, whereas Guiard stated in his trial that if « he is not able to have a patron in the New Testament because of the prohibition of the Church, he has taken one in the Old ». In other words, Guiard was calling on the model of Elijah but

christianorum ». As Perarnau, p. 80-81, shows, similar action was taken against the Jews of Palermo, but he does not take account of the fact that this was in July 1312, almost a year after Arnald's death. So far as I can determine, if Arnald's words in the *Conflictus* are not merely rhetorical they could apply to a ruling of uncertain date that was for some reason rescinded. Further study of the *Conflictus* and/or Sicilian events might help clarify this matter.

42. *Ibid.*, p. 86, n. 204 : « Cuius effectus preambula dura iam emergunt. Primo, quia suscitati ex devocione ad transfretandum, venientes ad litus maris nec invenientes alicubi classem ad passagium ordinatum, redeunt scandalizati, et tristes, et murmurantes ».

43. S. Menache, *Clement V*, Cambridge, CUP, 1998, p. 105-110.

44. Perarnau, « El text », p. 17. Subsequently, and more wisely in my view, Perarnau writes that the letter was « clarament adreçat *al grup* francès de Guiard de Cressonessart [...] » (my emphasis), Perarnau, « Noves dades sobre manuscrits », p. 422.

Arnald knew nothing of any such alternative[45]. Additionally, Arnald's letter is silent about « Angel of Philadelphia », « seven churches designated in the Apocalypse », « key of David », and « open door ». These silences seem particularly telling given Arnald's consuming interest in Joachite eschatology. Had he been addressing Guiard with any knowledge of Guiard's sense of calling, it is safe to assume that he would not have left all the eschatology unmentioned. Nor should it be forgotten that the name Guiard of Cressonessart never appears in Arnald's letter.

The possibility cannot be ruled out that the collectivity addressed in the letter included Guiard, for Arnald could conceivably have written before Guiard's arrest in Paris toward the end of 1308. Otherwise it had to have been written to one or another contingent of Guiard's followers while he was being held captive. Certainly we are talking about a group associated with Guiard of Cressonessart, for it would be too much of a coincidence to imagine that there was more than one association of evangelical rigorists wearing a leather belt as the « essence » of its habit during the two or three years in question.

To appraise Arnald of Villanova's motive for admonishing a band of devotees of the apostolic life to comport themselves properly, it seems best to note his activities in behalf of the Spiritual Franciscans and their lay followers[46]. Early in September 1309 Arnald reprehended Pope Clement V and his cardinals in full consistory, excoriating the Franciscan cardinals who were present for conniving in the persecution of Spirituals and beguins[47]. Roughly contemporaneously, he persuaded the pope to call the leaders of the Spirituals to Avignon to allow them a fair hearing. As Angelo Clareno reported, « Master Arnald, anxious for

45. At one point there does seem to be at first glance an apparent echo from the language of the trial document in Arnald's letter. (This is noted without comment by Perarnau in « El text », p. 32.) Guiard maintained in the record that his conduct was authorized by Christ, using the words « giving liberty » (*libertatem dantis*), and Arnald states in the letter that those he is addressing claim that Christ « gave liberty » (*libertatem dedit*). But the near match of two words is misleading, for they refer to different « liberties ». The trial record has Guiard referring to Christ's license to permit an Old Testament patron, whereas Arnald in his letter is addressing the claim of the belt wearers that Christ gave them liberty to imitate John the Baptist. It is true that the letter ends with a reference to « those imitating him [John the Baptist] who will truly announce Christ in the spirit of Elijah », but the « imitation » here concerns John's chastity.

46. It is worth noting that Perarnau's title, « the letter to the wearers of the leather belt », is not strictly warranted, for the letter begins with the words *Cunctis vivere volentibus in evangelica paupertate*. Actually Perarnau's title is based only on a rubric in the Genoa manuscript in light ink that might have been the copyist's idea rather than the author's. I am grateful to K. Kerby-Fulton for calling this point to my attention.

47. For the dating, I follow Martí de Barcelona, « Regesta », p. 287, n° 120. Arnald's Latin address to the consistory survives in his own Catalan translation, the *Raonament d'Avinyó*. See the edition in Arnau de Vilanova, *Obres catalanes. Vol. 1. Escrits religiosos*, M. Batllori ed., Barcelona, Barcino, 1947, p. 167-221. In his preface Arnald states immediately « Quant fuy en Aviyón en casa del papa » ; later (p. 206) he refers explicitly to beguins : « La segona manera per què sé's manifestada en ells la damunt dita furor de perseguir la veritat evangelical és en les pressones seglars, les quals volen fer penitència en àbit seglar, et viure en pobrea et meynspreu de si metexs, axi com són beguins et beguines. »

the reform of the evangelical life, secretly induced Pope Clement [to summon the Spirituals] », his purpose being that they might « inform the pope in writing concerning whatever they were aware of in the Order that ought to be corrected » [48]. Later, in April 1310, Arnald seems to have prevailed with Clement on behalf of the Spirituals again, for in a bull of 14 April 1310, the pope secured the safety of the Spirituals who had come to Avignon, exempting them from the jurisdiction of their Franciscan superiors and ordering the establishment of a commission of cardinals to investigate the persecution of the Spirituals and look into the issues dividing them from the leaders of their Order [49].

In this light it seems evident that Arnald had reason to be concerned that an unlicensed apostolic group such as the fellowship that wore the leather belt not tarnish the Spirituals with a bad name. As the letter indicates, he worried that such a group might be charged with heresy and, were that to happen, urged its members to be meek. Above all, he recognized the wearing of the belt as a likely provocation and not only inveighed against it but virtually invited the vicar of Christ to prohibit it [50]. Given the choice of dates, one shortly before or during the time between July through early September of 1309 seems preferable. This not only would fit with the argument presented above that the letter to those cultivating the apostolic life preceded the one on crusading, but it would fall within a period when Arnald is known to have been in Avignon for some length of time.

The author of the letter need not have been in close contact with his addressees. Indeed it is hard to imagine how he could have been. The wearers of the belt were northerners : Guiard of Cressonessart was of « the diocese of Beauvais » and was present in Paris in the « chapel of the king » ; he tells of defending some of his adherents against Dominicans and Franciscans in Rheims. But Arnald was a southerner who was present in northern France (Paris) only for a short time in 1300. Nor does anything in his letter suggest familiarity with the intended recipients. On the contrary it addresses them in the third person plural [51]. Most likely Arnald heard of these people by happenstance, probably when he was

48. For the dating, I follow F. Ehrle, « Zur Vorgeschichte des Concils von Vienne », *Archiv für Litteratur- und Kirchengeschichte des Mittelalters*, 2, 1886, p. 353-416, at 360. For Angelo's account I use the English translation by D. Burr and E. R. Daniel, *Angelo Clareno : A Chronicle or History of the Seven Tribulations of the Order of Brothers Minor*, St. Bonaventure (NY), Franciscan Institute, 2005, p. 181.

49. *Dudum ad apostolatum*, ed. C. Eubel, *Bullarium Franciscanum*, vol. 5, Roma, 1898, p. 65-68. For analysis, Menache, *Clement VI*, p. 294-95. There is no explicit proof that Arnald was the one who inspired the bull, but the probability is compelling given his prior efforts and his good relations with Clement, who relied on his medical services.

50. « El text », p. 34, l. 169-71 : « Et hanc zonam spiritualem nullus potest alicui prohibere ; sed sensibilem potest quisque vicarius Christi iuxta veritatem evangelii [...]. »

51. E.g. « El text » p. 35 : *debent*. In contrast Arnald uses the first person plural in writing to southern beguins. See J. Perarnau, *L'*Alia informatio beguinorum *d'Arnau de Vilanova*, Barcelona, Facultat de teologia, 1978, p. 83 : *confessam e protestam*.

in Avignon, a beehive for the exchange of news. (Someone who brought the information might perhaps have taken back the letter.) In sum, nothing permits the conclusion that Arnald's text provides evidence of an apostolic « International » with contacts between north and south. Yet, taken together with Guiard's trial testimony, it is of considerable interest in demonstrating the existence of an apostolic group of belted pseudo-friars in an unsuspected time and place [52].

52. The present article was written in 2011. The reader should now refer to Sean L. Field, *The Beguine, the Angel, and the Inquisitor: The Trials of Marguerite Porete and Guiard of Cressonessart*, Notre Dame, Indiana, University of Notre Dame Press, 2012, especially for its complementary treatment of Arnald of Villanova's letter (with some differences in interpretation) and an English translation thereof.

MARGUERITE'S JUDGES
THE UNIVERSITY OF PARIS IN 1310

William J. COURTENAY

Despite attention to the role of canon lawyers in the condemnation of Marguerite Porete [1], it is the faculty of theology that has largely been credited with the condemnation of Porete and *The Mirror of Simple Souls* inasmuch as condemning the work set the stage for the condemnation and burning of Marguerite herself. Although the documents of the trial of Marguerite have been analyzed many times, particularly in recent years [2], this article will attempt to expose what is missing in the picture they provide by viewing them in the context of university documents in the previous decade, particularly at those points where royal initiatives were brought to bear on the University. Specifically, I think it helps in understanding the events of 1310, their notarial record, the role of masters at the University of Paris, both theologians and canon lawyers, and the role of royal advisers if the documents are read against the background of some university and royal documents from the previous seven years.

Apart from the records of the nations and faculties of the University of Paris as well as those of the mendicant and other religious orders – all relatively meager on information for this period – we have two documentary windows into the membership of the university community and their interaction with royal officials in the years immediately preceding the events of 1310. The first group of documents resulted from the conflict between Philip the Fair and Boniface VIII in 1303 – records that give us the names of canons of the cathedral chapter who were in residence, several of whom were doctors of theology, as well as the names of many of those resident in the convents of the Dominican, Franciscan, and Augustinian

1. Lerner, « Angel », at p. 345-346.

2. See in particular H.Ch. Lea, *A History of the Inquisition of the Middle Ages*, New York, Harper, 1887, vol. 2, p. 575-578 ; Ch.-V. Langlois, « Marguerite Porete », *Revue Historique*, 54, 1894, p. 295-299 ; Lerner, *Heresy*, p. 68-78 ; P. Verdeyen, « Le procès d'inquisition contre Marguerite Porete et Guiard de Cressonessart (1309-1310) », *Revue d'histoire ecclésiastique*, 81, 1986, p. 47-94.

friars. Equally important, these documents reveal how the king and his advisers orchestrated events and shaped the written record so as to influence public opinion and achieve their goals. The careful sequencing of events in 1303 and what was included and left out of the resulting documentary accounts will be important in assessing the meaning of the archival record of the process against Marguerite Porete [3].

Some of those active in the University of Paris in 1303 were still active in 1310 and took part in the process against Marguerite, such as Simon of Guiberville, recently appointed chancellor by 1305, Thomas of Bailly, and John of Ghent. Apart from members of the Franciscan, Dominican, and Augustinian convents and the cathedral chapter, all of whom had their individual responses to the call for a council against Boniface recorded, none of the members of the other groups, for example the rector of the University of Paris, the proctors of the four nations in the faculty of arts, or the deans of the higher faculties, was called upon to give a personal, recorded response of adhesion to the king's call for a council. The letter of adhesion from the University was not signed or sealed and was almost verbatim identical with that of the cathedral chapter, both showing signs of preparation by royal notaries in the royal chancery. It should be noted that William of Paris, already a royal chaplain and spiritual guide to Philip the Fair's sons, who was also appointed inquisitor for France in 1303 or 1304 and was later in charge of the trial of Marguerite Porete, was among the earliest at the Dominican convent to support the king – seventh on the list of 133 adherents [4]. St-Jacques was his home convent, and when the Dominican Nicolas of Fréauville became a cardinal in December 1305, William of Paris succeeded him as confessor to the king.

The best example of shaping the written record comes from the mendicant convents in 1303 [5]. Although the names of friars who adhered as well as those who refused to adhere were initially recorded by royal officials at each of the convents, the documents were redrafted for the official record, and only the names of those who adhered were included in the final version of the notarized documents in order

3. On the crisis of 1303 see G. Digard, *Philippe le Bel et le Saint-Siège de 1285 à 1304*, Paris, Sirey, 1936, 2 vols., and the documents in G. Picot, *Documents relatifs aux Etats-Généraux et assemblées réunis sous Philippe le Bel*, Paris, Imprimerie Nationale, 1901 ; S. Menache, « A propaganda campaign in the reign of Philip the Fair, 1302-1303 », *French History*, 4, 1990, p. 427-454 ; W.J. Courtenay, « Between Pope and King : the Parisian Letters of Adhesion of 1303 », *Speculum*, 71, 1996, p. 577-605.

4. A. Dondaine, « Documents pour servir à l'histoire de la province de France : l'appel au concile (1303) », *Archivum Fratrum Praedicatorum*, 22, 1952, p. 381-439. William of Paris was already a royal chaplain by 1297 and confessor for the king's children by 1299 before becoming inquisitor for France and confessor to the king. He was trained in theology and canon law, but not necessarily doctor in either. He authored a work of pastoral theology, *Dialogus de septem sacramentis*, and a work in canon law, *Tabula super decretales et decreta*.

5. Although a convent for the Carmelite Order existed at Paris by the late thirteenth century, there is no evidence that royal officials in 1303 sought to enlist its support.

to create the impression of unanimity [6]. Moreover, while the initial list recorded names in the order in which they appeared before the royal inquisitors, the revised lists rearranged the names according to academic rank beginning with the masters of theology or officials of the order. The response of the resident canons at Notre-Dame was similarly reshaped. Of the fifteen to twenty canons who would have been in residence, the names of only twelve were recorded. One canon who initially refused to adhere, Martin de Rippa, who was also a master of theology, was pressured to change his vote two weeks later and support the call for a council against Boniface [7]. From the standpoint of documentation, therefore, a substantial effort went into creating a dossier that would tell only one version of events and give the impression of unanimity. William of Paris, even if he did not play as public a role in these events as his fellow Dominicans, Renaud d'Aubigny and Nicolas of Fréauville, was probably active behind the scenes or, at the very least, had a front-row seat on how one pursues a desired course of action, stages events, enlists the support or, if necessary, coerces the support of persons of standing, and shapes the written record to create the appearance of enthusiastic unanimity. This feature of royal record-keeping under Philip the Fair needs to be kept in mind when assessing whether the documents of the trial of Marguerite Porete give us an accurate and complete picture [8].

Two other features of the events of 1303 are worth noting. Although Philip the Fair played the major role, the documents portray him less as the initiator of events than as a king responding to the outcries of barons, church leaders, and others to resolve the crisis. Secondly, Philip wished to be seen as taking action only after receiving counsel from major advisors and learned authorities. These two features have a parallel in the way the documents in the trial of Marguerite and Guiard describe the actions of William of Paris. Appearances mattered.

The second group of documents is those that emerged from Philip's campaign against the Templars, which began in October 1307 with their arrest and the confessions held at the Temple in Paris on October 25 and 26 [9]. The respective

6. E. Longpré, « Le B. Jean Duns Scot : pour le Saint Siège et contre le gallicanisme (25-28 Juin 1303) », *La France franciscaine*, 11, 1928, p. 137-62 ; Courtenay, « Between Pope and King », p. 589-602.

7. Picot, *Documents*, p. 379, from Paris, Arch. Nat., J 488, n° 530.

8. It must be acknowledged that documents disappear over time and that many if not most losses in an archival record are accidental rather than intentional. For an apt illustration of this one need only compare the inventory of documents on the crisis of 1303 compiled by Pierre Dupuy when he reorganized the royal archives in the early seventeenth century, *Histoire du differend d'entre le pape Boniface VIII et Philippes le Bel roy de France*, Paris, 1655 ; repr. Tucson, Ariz., Audax Press, 1963, and those edited by Picot ; see P. Guérin, « Note sur les sources et sur l'établissement du texte », in the introduction to Picot, *Documents*, p. lx-lxii. That said, the surviving documents of adhesion for the mendicant convents in Paris in 1303 reveal important differences between the lists as initially compiled and the lists reorganized according to rank, with the deletion of names of anyone who did not support the king.

9. H. Finke, *Papsttum und Untergang des Templerordens*, Münster, Aschendorff, 1907, vol. 2, p. 307-313 ; W.J. Courtenay, « The Role of University Masters and Bachelors at Paris in the Templar

written accounts of those attending the confessions, which were intended to be part of a dossier to help convince the pope and others that the Templars were guilty of heresy and allow them to be subject to secular authority, gave the names of prominent members of the university community, primarily those connected with the faculty of theology. Here, of course, we find more persons connected with the trial and condemnation of Marguerite. Those in that category who attended the first confession on October 25 were Simon of Guiberville, still chancellor, Hugh of Besançon, doctor of both civil and canon law, who would play a major role in judging Marguerite to be a relapsed heretic, Laurence of the Val-d'Escolier order (actually Lawrence de Droco, not Laurence of Poulengy, as is usually stated), the German Augustinian Hermit Henry of Friemar, Gerard of Bologna, prior general of the Carmelite Order, and Gerard of St. Victor, an Augustinian canon – all doctors of theology with the exception of Hugh. Although the intent of the list of those attending the confessions was to imply that these prominent figures within the ecclesiastical and university communities at Paris were convinced of the guilt of the Templars, all we actually know is that they attended the confessions, not necessarily that they believed what they heard. The person responsible for summoning selected persons in the university community to attend the confessions was the Dominican William of Paris, inquisitor of heretical depravity in France and now confessor to the king.

Perhaps because the number of those attending the confessions on October 25 was not sufficiently large or did not contain the constituency that would be sufficiently convincing to the papal curia, a second « show trial » was held on the following day, again summoned by the Dominican inquisitor. In addition to Simon of Guiberville, Hugh of Besançon, Gerard of Bologna, Laurence of Val-d'Escolier, Henry of Friemar, and Gerard of St. Victor, we find others – all theologians – whose names are connected with the trial of Marguerite : John of Ghent, William Alexandri, the Franciscan Nicholas of Lyre and the Cistercian James of Dijon, the last two being bachelors of theology in 1307. There were several other bachelors of theology present in October 1307 whose names do not show up in 1310, such as the Dominican Laurence of Nantes, the English theologian and future chancellor of Oxford, Henry of Harclay, the Carmelite Gui Terrena, and the Franciscan and future cardinal Bertrand de la Tour.

As background to the documentation on the trial of Marguerite, several things are worth noting about these documents from October 1307. First, as mentioned already, the events were orchestrated by William of Paris. It was William who arranged the public confessions and summoned specific persons to attend. Second, the notarial records of the confessions were designed to show the attendance, and by implication the support, of important members of the cathedral chapter and

Affair, 1307-1308 », in A. Speer and D. Wirmer (eds.), *1308. Eine Topographie historischer Gleichzeitigkeit*, Berlin-New York, De Gruyter (« Miscellanea Mediaevalia », 35) 2010, p. 171-181.

university community, particularly theologians. This last part is clearly indicated not simply by the addition of more names of university personnel in the record of those attending the second confession, but by reshaping the order of the list so that it foregrounded doctors of theology as the principal group in attendance. Moreover, unlike the record of those attending the first confession, the record of those at the second confession includes the names of bachelors of theology and several advanced theological students on the verge of becoming bachelors, such as Durand of St. Pourçain. Their being mentioned was presumably thought to have some additional persuasive value, and we find that same inclusion of the name of a bachelor of theology, Martin of Abbeville, in the list of those attending the public condemnation of Marguerite on May 31, 1310, in the Place de Grève.

In the March 1308 response by masters of theology to a list of questions posed by the king concerning the Templars, we find even more names connected with the trial of Marguerite [10]. The names of the doctors of theology appearing on that list do not reflect the total composition of the Paris faculty of theology in the sense of regent masters, nor are they a balanced cross-section of theologians resident in Paris at that time. They are a mixture of regent and non-regent masters of theology, almost all of whom belonged to religious orders. Only three secular masters joined their regular, or religious colleagues. Two had recently incepted as masters of theology : William Alexandri and Ralph of Hotot in Normandy, and at this early stage of their magisterial careers they may have been inclined to vote with the majority [11]. The other secular theologian was Peter of St-Omer, who had been regent in theology for almost two decades. He was still active in 1309 but cannot be documented after that date.

Enlisting the support of doctors of theology had been a significant shift in royal policy between 1303 and 1307. In 1303 the king sought the support of the cathedral chapter at Paris, the mendicant convents, and the University of Paris as a whole, not any particular group within it. In 1307-08 Philip continued to seek the support of the cathedral chapter and the leadership of the faculty of arts, but he or his advisors primarily sought to use the authoritative reputation of the Paris faculty of theology through its regent and non-regent masters. It is important to recognize that the only canon lawyer mentioned in the university-related documents of the Templar affair was Hugh of Besançon, and that was in his capacity as a member of the cathedral chapter, not as a doctor of law. It was the perceived greater prestige

10. *Chartularium Universitatis Parisiensis*, ed. H. Denifle and E. Châtelain, Paris, Imprimerie nationale, 1891, vol. 2, n° 664, p. 125-128.

11. Since John of Pouilly did not sign this response and Ralph of Hotot did, it might be worth noting that they were on opposite sides on another issue. Hotot supported the position of Duns Scotus in affirming the Immaculate Conception of Mary, which Pouilly vehemently opposed and attacked Hotot for supporting ; see Pouilly, *Quodl.* III, q. 4 in Paris, BnF lat. 14565, f. 145ra.

and thus propaganda value of doctors of theology that led Philip to submit questions to them rather than to doctors of canon law for whom his questions were actually far more appropriate.

The theological masters in 1308 did not give the king the answers he sought. The resulting document, prepared by the theologians themselves, responded that the Templars retained their ecclesiastical status despite being knights or accused of heresy, that they remained under ecclesiastical jurisdiction, and that their possessions belonged to the church for the defense of the Holy Land. Several prominent secular theologians whose careers had benefitted from royal patronage, namely Simon of Guiberville, the chancellor, John of Pouilly, and John of Ghent, all of whom did participate in the condemnation of Marguerite's articles, did not add their seals to that 1308 document. To the extent that it helps in interpreting the events of 1310, the most important feature of the events of 1307-1308 is the less than successful attempt to enlist the authority of Parisian doctors of theology in support of royal action against the Templars. If William of Paris was among those who encouraged the king to seek their advice in order to bolster his case against the Templars, William learned an important lesson. He did not abandon the idea of using the authority of doctors of theology, the Parisian magisterium, in support of his goals. The lesson of March 1308 was to not let the theologians act on their own but to control the message and events more carefully, particularly the documentary outcome.

This last point is particularly important. How events are described, what documents are produced and by whom, and which are retained, matters. Like the documents of 1303, which were produced by royal officials and preserved in the royal archives, those of October 1307 were recorded by notaries attached to the royal court: Amisius le Ratif of Orléans, Jacques of Vertus, and Evan Phili [12]. The last two were the notaries who drafted the documents in the process against Marguerite. Although the documents recording the confessions of October 1307 are not found in the royal archives today but in the archives in Barcelona because of the interest the king of Aragon took in the matter, they are copies of documents that once existed in Parisian archives, either those of the bishop and his official, or more likely in the royal archives.

The main features of these royal initiatives to be kept in mind – initiatives in which William of Paris took part – are these : (1) staging and sequencing of events to obtain the desired result ; (2) disguising a royal initiative to make it appear that the king was responding to the entreaties of his people to take action in defense of the faith where others had delayed too long ; (3) appearing to be acting only after due deliberation and seeking the advice and counsel of learned men, prelates and others ; (4) controlling the preparation and preservation of documents through

12. Amisius was later made a canon of Notre-Dame and subsequently dean of the cathedral.

royal scribes and officials ; (5) shaping the archival record to make support of the royal position seem unanimous ; and (6) co-opting the reputation of the university, especially the faculty of theology, in support of royal policy.

Against that background I now turn to the documents in the trial of Marguerite and the larger context in which it occurred. A year and a half after the arrest of Marguerite and Guiard of Cressonessart, the self-styled « angel of Philadelphia », William of Paris summoned together a group of theologians and canon lawyers in March of 1310 to gain support for moving ahead with the trial and condemnation of the two suspected heretics, despite their lack of cooperation, their refusal to testify under oath [13]. We have no way of knowing for certain why or how the specific persons named were chosen to attend the meeting. Others may have been summoned who did not attend, and, in light of the earlier documents discussed that were prepared by royal scribes, others may have attended whose names were not mentioned. What we do know are the names of eleven doctors of theology and five doctors of canon law – a two-to-one ratio that reflects the continued perceived preeminence of the faculty of theology at Paris. We also know that all those named as attending the March meeting participated in one or both meetings in April through which Guiard, Marguerite and her book were condemned.

The description of the action taken at the March meeting implied that the theologians deferred to the canon lawyers and allowed them to handle the initial investigation of the two suspected heretics. On April 3, probably at the Dominican convent of St-Jacques, official notarized documents of the decision of the five canon lawyers who attended the March meeting were prepared in which Marguerite and Guiard, respectively, were condemned as heretics, to be turned over to the secular arm if they did not confess and seek absolution [14]. In the notarized account that describes the March meeting and incorporates or imbeds the April 3 opinion of the canonists, four doctors of theology were listed as witnesses in agreement with the decision reached by the canon lawyers. None of these four is listed among the theologians reported to have attended the meeting in March, but they would be among the group of theologians who met a week later on April 11 at the convent of St.-Mathurin and condemned the book that contained the statements on which they were asked to pass judgment [15].

I first want to look at those events from the standpoint of the staging and sequencing of these meetings ; secondly from the standpoint of the documentary record created ; and thirdly from the standpoint of the university personnel who were involved. First, the orchestration of events. For several years William of Paris had been struggling to bring three cases of suspected heresy to a conclusion : first the Templars, with which his direct involvement was suspended in 1307, then

13. Paris, Archives Nationales, J. 428, n° 16. « Cressonessart » is the modern village of Cressonsacq, located near Estrées-St-Denis in the diocese of Beauvais, west of Compiègne.

14. Paris, Archives Nationales, J. 428, n° 19 on Marguerite and n° 17 on Guiard.

15. Paris, Archives Nationales, J. 428, n° 15a.

Marguerite and Guiard. The attempt to harness the authoritative reputation of the Paris faculty of theology in support of the condemnation of the Templars had not succeeded. The majority of theologians in March 1308 refused to agree that the charges against the Templars were sufficient to bring them under secular jurisdiction. Moreover, at a meeting in the chapel of the bishop of Paris in the winter or spring of 1308, twenty-two Parisian doctors debated the question of whether the Templars were relapsed heretics and therefore should be turned over to secular jurisdiction [16]. Nineteen said no, three said yes. One of the three supporting condemning the Templars as relapsed heretics was John of Pouilly. The names of the other two are not known, but my candidates would be Simon of Guiberville and John of Ghent.

Despite the unsatisfactory results of previous attempts to gain the support of Parisian theologians behind royal and inquisitorial initiatives, William of Paris continued to believe that the backing of the theological magisterium in such matters remained crucial. The problem was how to include them in such a way that they did not deliberate and arrive at a position opposed to the outcome William desired. The steps taken in March and April 1310 achieved that end. He began with a joint meeting of theologians and a select group of canonists, portraying himself as one seeking advice and wishing to avoid acting precipitously. He put before them what was essentially a question of legal procedure, appropriate for lawyers rather than theologians ; the latter concurred. He then met with the canonists, presented them with the history of his struggle to get the two accused heretics to recognize their errors and seek absolution, and asked the canonists for their advice, although,

16. John of Pouilly, *Quodl.* V, q. 15, Paris, BnF lat. 15372, f. 181va : « Et dicendum, quod anno captionis Templariorum a prelatis diversarum provinciarum congregatis Parisius multe questiones seu multi articuli de Templariis secundum diversa facta et diversas conditiones ipsorum fuerunt tradite doctoribus sacre scripture et utriusque iuris, ut de ipsis responderent, quid eis videretur. Inter quas questio proposita difficilior videbatur et ipsa sola contrarios habuit iudices in ambabus facultatibus et multo plures dicebant eos non esse relapsos et valde pauci dicebant eos iudicandos esse relapsos, ita quod fuerunt XIX doctores sacre scripture dicentes eos non esse relapsos nullam ad hoc coram prelatis dicti sui rationem assignantes. Ego autem et duo alii tantum contrarium tenuimus pulcras et bonas rationes, quas consequenter recitabo coram dictis prelatis in capella Parisiensis episcopi assignantes, ubi omnium opiniones fuerunt audite. Et, ut tunc dicebatur communiter, nostra opinio a prelatis presertim Parisiensibus extitit approbata ; quod videntes alii doctores nostri opinionem suam postea muniuerunt rationibus et rationes nostras solvere temptaverunt. ». Karl Ubl dates this event to the spring of 1309 primarily on the grounds that royal and papal documents suggest that the question of whether the Templars were relapsed heretics was not raised until then. I am inclined, however, to take Pouilly at his word, that this meeting occurred in the same year as the arrest of the Templars, which by the Gallican calendar ended on 14 April 1308. The issue of relapsed heretics became a viable question when several Templars revoked their confessions in late December 1307. No episcopal or royal record of this event exists – an unofficial debate among theologians need not have been recorded – but in light of the March 1308 response of theologians, it is easier to believe that such a large majority of Parisian theologians refusing to consider the Templars to be relapsed heretics was possible in early 1308 than a year or more later when royal pressure was building for their condemnation and burning. For fuller analysis and arguments, see the introduction to K. Ubl and W.J. Courtenay, *Gelehrte Gutachten und Königliche Politik im Templerprozess*, Hannover, Hahnsche Buchhandlung (« Monumenta Historica Germanica. Studien und Texte », 51), 2010.

as they remarked in their response, he already had the authority to act. They told him to proceed, and they took the additional step of declaring that the accused should be condemned for heresy on grounds of contumacious behavior and be transferred to secular authority. The theologians were never consulted on that issue. At the subsequent meeting on April 11 the theologians were asked only to judge a series of statements or articles, which they were reported to have condemned along with the book containing the articles.

Next, I want to look more closely at the documentary record of those events. The documents are not disinterested accounts, nor are they a complete record. The canonists are said to have produced sealed letters, which do not survive. What we have are copies of those statements, one for each case, which are almost identical in language. The content is what William of Paris told the five canonists. Whether the text was prepared for them or, having been carefully chosen, they knew what they were expected to say, those two documents went well beyond the mandate resulting from the March meeting. Moreover, those statements were incorporated into longer documents that linked those judgments to the March meeting, which theologians attended, making them appear party to the outcome. Only the longer document relevant to Guiard's case survives, but there was certainly a similar document, now lost, probably with identical wording, into which the canonists' judgment against Marguerite was inserted, just as had been done with Guiard's document. The authenticity of the text of the April 3 judgment was attested to by Evan Phili, who prepared the longer document and who was a royal notary who had worked closely with William of Paris in preparing documents connected to the trial of the Templars [17]. The four theologians who acted as witnesses are said to have consented to the counsel of the canonists that took final form on April 3, but whether they were consenting to the counsel to proceed with trial or consenting to the actual condemnation is unclear. Certainly the intent of the longer document is to imply that they agreed with the condemnation. In the end we have only Evan Phili's word for it. The sealed letters of the canonists that he saw no longer exist, and the longer document Evan prepared had only his notarial sign – no seals either of the canonists or theologians.

By the time the theologians were brought back into these deliberations on April 11, the judgments against Marguerite and Guiard had already been rendered. While William of Paris thought it useful to have as many theologians as possible behind these actions, he was careful to limit them to judging selected articles from Marguerite's book, to give them very little time to do so, and to have the result of their deliberations recorded by a royal notary, Jacques of Vertus, working in collaboration with Evan Phili. Although I doubt the theologians were anxious to get involved, the only question ever put directly to them was whether fifteen or

17. Phili was not enregistered with the royal chancery, but he often served as a public notary on documents connected with the royal court.

more articles extracted from a book we know to be *The Mirror of Simple Souls* were sufficiently erroneous or heretical to justify the burning of the book that contained them. Theologians had been dealing with that type of question for two hundred years. The condemnation of articles and even the burning of books did not for them entail the burning of authors. The involvement of theologians as a group in the condemnation of Marguerite is there only by association in the longer document that links the decision of April 3 with the March meeting – a carefully constructed document produced by a royal notary who worked closely with William of Paris.

The account of the April 11 meeting that condemned articles from Marguerite's book leaves many unanswered questions. In numerous instances in the late thirteenth and early fourteenth centuries in which theologians were called upon to judge the orthodoxy of articles extracted from a book, the resulting document proceeds article by article, stating the type and degree of error, and occasionally mentioning differing judgments by specific theologians [18]. Moreover, when such deliberations among doctors of theology took place at Paris, it was the chancellor of Notre-Dame, as representative of the bishop and a senior member of that faculty, who oversaw the meeting and declared the outcome. In the record of the April 11 meeting, the chancellor, Francis Caracciolo, is not mentioned as even being present. The decision of the theologians is reported by Simon of Guiberville, dean of the cathedral chapter, no longer chancellor and not dean of the faculty of theology. The document was prepared by a royal notary, not one of several notaries in the employ of the University. Only two articles are cited, and while these are given as examples, they may have been the only two that a majority of theologians agreed were heretical. In short, we only have Guiberville's summary of the outcome of the meeting, as reported by a royal notary.

If the meeting with the theologians on April 11 had gone as smoothly as the notarial account suggests, why, after a rapid series of meetings (late March, April 3, April 9, April 11) was there a delay of almost a month before condemning Marguerite, why were no theologians present at the meeting that condemned her on May 9, not even those who had attended the April 3 meeting, why wasn't the chancellor involved, and why was there no normal production of a sealed document by the theologians if they actually thought the book containing the statements they saw was heretical and should be destroyed? It is possible that William of Paris and the canon lawyers were trying to give Marguerite time to reflect on her fate and seek absolution, as Guiard had done. But the absence of theologians in the final stages of Marguerite's trial is remarkable if the plan was to use the condemnation of *The Mirror of Simple Souls* and the reputation of

18. J. Koch, « Philosophische und theologische Irrtumslisten von 1270-1329. Ein Beitrag zur Entwicklung der theologischen Zensure », in *id.*, *Kleine Schriften*, Roma, Storia e Letteratura, 1973, vol. 2, p. 423-450; J.M.M.H. Thijssen, *Censure and Heresy at the University of Paris 1200-1400*, Philadelphia, U. of Pennsylvania Press, 1998.

theologians to justify her condemnation. The burning of the Templars on May 12 probably put an end to any muttering on the part of theologians that there had not been due process or that their opinions had not been adequately represented.

Let me now turn to the university personnel involved – the five canon lawyers who condemned Marguerite, the four theologians who were said to agree with that judgment, and the theologians who condemned the articles taken from her book.

First, the doctors of canon law. The faculty of decrees at Paris in 1310 probably had a group of some fifteen to twenty regent masters, and there would have been others who held that degree but were not teaching. Considering that the same group of five canon lawyers participated throughout the proceedings suggests that the inquisitor did not turn the question of whether Marguerite was a relapsed heretic over to the faculty of canon law for deliberation, but to a small group of selected regents in canon law.

William Frere, or William called the Brother, always the first to be mentioned, held a doctorate in canon law, probably from Paris, and had been appointed archdeacon of Lothian in the diocese of St. Andrews in Scotland between 1282 and 1285 [19]. After supporting Edward I in 1296 and having his lands in Midlothian restored to him, he changed sides while on diplomatic mission to Rome in 1301 on behalf of his diocese. In 1302 he moved to Paris, where he joined a group of prominent Scots at the court of Philip the Fair and resumed teaching in the faculty of decrees. In a very real sense, Philip was his royal protector and he, a legal consultant for Philip.

Hugh of Besançon was also attached to the French royal court. As Robert Lerner detailed in an earlier article, Hugh's family helped implement French royal influence in the border region of Franche-Comté, and Philip had helped Hugh's ecclesiastical career, which included canonical prebends in the cathedral chapters of Laon (1304) and Paris (1310) [20]. Hugh was regent master in the faculty of decrees at Paris by 1302. Royal support continued after Philip's death in 1314, resulting both in Hugh's becoming a master of the Grande Chambre of the Parlement of Paris in 1316 and holding dignities in the chapter at Paris before becoming bishop of Paris in 1326.

Two of the other canon lawyers were from Picardy, specifically from the diocese of Arras directly adjacent to the diocese of Cambrai in which Valenciennes, Marguerite's home town, was located. One of these was Henry of Béthune, about whom nothing more is known except that he held a canonical prebend in the collegiate church of Ste-Walburge in Furnes in western Flanders.

19. *Fasti Ecclesiae Scoticanae Medii Aevi Ad Annum 1638*, revised edition, D.E.R. Watt and A.L. Murray (eds.), Edinburgh, Scottish Record Society, 2003, p. 401. For the remaining information, see Watt, *A Biographical Dictionary of Scottish Graduates to A.D. 1410*, Oxford, Clarendon Press, 1977, p. 206-207.

20. Lerner, « Angel » p. 356-357.

The other Picard, John of Thélus, is better documented. He was regent master in the faculty of decrees at Paris by 1301. By 1310 he held a canonical prebend in the chapter of the collegiate church at St-Quentin in the diocese of Noyon. He originally came from the village of Thélus in Artois, just north of Arras, had a very successful career, and at the time of his death left a substantial legacy to the Picard nation in the faculty of arts, which was eventually used to buy a large tract of land along the Seine to the east of Montereau-Fault-Yonne, the income from which created a chaplaincy in the church of St-André-des-Arts in Paris whose first occupant was John Buridan[21]. The last canon lawyer was Peter of Valle, or of Vallibus (both versions of his last name appear in the same document), who is described as the curate of the collegiate church of St-Germain-l'Auxerrois in Paris – a position whose obligations he could fulfill while being regent master in the faculty of decrees in Paris.

The names of these five regent masters of canon law appear in the documents in an almost unvarying order, which seems to be based on seniority, the usual pattern of listing names of university persons in documents prepared by royal notaries and conforming to university practice. William Frere, who had been a doctor of decrees for almost twenty-five years, always comes first, followed by Hugh of Besançon or John of Thélus, who incepted at Paris around 1300, and then Henry of Béthune and finally Peter of Vallibus, probably the most recent doctor. The fact that there were only five canon lawyers involved in the cases of Marguerite and Guiard, and that they remained the same group throughout the proceedings, suggests that they were hand-picked for the task. Regardless of the extent of their attachment to the royal court, we can surmise that the Dominican Inquisitor assumed they could be relied on to provide the desired outcome.

Turning next to the doctors of theology, they were, as stated earlier, a mixture of regent and non-regent masters. Some of them simultaneously held positions as canons of Notre-Dame, whose appointment to the cathedral chapter probably owed something to the support of, or at least acceptance by the king. Within this group we find Simon of Guiberville, regent in theology by 1299, canon and chancellor by 1301, and dean of the cathedral chapter in December 1308 ; Thomas of Bailly, regent by 1301, canon at Paris by 1303, penitenciar by 1310, and later chancellor ; John of Ghent, regent in theology by 1303 and, like Guiberville, a veteran of the crises over Boniface VIII in 1303 and over the Templars in 1307. The most recent of these theologians to have joined the cathedral chapter at Paris was William Alexandri, doctor of theology by 1308 when he was among the responding masters in the Templar affair, and later in that year received a canonical prebend at Paris from Clement V, possibly on the recommendation of the king.

21. W.J. Courtenay, « Une correction au *Chartularium Universitatis Parisiensis*. Le legs de Jean de Thélus et la chapellenie de l'université à Saint-André des Arts », *Paris et Ile-de-France. Mémoires*, 52, 2001, p. 7-18.

The other secular theologians who agreed to the condemnation of articles from Marguerite's book on April 11, were John of Pouilly, Ralph of Hotot (a Norman, not to be confused with Radulphus Brito, who did not become a doctor of theology until 1314), Roger of Roseto, and possibly John of Clairmarais, although this last theologian was more likely a Franciscan or perhaps a Cistercian.

The theologians on the April 11 list who belonged to religious orders were one Dominican : Berengar of Landorra ; two Franciscans : Nicholas of Lyre and James of Ascoli ; three Augustinian Hermits : Alexander of Sant'Elpidio, Henry of Friemar the elder, and Gregory of Lucca ; two Augustinian canons : Gerard of St.-Victor and John of Mont-Saint-Eloi ; two Cistercians : James of Thérines, abbot of Charlieu, and James of Dijon ; and finally three others : the prior of Val-d'Escolier in Paris, Laurence de Droco[22], the prior general of the Carmelites, Gerard of Bologna, and Peter of St. Denis, identified as a Benedictine. Many of these had been regents in theology during the opening stage of the Templar crisis in 1307-08, and some of them had been in Paris in 1303 during the Boniface crisis.

With the exception of Henry of Friemar, the writings that have survived from those theologians do not address the issues on which Marguerite was being tried, and thus we have no way of knowing what they may individually have found or not found to be erroneous or heretical in the articles presented to them. It is important to recognize that the document that emerged from the meeting on April 11 is not one produced by the theologians themselves, as was their response to questions on the Templars in March 1308. The notarized account of the April 11 meeting simply reports the first and presumably last articles extracted from Marguerite's work and states that the masters unanimously agreed that the articles were heretical and the work that contained them should be condemned.

It remains unclear whether the four theologians summoned as witnesses were at the March meeting or only at a meeting on April 3 that declared Marguerite and Guiard heretics. They are not listed with the eleven theologians named as attending the March meeting, but that may be because they were called to act as witnesses, not among those summoned to deliberate. And it is possible that the canonists reached a verbal decision at the March meeting, which the witnesses attested to, although their sealed statement was not completed until April 3. It is equally possible, indeed I think more likely, that the only decision reached at the March meeting was to have the canonists determine whether it was legally possible for the inquisitor to proceed against the accused despite their failure to cooperate.

22. Although Laurence of Val-d'Escolier has usually been identified as Laurence of Poulengy (or Pouligny), the Laurence cited in the record of the meeting at the Templar convent on October 25, 1307, was *Laurentius de Droco* ; see Finke, *Papsttum*, vol. 2, p. 307-309. While I have elsewhere identified *Droco* as Dreux, it should rather be identified as Droué (dpt. Loir-et-Cher, arr. Vendôme) or Droue-sur-Drouette (dpt. Eure-et-Loir, cant. de Maintenon), both in the diocese of Chartres. I am grateful to Sylvain Piron for this correction.

It was the second action of the canonists, namely the condemnation of Marguerite and Guiard, that the witnesses attested and consented to, and that decision was not declared until April 3.

Who were the four theologians selected to witness and consent to the judgment of the canonists, and why had they been selected ? The group was composed of one senior and three junior theologians. The senior person was Alexander of Sant'Elpidio, an Augustinian Hermit, who had incepted as a doctor of theology six or seven years earlier and whose reputation in the Order had increased to the point that he would be elected Prior General of the Order in 1312. He was also among the theologians in that order who departed from the teachings of Giles of Rome, who had taken the side of Boniface VIII in the crisis of 1303. I doubt that Alexander's theological positions were known to William of Paris or of any interest to him, but the fact that Alexander was not among several Augustinian Hermits who wrote in favor of papal power might have been a factor. Second in seniority was Ralph of Hotot, a secular theologian probably in his third year of regency. The other two, the Cistercian James of Dijon and the Augustinian friar Gregory of Lucca, had just incepted in theology, and one might expect the latter would follow the lead of Alexander.

We have no way of knowing why certain doctors of theology presumably resident in Paris at this time, such as the chancellor Francis Caraccioli, Henry Amand, a fellow of the college de Sorbonne, or the Dominican Herveus Nedellec, were not named as having taken part in these proceedings. It is possible that they were present at the meeting on April 11 but that their names were left out of the record for some reason. Caraccioli may have known and shared the view of Godfrey of Fontaines, that although Marguerite's work was not suitable for beginners on the path to God (a view Marguerite herself shared), it was not heretical[23]. The inquisitor, however, as was true of the king, liked unanimous support, and contrary opinions might very easily have been passed over in silence in the written record. But I suspect the answer to the question of the failure of these other theologians to appear in the documents of the case is more mundane : a matter of illness or temporary absence from Paris.

The absence of Francis Caracciolo, the chancellor, however, is worth closer examination. He was a member of a noble family of Naples and a protégé of Robert of Anjou, king of Sicily. We first encounter him as already a theologian and a canon of Beauvais and Rouen in 1307, and a canon of Notre-Dame in Paris in 1308.

23. While we have no statement from Godfrey himself, his reaction is mentioned by Marguerite in the introduction to her *Mirror*; see S.L Field, « The Master and Marguerite : Godfrey of Fontaines' Praise of the *Mirror of Simple Souls* », *Journal of Medieval History*, 35, 2009, p. 136-149.

His route to the chancellorship in 1309 or 1310 was probably a result of the circumstances by which Simon of Guiberville became dean [24]. The deanship had previously been held by Roger of Armagnac, who resigned it at the papal court, which placed that office in the gift of Pope Clement V. In the meantime the chapter at Paris had elected Simon to that office, and he refused to relinquish the chancellorship until his possession of the deanship – a higher paying and more prestigious office – was secure. A compromise was worked out by which Simon, a protégé of King Philip, was allowed to keep the deanship, and presumably the pope in turn was allowed to appoint to the office of chancellor a candidate strongly supported by Robert of Naples, namely Caracciolo. Thus, unlike most of the theologians who held prebends or officies in the cathedral chapter at Paris, Caracciolo had no known connection with the king or royal court and may not have felt obliged to agree with the position of his fellow canons.

The only other theologian mentioned in the documents is the Franciscan Matthew of Abbeville, who was present at the public condemnation of Marguerite on May 31. He was already a bachelor of theology in 1303 and still had not obtained promotion to the doctorate in 1310. Other prominent bachelors of theology known to have been in Paris in 1310 but whose names are never mentioned are Durand of St. Pourçain OP, John of Naples OP, Alain Gontier, Thomas Wylton, Radulphus Brito, Jacques Fournier OCist, and Prosper of Reggio Emilia OESA. Some of these may have been at the public condemnation of Marguerite, but if so, one is left to wonder why so few theologians are mentioned as being present.

Why did William of Paris try to have as many doctors of theology as possible involved in the case of Marguerite Porete, but limited the number of doctors of canon law to five rather than turn the matter over to the faculty of decrees? Put another way, why did he not play it safe and select a small group of theologians who could be relied upon to condemn Marguerite and Guiard rather than risk undoing the earlier negative judgment of Marguerite's book by the bishop of Cambrai by asking a large group of theologians to assess the orthodoxy of selected statements ? The risk was considerable, since masters could be expected to debate each article and were trained to distinguish different meanings, orthodox and unorthodox senses, of a single sentence. The inquisitor could not possibly be certain of all their views on the soul's journey to God and union with the divine. The answer, I think, is that he did not so much want an opinion or judgment from the theologians but rather the imprimatur of their *auctoritas*. The faculty of decrees did not have that prestige or long-standing international reputation as a group. And to ensure that the doctors of theology would play the role William of Paris assigned them, he had his five canonists render judgment in advance, he limited the articles

24. For a fuller examination of the dates of Caracciolo's chancellorship, see W.J. Courtenay, « Francis Caracciolo, the Paris Chancellorship, and the Authorship of two *Quodlibeta* in Vat. Lat. 932 », *Archives d'histoire doctrinale et littéraire du moyen âge*, 80, 2013, p. 49-83.

the theologians were asked to judge to ones they were likely to condemn, and most important, through Evan Phili and Jacques of Vertus, he controlled the documentary record, the preserved narrative, of the process. Left to themselves, the theologians would have proceeded article by article, labeling some erroneous, others as offensive to pious ears, or misleading to the simple faithful, or outright heretical. They may, in fact, have done so. Jacques of Vertus' account of the April 11 meeting simply summarizes the conclusion: the book containing the articles should be condemned. And Evan Phili's document that incorporated the canonists' condemnation of April 3 links the theologians at the March meeting to the condemnation of Marguerite and Guiard by association, even though they had no direct part in it.

The Templar and Marguerite cases ran parallel in April and May of 1310. The day after the condemnation of Marguerite and Guiard on April 3, Clement V postponed by more than a year the opening of the Council of Vienne that was to conclude the matter of the Templars. Philip did not wait. In early May in Paris the trial of the Templars reached a new stage and 54 Templars were burned outside Paris on May 12. The next-to-final stage of Marguerite's case took place on May 9 with her condemnation. Her official public condemnation took place on May 31, and she received the same fate as the Templars the next day. While there is no evidence that Philip took any direct interest in the case of Marguerite, the timing of these events, the king's desire to conclude the Templar affair by treating them as heretics, and the close association of William of Paris with the king suggests a link between these events.

Leaving aside our horror over those events and looking at them as William of Paris might have, the trial of Marguerite Porete was an improvement in procedures over those employed in 1307-08. Doctors of theology, with their supposed expertise in doctrinal matters and their international reputation, remained the principal group called upon to give advice and witness. But the legal questions, namely whether the inquisitor could legally proceed against suspected heretics who would not cooperate, and whether Marguerite was a relapsed heretic, were questions given to select canon lawyers, most of whom were closely associated with the royal court, while the theological question of the heretical nature of the articles taken from Marguerite's book was given to the theologians. And the opinion and judgment of the canon lawyers was sought first, the condemnation of the accused secured, before the theologians were asked for their opinion. Technically speaking, the doctors of theology on April 11 were condemning articles, not a person. What should happen to the author of those articles was not a question ever posed to them.

To what extent were the cases of Marguerite and Guiard of concern to the royal court and connected with the trial of the Templars ? In addition to the fact that the burning of the Templars and Marguerite occurred within a few weeks of each other, the preparation of the notarial record and its preservation are closely associated with the royal court. The notaries who drafted the documents were royal notaries, not ones connected to the bishop's household, the cathedral chapter, or to the University[25]. And as Robert Lerner noted some years ago, the copies of the documents generated on the cases of Marguerite and Guiard, found today in layette J 428 of the Archives Nationales, originally belonged to Philip the Fair's chief ministers, William of Nogaret and William of Plaisians[26]. Philip himself left no fingerprints on the trial, condemnation, and burning of Marguerite, but those in charge of the trial and its documentary record were closely connected to the royal court and policies of the king.

25. For the royal connection of Evan Phili of Saint-Nicaise, see *Registres du Trésor des Chartes*, vol. I : *Règne de Philippe le Bel*, *Inventaires analytiques*, R. Fawtier (dir.), Paris, SEVPEN, 1958, n° 990, 991 ; for Jacques of Vertus, see *ibid.*, n° 1801, 2049, 2118, 2136, 2137.

26. Lerner, « Angel », p. 357.

WILLIAM OF PARIS'S INQUISITIONS AGAINST MARGUERITE PORETE AND HER BOOK*

Sean L. FIELD

How did the Dominican inquisitor William of Paris conceptualize and carry out his inquisitions against Marguerite Porete and her book? There has long been general recognition that he acted in some sense as an arm of the French royal court[1]. William was, after all, King Philip IV's confessor as well as a papally authorized inquisitor for the kingdom of France. But there has been little close consideration of how William's own strategies might have shaped the course of these inquisitions, or what the reasoning behind those strategies might have been[2]. Among the benefits of such a study is a better understanding of the relationship between the inquiry against Marguerite in her person and that against her book. The present essay will suggest that after setbacks stemming from the controversial arrest of the French Templars in 1307, it was essential for William of Paris to conduct his new inquiries of 1310 with the greatest possible circumspection.

* I thank Cecilia Gaposchkin, Robert E. Lerner, and Sylvain Piron for critiquing this essay. My thoughts were clarified by the papers given by William Courtenay, Lydia Wegener, and Julien Théry at the Colloque international Marguerite Porete (May/June 2010), by subsequent discussion with Elizabeth A. R. Brown and Olivier Canteaut, and by the opportunity to read the written version of Professor Courtenay's paper, published in this volume, and that of Dr. Wegener, published as « Freiheitsdiskurs und Beginenverfolgung um 1308 – der Fall der Marguerite Porete », in A. Speer and D. Wirmer (ed.), *1308. Eine Topographie historischer Gleichzeitigkeit*, Berlin–New York, De Gruyter (« Miscellanea Mediaevalia », 35), 2010, p. 199-236.

1. Most recent evocations of the political context draw their inspiration from Lerner, *Heresy*, p. 76-77, and Lerner, « Angel », p. 357-358. But see G. M. Jantzen, « Disrupting the Sacred : Religion and Gender in the City », in *Mysticism and Social Transformation*, J. K. Ruffing (ed.), Syracuse (NY), SUP, 2001, p. 29-44, for a provocative reading of Marguerite's book as more overtly engaged with the politics of Philip IV's Paris than is usually acknowledged.

2. I trace in more detail William of Paris's career and his conduct of the trial in *The Beguine, the Angel, and the Inquisitor : The Trials of Marguerite Porete and Guiard of Cressonessart*, Notre Dame, U. of Notre Dame Press, 2012.

His cautious approach was manifest in his careful control over how, when, and to whom information was dispensed, as well as in his care to keep the process concerning Marguerite separate from that concerning her book. Only at the time of Marguerite's final sentence would William construct a document that purposely obscured this distinction.

WILLIAM OF PARIS : A CHASTENED INQUISITOR IN 1308

William had enjoyed a steady rise to influence at the court of Philip IV. He was a royal chaplain to the king by 1297, confessor to princes Louis and Philip by 1299, a papal inquisitor of heretical depravity for the French kingdom before July 1304 (probably from either late 1303 or early 1304), and confessor to Philip IV shortly after December 1305. He was also the author of the *Tabula juris,* a reference work on canon law written before 1298, and probably also of the *Dialogus de septem sacramentis* written in a first version before 1298 and then revised and expanded (by William or another) [3]. In short, William was a Dominican of Saint-Jacques who was trained in canon law and theology, although not a university master or even (so far as is known) a lector in his order. Most importantly, by 1306 he held the unprecedented combination of confessor to the king and papally empowered inquisitor of heretical depravity.

Elsewhere in this volume, William Courtenay has suggested that William must have learned something by observing the royal attempts to muster support for the conflict with Boniface VIII in 1303, and then more directly from his own role in the arrest and early interrogation of the Templars in 1307. I would add that regarding the Templar case, William learned his lessons the hard way. By the time the Order of the Temple was suppressed by Clement V in 1312, Philip IV might be viewed as having succeeded in his bold attempt to destroy an entire order. But for William of Paris, the daring arrest of the Templars resulted in a humiliating rebuke from the pope and a temporary period of enforced inquisitorial inactivity. At least in the short term, the « trial » of the Templars was a setback to William's career [4].

3. Th. Kaepelli, *Scriptores Ordinis Praedicatorum Medii Aevi*, vol. 2, Roma, Typis Polyglottis Vaticanis, 1975, p. 130-132 ; A. Teetaert, « Un compendium de théologie pastorale du XIII e - XIV e siècle », *Revue d'histoire ecclésiastique,* 26, 1930, p. 66-102. I examine the two versions of the *Dialogus* more closely in « The *Dialogus de septem sacramentis* Attributed to William of Paris, O.P. : One Text in Two Versions », *Archivum Fratrum Praedicatorum*, 80, 2010, p. 133-146.

4. On the trial of the Templars see M. Barber, *The Trial of the Templars*, 2 nd ed., Cambridge, CUP, 2006 ; J. Burgtorf, P. F. Crawford, and H. J. Nicholson (ed.), *The Debate on the Trial of the Templars (1307-1314)*, Farnham, UK and Burlington, VT, Ashgate, 2010 ; and recent work by Julien Théry, especially « A Heresy of State : Philip the Fair, the "Perfidious Templars", and the Pontificalization of the French Monarchy », *Journal of Medieval Religious Cultures*, 39, 2012, p. 117-148.

William helped plan and launch the arrest of the French Templars in 1307. A letter he wrote on 22 September gave instructions to all the inquisitors and Dominican officials of the kingdom as to how to aid in these arrests and interrogations [5]. After the Templars' arrest on 13 October, he then led the questioning of the 138 Templars held in Paris [6]. This activity, however, ultimately brought down upon William if not the wrath, then at least the displeasure of Pope Clement V. Clement was outraged at the way Philip IV had used William's status as papal inquisitor to lay a veneer of legitimacy over his audacious usurpation of the Church's authority to conduct heresy proceedings. As Clement tried to wrest control of these proceedings away from the king, he suspended the ability of all French inquisitors, bishops, and archbishops to proceed against individual Templars, in January or February 1308 [7]. After months of pressure from the king and his legal propagandists, Clement at last relented in July and granted that William and all the other French inquisitors and prelates could again proceed against individual Templars, but only in tandem with other agents appointed by the pope and under new ground rules he laid out. At the same time, he established his own papal commission to take over the larger question of the guilt or innocence of the order as a whole (and reserved the fates of the order's leaders to himself) [8].

There are two important facts to be underlined here. One is that in the two letters of 5 July 1308 that reinstated the powers of William and the other French inquisitors and bishops to deal with individual Templars, Clement V made his displeasure with William clearly, specifically, and publicly known [9]. William was blamed, by name, for the fact that the arrests had happened without the pope's knowledge, and Clement strongly implied that he was restoring William's authority only grudgingly. Moreover, these letters seem to have been well-distributed, with copies known to have been received by the archbishops of Reims,

5. H. Finke, *Papsttum und Untergang des Templerordens*, vol. 2, Münster, Aschendorff, 1907, p. 44-46, here p. 44, from the vidimus preserved in AN J 413 B n° 22 (a digital image of the document is now available through the ARCHIM database at http://www.archivesnationales.-culture.gouv.fr/chan/index.html). Discussion in Barber, *Trial*, p. 67-68.

6. See J. Michelet, *Le procès des Templiers*, Paris, Éditions du C.T.H.S., 1987, vol. 2. This newly-restored document is also available through the ARCHIM database. The last recorded date on which William personally led the questioning is November 17.

7. No actual papal document ordering this suspension is extant, but it can be deduced from the letters Clement issued in July lifting this suspension. See Barber, *Trial*, p. 94-95.

8. Barber, *Trial*, p. 95-124.

9. One letter (*Subit assidue*) was addressed to all the bishops and inquisitors of France. An original of this letter is AN J 416 no. 3 ; a copy is also found in BnF, ms. lat. 10919, fols. 135ra-136vb. The best printed version is the vidimus of 11 February 1309 edited in C. Port, « Livre de Guillaume le Maire », in *Mélanges historiques. Choix de documents,* Paris, Imprimerie nationale, 1877, t. 2, p. 189-569, at p. 418-423. The second letter was directed to William (*Licet indignacionem*). An original is AN L 291 n° 15. A printed version can be found in (M. le Comte) de Loisne, « Bulles de papes pour l'Ordre du Temple, conservées aux Archives nationales (1155-1312) », *Bulletin philosophique et historique (jusqu'à 1715) du Comité des travaux historiques et scientifiques*, 5, 1917, p. 171-236, at p. 232 ; but better is the vidimus of 11 February 1309, edited by C. Port, « Livre de Guillaume le Maire », p. 424.

Bourges, and Tours, and by the bishop of Angers. What this means is that the next time William set out to act by virtue of his authority as « inquisitor of heretical depravity appointed by apostolic authority in the kingdom of France », he would have to be very careful, because it was widely known that his previous conduct in this office had been censured by the pope.

The other fact is simply that William had no further involvement with the trials of the Templars. As individual prelates (most notably Philip of Marigny, the new archbishop of Sens) carried out inquisitions against individual Templars, and the papal commission led by archbishop Gilles Aycelin went about its business, William remained absent from these proceedings. From the perspective of the royal court, he had probably become something of a liability in this affair. Philip IV was resolutely loyal to his circle of advisors, and there is no evidence that William lost favor with the king. But the royal cause was probably best served by keeping William of Paris away from the Templar trials after the summer of 1308.

It was, of course, just at this moment that Marguerite Porete (and then Guiard of Cressonessart) came into William's power, in fall 1308. This means that William should be seen as chastened and even marginalized at the moment that this *beguina* was delivered to his jurisdiction.

The separate proceedings against Marguerite and her book

In assessing how William approached this new case, it is first essential to realize that he waited for a full year and a half, from fall of 1308 until March 1310, before taking concrete legal steps against Marguerite, her book, or her incarcerated supporter Guiard of Cressonessart. Too many studies have been misled by Paul Verdeyen's unfortunate misdating of a key document (AN J 428 n° 15a) to 11 April 1309, instead of 1310. This error caused Verdeyen, and those who have followed him, to think that William of Paris asked theologians to consider extracts from Marguerite's book in spring 1309, and then waited a year before taking further steps [10]. When the chronology is properly understood, it becomes apparent that William allowed the process against Marguerite to unfold at an unhurried pace. According to his own account (embedded in several of the trial documents), he asked Marguerite to take an oath necessary to begin a process with her participation. When she refused, he placed her under major excommunication. He claims, at least, that he then tried repeatedly to cajole her into swearing an oath,

10. P. Verdeyen, « Le procès d'inquisition contre Marguerite Porete et Guiard de Cressonessart (1309-1310) », *Revue d'histoire ecclésiastique*, 81, 1986, p. 47-94. Verdeyen's study did have the virtue of treating the trial documents on Marguerite and Guiard side by side. Although a full understanding of William's handling of Marguerite's case should follow this lead, the present essay will be limited to Marguerite and her book. See Robert E. Lerner's essay in this volume for a reconsideration of Guiard.

but without success. Sometime during these eighteen months he also began to interview witnesses and gather evidence. At last, in March 1310, he moved against her.

The first step was a gathering of fifteen masters of theology and five regent masters of canon law at the Dominican house on an unspecified day in March, 1310. The evidence for this meeting comes only from a document pertaining directly to the case of Guiard of Cressonessart (AN J 428 n° 16), which relates how eleven of the theologians and the five canonists were gathered and asked "to offer counsel" regarding Guiard. The theologians acknowledged that the matter pertained more to the canonists, who rendered an opinion on 3 April (witnessed, rather confusingly, by the remaining four theologians). We can be virtually certain, however, that William's request for counsel at the March meeting related to both Guiard and Marguerite, because the canonists issued two sealed opinions on 3 April, in nearly identical wording; one for the case of Guiard, and one for Marguerite [11].

What do we learn if we examine, with fresh eyes, the document in which the canonists commented on Marguerite (AN J 428 n° 19)? It really only discloses three pieces of information about her: That she was a *beguina* from Hainaut; that she was « suspected for various probable causes of the stain of heretical depravity » [12]; and that after she was brought into William's presence, she had refused an oath and withstood excommunication for a year and a half. The silences here are deafening: Why was she suspected? What was her previous history? How exactly did she come into William's custody? The canonists were not given this information, at least not so far as the formal written record informs us.

So what exactly was the question for which William needed a legal opinion? The query as it actually appears in the canonists' decision is vague, asking only « What further legal steps were to be taken in this matter? » [13]. The nature of the canonists' response, however, makes it clear that they interpreted their charge as determining whether a woman who had refused to cooperate and take an oath, after roughly eighteen months, could be considered a heretic based on this fact alone. Accordingly, their response was that « since the aforementioned suspicion passed

11. The judgment on Guiard is embedded in AN J 428 n° 16 (originally prepared by the notary Evan Phili, and surviving in a slightly later copy notarized by Jacques of Vertus on 4 October 1310), and in an unnotarized copy as J 428 n° 17. The judgment against Marguerite is found, in unnotarized form, in J 428 n° 19. Robert E. Lerner announced the existence of these three documents in 1976, and edited the two concerning Guiard (Lerner, « Angel »). These two documents were then re-edited in Verdeyen, « Procès » which also provides the only edition of J 428 no. 19.

12. AN J 428 n° 19: « Cum quedam beguina, nomine Magareta Porete, de Hannonia, ex causis variis probabilibus super labe pravitatis heretice supecta notabiliter haberetur [...] », ed. Verdeyen, « Procès », p. 60.

13. AN J 428 n° 19: « [...] quid ulterius esset agendum de iure in ipso negotio [...] », ed. Verdeyen, « Procès », p. 61.

over first into vehement and then into violent presumption of heresy [...] the aforementioned unfortunate woman must be considered a heretic and definitively condemned as a heretic and relinquished to secular authority to receive due punishment for the nature of the crime, unless she will quickly repent, before or after the sentence, and return willingly to the unity of the catholic faith and consent to abjure her error publicly to the satisfaction of the inquisitor himself. In which case [...] she will be properly confined in perpetual imprisonment » [14].

It is a striking fact that the canonists left open here the technical possibility that repentance could still save Marguerite's life. This language made perfect legal sense, however, because the only information these men acknowledged receiving indicated that Marguerite was suspected of heresy but was remaining obstinate and uncooperative even under excommunication. Indeed – as the canonists themselves noted – William hardly needed this legal advice, since canon law was clear on this point. But William evidently wished to have this formal confirmation of learned opinion as the basis for any further action. And indeed he now had firm justification to proceed against Marguerite in her person. From 3 April on, Marguerite was liable for punishment as a stubborn heretic and could be turned over to the secular arm at the inquisitor's pleasure.

What emerges most clearly from this document, if read without preconceptions, is William's notable caution. He supplied a specific group of legal experts [15] with only a small of amount of information, relevant to a very limited question and phrased in such a way as to assure the answer he wanted. Once he had the desired response, he could move to the next step in his process.

This next move, however, did not concern Marguerite's personal guilt at all. Instead, William turned to the question of her book's orthodoxy. This was the subject of the meeting at Saint-Mathurin, which was attended by twenty-one masters of theology on 11 April [16]. It is again useful to step back and assess what information is actually conveyed in this document.

The inquisitor asked only « what should be done about a certain book, which he showed them, from which the several articles exhibited there had been extracted, which he had pointed out to them (*demonstraverat*), as he said ». Only two of the articles were then given in the document: The first (« That the annihilated soul

14. AN J428 n° 19: « [...] cum prefata notabilis suspicio heresis primo in vehementem et postmodum in violentam presumpcionem transiverit [...] prefata mulier infelix pro heretica est habenda et diffinitive tamquam heretica condempnanda relinquendaque curie seculari, debitam ulcionem pro qualitate criminis receptura, nisi confestim ante sententiam vel post penituerit recurrens sponte ad fidei catholice unitatem et errorem suum ad arbitrium ipsius inquisitoris publice consenciens abiurare. Quo casu [...] in carcerem perpetuum merito detrudetur », ed. Verdeyen, « Procès », p. 61.

15. See William Courtenay's essay in this volume for the convincing argument that this was a hand-picked subset of the faculty of canon law at Paris.

16. See again William Courtenay's essay for consideration of the specific masters involved, and the fact that very few masters of theology known to be resident at Paris in 1310 were missing from this group.

gives license to the virtues and is no longer in servitude to them, because it does not have use for them; rather the virtues obey [its] command»), and the fifteenth («That such a soul need not care about the consolations of God or his gifts, and ought not to care [about them] and cannot, because [such a soul] has been completely focused on God and thus its focus on God would be impeded»)[17]. These are the only facts about the book or its author included here. Again, the omissions are glaring, even startling: William did not record the name of the author, nor the title of the book; he did not state that the book had been written by a woman, or in the vernacular; and he did not say anything at all about any previous history of the book in relation to ecclesiastical authority. The theologians' response, delivered by the dean Simon of Guiberville, was equally laconic: «That such a book, in which the said articles are contained, should be exterminated as heretical and erroneous and containing heresy and errors»[18].

Thus neither the question posed by William of Paris nor the verdict rendered by the theologians had any bearing on the separate question of Marguerite Porete's personal culpability. Her name is never mentioned in the document, nor is any aspect of her past – not even the fact that only eight days earlier she had been declared a contumacious heretic by virtue of her noncooperation. So far as that issue was concerned, Marguerite's situation had not changed one bit; technically speaking the legal opinion of the canonists as issued 3 April was still operative, and still left open the possibility that repentance could save her life. William, to this point, had posed two entirely separate questions to two different groups of men. The canonists had labeled her behavior as heretical (with no reference to even the existence of a book), and the theologians had labeled her book as heretical (with no reference to Marguerite's personal behavior, history, or legal status). The inquisitor had parceled out only a minimum of information in each case, and recorded only the bare outlines of his inquiry in the documents that survive.

Of course, it is important to acknowledge that a great deal must lie obscured behind the language of the trial documents. There are two good reasons to believe that at least some of the canonists and theologians would have understood how these two halves of Marguerite's case fit together. First, in the small world of the university, which overlapped with mendicant and royal circles, word must have

17. AN J 428 n° 15a (the "a" here indicates that this is the first of two documents copied onto the single sheet of parchment that makes up no. 15. The significance of this format is discussed below): «[...] quid esset faciendum de quodam libro quem ibi ostendit, de quo extracti fuerant plures articuli ibidem exhibiti, quos eis demonstraverat, ut dicebat. Quorum articulorum primus talis est: "Quod anima adnichilata dat licenciam virtutibus nec est amplius in earum servitute, quia non habet eas quoad usum, sed virtutes obediunt ad nutum". Item decimusquintus articulus est: "Quod talis anima non curat de consolacionibus Dei nec de donis eius, nec debet curare nec potest, quia tota intenta est circa Deum, et sic impediretur eius intencio circa Deum"», ed. Verdeyen, «Procès», p. 50-51. The word *item* was omitted and then added over the line by the scribe.

18. AN J 428 n° 15a: «[...] quod talis liber in quo continentur dicti articuli tanquam hereticus et erroneus et heresum et errorum contentivus exterminetur», ed. Verdeyen, «Procès», 51.

gotten around. The Dominican master of theology Berengar of Landore, for example, would have had ample opportunity to converse informally with his confrere the inquisitor. Moreover, many of these theologians had been present at the March meeting where Marguerite's contumacious behavior must have been raised (though they did not take part in the resulting discussion and only a few of them witnessed the canonists' resulting opinion). Surely, had they wished to, the theologians and the canonists could have put these facts together, even if they were not openly stated by William.

Second is the fact that the documents so strikingly omit all information that might have been unhelpful to William's case. This is particularly true of the document (AN J 428 n° 15a) that records the decision of the theologians. Unlike the canonists on 3 April, the theologians did not issue a sealed opinion of their own (so far as the extant evidence demonstrates) [19]. Rather what we possess is a record of the meeting constructed by the two notaries Evan Phili and Jacques of Vertus. It was the latter who actually prepared and signed the extant version, but both men were routinely entrusted with royal business and had previously worked closely with William of Paris on the early Templar depositions in 1307 [20]. In other words, the theologians delivered only an oral verdict ; the written version is the creation of the inquisitor and his two trusted notaries. While this document did need to state accurately what the theologians' final decision had been (inventing words to put in the mouth of the dean Simon of Guiberville would ultimately not have helped the inquisitor's case), William had a free hand to shape his narrative by omitting anything he did not want revealed.

In this regard the inclusion of only two of the (at least) fifteen articles is particularly suggestive. Why only two ? It is often assumed that they were intended only to mark the first and last in the series, as though it would have taken too much time and effort to record them all. This interpretation would be more plausible if it were assumed that the theologians intended to fill in the blanks by issuing their own more full and formal document. So far as is known, however, this never happened. But it is also quite possible that the reason the inquisitor and his notaries included only two articles, is that these were the only two on which full unanimity could be reached by the theologians. If indeed the theologians went over the extracts one by one, they might have found some unobjectionable and others dangerous but not

19. William Courtenay's essay in this volume also draws attention to this fact.

20. Jacques of Vertus is first attested as a notary public in documents that record agreements of towns in Flanders to the peace treaty with France from July 1307 (found in AN J 549 n° 2), and in the documents generated by William of Paris's interrogations of Templars in October and November of that year (see Michelet, *Procès*, vol. 2, p. 317, 325, 347, 361, 365, 370, 377, 386, 393, 401, 408). He worked with Evan Phili in both these instances, as he continued to do in the trial presently under consideration. I am deeply grateful to Elizabeth A. R. Brown and Olivier Canteaut for sharing information with me concerning Jacques. Professor Brown is currently preparing a close study of his notarial career, including his role in the production of the documents studied here.

heretical[21]. In any case, the demonstrable fact that relevant information was purposely omitted from the inquisitor's written account of this meeting means that other kinds of information could also have been communicated orally without finding its way into this document.

Nevertheless, even when these cautions are duly considered, it remains true that the theologians were formally consulted only on the abstract question of whether the extracted propositions, presented in good scholastic form in Latin, were heretical. Given William's ability to control the nature of the extracts, there may have been little doubt about what verdict would be reached. But, again, William was being quite cautious, and (in a certain sense) even respectful of Marguerite. To take extracts from the writings of a lay woman, put them into Latin[22], and present them for the consideration of nearly the entire faculty of theology at the University of Paris was unprecedented. And whatever the theologians may or may not have known about Marguerite through hearsay and casual conversation, William of Paris did not, in fact, want a judgment from them at this point on Marguerite's personal culpability, but only on the discrete question of whether this book could be judged to contain heresy. In that regard, the meeting of 11 April was again a success for the inquisitor.

At this juncture, William had in fact completed one of his two processes, the one against Marguerite's book. The question of Marguerite's personal culpability, however, was still hanging. The 3 April opinion from the canonists allowed William to consider Marguerite guilty of heresy by virtue of her non-cooperation, but it also raised the possibility of her repentance. Indeed, the opinion was probably intended to pressure her to repent and cooperate, and William may even have purposely been preserving his own ability to sentence her as something other than a relapsed heretic, if he so desired. The 3 April opinion thus remained rhetorically problematic as a justification for a final sentence. In order to reach a definitive judgment, William once more assembled his team of five masters of canon law. The location of this meeting is not known, but it must have been held on or shortly before 9 May, since that was the date of the resulting sealed document produced by the canonists[23].

21. I owe this observation to William Courtenay.

22. It has occasionally been claimed that William of Paris must have prepared a full (and hence the first) Latin translation of the *Mirror* as part of the trial. See, most notably, P. Verdeyen, « La première traduction latine du *Miroir* de Marguerite Porete », *Ons geestelijk erf*, 58, 1984, p. 388-389. An effective refutation was provided, however, by Ed. Colledge, « The New Latin *Mirror of Simple Souls* », *Ons geestelijk erf*, 63/64, 1989/1990, p. 279-287. See also *id.*, « The Latin *Mirror of Simple Souls* : Margaret Porette's ultimate accolade ? » in H. Phillips (ed.), *Langland, the Mystics and the medieval English tradition. Essays in honour of S.S. Hussey*, Woodbridge, Boydell, 1990, p. 177-183, and Lerner, « New Light », p. 112. To my mind, no serious evidence for the existence of a complete Latin version in 1310 has ever been adduced.

23. The surviving document, J 428 n° 19bis, is an unnotarized copy of the original sealed document.

The lawyers now stated that William had « recently » made known to them his version of Marguerite's history, which he claimed to have from numerous trustworthy witnesses : She had authored an unnamed book « containing heresies and errors » which had earlier been condemned and burned by Guido of Collemezzo, the former bishop of Cambrai ; she had been warned by the bishop, in writing, not to circulate or teach such a book again, on pain of being relaxed to the secular arm ; she had disobeyed this order, and in fact had recopied and again possessed her book (« and others »), sending it to simple people, « beghards and others », and to the bishop of Châlons-sur-Marne ; this disobedience landed her before an unnamed inquisitor of Lorraine and then the new bishop of Cambrai, Philip of Marigny ; and to both of these men she had admitted having possessed again copies of her book [24]. In light of all this new information, the inquisitor's question was simple : Should this *beguina* be judged relapsed ? The response was straightforward : « This same *beguina* [...] is to be judged relapsed and deservedly relinquished to the secular court » [25].

It is a fascinating fact that William of Paris proceeded this far before finally producing a document recording his version of Marguerite's previous history. Why did the story of her previous confrontations with ecclesiastical authorities not appear in the documents dated 3 and 11 April ? One possible interpretation could be that William only became aware of this information between 11 April and 9 May. Because there is no further evidence for how, when, and where he interviewed his witnesses (or who these witnesses were), it might seem worth wondering whether this was all new information to the inquisitor himself. The larger context, however, renders this scenario highly improbable. Although the exact mechanism by which Marguerite got from the custody of the inquisitor of Lorraine and bishop Philip of Marigny to that of William of Paris is one of the murkiest elements in her whole

24. AN J 428 n° 19bis : « [...] ipse inquisitor contra eam nichilominus inquisivit, et ex deposicione plurium testium invenit, quod dicta Margareta librum quemdam composuerat continentem hereses et errores, qui de mandato reverendi patris domini Guidonis, condam Cameracensis episcopi, publice et sollempniter tamquam talis fuerat condempnatus et combustus. Et per litteram predicti episcopi fuit ordinatum, quod si talia sicut ea que continebantur in libro, de cetero attemptaret verbo vel scripto, eam condempnabat et relinquebat iusticiendam [*sic*] iusticie seculari. Invenit etiam idem inquisitor quod ipsa recognivit in iudicio semel coram inquisitore Lotharingie et semel coram reverendo patre domino Philippo, tunc Cameracensi episcopo, se post condempnacionem predictam habuisse librum dictum et alios. Invenit etiam idem inquisitor quod dicta Margareta dictum librum in suo consimili eosdem continentem errores, post ipsius libri condempnacionem, reverendo patri domino Johanni, Dei gratia Cathalaunensi episcopo, communicavit ac necdum dicto domino sed etiam pluribus aliis personis simplicibus, begardis et aliis, tamquam bonum », ed. Verdeyen, « Procès », p. 78 [where *fuerat condempnatus* is incorrectly read *fuit condempnatus*, and where, in the second instance of *Invenit etiam idem inquisitor*, the word *idem* is omitted].

25. AN J 428 n° 19 bis : « Consultacio autem ex predictis resultans per prefatum inquisitorem, ut pretactum est nobis facta talis est, videlicet utrum ex talibus dicta beguina debeat relapsa iudicare ? [...] dicimus quod ipsa beguina, supposita veritate facti precedentis, iudicanda est relapsa et merito reliquenda est curie seculari », ed. Verdeyen, « Procès », p. 79.

story, there can be no doubt that these two men would have informed William of her history. The inquisitor of Lorraine was likely a fellow Dominican, and surely would have communicated his experience to his colleague[26]. More concretely, Philip of Marigny and William of Paris were part of the same circle of royal advisors. They must have known each other and crossed paths not infrequently. Philip would hardly have left William in ignorance. In sum, William could not have taken over Marguerite's case without also acquiring specific knowledge of her earlier history.

If it is granted that the inquisitor himself must have possessed this information long before the spring of 1310, it might still be possible to argue that its absence from the first two documents in the dossier is misleading; perhaps Marguerite's history was freely discussed, but William simply chose not to record it. This possibility cannot be completely disproved. Nevertheless, the correct reading of the 9 May document actually does offer evidence to suggest that this story really was new information to the canonists at this point. At the beginning of the document, the canonists state: « Be it known that the venerable, devout and discreet brother William of Paris of the Order of Preachers, appointed by apostolic authority as inquisitor of heretical depravity in the kingdom of France, recently has made known to us the case which follows and requested the consultation with us that is noted below »[27]. The word *nuper* (recently) does not appear in the 3 April document, and its inclusion here suggests that something had occurred since the last time these men met (this indication has unfortunately been obscured by the fact that the standard printed edition of the trial documents misread this word as *super* !)[28].

It therefore seems most probable that William was not only in possession of these « facts » for months – probably dating back to the time of Marguerite's arrival in Paris – but that he chose to keep this information to himself. In this light, his control over information during his initial steps against Marguerite and her book appears even more successful and systematic. Indeed, this pattern continued to be evident in the 9 May document itself. Even as William at last revealed Marguerite's

26. In a recent article I in fact argue that this inquisitor of Lorraine was the *frater Radulphus de Lineyo* who sent a letter to Philip IV reporting his interrogation of two German Templars (AN J 413 n° 15) in 1307. See « The Inquisitor Ralph of Ligny, Two German Templars, and Marguerite Porete », *The Journal of Medieval Religious Cultures*, 39, 2013, p. 1-22.

27. AN J 428 n° 19bis : « Noveritis virum venerabilem devotum et discretum fratrem Guillelmum de Parisiis, ordinis predicatorum, inquisitorem heretice pravitatis in regno Francie auctoritate sedis apostolice deputatum, nuper processum qui sequitur nobis intimasse, consultacionemque nobis fecisse inferius annotatam », ed. Verdeyen, « Procès », but incorrectly reading *super* for *nuper*.

28. See previous note. In the only earlier edition of this document, Henry Charles Lea (really his paid copyist) read *inque processum*. See *A History of the Inquisition of the Middle Ages*, New York, Harper, 1887, vol. 2, p. 575-578 (reprinted in P. Fredericq, *Corpus documentorum inquisitionis haereticae pravitatis Neerlandicae*, vol. 1, Ghent, J. Vuylsteke, 1889, p. 155-160). Thus the correct reading of this passage has never appeared in print.

earliest history here, he did not remind the canonists about their own judgment of 3 April or the fact that the book had once again been condemned on 11 April. Again, he asked a simple, discrete question, and kept it isolated from all other issues. His earlier question had concerned labeling Marguerite as « lapsed » into contumacious heresy ; the information he provided on 3 April bore on that issue. Now he was pursuing the separate legal question of whether her fuller history warranted the status of « relapse », which would implie a virtually certain death at the hands of the secular authority. The information he now shared was accordingly geared to this second question.

RETROSPECTIVELY COMBINING THE TWO PROCEEDINGS

Only at the moment of the sentencing, on 31 May 1310, did William bring together the case against Marguerite and the case against her book and put them both into a chronological narrative constructed out of the earlier consultations and his own inquiries. The sentence that William read out in the Place de Grève, in front of a large crowd and a host of royal and church officials, now retraced the steps taken in the earlier documents. It recounted Marguerite's arrest, stubborn refusal to cooperate, and excommunication : « Because of which, according to canonical sanction, we consider and must consider you as convicted and confessed and as lapsed into heresy or as a heretic » [29]. The sentence then repeated the findings about her earlier history that had been revealed to the canonists. And, continued William, « therefore [...] we condemn you by sentence, Marguerite, not only as one lapsed into heresy but as one relapsed, and we relinquish you to secular justice [...] » [30].

Only then, having narrated to the end his case against Marguerite's person, did William proceed to the issue of the book : « And we condemn, by sentence, the said book as heretical and erroneous, as containing errors and heresies by the judgment and counsel of the masters of theology residing in Paris, and now we want it to be exterminated and burned, and strictly order that every and each person having the said book, under pain of excommunication, is required to turn it over without fraud to us or to the prior of the Preaching Brothers of Paris, our commissioner, before the next feast of the apostles Peter and Paul » [31]. The book was presumably burned on

29. AN J 428 n° 15b : « Propter que secundum xancciones canonicas pro convicta et confessa ac pro lapsa in heresim seu pro heretica te habemus et habere debemus », ed. Verdeyen, « Procès », p. 81.

30. AN J 428 n° 15b : « [...] te, Margaretam, non solum sicut lapsam in heresim, sed sicut relapsam sententialiter condempnamus et te relinquimus iusticie seculari...] », ed. Verdeyen, « Procès », p. 82, but reading *finaliter* for *sententialiter*. I thank Elizabeth A. R. Brown for pointing out the correct expansion of this abbreviation.

31. AN J 428 n° 15b : « Dictum etiam librum tanquam hereticum et erroneum ut pote errorum et heresum contentivum iudicio magistrorum in theologia Parisius existencium et de eorundem consilio sententialiter condempnamus ac nunc exterminari volumus et comburi, universis et singulis habentibus dictum librum precipientes districte et sub pena excommunicationis, quod infra instans festum

the spot, but also remained, in a certain sense, under the jurisdiction of the Church, in so far as copies were to be turned in to the Dominicans – even as Marguerite herself was abandoned to the secular arm and burned alive the next day.

As momentous and horrific as that execution was, the analysis here ends properly not with Marguerite's death – since the details of that event were entrusted to the Provost of Paris – but with William of Paris's concluding bit of paperwork; or, to be more exact, parchment work. After the sentences of 31 May had been read out, and the crowds had left the Place de Grève, William and his notary Jacques of Vertus had further record keeping to do. It is impossible to know if other now-lost copies of documents might have been prepared at the same time, but what does survive is the large piece of parchment (586 x 400 mm), now known as Archives nationales de France J 428 n° 15. On this piece of parchment are found two texts, each notarized by Jacques of Vertus. These two texts are usually treated separately (and have been to this point here), because « n° 15a » on the top quarter of the sheet is the only surviving copy of the theologians' judgment on extracts from Marguerite's book from 11 April, while on the lower three-fourths of the sheet (« n° 15b ») are the 31 May sentences of Marguerite and Guiard of Cressonessart. Chronological analysis of the trial thus demands sequential treatment of the two texts. But it is also essential to realize that these two documents survive only as they were copied onto this single sheet of parchment, and that this copying cannot have occurred until after the sentencing of 31 May, because the preamble to the sentences lists in detail, using a past tense, all the important men who were present on that occasion.

Copying these two notarized acts together onto one piece of parchment was a deliberate choice, one which joined together, after the fact, the two discrete processes against a book and its author. For now the first item that confronts a researcher digging into the trial dossier in carton J 428 is a large, very impressive piece of parchment, that first records how twenty-one theologians condemned extracts from an unnamed book from an unnamed author on 11 April, and then relates how Marguerite Porete was sentenced to certain death, and her book ordered « exterminated », on 31 May. This juxtaposition created the illusion that the theologians' authority justified the burning not only of a book of of its author. Why did William not preface the sentences on J 428 n° 15 with the judgment of the canonists that found Marguerite to be relapsed ? This would in fact have been the logical document to include if a simple legal justification of her relaxation to the secular arm was desired. But the notarial summary of the theologians' oral verdict

apostolorum Petri et Pauli nobis vel priori fratrum predicatorum Parisius nostro commissario, sine fraude reddere teneantur », ed. Verdeyen, « Procès », p. 82, with the word *Parisius* omitted before *nostro commissario* and again reading *finaliter* where the ms. has *sententialiter*.

of 11 April – a laconic document in itself crafted by the inquisitor and his notaries – better served William's purposes by suggesting the theologians' approval for everything that followed.

Marguerite, in her person, was condemned first for the offense of refusing to cooperate with her inquisitor, and then for relapse into heresy on the grounds of having disobeyed a bishop's earlier order not to circulate her condemned book. This finding was based on William's own report of her behavior, and on testimony from (unnamed) witnesses ; it was then validated by the canonists. Marguerite's « heresy », as a person, was simply disobedience and stubbornness ; no more and no less. Her book was also found to be heretical, but in two totally separate judgments. One had been the earlier condemnation by bishop Guido of Collemezzo, and there is no evidence as to exactly what theological justification he gave for this action [32]. The second was by the twenty-one Parisian theologians, who examined only the Latin extracts prepared by William of Paris. Again, although we might guess what they found objectionable in these extracts, they did not in fact say exactly what theological reasoning went into their decision to label them (or at least two of them) heretical. Thus the condemnation of the book did not rest on any accusations against the author's behavior or life, and the accusations against the author's behavior related only indirectly to the contents of her book.

Conclusion

William of Paris began his actions against Marguerite at a moment when his own reputation had been called into question by public papal censure. He thus proceeded only with great caution as he took up the inquisitions against Marguerite and her book. After letting Marguerite endure incarceration and excommunication for a year and a half, he commenced formal steps against her by calling together both theologians and canonists, and posing only a very general question – « what is to be done » ? But when the theologians deferred to the masters of canon law, William followed this lead by setting his inquiry against Marguerite on a separate track from his inquiry against the book which we now know to have been the *Mirror of Simple Souls*. It was the canonists who provided the opinions necessary to sentence Marguerite, and they were given only extremely limited information relevant to the question of whether she could be considered lapsed, and then relapsed, into heresy. The theologians, by contrast, were given only extracts from a book, and no further context, in order to focus their opinion on the abstract question of that book's orthodoxy. But once he had all the necessary judgments in hand,

32. On Guido see now P. Montaubin, « "Avec de l'Italie qui descendrait l'Escault" : Guido da Collemezzo, évêque de Cambrai (1296-1306) », in D. Barthélemy and J.-M. Martin (ed.), *Liber largitorius : Études d'histoire médiévale offertes à Pierre Toubert par ses élèves*, Genève, Droz, 2003, p. 477-502.

William reversed his previous compartmentalization of information. Now he could afford not only to lay out the whole story, but to do it in such a way that suggested universal support from the faculties of law and theology for all aspects of the entire proceedings. More specifically, his shaping of the documentary record after the fact sought to suggest that the illustrious faculty of theology had ratified the entire course of both inquisitions.

The inquisitor had good reason to be pleased with how successfully he had controled the flow of information in the spring of 1310. But even he might be surprised, if he could know just how long-lasting have been the consequences of his textual sleight-of-hand. For as modern scholarship has rediscovered these documents, it has proved difficult to avoid the mistaken conclusion that the theologians' condemnation of the extracts must have been a first step in the process against Marguerite [33]. In fact, it was no step at all in that process, but rather the *only* step in an entirely separate investigation of the book itself. Perhaps, after seven centuries, the inquisitor's grip on the trial documents has at last begun to loosen.

33. Note for example, Verdeyen's overt claim («Procès», p. 51, n. 1) that «L'inquisiteur Guillaume de Paris s'est probablement basé sur la condamnation des théologiens pour excommunier Marguerite et Guiard dès 1309». The illogical nature of this statement might have given the author pause. Not only would the theologians' condemnation have been irrelevant to the case of Guiard of Cressonessart, but it could hardly have provided effective justification for the excommunication of a woman never even mentioned in the judgment – and of course it did not come before Marguerite's excommunication anyway. Similarly, the introduction to the most recent English translation of the *Mirror of Simple Souls* displays an even more interesting kind of stubbornness: Although recognizing that 1310 was the correct year for the April 11 document, the authors *still* say that it was the first document in the process (neglecting those of 3 April and Guiard of Cressonessart's testimony of 9 April). See Ed. Colledge, J. C. Marler, and J. Grant, «Introductory Interpretative Essay», in Margaret Porette, *The Mirror of Simple Souls*, Notre Dame, U. of Notre Dame Press, 1999, p. XXXVI.

THE MIRROR OF SIMPLE SOULS IN MIDDLE ENGLISH REVISITED : THE TRANSLATOR AND THE COMPILER

Marleen CRÉ

Three fifteenth-century manuscripts preserve the Middle English translation of Marguerite Porete's *Mirouer des Simples Ames*, the *Mirrour of Simple Soules*: Oxford, Bodleian Library, MS Bodley 505, Cambridge, St John's College, MS 71 and London, British Library, MS Additional 37790 [1]. All three manuscripts belonged to English Carthusian houses: Bodley and St John's College carry London Charterhouse ownership marks, and the Additional manuscript was annotated by the Carthusian textual critic James Grenehalgh, who may have worked on this particular manuscript in the Charterhouse of Sheen, where he was professed, or at the Charterhouses of Coventry, Hull, London and Mountgrace, where he stayed as a guest after 1507-1508, when he was sent away from Sheen. (If the dialect of the Additional manuscript may provide a clue as to where it originated, the Charterhouses of Axholme, Beauvale or Hull seem the most likely candidates) [2]. The existence of this text in three copies testifies to the English Carthusians' interest in texts recording mystical and contemplative experiences.

1. All quotations from the Middle English *Mirrour* are taken from Doiron. References are to page and line numbers.

2. Marleen Cré, *Vernacular Mysticism in the Charterhouse : A Study of London, British Library, MS Additional 37790*, Turnhout, Brepols, 2006, p. 32, 53-58, and 291-294.

Discussions of the Middle English *Mirrour* have often centered on the fifteen glosses the translator adds to the text[3] in what he tells his audience is his second translation of it. As he announces in his prologue, he separates the glosses from Marguerite's texts proper by putting them between his initials : M. N.

> But ȝit as I seide afore, it haþ be mystake of summe persoones þat haue red þe booke. Therefore at suche places þere me semeth moost nede, I wole write mo wordis þerto in maner of glose, aftir me symple kunnynge as me semeþ is best. And in þese fewe places þat I putte yn more þan I fynde writen, I wole begynne wiþ þe firste lettre of my name, « M », and ende wiþ þis lettre « N » þe firste of my surname (*Mirrour* 248/25-30).

Scholars have disagreed on the degree to which M. N. was aware of theological and ecclesial criticism and condemnation of radical « modern » revelatory theology, such as the non-Christological, Pelagian and semi-Pelagian thought of Joachim of Fiore, Peter Olivi, and William of Ockham, and whether his fascination with Marguerite's text may have been influenced by his first-hand knowledge of texts by these authors. Kerby-Fulton points out the presence of works by Olivi in the library of Syon Abbey, the Bridgettine House closely linked to the Carthusian House of Sheen, which owned two of the three extant manuscripts of the Middle English *Mirrour*. She also argues that in the Carthusian *milieu* in which M. N. most likely made his translation he would have had both knowledge of and access to the decrees against the beguines and the beghards written during the Council of Vienne (1311-1312) and published in 1317 in the *Constitutiones Clementinae*. If M. N. would not have recognized Marguerite's themes from these sources – the beguine ideas listed and condemned in the decree *Ad nostrum* bear verbal similarity to Marguerite's *Mirouer*, which may directly have inspired the wording – he may have formed his outlook on the text through his reading of Walter Hilton *Eight Chapters on Perfection* or the cautionary passages in his *Scale of Perfection*, or through Ruusbroec's criticism of free spirit mysticism in his *Spiritual Espousals* as it was mediated in *The Chastising of God's Children*. Watson judges M. N. to be unaware of the condemnation of the text, and argues – against Colledge and Guarnieri – that he would probably not have defended a text he knew had been officially labelled heretical. I have followed Watson in taking the view that M. N.'s response to the *Mirouer* in his glosses can also derive from an in-depth knowledge

3. Ed. Colledge and R. Guarneri, « The Glosses by "M. N." and Richard Methley to *The Mirror of Simple Souls* », *Archivio Italiano per la Storia della Pieta*, 5, 1968, p. 357-382. See also M. G. Sargent, « *Le Mirouer des Simples Ames* and the English Mystical Tradition », in K. Ruh (Hg.), *Abendländische Mystik im Mittelalter : Symposion Kloster Engelberg 1984*, Stuttgart, Metzler, 1986, p. 443-465 and N. Watson, « Melting into God the English Way : Deification in the Middle English Version of Marguerite Porète's *Mirouer des simples âmes anienties* », in R. Voaden (ed.), *Prophets Abroad. The Reception of Continental Holy Women in Late Medieval England*, Cambridge, Brewer, 1996, p. 19-49. More recent discussions can be found in Marleen Cré, *Vernacular Mysticism*, p. 180-190 and in K. Kerby-Fulton, *Books Under Suspicion. Censorship and Tolerance of Revelatory Writing in Late Medieval England*, Notre Dame, U. of Notre Dame Press, 2006, p. 272-296.

of the spiritual life and how it is described in texts such as Hilton's, Ruusbroec's and Julian of Norwich's [4].

M. N.'s comments respond to Marguerite's focus on the deification of the soul in its complete annihilation and its free rendering back of its will to God – a focus that leads M. N. to characterize the text as condensed and elliptical (*cf.* prologue « it is but schortli spoken », *Mirrour* 247/9-10). I believe we have to understand this phrase relative to texts of spiritual instruction that describe the soul's ascent to God from beginning to end (from the believer's choice between the active and contemplative life, through the struggles with the temptations of the world, the body and the spirit to experiences of union) – such as for instance Richard Rolle's *Emendatio Vitae* or Walter Hilton's *Scale of Perfection*. This focus, combined with the attractions of the literary games it plays, was doubtless one of the *Mirouer*'s attractions for its translator. Yet it seems likely that the text's focus on deification caused the readers of M. N.'s first translation to ask him questions, which urged him to add glosses in which he points out that the text talks about a soul in contemplation. Thus, M. N. repeatedly insists that the *Mirrour*'s descriptions of the free soul, who « ne desires despite ne pouert ne tribulacion ne disese ne masses ne sermons ne fastynge ne orisons, and she giffes to nature alle þat he askis with oute grucchynge of conscience » (*Mirrour* 258/12-15) should be understood as describing the soul's state during the experience of mystical union, which in this life is limited : « This is to saye, that þis saule is vnyed to god, and whiles sche stondis in þat vnyon, sche ne hase wille ne werke ne no desire, sche thynkis on no thynge that is binethe þat » (*Mirrour* 258/16-18 ; Gloss 4). In his thirteenth gloss, commenting on the soul's statement that she no longer needs to work, M. N. writes :

> Lo, the free saule sais þat sche addresses hir oþere waies than thay of laboure ne dose, þat is so fer fro þat doynge þat it may not be put in speche. In god is þis chois but it hase not of tyme. This is in the tyme of rauyschynge and vnyon in god ; it hase not of tyme, for it lastes but litel while in any creature heere in this worlde, for the corrupcion of the flesche lettis it þat the saule may nouȝt þere longe abyde. So þane þere ne may heris his atteyne, for here sensualite wille not suffre it. (*Mirrour* 304/26-30)

M. N. deradicalizes Marguerite's text by adding to it what he thinks Marguerite is not saying – or not giving enough weight in her text and mystical doctrine. This could be judged to be a kind of censorship. Yet, as he clearly marks his interpretative comments off from the text proper, he does keep the text's multivocality and complexity, inviting the reader to read the text attentively [5], presenting the text

4. See Kerby-Fulton, *Books under Suspicion*, p. 275-288 ; Watson, « Melting into God », p. 36-37 ; Marleen Cré, *Vernacular Mysticism*, p. 169. Kerby-Fulton's discussion of M. N.'s glosses and translation and, more recently, the re-opening of the discussion on the topic of M. N.'s identity by Lerner, « New Light » (see below, p. 252 and 253, n. 10) show the necessity of a renewed inquiry into who M. N. was, and when and where he worked.

5. But for the loue of God, ȝe reders, demeþ not to soone, for I am siker þat who so redeiþ ouer þis booke bi good avisement twies or þries, and be disposid to þo same felynges, þei schulen vndirstonde it

to them as a concatenation of « usages », elevated religious practices, for them to use to further their own spiritual growth [6].

In adding his glosses M. N left an explicit reader' report which provides insight not only into how he thinks he can help his readers to understand the *Mirrour*, but also into how he himself read and understood the text. When we take the *Mirrour* and the glosses as one complete, mediated text, we get a text in which the radical and less radical (or conventional) understanding of mystical union sit side by side [7].

Who M. N. was, and when and where he worked remains a matter for conjecture. A plausible route by which the French *Mirouer* travelled to England seems to run straight from Valenciennes and its surrounding villages to London. Walter de Manny, who was instrumental in the foundation of the London Charterhouse, was in the retinue of Philippa of Hainaut, Edward III's bride, in 1327, and continued to serve her after that date. He frequently travelled back to the Valenciennes area on military, diplomatic and personal business. It seems likely that de Manny took a copy of the *Mirouer* still circulating in the region in which its author had written it, and that it was translated either by someone in the Carthusian order or in touch with the order (i.e. Carthusian ownership of the Middle English *Mirrour* does not necessarily mean that the translator was a Carthusian too).

Michael of Northburgh, bishop of London from 1354 to 1361, persuaded Walter de Manny to use a piece of land the latter had bought as a location for a Charterhouse rather than for a college of priests, and left 2000 pounds towards the foundation in his will [8]. The link between Philippa of Hainaut and Walter de Manny, and de Manny's link with Michael of Nortburgh, whose initials as well as his connections have made scholars (Lerner, most recently) argue that he may well be M. N., were already pointed out by Clare Kirchberger in the introduction to her 1927 translation of the *Mirouer* (before it had been identified as Marguerite's) and by Romana Guarnieri in 1965 [9]. That the French model M. N. was working from

wel ynowȝ. And þouȝ þei be not disposid to þo same felynges, ȝitt hem schal þenke þat it is al wel yseid. But who so takeþ þe nakid wordis of scriptures and leueþ þe sentence, he may liȝtli erre (*Mirrour* 256/18-23 ; Gloss 3).

6. Takes kepe of these wordes that the saule sais, that sche hase none oþere usage ne none othyr may hafe. That is to saye, as for þe tyme of that vsage, for ryȝt so euery vsage stondes for the tyme of his werke, nou3t that a saule is contynuelly beynge in them, for þat may nouȝt be, but euery vsage is had one aftir an othir, as loue werkis and as disposicions commys and goes, but these vsages be enabitede in the saule and vsed in custome. Therfore it is saide in siche termys as « alwey », « thus ». In this wise many siche othir wordis in this boke moste be take. (*Mirrour* 283/1-7; Gloss 11) Thus this boke bus be take as for vsages, for suche vsages and siche touches, suche meuynges and siche biholdynges þese saules hafe, as it is writtyn in this boke, and many moo, for sothe, as ȝe welle may conceyue (*Mirrour* 305/22-26 ; Gloss 14).

7. Watson, « Melting into God », p. 48, and Marleen Cré, *Vernacular Mysticism*, p. 188-90. See also Kerby-Fulton, *Books under Suspicion*, p. 294.

8. Lerner, « New Light », p. 105.

9. *The Mirror of Simple Souls, by an Unknown French Mystic of the Thirteenth Century, Translated into English by M. N.*, tr. Cl. Kirchberger, London, Burns, Oates and Washbourne, 1927, p. XXXIV-

may indeed have been close to Marguerite's original has also been argued by Lerner, based on groundbreaking research by Geneviève Hasenohr, who studied *Mirouer* excerpts in a fifteenth-century Valenciennes manuscript and found it shared its readings with the Middle English *Mirrour* rather than with the single extant French text in Chantilly, Musée Condé, MS F XIV 26 (ancien 986), Catalogue 157 [10].

The date of Philippa and Edward III's wedding, then, can be seen as a possible *terminus post quem* for M. N.'s translation. A *terminus ante quem* must be the loose dating of the extant Middle English *Mirrour* manuscript copies to the first decades of the fifteenth century.

What we do know about the Middle English *Mirrour* is, as I pointed out at the beginning of this paper, that the three extant manuscripts were owned by Carthusian houses. This also means that the text was read within the safe and controlled environment of the Charterhouse, where it would find readers who could appreciate its theological daring and literary sophistication [11]. The Middle English *Mirrour* was indeed read, copied, and annotated [12], yet it is difficult to gauge its influence on other writings in Middle English [13].

In this paper I will argue that the compilation contained in London, Westminster Cathedral Treasury, MS 4 [14], may have been written under the influence of the Middle English *Mirrour*. Like the manuscripts in which the *Mirrour* occurs – MS Bodley 505, St John's College MS 71 and BL MS Additional 37790 – MS Treasury 4 can be traced back to the sphere of influence of the London and Sheen Carthusians. In addition, the Westminster compilation reflects interests similar to M. N.'s, and shares with the *Mirrour* its intriguing combination of radical

XXXV ; R. Guarnieri, « Il Movimento del Libero Spirito », *Archivio Italiano per la Storia della Pietà*, 4, 1965, p. 434.

10. See Lerner, « New Light », p. 95-97, who relies and comments on Hasenohr, « Tradition ». For an appraisal of Lerner's and Hasenohr's arguments see M. G. Sargent, « Medieval and Modern Readership of Marguerite Porete's *Mirouer des simples âmes anienties* : the French and English traditions », in N. R. Rice, *Middle English Religious Writings in Practice* : *Texts, Readers and Transformations*, Turnhout, Brepols, 2013, p. 47-89. I thank Michael Sargent for allowing me to read this paper prior to publication. Robert Stauffer takes up the question of M. N.'s identity and the circle in which he worked in his recent doctoral thesis *M. N. and the Yorkshire Circle : The Motivation Behind the Translation of the* Mirouer des Simples Ames *in Fourteenth-Century England*, Unpublished Dissertation, Arizona State University, May 2011.

11. Like the early fifteenth-century Carthusian compilation *Speculum devotorum*, the Middle English *Mirrour* can be termed a text that illustrates the Carthusians' « flexible orthodox thinking on the visionary [or, the revelatory] and its status », Kerby-Fulton, *Books under Suspicion*, p. 229.

12. For a discussion of the annotations to the *Mirrour* in London, British Library, MS Additional 37790 see Marleen Cré, *Vernacular Mysticism*, p. 281-298.

13. Kerby-Fulton points out that Julian of Norwich's *Revelation of Divine Love* « *reads* at least as if it is deeply imbued with the stamp of *The Mirrour* », but this statement cannot but be highly conjectural. *Books under Suspicion*, p. 296 ; italics Kerby-Fulton's.

14. Marleen Cré, « London, Westminster Cathedral Treasury, MS 4 : An Edition of the Westminster Compilation », *Journal of Medieval Religious Cultures*, 37/1, 2011, p. 1-59. All quotations from the text have been taken from this edition. References are to line numbers.

thought and cautious spiritual guidance. The text shares many of its themes with the *Mirrour* (which I take to include M. N.'s glosses) through its careful selection (and de- and re-contextualization) of the more radically mystical passages in four texts : two Middle English Psalm Commentaries on Psalms 90 and 91, *Qui habitat* and *Bonum est*, both attributed to Walter Hilton ; Walter Hilton's *Scale of Perfection* and Julian of Norwich's *A Revelation of Love* (Julian's long text)[15]. Before I discuss the thematic similarities of the Westminster compilation with the Middle English *Mirrour*, I will retrace some of the evidence that uncovers textual networks and links M. N.'s *Mirrour* and the Westminster compilation to the same environment : the textual circles of which the Charterhouses of London and Sheen, and the neighbouring Bridgettine Abbey of Syon became important hubs from the second quarter of the fifteenth-century onwards.

I. Textual and manuscript links between *The Mirrour of Simple Soules* and the Westminster compilation

A short poem opening M. N.'s epilogue to the *Mirrour*[16] links Bodley 505, St John's College 71, and Additional 37790 to five other fifteenth-century manuscripts in which it also occurs.

> Siȝe and sorwe depeli, moorne & wepe inwardli,
> Preie and þenke deuoutli, loue & longe continuelli (354/29-30)[17].

This poem also occurs in Oxford, Bodleian Library, MS Holkham Misc. 41 ; Oxford, Latin Liturgical e. 17 ; Oxford, Bodleian Library, MS Laud Misc. 330 ; San Marino, Cal., Henry Huntington Library, MS HM 744 and London, British Library, MS Sloane 775[18]. Of these five manuscripts, two have been linked to Syon Abbey. William Pollard has argued that a « seemingly unique sequence of meditations and prayers written by one religious sister at the request of another » in MS

15. Though MS Treasury 4 is a late fifteenth-century manuscript, the compilation itself dates from the first half or the middle of the fifteenth century. It is written in the English of South-East England adjacent to London. See *Of the Knowledge of Ourselves and of God : A Fifteenth-Century Florilegium*, trans. J. Walsh and E. Colledge, London, A. R. Mowbray, 1961, p. VII and *The Writings of Julian of Norwich: « A Vision Showed to a Devout Woman » and « A Revelation of Love »*, ed. N. Watson and J. Jenkins, Turnhout, Brepols (Medieval Women : Texts and Contexts, 5), 2006, p. 417.

16. M. N.'s epilogue, comprised of the short poem in question and a longer prayer to the Trinity (354/29 - 355/18) follows the explicit of the work, which is itself made up of a poem (354/11-22), the explicit proper (354/24), an injunction to the reader (354/25-26), invocations of Jesus and Mary (354/27-28), and a motto followed by M. N.'s initials (354/27-28).

17. This poem is item 3102 in the *Index of Middle English Verse*, which I consulted online at http://www.cddc.vt.edu/host/imev/record.php?recID=3102.

18. It is worth noting that in Latin Liturgical e. 17, the poem has an extra line : « and þou schalt ioy endlesly ». It is impossible to know whether the poem was copied from one manuscript into another, and thus has a written tradition, or whether it was transmitted orally before and while it was recorded in writing. It is equally difficult to know which of the manuscripts records its first attestation.

Holkham Misc. 41 may well have been written at Syon Abbey by abbess Joanna North (1421-1433), and that Bodleian Latin Liturgical e. 17 may equally have been a Bridgettine production, as it shares with Holkham Misc. 41 « floriated capitals » which are « practically identical » and has an inscription of the name « Ioanna » [19]. It is on the basis of the presence of the poem in Bodleian MS Laud Misc. 330, one of the four extant manuscripts containing *The Doctrine of the Hert*, the Middle English translation of *De Doctrina Cordis*, that this manuscript is also loosely associated with the literary triangle Syon-Sheen-London [20].

What the occurrence of the poem in all of these manuscripts shows is the lively exchange of material in late fourteenth – early fifteenth century England, and the speed with which the newly formed houses of Sheen and Syon inserted themselves into a literary network as important hubs to which texts were delivered, and from which texts were sent to other interested readers within or outside monastery or abbey walls. The leftover traces of these literary networks are fragmentary and wispy as cobwebs, yet they are strongly suggestive of having been part of a cohesive and enduring web of formal and informal contacts in response to the works in these manuscripts linked by four lines of poetry : *The Mirrour of Simple Souls, The Doctrine of the Heart, The Chastising of God's Children*, and the works of Heinrich Suso, Bridget of Sweden, Richard Rolle, Walter Hilton, Julian of Norwich, Thomas Hoccleve and John Lydgate. Hoccleve and Lydgate are not mentioned in the list Pollard mentions [21]. Yet the presence of these authors' works in MS Huntington 744 and MS Sloane 775 respectively, may help to reconstruct the textual network of which the Charterhouses of London and Sheen, and Syon Abbey formed part.

MS Huntington HM 744 is of particular interest, as it is a composite codex of which one part is an autograph manuscript of primarily religious poems and translated religious prose works by Thomas Hoccleve (ff. 25r-68v). Though the four-line poem is copied into a blank space in a table for determining Easter day from 1387 to 1527 (f. 3v) by the scribe of that table, and is thus not directly associated with Hoccleve, Hoccleve's autograph did come to be owned in the same environment in which the poem circulated. That MS Sloane contains religious poems by John Lydgate, a monk of the Benedictine Abbey of Bury St Edmunds, suggests that the Benedictine Order may have played a significant part in this textual network. *The Chastising of God's Children*, too, has been associated with Benedictine Barking Abbey.

19. W. F. Pollard, « Bodleian MS Holkham Misc. 41 : a Fifteenth-Century Bridgettine Manuscript Cycle », *Birgittiana*, 3, 1997, p. 45. For a discussion of the texts' Bridgettine character, see Pollard, p. 46 *sq*.

20. C. Innes-Parker, « *The Doctrine of the Hert* and its Manuscript Context », in D. Renevey and C. Whitehead (ed.), *A Companion to* The Doctrine of the Hert : *The Middle English Translation and its Latin and European Contexts*, Exeter, U. of Exeter Press, 2010, p. 163.

21. Pollard, « Bodleian MS Holkham Misc. 41 », p. 45-46.

For the purposes of this paper, we will zoom in on *The Doctrine of the Hert*, which –if by a detour– will help us link the extant manuscripts of the Middle English *Mirrour* and the compiler of the Westminster compilation to the same *milieu*.

A reference to a manuscript of *The Doctrine of the Hert* in the will of a Norwich gentry widow, Margaret Purdans, suggests a second link (after the « Siȝe and sorwe depeli »- poem) between the *Doctrine* and the literary powerhouses of the London area (the Charterhouses of Syon and Sheen and Bridgettine Syon Abbey). Margaret's bequests (dated 1481) suggest a web of connections between « members of the Norwich governing classes, East Anglian hermits and anchoresses, fellows and masters of Cambridge colleges, eight East Anglian nunneries, and the major London houses of Syon and Sheen » –connections that may have been in place since the beginning of the century [22].

Purdans left a copy of *The Doctrine of the Hert* to the Franciscan Sisters of Bruisyard in Suffolk (through Margaret Yaxley, the sister of her son-in-law). She also left « a book called Hilton » to her friend Alice Barley [23]. Margaret Purdans' will also contains proof of her friendships with a fellow of Pembroke College, Cambridge, Hugh Damlett, and a fellow of Peterhouse, Cambridge, Richard Poringland. Damlett, indeed, seems to have been a personal friend of Margaret Purdans, as he left her « a maplewood bowl from which [he was] accustomed to drink » [24]. Margaret in turn bequeathed this very bowl to Richard Cokerham, a protégé of Damlett's [25]. Richard Poringland left Margaret a little psalter, which she in turn bequeathed to her son-in-law, Richard Yaxley. What is interesting is that Damlett, in his 1476 will, left books and money to Syon Abbey. Poringland (d. 1471-75) left money to Syon Abbey, and the Charterhouses of London and Sheen –the very environment in which M. N.'s translation of the *Mirouer* found its interested readers.

Margaret Purdans' will is relevant – not because the information we can glean from it refers directly to the *Mirrour* or the way in which *The Doctrine of the Hert* relates to it. Rather it is tempting to speculate that the books Margaret left to women (the *Doctrine* to the Bruisyard nuns and her Hilton book to Alice Barley) were provided to her through or by Damlett and Poringland. It is significant in this respect, that she owned « a Hilton book », as Hilton scholar John Clark has suggested that Walter Hilton, who was a Cambridge man himself, like Damlett,

22. D. Renevey and Chr. Whitehead, « "Opyn þin hert as a boke" : Translation Practice and Manuscript Circulation in The Doctrine of the Hert », *The Medieval Translator* 10, J. Jenkins and O. Bertrand (ed.), Turnhout, Brepols, 2007, p. 142.

23. M. C. Erler, *Women, Reading and Piety in Late Medieval England*, Cambridge, CUP (Cambridge Studies in Medieval Literature, 46), 2002, p. 77.

24. Erler, *Women, Reading and Piety*, p. 79.

25. *Ibidem*.

« may have been a member of Pembroke Hall », or, like Poringland, may have studied at Peterhouse, « a college with a strong bias towards Canon Law » [26].

The association of the London and Sheen Charterhouses and Syon Abbey with Cambridge and Norwich through Margaret Purdans and her will is replicated in other textual transfers that we have evidence for, most notably – for the purpose of this paper – in the preservation and transmission of the writings of Walter Hilton (Cambridge link) and Julian of Norwich (Norwich link) [27]. For Hilton, one such manuscript is London, Lambeth Palace, MS 472, an anthology of texts by or attributed to Walter Hilton : the *Scale of Perfection*, the *Qui Habitat* and *Bonum Est* expositions, the *Epistle on the Mixed Life* and *Eight Chapters on Perfection* and a commentary on the *Benedictus*. This manuscript, a so-called common profit-book – a book intended to be passed on to successive readers identified in an inscription, succcessively belonged to a group of laypeople with associations to Syon Abbey. It is possible that Lambeth 472 itself derived from a Hilton anthology (now lost) that used to be kept in the brethren's library at Syon Abbey, and that contained the very same texts except for the commentary on the *Benedictus* [28]. Though the Hilton texts in London, Westminster Cathedral Treasury, MS 4 exhibit many unique readings, it seems likely, at least for the *Qui habitat* and the *Bonum est* passages, that the compiler worked with a text antecedent to London, Lambeth Palace, MS 472 [29].

Another textual transfer from Norwich to London is evidenced in London, British Library, MS Additional 37790, which contains Julian of Norwich's Short Text (*A Vision Showed to a Devout Woman*) in addition to M. N.'s translation of the *Mirouer* and translations into Middle English of Richard Rolle's *Incendium amoris and Emendatio vitae*, Ruusbroec's *Vanden blinkenden steen* (*De calculo candido* or *The Sparkling Stone*) and various shorter materials. The likelihood that the Westminster compilation has links to the Syon-Sheen-London Charterhouse axis is increased by the occurrence in the compilation of the Julian of Norwich fragments, exactly because the only other medieval copy of her work (be it the short version), occurs in London, British Library, MS Additional 37790, a manuscript with links to the Sheen and London Charterhouses [30].

26. J. P. H. Clark, « Late Fourteenth-Century Cambridge Theology and the English Contemplative Tradition », in M. Glasscoe (ed.), *The Medieval Mystical Tradition in England*, V, Cambridge, Brewer, 1992, p. 4.

27. The following argument builds on the introduction to my recent edition of the Westminster compilation in *The Journal of Medieval Religious Cultures* (see p. 253, n. 14).

28. V. Gillespie, « Walter Hilton at Syon Abbey », in J. Hogg (ed.) *« Stand Up to Godwards » : Essays in Mystical and Monastic Theology in Honour of the Reverend John Clark on His Sixty-Fifth Birthday*, Salzburg, Institut für Amerikanistik und Anglistik (Analecta Cartusiana, 204), 2002, p. 35-37.

29. Marleen Cré, « London, Westminster », p. 7-10.

30. See above, p. 249, as well as Marleen Cré, « London, Westminster », p. 10.

II. The compiler's radical focus : the Hilton selections in London, Westminster Cathedral Treasury, MS 4

Let us now turn our attention to the Westminster compilation and the compiler's radical focus, especially in his selections from *The Scale of Perfection*. Whereas the compiler's source texts guide their readers through the requirements and conditions of the contemplative life, detailing the temptations of the world and contrasting the lives of the lovers of the world and the lovers of God (in the case of the psalm commentaries), and presenting a detailed point-for-point complete treatise on the contemplative life in a conventional, disquisitive style (in the case of Hilton's *Scale of Perfection*), the compiler's pared-away version is a text on contemplation much more radical than his source texts [31]. More specifically, the Westminster compilation shares the preoccupations of M. N.'s Middle English translation of the *Mirror of Simple Souls*. Like this mediated text, it focuses firmly on mystical experience, and frequently describes the union between the soul and God in trinitarian terms, and emphasizes the brief and fleeting nature of this union (an emphasis that M. N. adds to the *Mirrour* in his glosses). Both the Westminster compilation and the Middle English *Mirrour* insist on the permanence of God's care and love for the soul (i.e. the permanence of a state of grace), even when the soul is not aware of it, and on the righteousness of God's works in the soul : when God acts in the soul, the soul always acts righteously through God. Yet it is not these themes that suggest the Westminster compiler may have been influenced by a taste for radical mysticism evidenced in Carthusian and Bridgettine circles, as they are common to most mystical texts.

It is the Westminster compilation's references to « freedom of spirit », its descriptions of the soul's suffering when it experiences « things that are not God » [32], the text's recurring comments on the weakness of reason, and its distrust of learning [33] that link the Westminster compilation more firmly to the themes

31. On the Julian of Norwich fragments in the Westminster compilation see Marleen Cré, « "This blessed beholding" : Reading the Fragments from Julian of Norwich's A Revelation of Love in London, Westminster Cathedral Treasury, MS 4 », in L. H. McAvoy (ed.), *A Companion to Julian of Norwich*, Woodbridge, Brewer, 2008, p. 116-126 and H. Kempster, « Julian of Norwich : The Westminster Text » and « A Question of Audience : The Westminster Text and Fifteenth-Century Reception of Julian of Norwich », in S. J. McEntire (ed.), *Julian of Norwich. A Book of Essays*, New York and London, Garland Publishing, 1998, p. 257-289.

32. « It is a peyne to þe louer of God to here or to speke of eny thyng þat myght lett þe fredom of spyrite fro þe thynking on God. What song, or melody, or eny owteward solace or comforte, what so euer it be, yf it lett his harte and thought that he may not frely and restefully pray and thynke on God, it lykyth hym ryght nought » (Westminster compilation, 31/679-82). The compilation borrows this passage from Hilton's *Scale of Perfection*, Book II, Chapter 39, 2829-33 in *Walter Hilton : The Scale of Perfection*, ed. T. Bestul, Kalamazoo, Western Michigan University Medieval Institute Publications (TEAMS Middle English Text Series), 2000. All references to the *Scale* are to this edition.

33. « Thys seeth þe soule, and much more þat commyth with all ; nat nakedly and blyndly and vnsauourly as doth a clarke þat seeth God by his clargie only through myght of his naked reason, but the soule seeth God in vnderstondynge, so þat he is conforted and lyghtned by þe yefte of þe holi goost with

deployed in the *Mirrour* with dazzling brilliance, and to M. N.'s response to them. I would like to illustrate this by focusing on the way in which both texts describe how God acts in the annihilated soul [34].

M. N. comments on the *Mirrour*'s statements on how God (Love) works in the soul in glosses 2, 4, and 7. Gloss 2 comments on the passage in which the soul takes leave of the virtues :

> Uertues, I take leeue of ȝou for euermore. Now shall myn herte ben more fre and more in pees þan it haþ be. (*Mirrour* 254/27-29)

M. N. points out that this does not mean the soul does no longer practice virtues, but that she is now mistress over them rather than servant of them :

> And whanne þe soule haþ depeli taasted þis loue, so þat þis loue of God werkiþ and haþ his vsages in þe soule, þanne þe soule is wondir liȝt and gladsom, and þat is no meruaile, for þe swete taastes of loue dryuen out from þe soule alle peynes and bittirnesse and alle doutes and dredes. þanne is sche mastresse and lady ouer þe uertues, for sche haþ hem alle wiþynne hirsilf, redy at hir comaundement, wiþouten bittirnesse or peynfulnesse to felynge of þe soule [35] (*Mirrour*, 255/26-32).

Gloss 4 comments on the passage in which Love asserts that the soul « ne desires despite ne pouert ne tribulacion ne disese ne masses ne sermons ne fastynge ne orisons, and she giffes to nature alle þat he askis with aute grucchynge of conocience » (*Mirrour* 258/12-15). As we have already seen, M. N. comments that this is the case only at the time the soul is in contemplation, and he points out that, because the soul experiences union with God, the way God works in her is never sinful – urging against a « fleischly » interpretation of « she giffes to nature alle þat he askis with oute grucchynge of conscience ». The work that God does in the soul cannot but be good.

a wondyrfull reuerence and a pryue brennynge loue, and with goostli sauour and heuenly delyte, more clerely and more fully þan it may be write or seyed », (Westminster compilation, 27/533-28/538), borrowed from Walter Hilton's *Scale*, II, Chapter 32, 2163-70). In his sixth gloss, M. N. also comments on how the soul in contemplation is superior to scholars, and contemplative knowledge superior to the knowledge of the schools : « for as bi riȝt, þe contemplatiues schulde passe þe state of scolers, as maistres of diuinitc ben passed scoles » (*Mirrour* 261/4-6). In his fourth gloss, he implies that God holds his own school in the free soul : « þus loue, þat is God þe Hooli Goost, werkiþ graciousli in þese soules, in whom he holdeþ his scole, and araieþ hem so wiþ feir floures of his hiȝe noblenesse, þat þer may no spottes ne dragges in hem abide », (*Mirrour* 259/27-30).

34. John Clark and Rosemary Dorward note that, in Aquinas's terms this boils down to the difference between co-operant and operant grace : in co-operant grace « there is deliberate conjunction of the human will to grace », whereas in operant grace « all is perceived as God's work ». See Walter Hilton, *The Scale of Perfection*, tr. by J. P. H. Clark and R. Dorward, New York, Paulist Press, 1991, p. 319, note 255.

35. Kerby-Fulton points out that M. N. sidesteps the real problem presented by Marguerite's text when explaining that the soul has become « lady ouer þe uertues », *Books Under Suspicion*, p. 285. Yet here, as elsewhere, his interpretation can be seen to derive from the *Mirrour* itself, as Love teaches – just before the death of Reason – that « þis soule is *lady of uertues*, douȝtir of deite, sister of wisdom, and þe spouse of loue » (*Mirrour* 319/19-20). Also see Marleen Cré, *Vernacular Mysticism*, p. 180-190.

> But fulli sche attendiþ in al þat sche may to þe usages of loue, þe whiche ben alle diuine and upward. (*Mirrour* 259/6-7) [...] þerfore in her owen beholdynge þei don nouȝt, but God doiþ in hem his werkis. (*Mirrour* 259/14-15) [...] þus þei don noþing as in her owen si3t and doom, but God doiþ al þing þat good is. (*Mirrour* 259/17-18)

In Gloss 7, M. N. comments on Love teaching that « þis soule kan no more werke. O soþeli, sche had ynouȝ of feiþ wiþouten werke to bileeue þat God is good wiþoute comprehendinge. Þus sche sauiþ hir bi feiþ wiþouten werke, for feiþ surmounteþ al werke, witnesse of loue silf » (*Mirrour* 261/30-33), M. N. reiterates that this does not mean the soul does not work, but that :

> þe soules þat ben þus hiȝe sett, taken not so greet reward to þese werkes þar þei sauen hem þerbi, but oonli trusten to þe goodnesse of God, and so þei sauen hem bi feiþ, and leuen not ne tristen not to her owen werkis, but all in Goddis goodnesse. (*Mirrour* 262/9-12)

This understanding of the free soul being Lady of the Virtues is recapitulated in Gloss 15 :

> þe summe of þis soule is þe knowynge þat sche haþ of þe goodnesse of God, and þis goodnesse of God þat is þe Hooli Goost werkiþ in hir þat ȝaf hir fre wille (*Mirrour* 329/11-13).

It is especially in the selections from Walter Hilton's *Scale of Perfection* that we can see the compiler's fascination with a radical mystical message – a fascination that is similar to M. N.'s with Marguerite's teaching. In *The Scale*, Book II, chapter 35, Hilton discusses the difference between love of Jesus that is spiritual and infused, and love of Jesus that believers try to achieve forcefully by bodily fervors. The only passage retained from this particular chapter is one describing a unitive state of passivity, annihilation, and immediacy [36]. The phrases drawing the reader's attention here are « as it were a dedde thyng », « hongyng and borne vp by the greate mercy of God », « than loue is mayster », and « þei suffer the Holy Goost to stere them and wurke in them þe felynges of loue », especially because similar language is used in contemporary texts criticizing radical notions of passivity as unorthodox [37].

36. It also needs to be observed that when in the Westminster compilation this passage, and others, read « God », Bestul's edition of *The Scale* has « Jesus ». This means that the compiler's adaptation reduces the christological tenor of the *Scale* in the Westminster compilation, at least in these fragments, which is another similarity with the *Mirrour*. On the superiority of Christ's divinity (over his humanity) in the *Mirrour* see Marleen Cré, *Vernacular Mysticism*, p. 108-109.

37. See Ruusbroec's criticism of Free Spirit mysticism expressed in *The Spiritual Espousals*, translated and incorporated into *The Chastising of God's Children*, where he criticizes false contemplatives standing idle and waiting for God to work in them :« þei stonde in a manner passion and suffraunce wiþout wirchyng, neiþer upward ne donward, but euere abidiþ stille as a deed stok or anoþer instrument, þat lieþ stille ydel til þe werker comeþ and settiþ it awerke. », *The Chastising of God's Children* and *The Treatise of Perfection of the Sons of God*, ed. J. Bazire and E. Colledge, Oxford, Basil Blackwell, 1957, p. 139, line 21 to p. 140, line 3. Kerby-Fulton argues that M. N. may well have added his glosses with Ruusbroec's criticism (possibly through *The Chastising*) in mind, in *Books under*

> A soule þat hath þe gyfte of loue (...) thynkith þat he is ryght nought, and þat he can ryght nought do of him selfe, but as it were a dedde þyng. Onli hongyng and borne vp by the greate mercy of God, he seeth well þat God is all, and he doth all þat is well donne. And þerfore askyth þe soule noþyng else but þe gyfte of his loue. By this wey commyth þe gyfte of loue þat is god to a soule. And þe more þat þe soule knowyth it selfe through grace by syght of sothfastenes, somm tyme withoute eny feruour owtewardly shewed, and þe lesse þat it thynkyth þat it louyth god, the more it neyghith for to perceyue the gyfte of þe blessed loue of God. For than loue is mayster and wurkyth in the soule, and makith it to forgett it selfe and for to se and beholde only hou loue doth. And than is þe soule more sufferyng þen doyng, and þat is clene loue. Thus Seynt Paule ment when he seyd : *Quicumque spiritu dei aguntur, hii filij dei sunt*, that is : « Al þees þat are wrought with þe spirite of god, they be goddis sones ». Þat ben þees soules þat ar made so meke and so buxum to god þat they worke not of them selfe, but þei suffer þe Holy Goost to stere þem and wurke in them þe felynges of loue with a full swete a corde to his sterynges. Thees soules be speciall goddys sones. (Westminster compilation 30/635-654 ; cf. *Scale* II, chapter 35, 2436-2457)

In chapter 37 of *The Scale*, Book II, Hilton discusses the difference between imperfect and perfect humility. Rather than considering its sins and wretchedness, the soul that is perfectly meek realizes its own smallness with regard to the greatness of God – its own nothingness in relation to God's all. This fascination with perfect humility also resembles the *Mirrour's* preoccupation with humility taken to its logical extreme [38].

> and þan is þe soule perfitly meke by þe syght of God and by knowyng of hym. He forgetteth hym selfe and all his synnes, and all his vertues and oþer creatures whether they be better þan hym selfe is or worse. For he holdyth hymselfe and all other as nought ayens þe beyng of God, as yf þer were noo thyng but God. This meke was prophet Dauid, whan he seyd thus : *Et gloria mea tamquam nichilum ante te*, that is : « Lord God, the syght of the blessed vnmade substance and thyne endeles beynge shewyth well vnto me þat my substance and beynge of my soule is nought as anenst þee » (Westminster compilation, 30/659-667 ; cf. *Scale* II, chapter 37, 2588, 2591-98).

A last passage I wish to discuss derives from *The Scale*, Book II, chapter 27, in which the benefits of being brought by grace into the « luminous darkness », the experience of the sight of God, are outlined. The compiler's selection is rigorous here, as he excerpts only a short fragment of a long description of what a soul wishing to come to spiritual knowledge of Jesus must do [39], and links it with

Suspicion, p. 284. If M. N.'s comments were indeed written under the inluence of *The Chastising*, he would have made his second translation after 1391, which is *The Chastising*'s *terminus post quem*. However, one may wonder whether M. N., if he had taken Ruusbroec's criticism to heart, would have translated the *Mirouer* at all.

38. The theme runs through the text as a whole, but finds its clearest example in the « demandes d'amour » sequence at the end of the text (*Mirrour*, 348/24-352/24).

39. The chapter heading gives away to what extent the chapter describes a slow process of spiritual growth rather than achievement : « Hou grete profite it is to a soule for to be brought thorugh grace into

his previous point (on the soul's indifference to gossip and harm as long as it sees God spiritually) with a transitional phrase of his own (italicized in the quotation below). Intriguingly, the Westminster compiler reconstitutes what is, in Hilton's full text, a description of a process that is not given to many people, to confident description of the state of the soul in union with God.

> *Suche a soule is mortyfied fro synne and all maner of passions, and of rysyngis of harte and euyll wyllis of pryde*, yre, and envye ayenste his evencristen, and he wyll dysese no man, nor anger them vnskylfully in worde or dede, ne geue eny creature cause where with he myght be skylfully angerd or troubeled, so þat he is fre fro euery creatur, þat no man hath to do with hym, nor he with noon, but as God and charyte wyll. He louyth noo desseyte or falsenes, but he doth all thynghe purely for god. (Westminster compilation 30/672-31/678 ; cf. *Scale* II, chapter 27, 1657-63)

It is intriguing to see these fragments from Hilton's *Scale*, a carefully worded, nuanced text, excerpted in such a way that the resultant text focuses on the deification of the soul in this life in a way reminiscent of the *Mirrour* : the soul in union with God does not strive for virtues (she takes leave of them) and is loath to leave its freedom of spirit (a freedom clearly defined as a freedom from worldly concerns, which leaves the soul free to « think on God ») [40]. The Westminster compilation balances passages like the above with more conventionally didactic passages in which the relationship between the soul and God is mediated by the Church, prayers and meditations on the Passion, but even then, its reading of the Hilton material is remarkable in its radicality of focus.

In its selections from Hilton's *Scale*, the Westminster compilation presents a radicalized, and as such, optimistic assertion of the possibility of the soul's union with the divine in this life. Though it seems unlikely that they were exact contemporaries, the Westminster compiler most likely wrote in the same broad environment in which M. N. translated Marguerite's text. If radical tendencies in the text do not prove direct influence, the Westminster compilation is the kind of text that could have been written under the influence of the Middle English *Mirrour*, in the literary and religious circles that included the Charterhouses of London and Sheen and the Bridgettine Abbey of Syon – a circle that was « not dogmatically or legalistically rigid » [41], but, in spite of (or thanks to) its enclosed nature and limited and controlled but long-lasting links with like-minded readers, was open to daring speculative thought.

this lighti merkenes, and hou a man nedeth to dispose him yif he wole come therto and hou it is oonli the gate and the entré to contemplacioun », (*Scale* II, ch. 27, 1617-19).

40. Like M. N., Hilton speaks out against a misinterpretation of what this freedom of spirit is, in *Eight Chapters on Perfection* as well as in the *Scale* itself. See Marleen Cré, « Take a Walk on the Safe Side : Reading the Fragments from Ruusbroec's *Die geestelike brulocht* in *The Chastising of God's Children* », in K. Schepers (ed.) *De letter levend maken : Opstellen aangeboden aan Guido de Baere SJ bij zijn zeventigste verjaardag*, Leuven, Peeters, 2010, p. 241-242, note 23.

41. Kerby-Fulton, *Books Under Suspicion*, p. 288.

LA SECONDE VIE DU *MIROIR DES SIMPLES AMES* EN FRANCE : *LE LIVRE DE LA DISCIPLINE D'AMOUR DIVINE* (XVe - XVIIIe S.)

Geneviève HASENOHR

Il paraît surprenant que le seul exemplaire conservé de la version originale du *Miroir des simples âmes* nous vienne du Val de Loire. La région ne passe pas pour avoir eu des relations actives avec les provinces du Nord aux XIVe-XVe siècles, ne serait-ce que pour des raisons politiques, ni pour avoir été, dans le demi siècle 1420-1470, un foyer mystique d'inspiration béguinale. Et cependant, le traité de Marguerite y a été aussi, ou plus, présent que dans le Nord ; il y a laissé des traces écrites que les imprimeurs parisiens se sont employés à diffuser dans les premières décennies du XVIe siècle. Au centre de cette autre histoire du texte, un traité trop méconnu, *Le livre de la discipline d'amour divine*.

Ce livre, dans sa version longue, la seule vraiment répandue, est un gros traité de vie spirituelle (349 pages dans l'édition de 1519), qui se compose de deux parties, *La Discipline* proprement dite (241 p.) et *La Disciple* ou *Leçon* (dite aussi *Collation* et *Repetition) de la disciple d'amour divine* (108 p.). La première, énoncée à la troisième personne, se présente comme un traité ; la seconde, énoncée à la première personne, se présente comme le récit d'un vécu spirituel intégrant ou prolongeant les enseignements et la phraséologie complexe de la première. Les deux éléments sont dus au même auteur, auquel nous nous intéresserons plus tard ; ils sont réunis dans tous les exemplaires. *La Disciple* n'a d'existence qu'en fonction de *La Discipline*, mais *La Discipline,* elle, n'a d'existence qu'en fonction du *Miroir des simples âmes.* L'intention première de l'auteur, en effet, est de proposer aux religieuses qui ont ou ont eu, comme lui, le livre de Marguerite sous les yeux – et au-delà, à tous les futurs lecteurs qui ne l'auront pas nécessairement – un enseignement et des exercices spirituels conformes à la doctrine reçue à l'heure où lui-même écrit.

Curieusement, *La Discipline* n'a pas retenu l'attention des historiens [1]. Elle le mériterait pourtant, tout d'abord pour sa doctrine ; mais tel n'est pas notre propos ici. Elle le mériterait, ensuite, pour la place qu'elle a tenue dans la littérature de spiritualité théorique en langue d'oïl, à cheval sur deux mondes, celui du renouveau et des réformes monastiques, dans lequel elle est née, et celui du durcissement, des ruptures et des polémiques, dans lequel elle a circulé sous sa forme imprimée [2]. L'attention qu'elle porte aux questions alors au cœur des débats (grâce et libre arbitre, foi et œuvres) n'y est certainement pas étrangère. Elle le mériterait, enfin, et c'est le seul point qui nous retiendra, par le témoignage qu'elle nous laisse sur la vie posthume du *Miroir*.

La Discipline d'amour divine : TÉMOINS ET TEXTES, TRADITION ET DIFFUSION

Lorsque, après André Rayez, j'ai commencé à m'intéresser à *La Discipline d'amour divine* dans cette optique [3], j'en connaissais uniquement trois impressions du XVIe s. (1519, 1537, 1538) et n'avais pas encore pu accéder directement aux deux manuscrits dont la fréquentation de la documentation de l'IRHT m'avait appris l'existence dans des collections privées. Le projet de cette contribution et le souvenir d'une fiche égarée relative à une édition antérieure conservée à la BnF, m'ont poussée à approfondir les recherches. Celles-ci n'ont abouti que très récemment, grâce à une succession de bonnes fortunes, dont je suis en grande partie redevable à la célérité et la générosité de Zan Kocher [4], m'obligeant à remettre en question les hypothèses au fil des collations. Voici donc l'état des lieux, dans l'attente de nouvelles découvertes.

1. En dépit de la notice perspicace rédigée il y a quarante ans par A. Rayez pour le *Dictionnaire de Spiritualité*, 9, 1976, col. 940-942, dont on ne peut que reprendre la conclusion : « La *Discipline d'amour* est un témoin méconnu de la vie spirituelle au XVe siècle, mais aussi de la diffusion et de l'influence du *Miroir des simples âmes* ». Le mémoire de maîtrise de Fl. Régen ne comble pas la lacune (Université Paris I, UFR Histoire, 1995). En revanche, dès 1911 H. Vaganay avait eu l'attention attirée par la richesse de son lexique (H. Vaganay, « Trois contemporains de Rabelais. Pour l'histoire du français moderne », dans *Revue des études rabelaisiennes*, 9, 1911, p. 295-320.

2. Comme le montrent la *Bibliographie chronologique de la littérature de spiritualité et de ses sources (1501-1610),* Paris, Desclée de Brouwer, 1952, de Jean Dagens et l'étude de Fr. Higman, *Piety and the people : religious printing in French 1511-1551,* Aldershot, Scolar Press, 1996. *Cf.* aussi A. Pettegree, M. Wolsby, A. Wilkinson, *French Vernacular Books. Books published in the French Language before 1601,* Leiden-Boston, Brill, 2007, 2 vols.

3. Hasenohr, « Tradition ».

4. Je lui dois, en particulier, l'indication de la réapparition chez Sotheby, en décembre 2011, de l'ancien ms. Phillipps et le signalement de l'imprimé conservé à Chicago (cf. *infra*). Mais toutes les références qu'il m'a transmises, et dont on retrouvera l'essentiel dans l'article tout récent « The Apothecary's *Mirror of Simple Souls* : Circulation and Reception of Marguerite Porete's Book in Fifteenth-Century France », dans *Modern Philology*, 111, 2013/1, p. 23-47, m'ont été précieuses pour assurer ma propre documentation. Je le remercie vivement.

Pour nous en tenir au matériel conservé, qu'il y a des raisons de croire lacunaire [5], *La Discipline d'amour divine* nous a été transmise par quatre éditions parisiennes du XVIe siècle. La seconde édition, dont sept témoins ont été localisés [6], est la seule qu'aient consultée les historiens ; elle est donc à la base du peu qui ait été écrit sur ce texte jusqu'à présent. L'impression en a été achevée le 28 novembre 1519 à Paris par Pierre Vidoue, pour Regnault Chaudière. Elle est munie d'un privilège de François Ier pour trois ans, mettant en avant la peine qu'a eue l'imprimeur à se procurer et faire collationner un double du traité, donné comme « nouvellement composé a Paris ». Formule consacrée dans ce type de document [7], que contredit la première page du volume, où l'on lit « S'ensuyt la table du livre intitulé *La discipline d'amour divine*, faict, composé et escript ou monastere des celestins d'Ambert es forestz d'Orleans, l'an mil quattre cens soixante et dix », précision qui peut, elle aussi, n'être que de circonstance. Le colophon fait écho : « Cy finist le livre de *La discipline d'amour divine* et de *La repetition de la disciple*. Celuy qui l'a dressé a l'imprimerie requiert a ceulx qui le liront une souvenance amoureuse devers Dieu pour celuy qui l'a composé, pour tous ceulx de sa religion, pour une bonne vierge qui a communiqué l'exemplaire et toutes ses conseurs, et pour luy et tous ceulx qui l'ont promeu a estre imprimé. Fait a Paris, ce .xxviii. jour de novembre pour Regnault Chaudiere, libraire demourant a l'enseigne de l'homme sauvaige en la rue Sainct Jacques, l'an mil.v.cxix. » En 1537 (1er mars), Regnault Chaudière reprit telle quelle l'édition qu'il avait donnée en 1519, en se contentant de corriger quelques oublis et inadvertances typographiques, et dédia cette nouvelle édition à Guillaume Duprat, récemment installé

5. Au nombre des éditions qui n'ont pas laissé de trace hors des anciens catalogues de vente et dont l'existence est problématique, on citera une édition de 1514 mentionnée dans le catalogue de la vente d'une partie de la bibliothèque du cardinal Loménie de Brienne dressé à Paris en 1797, n° 225 (« *Le livre de la discipline d'amour divine*, Paris, 1514, in-8°, goth, m[aroquin] r[ouge] ») ; problématique également l'édition Lyon, Jean de Tournes, 1538, répertoriée par le seul J. Dagens en 1952 (Higman D 31 ; Pettegree-Walsby-Wilkinson, n° 16 202).

6. Cinq exemplaires sont mentionnés par Fr. Higman (n° D 29) à la suite de Br. Moreau (*Inventaire chronologique des éditions parisiennes du XVIe siècle*, t. 2, *1511-1520*, Paris, 1977, n° 2131) : Paris, BnF ; Aix-en-Provence ; Troyes ; Harvard, Houghton Libr. ; Séville. Un sixième est entré depuis à la Médiathèque d'Orléans (Res H 6240) et un septième, qui avait fait partie de la bibl. du marquis d'Aix, Victor-Amé de Seyssel († 1754), a été vendu à la salle Drouot en 2003 (vente du 18 mars, n° 112 du catalogue). J'ai travaillé sur l'exemplaire de la BnF, Rés. 42239, auquel sont empruntées toutes les citations ; les références renvoient à la pagination moderne ajoutée au XIXe s. Le texte a été annoté par un possesseur du XVIIIe siècle, qui dit avoir acquis le volume en 1776 et renvoie occasionnellement à ses *Stromates* ; le *Catalogue collectif de France* a pu ainsi identifier ce personnage anonyme avec François-Louis Jamet (1710-1778 ; les *Stromates* sont un recueil factice de 300 pièces en 28 vol. constitué et annoté par ses soins). Les plus intéressantes des remarques, pour la réception du texte, sont celles qui jaillissent spontanément sous sa plume à la lecture de formulations empruntées au *Miroir des simples âmes*. L'avertissement liminaire en donne le ton : « Rusbroche, Madame Guyon et l'apocalipse de Cadix n'offrent rien de pareil a ce galimatias dificile à lire ».

7. Voir Elizabeth Armstrong, *Before Copyright : the French Book-Privilege System, 1498-1526*, Cambridge, CUP, 1990.

dans l'évêché de Clermont [8]. L'année suivante, le 22 janvier 1538, à Paris toujours, Simon de Colines, Jean Longis et d'autres procurèrent une nouvelle édition, qui est une simple contrefaçon de l'édition fournie par Regnault Chaudière en 1537, dont elle reproduit aussi la dédicace, à défaut du privilège [9].

Or ces trois éditions directement apparentées (et mentionnées dans tous les répertoires) ont été précédées d'une première édition à laquelle elles ne doivent rien, qui est passée inaperçue jusqu'alors [10]. Cette édition princeps est due à Simon Vostre, s.d. (c. 1507) et affiche un titre légérement différent : *Le treité de discipline de divine amour*. Le texte n'y porte aucune mention d'auteur ni de date. Deux exemplaires en ont été identifiés, l'un à la BnF, l'autre à la Newberry Library (Chicago) [11]. De plus, cette circulation publique au grand jour, amorcée donc dès

8. *Inventaire chronologique...*, t. 5, *1536-1540*, Paris, 2004, n° 570 ; Higman n° D 30 ; exemplaires à la Bibl. de l'Arsenal (deux) et à Tours. Le privilège royal du 3 mai 1519 est reproduit à l'identique. Le colophon se contente de modifier « Celuy qui l'a dressé a l'imprimerie... » en « Celuy qui l'a ceste secunde foys dressé a l'imprimerie... ». Fils du chancelier Antoine Duprat, Guillaume († 1560) succéda à son oncle, Thomas Duprat, à l'évêché de Clermont. Elu en 1529, à 22 ans, il ne prit pas possession de l'évêché avant 1535, le temps de compléter des études qu'il poussa très avant. Ce fut un prélat éclairé et réformateur, charitable et érudit, soucieux notamment de l'instruction des laïcs. On lui doit l'introduction des jésuites en France et l'établissement de leur premier collège, à Billom (1555) ; *cf.*, entre autres, Abbé Pra, *Guillaume Du Prat, évêque de Clermont, et les premières fondations des jésuites en France*, Riom, 1914.

9. *Inventaire chronologique...*, t. 5, n° 971 ; 7 exemplaires repérés (Arsenal, Sainte-Geneviève, Aix, Autun, Metz, Moulins et Louvain). L'exemplaire de l'Arsenal que j'ai consulté contient un mot manuscrit du XVIIIe renvoyant aux mémoires, alors inédits, de François Le Dieu, secrétaire de Bossuet, d'où il ressort que le livre a été lu à Monsieur de Meaux entre le 24 septembre et le 2 octobre 1701 et que celui-ci « en fit un grand éloge [...]. Les faicts, la théologie, les réflexions mêmes politiques qui y sont, tout lui parut excellent ». Je n'ai pas poussé l'enquête. Elle devrait l'être, dans le cadre plus large d'un examen d'ensemble des annotations textuelles et des pièces liminaires manuscrites jointes aux exemplaires conservés de la *Discipline d'amour divine*, dont il semble évident qu'elle connut un regain d'intérêt au moment du Quiétisme – ce dont on serait tenté de conclure qu'elle n'était jamais complètement tombée dans l'oubli.

10. N'étant pas datée, elle n'a pas été retenue par B. Moreau dans le premier volume de son *Inventaire* et, de ce fait, elle a échappé à Higman.

11. L'exemplaire de la BnF porte la cote Res. C 3293 (3) ; c'est celui que j'ai consulté. La datation de c. 1507 portée sur le catalogue informatisé de la BnF m'a été confirmée par A. Coron, directeur de la Réserve des livres rares, que je remercie. Il est à peu près certain que cette édition ne fait qu'une avec celle dont Pierce Butler signale un exemplaire à la Newberry Library, *Check List of Incunabula in the Newberry Library*, Chicago, 1919, p. 43, en la caractérisant ainsi : Simon Vostre, c. 1520 ; non seulement le titre imprimé est identique, mais le second titre proposé par le catalogueur de Chicago, *Le tratié de la louenge de religion,* est aussi, à la lettre, le titre de l'opuscule qui, dans le recueil de la BnF, précède *Le treité de discipline de divine amour.* L'exemplaire de la BnF se présente, en effet, comme un recueil factice d'opuscules religieux, et plus précisément, spirituels, tous imprimés pour Simon Vostre autour de 1507. La reliure est postérieure (XVIIe), suggérant un assemblage de bibliophile. Toutefois, la présence du *Tratié de la louenge de religion* devant *Le treité de discipline de divine amour* dans les deux volumes et la description d'un troisième volume (disparu ?) ayant en commun avec le recueil de la BnF, outre *Le treité de discipline de divine amour,* au moins trois opuscules (Bonaventure : *Arbre de la croix, Doctrines pour parvenir à perfection,* Hugues de Saint-Victor : *Arres de l'espouse*), pose la question de l'ancienneté de ces mises en recueil. Le troisième

les premières années du XVIe siècle, a vraisemblablement été elle-même doublée et préparée par une circulation privée, sous forme manuscrite, que laisse deviner la subsistance de deux témoins difficilement accessibles : un manuscrit actuellement conservé par le Grand séminaire de Metz [12] et un manuscrit provenant de la collection Phillipps (ancien Phillipps 6742) ; vendu à New York en 1979, passé de mains en mains et subitement réapparu chez Sotheby fin 2011 [13], celui-ci vient d'être de nouveau vendu début 2012 à Londres, où j'ai eu la chance de pouvoir le consulter [14]. De notices descriptives établies antérieurement, de la consultation du microfilm du ms. de Metz et d'un examen direct un peu rapide du manuscrit Phillipps, il ressort que les deux volumes manuscrits n'ont rien en commun, ni l'origine ni la destination ni la lettre du texte.

Le ms. de Metz a toutes les caractéristiques des volumes faits par et pour de simples particuliers à leur usage privé : petit format (142 x 60 mm), papier jaunâtre et épais, absence de réglure, titres et initiales rubriqués, pas de décoration, écriture hachée, raide, appuyée, aux lettres détachées. L'exiguïté des dimensions et le format oblong sont ceux d'un livre de poche. L'écriture n'est pas sans rappeler celle des manuscrits connus pour avoir été copiés par des moniales dans les premières années du XVIe siècle. La présomption est renforcée par la note qui figure sur le feuillet de garde inférieur : « C'est pour vous, ma tres chere seur, seur [...] Hanequine, de par votre seur, seur Barbe Hanequine, en vous priant, ma chere amye, que le gardiés pour l'amour de moy », qui pourrait être de la même main que la copie. Le filigrane identifié par la notice de l'IRHT (une main, paume ouverte, type Briquet n° 11399-11410) est très répandu entre les années 1490 et 1540, particulièrement dans le Nord et le Nord-Est. Hannequin/Hennequin est également

volume en question, lui aussi recueil de textes de spiritualité imprimés par S. Vostre, est décrit dans : *Catalogue of the valuable... library of the late sir J. Simeon [1756-1824], sold by auction by Sotheby, Wilkinson and Hodge, march 1871*, Londres, 1871.

12. Une description codicologique et un microfilm du manuscrit sont consultables à l'IRHT, sous la cote : collections privées 126 (moyennant autorisation de l'Évêché). Je remercie vivement les autorités ecclésiastiques messines d'avoir encouragé le présent travail et mes collègues de la Section romane de l'IRHT de l'avoir facilité.

13. Les vicissitudes du volume sont retracées sur la *Schoenberg Database of Manuscripts* de l'Université de Pennsylvanie, sous le n° 10297 (information de Z. Kocher).

14. Je tiens à redire ici toute ma gratitude à M. P.-Y. Guillemet (Shapiro Rare Books) ; il a généreusement mis à ma disposition le manuscrit, qui lui appartenait alors, et m'a procuré les photographies dont j'avais besoin pour compléter les observations qu'une journée de travail n'avaient pas permis d'assurer. Deux descriptions matérielles du volume sont disponibles : l'une dans *Bibliotheca Phillippica. Manuscripts... from the Celebrated Collection formed by Sir Thomas Phillipps, The Final Selection,* New York, Kraus, 1979 (catalogue 153, notice 62), l'autre consultable sur le site internet de Sotheby's, lot 159721527, avec la référence L11241 Lot 39. J'y ajouterai que le papier porte un filigrane à la licorne et que les réclames sont verticales, que le cadre de justification n'est pas constant (142/145 x 85/92) et que la justification est irrégulièrement respectée, que le calibre de l'écriture varie fréquemment et que le copiste (un seul copiste) pratique, parfois sur la même page, diverses variantes de bâtarde distinctes par leur forme et leur cursivité, enfin que trois à quatre lignes rubriquées ont été grattées à la fin du texte, à la suite directe de l'explicit.

un patronyme courant dans cette région. Seule l'identification de cette sœur Barbe, en qui on aurait volontiers vu la fille d'une famille de la bourgeoisie messine, si la scripta de la note autographe ou de la copie avait présenté le plus petit trait caractéristique des écrits messins de l'époque (ce qui n'est pas le cas), permettrait de dater précisément le manuscrit ; au vu de l'écriture, je ne peux dire mieux que fin XVe-début XVIe siècle. Quant au texte, il est apparenté à celui de l'édition Vostre c. 1507.

Le ms Phillipps, dont les dimensions sont bien supérieures (203 x 130mm), les cahiers de papier blanc renforcés de bifolia en parchemin, la réglure tracée à l'encre rouge, l'écriture un continuum de belles bâtardes livresques (quels qu'en soient la morphologie et le calibre), est l'œuvre d'un professionnel. C'est le produit type d'une production courante soignée, sans doute provinciale (voir plus bas), sans illustration ni décoration à proprement parler, mais pourvu de tout l'apparat fonctionnel attendu dans cette catégorie de manuscrits – lettrines unicolores, rubriques et autres pieds de mouche de couleur. La datation est délicate. La notice de Kraus opte pour le milieu du XVe siècle, celle de Sotheby's penche pour le dernier quart du siècle [15] ; et selon qu'on ouvrira le volume à une page ou à l'autre, on pourra être tenté de donner raison à la première ou à la seconde. Le plus raisonnable, de l'avis de mes collègues de l'IRHT comme du mien, est le troisième quart du XVe siècle ; préciser davantage nous semble impossible. Le texte, lui, est quasi identique à celui de l'édition Chaudière 1519, mais, dans son état actuel, après la suppression du colophon (*cf.* n. 14), il ne porte plus aucune mention d'auteur, de lieu ni de date (que ce soit de copie ou de composition).

Pour résumer donc, et en laissant de côté les éditions de 1537 et 1538, qui sont des copies conformes de l'édition Chaudière 1519 (*A*), deux versions différentes du même texte : l'une regroupant le ms. de Metz (*M*) et l'imprimé Vostre c. 1507 (*V*) sous le titre *Le treité de discipline de divine amour* [16] ; l'autre regroupant le ms. Phillipps (*L*) et l'édition Chaudière 1519 (*A*) sous le titre *Le livre de la discipline d'amour divine*.

Les choses se compliquent lorsqu'on les regarde de l'intérieur et que l'on entreprend de collationner les textes, comme je l'ai fait à partir de l'édition-source de 1519 et du ms. de Metz [17]. D'une part, *A* et *M* livrent deux versions très

15. Mais il n'est pas sûr que ce soit pour de bonnes raisons. En effet, 1470 est la date que l'imprimé de 1519 attribue à l'oeuvre du supposé célestin, et le rédacteur de la notice de Sotheby aimerait bien faire de ce ms., qui « must date to the author's lifetime or within a few years of his death, and is likely to have been produced in the convent in which he worked, perhaps under his supervision », un exemplaire de présentation.

16. Le ms. ne porte pas de titre.

17. J'ai entrepris ce travail de comparaison textuelle avant d'avoir connaissance de *V* et de *L* : les deux termes à mettre en vis à vis, *M* et *A*, s'imposaient donc d'eux mêmes. La collation ultérieure des deux témoins nouveau venus (celle de *L* a été fragmentaire) m'ayant montré que la démarche conservait sa légitimité et sa lisibilité, je l'ai poussée à son terme et ai ensuite intégré l'apport de *V* et *L* à la reconstitution de la tradition, dont ils complexifient notoirement les données.

différentes, la première étant beaucoup plus étoffée que la seconde, et la place qu'y occupe le *Miroir,* tant de manière occulte qu'avouée, variant beaucoup de l'une à l'autre (en volume) ; d'autre part, tous deux laissent transparaître des phénomènes linguistiques inattendus et convergents, hétérogènes à leur scripta dominante, elle-même assez peu marquée (nous allons y revenir en détail). La question de la préhistoire du texte de la *Discipline d'amour divine*, c'est à dire, pour nous, du moment et de l'endroit où son auteur a croisé sur sa route le traité de Marguerite et s'est mis à l'œuvre, se pose donc.

Nous sommes très mal armés pour y répondre, car nous ne disposons pas de repère fiable. L'imprimé de 1519 dit se baser sur le traité d'un célestin d'Ambert *es forestz d'Orleans* daté de 1470, dont l'exemplaire aurait été transmis à l'éditeur par une religieuse. Si ce genre de réclame commerciale, dont les premiers libraires sont coutumiers, ne peut être pris pour argent comptant, dans le cas présent il ne peut pas non plus être balayé d'un revers de main. En effet, tant dans *L* que dans *A*, on lit au ch. 5 de la *Discipline* (p. 120-122) [18], un long exemplum passe partout que la narration rattache sans aucune nécessité à la ville d'Orléans et qui ne figure ni dans *M* ni dans *V*; ces derniers, notons-le au passage, ne portent ni prologue ni colophon analogues à ceux de *A* – et *A* seul : les informations factuelles que délivrent ces morceaux périphériques cités plus haut ne se retrouvent pas, sous quelque forme que ce soit, dans *MV*; elles ne se retrouvent pas, ou ne se retrouvent plus, dans *L*. De plus, des considérations historiques, dont il sera fait état plus bas, donnent du poids, elles aussi, à l'intervention d'un célestin. Admettons donc l'existence d'un manuscrit provenant du couvent des célestins d'Ambert ; il reste que, si la date de 1470 peut bien être celle de l'exemplaire manuscrit que Regnault Chaudière a transmis à Pierre Vidoue pour qu'il l'imprime, elle peut difficilement être celle du traité lui-même. En effet, d'une part, la copie *L* a de grandes chances d'être antérieure à 1470 ; d'autre part – et cela est plus assuré – quelle que soit la date effective du manuscrit, si le colophon actuellement érasé avait indiqué une date, 1470 ou une autre, celle-ci aurait renvoyé non à la date de la composition de l'œuvre mais bien plutôt à celle de la transcription, selon la typologie et la phraséologie habituelles (sauf à parler de manuscrit d'auteur, ce qui est exclu).

Selon toute probabilité donc, se trouve à l'origine de *A* et de *L* un texte anonyme lié à la région d'Orléans, dont une copie datée de 1470 et provenant du monastère d'Ambert est parvenue à Paris entre les mains de Regnault Chaudière en 1519. Mais dans le même temps circulait du même texte, sous forme manuscrite *M* et sous forme imprimée *V,* une version courte, dépourvue de toute indication de date,

18. Le contexte général est une remise en cause de deux assertions de Marguerite : l'âme anéantie n'a besoin ni de prier ni d'accomplir d'œuvres méritoires pour être sauvée, reprenant notamment la formule *[Dieu], qui n'a de vous ne de voz oeuvres que faire* du § 135 du *Miroir*, absent du ms. de Chantilly (lat. : *Tunc nichil habet [*l'âme*] plus facere de Deo quam Deus de ea*), pour affirmer fortement *Je vous affie que sans oeuvres ne serez vous pas saulvee* (p. 125).

de lieu et de copiste [19]. La question se pose du rapport entre ces deux versions et, pour commencer, d'éclaircir si c'est *Le Livre de la discipline* qui amplifie le *Traité de discipline* ou, à l'inverse, si c'est le second qui abrège le premier, comme on serait tenté de le penser au vu de la date des témoins (*MV* sont indubitablement postérieurs à *L*), quitte à envisager ensuite des schémas plus complexes.

Deux facteurs doivent être pris en considération : le contenu des additions/suppressions et les procédés formels mis en œuvre pour ajouter/couper dans la chaîne discursive. Par commodité, et sans préjuger de la conclusion à laquelle nous aboutirons au terme de l'analyse – ajout ou suppression –, nous prendrons comme point de repère le texte de *A* et parlerons donc de suppressions s'agissant des éléments textuels absents du manuscrit *M* [20].

Une typologie sommaire se dessine avec netteté. Sont régulièrement supprimées, quel que soit leur contenu, les séquences, brèves ou longues de plusieurs pages, qui peuvent apparaître comme des excursus, des incises, des commentaires personnels ou des *a parte* de l'auteur ; toutes les personnifications, mises en scène allégoriques, interventions à la première personne, fictions de dialogue ou de correspondance épistolaire, sont elles aussi évacuées, le thème en étant, s'il le faut, brièvement récupéré sous forme indirecte. De même, les nomenclatures font place à un discours continu et les sous-divisions tendent à disparaître complètement (forme et contenu). Au niveau micro-structurel de l'écriture, ce sont les figures de style, enchaînements en chiasme, réduplications et autres balancements rhétoriques dont l'imprimé fourmille, qui sont toutes et systématiquement effacées. D'une manière générale, le manuscrit *M* vise la sobriété, quand l'imprimé *A* a pour idéal l'abondance. Les extraits publiés en annexe permettent d'en juger. Sur le fond, une cohérence se fait également jour. Sont supprimés la plupart des citations et allusions bibliques, les renvois à des autorités (Augustin, Jean Chrysostome, Denys, Benoît, Bernard), les passages concernant Jésus (dévotion à l'humanité, à la Passion et au nom de Jésus), toutes les allusions indirectes à l'état religieux et à la vie monastique, y compris l'apologie de la vie contemplative, tous les métaphores, similitudes et exempla qui s'écartent du répertoire traditionnel (ainsi les cinq doigts de la main du diable et de la main de Dieu, l'homme d'Orléans, l'air et le soleil, la lumière, les torches ...). Les effets de style et le pittoresque disparaissent, mais ce n'est pas pour autant au profit de l'abstraction : les considérations sur la nature du bien, de l'amour, du péché, de la grâce, des anges, sur leurs variétés, leurs dénominations, leurs propriétés ; les exposés sur la nature de l'âme, ses puissances, les modalités et les effets de sa glorification ; les réflexions sur la nature de Dieu, l'être et le néant, la prescience et la prédestination, l'eucharistie etc., tout cela disparaît de *M*, qui coupe court à toute amorce

19. On considérera provisoirement *M* et *V* comme représentant un seul et même état du texte.

20. La collation de *A* et *M* porte sur l'ensemble du contenu des volumes, *Discipline* (p. 1-241) et *Disciple* (p. 242-349). S'agissant de *V* et surtout de *L*, sur lequel l'enquête a dû être conduite rapidement, la *Discipline* a été privilégiée.

de spéculation doctrinale ou théologique. En revanche, ce qui, dans *A*, est du registre de la morale, de la dévotion et de la vie intérieure se retrouve globalement dans *M*, compte tenu des réserves faites plus haut (interventions de l'auteur et ajustements stylistiques notamment). Et, il est important de le noter, dans ces pans communs, les mots employés par *M* sont exactement ceux dont use *A*, néologismes compris. *Le Treité* serait donc un compendium du *Livre*, allégé de sa densité doctrinale et débarrassé de sa recherche formelle, destiné aux laïques et au commun des religieuses, deux lectorats confondus dans les catégories socio-religieuses en vigueur ; la modification du titre, de la mise en texte (insertion de sous-titres), du format (*M*) refléterait celle du propos.

Voyons maintenant comment se présentent formellement les passages affectés par les modifications. Là aussi les choses sont claires : c'est toujours au niveau de séquences textuelles pleines et syntactiquement autonomes – développements narratifs ou doctrinaux d'une ou plusieurs pages aussi bien que phrases, segments de phrases, syntagmes ou mots isolés – qu'intervient le changement, et toujours sous forme de suppression pure et simple. Il n'y a jamais récriture, remaniement à proprement parler, mais une opération de coupe si franche et si nette que, dans la quasi totalité des cas, il n'est même pas besoin de suture syntaxique pour rabouter les morceaux. Quand, exceptionnellement, un lien s'avère nécessaire pour le sens, il se présente sous la forme d'un condensé en quelques mots du ou des développements disparus. La méthode laisse perplexe, mais elle pousse à envisager les choses dans le même sens. En effet, si l'addition d'enseignements, d'exemples, de raisonnements formant des entités structurées indépendantes, tant du point de vue du sens que de la mise en forme, ne poserait pas plus de problèmes pratiques que n'en poserait leur suppression, il n'en va pas de même des interventions incessantes au niveau de l'écriture. Il est nettement plus aisé de couper dans une chaîne que l'on a sous les yeux, grammaticalement correcte, que d'y insérer, sans avoir à lui apporter de modification, une nébuleuse de divisions et subdivisions imbriquées les unes dans les autres, de phrases complexes, de propositions, de séquences, de verbes et adjectifs, dont le raccord avec l'énoncé préexistant se serait rarement fait sans générer de nouvelles contraintes grammaticales *sui generis*. Il y aurait là un travail d'orfèvre, qui se doublerait d'une impressionnante acribie d'érudit, lorsque, comme il arrive plus d'une fois, les césures passent au beau milieu d'emprunts textuels inavoués à une autre œuvre, le *Miroir,* en l'occurrence : d'abord reconnaître le développement ou l'allusion pour ce qu'ils sont ; puis, une fois identifié le texte source, retrouver la citation au sein de ce long écrit dense et touffu qu'est le traité de Marguerite – ce qui suppose non seulement d'être familier de l'oeuvre, mais aussi d'en avoir un exemplaire sous la main ; enfin insérer la ou les pièces ainsi récupérées dans le puzzle primitif. La transcription du chapitre 10 de la *Discipline* proposée en annexe permettra à chacun de se faire une opinion. Vu sous cet angle, le rapport entre les deux rédactions semble clair : la version *M* procède directement de la version *A* par amputation.

Deux remarques s'imposent toutefois. La première concerne la mise en texte : si le texte que donne à lire *V* (Simon Vostre c. 1507), reste sans conteste celui de la version abrégée, les liens qu'il entretient avec *M* sont moins étroits que ceux qui unissent entre eux *A* et *L*. On y retrouve, en effet, tant au niveau du détail de l'écriture que de la structuration interne des exposés, des points de contact directs avec *A*. Des pans entiers du texte de *A* inconnus de *M* sont présents dans *V*, soit tels quels, soit émiettés, tronqués, abrégés et raccordés à la manière habituelle. Le phénomène est beaucoup plus marqué dans la seconde partie du traité, *La leçon de la disciple*, où, en outre, certaines de ces séquences sont déplacées, ce qui ne facilite pas les reconnaissances [21]. Quelques divergences textuelles ponctuelles suggèrent, par ailleurs, que, tel quel, l'abrégé *M* ne résulte pas purement et simplement d'une contraction de *V*. Des maillons de la chaîne nous échappent.

La seconde remarque a trait à la forme linguistique. En lisant *A*, imprimé composé à Paris sur un manuscrit censé, donc, provenir du Centre-Ouest de la France, on remarque un trait de morphosyntaxe qui tranche sur le fond neutre. La séquence suivante : *sans les [*sc. *pechez] me plus impute[r], sens les me reproucher* de *M* (fol. 122), se lit dans *A* – et dans *A* seul : *sans* le mes *plus imputer, sans* le mes *reprocher* (p. 296). On aurait tort, à mon avis, de voir dans ce transfert de la marque de pluriel une bourde du copiste ou de l'imprimeur : il s'agit d'un trait de la scripta ancienne du Nord, de même que, à cette époque qui n'est plus celle de la koinè littéraire picardisante en vogue au XIIIe, les très épisodiques *esclarer* (337), *mengue* (pr.3 *mangier*, 167, 168) *castement* (30), *embracher* (30), *commenchant* (30,43,53,65), *cache* (« chasse », 300), *enlaschee* (« enlacée »,145) ou encore la graphie inverse *lassee* pour *laschee* (283), le rhotacisme *harlee* (159), l'épenthèse *noye* (pour *noe* <NATAT « nage », plutôt que « noie » <NECAT, 338 ; cf. *Miroir* 28) ou le subj. imp.5 *pechessiez* (327 ; Nord-Est, plus que Nord) [22]. Leur rareté même est l'indice qu'il s'agit de graphies importées.

On peut en dire autant de certaines graphies du ms. *M* : il ne reconnaît pas *coron,* qu'il transforme en *coronne* (fol. 134) [23], ni *ahanner,* auquel il substitue *arser* (fol. 52 « brûler (pour essarter) » – *A* et *V* maintiennent l'*ahanner* de Marguerite : *luy* [l'homme] *est la terre a ahan et pour ahanner baillee. Et quant elle est ainsi labouree* ... –, mais il écrit à deux reprises *peulent* (fol. 98v, 139, « peuvent »),

21. Ainsi, au chap. 3, un long développement sur les effets de l'amour languissant (déplacé du f. 144v° de *A* au f. 142 ; f. e6 de *V*).

22. Cf. *mengue* et *menguesse* dans *V* aussi (*Disciple*, ch. 1). Les occurrences relevées l'ont été à escient en dehors des emprunts faits par *A* au *Miroir* ; le seul ex. tiré d'un passage commun montre un changement de lexème (*noie A* vs *nage C*).

23. Seuls *AL* ont *coron* ; cf. *supra*, p. 113.

à l'occasion *ablouye* («éblouie», prologue), *nages* («neiges», fol. 74), *harlee* (fol. 61v), *ceur* (fol. 13,16), *mengue* (fol. 67) et *mangant* (fol. 27v), *aqueul* (fol. 17v), *deul* (fol. 27v), *broullar* (fol. 88v), *agenoulee* (fol. 27), *soulee* (fol. 11v), *calouz* (fol. 53v), *challous* (fol. 54v), *infalible* (fol. 41), et mélange sans cesse *an* (*panser, prudant, presance, dispansation*...) et *en* (*avent, autent, plaisence, commencent, pesente, vaillens, sens* prép., etc.), *ces* et *ses*, *se* et *ce*, toutes habitudes de *scripta* dont les aires plus (*en / an, s/c* initiaux) ou moins (*coron, nage, harlee, peulent, l / l* mouillé) vastes se recoupent dans le Nord-Est. Cependant, le même copiste écrit toujours *leczon* (fol. 14, 15, 33, etc.), *peché, chef, fiché, messager, refroider, elle chet* («chiet») etc., à l'occasion *laistre* («lettre» fol. 32) et *faistes* (fol. 50v), *indecible* (fol. 98); il ne connaît que le verbe *fleurer, flourer* et le subst. *fleur* au sens d' "odeur, parfum exhalé" (fol. 2, 68; *A*: *odorer, flairer*)[24], et fait alterner désinences verbales de 1ère pers. en *–ai* et en *–é*: *j'é trouvé* (fol. 26), *que n'é* (fol. 27v), *j'é encourue* (fol. 120), *je le tiendré, laisseré* (fol. 61)[25]; autrement dit, comme la copie *C* du *Miroir*, il apparaît sensible aux principaux traits de la scripta occidentale, région d'Orléans incluse.

Puisque l'exemplaire de la *Discipline* que l'imprimeur a eu entre les mains provient du couvent des célestins d'Ambert, le choix s'offre entre deux hypothèses: ou le religieux à qui l'on doit cet intermédiaire manuscrit produit en 1470 était originaire du Nord et en avait conservé quelques automatismes graphiques; ou, comme il paraît beaucoup plus vraisemblable, eu égard au caractère extrêmement clairsemé des rémanences, ce célestin a lui-même eu à sa disposition une copie d'un texte originairement couché par écrit dans cette région, dont, en le reproduisant, il a plus, moins ou pas du tout, modifié le contenu en même temps que la forme linguistique, quitte à s'en voir ensuite attribuer la paternité par Regnault Chaudière. (La régularisation de la *scripta* a naturellement été amplifiée par l'intervention du typographe parisien.) C'est aussi sur un exemplaire descendant d'une souche septentrionale et arrivé dans l'Ouest (en tant qu'aire linguistique incluant partie du Centre) qu'a travaillé le/la copiste du manuscrit de Metz, ou son modèle. Sans avoir eu le loisir d'étudier *L* avec tout le soin requis pour ce genre d'enquête, je n'y ai cependant remarqué ni trait typique du Nord (sinon le maintien du mot *coron* de Marguerite) ni trait typique de l'Ouest; mais j'y ai noté, outre quelques graphies particulières (ainsi *hesle*), la récurrence d'un mot provincial, *totage* «total», commun à un large arc central mitoyen de l'Orléanais, qui relie la Touraine de Rabelais à la Franche-Comté (*FEW* XIII, 123) en passant par le Berry des praticiens (*Coutumes*), le Nivernais de Macé de la Charité (*Bible*)

24. Ce qui était la leçon originale de la source commune au fol. 68 (p. 168), massacrée par l'imprimé, qui a pris *fleurer* pour le "flair" et *fleur de ciprés* pour une "fleur". À la p. 304 (fol. 125v) également, comme en plusieurs autres endroits, *A* doit être corrigé par *M*: *Et my lesse* doit être lu *He my, lesse !* (= *He moy, lasse !*), où se cachent deux régionalismes (Nord-Est); mais dans autant d'autres cas, à l'inverse, c'est *A* qui permet de rectifier *M*.

25. On lit également *[je]le loueré*, perdu au milieu de formes en *–ay*, dans *V* (*Disciple*, ch. 2).

et le Charolais de Guillaume des Autels. Quelque fragile que soit la piste, les caractéristiques codicologiques rapidement observées [26] ne sont pas en contradiction avec l'hypothèse que le volume aurait pu être confectionné dans le Centre-Est, non loin d'Ambert donc. Est-ce ce que disait le colophon ? Le revêtement linguistique de *V* est totalement lissé.

UNE HYPOTHÈSE : *LA DISCIPLINE D'AMOUR DIVINE* ET LE *MIROIR* AU CŒUR DE LA RÉFORME FONTEVRISTE ?

Dès lors, un scénario vraisemblable, qui tienne compte de l'ensemble des paramètres, pourrait être le suivant : un traité de spiritualité en deux parties est écrit dans le Nord/Nord-Est, dans le second tiers du XVe siècle (il est difficile de remonter beaucoup plus haut au vu de la langue), en tout cas avant 1470. Ce traité, perdu sous sa forme originale, connaît l'œuvre de Marguerite Porete et l'exploite à ses propres fins ; il s'adresse à des femmes, mais pas particulièrement à des religieuses. Il peut avoir un lien avec les célestins : ceux-ci, on le sait, ne se sont pas contentés de jouer le rôle de copistes et diffuseurs de la littérature de spiritualité, mais ils ont eux-mêmes mis la main à la pâte et composé plus d'un traité à l'intention des laïcs dévots ; l'intérêt qu'ils portaient à la littérature en langue d'oïl se reflète, d'ailleurs, dans le contenu de leurs bibliothèques [27]. Par le réseau célestin ou autrement, une copie de ce traité arrive dans la région d'Orléans, comme y arrive un exemplaire des *Avisemens sur le fait du gouvernement quotidien*, règle de vie dévote qui, elle aussi, lorsqu'il s'agit du *gouvernement des parfaiz,* parle avec les mots de Marguerite [28]. Un copiste en tire alors un exemplaire abrégé, coupant au fil de la plume, de ses préférences stylistiques, de ses intérêts et des préoccupations d'un lectorat dévot, de manière à façonner le directoire le plus apte à répondre aux besoins d'un large public féminin, tant dans sa mise en forme que dans

26. Voir note 14 : les réclames verticales, une mode italienne, sont plus fréquentes dans les manuscrits de la moitié Sud que de la moitié Nord de la France ; le dessin du filigrane à la licorne simple qui marque le papier n'a rien à voir avec les types de l'Ouest, mais a des points communs avec ceux d'un large Est (Briquet, *Les filigranes* ..., t. 3, Paris-Amsterdam, 1907, p. 521-531 ; il m'est impossible de renvoyer à un modèle précis).

27. Sur la place tenue par les célestins dans la vie intellectuelle et religieuse entre Moyen Âge et Renaissance, voir, par ex., l'introduction de J.-Cl. Margolin à son édition des *Lettres et poèmes de Charles de Bovelles,* Paris, Champion, 2002, p. XLV-LXX (avec bibliographie). La documentation de la Section d'histoire des bibliothèques de l'IRHT recense 24 manuscrits médiévaux en provenance d'Ambert (y ajouter le ms. lat 18572, signalé par M. Lieberman ; voir *infra*, note 51). La moitié est conservée à la BnF ; deux volumes, dont nous reparlerons, sont en français.

28. Des deux témoins connus de ce traité de la seconde moitié du XVe siècle, l'un porte l'ex-libris des célestins d'Ambert (BnF, fr.13204), l'autre a été copié en 1475 à Gand pour la duchesse de Bourgogne Marguerite d'York (Oxford, Bodl. Library, Douce 365). Ni l'un ni l'autre ne sont linguistiquement marqués. Voir G. Hasenohr, « La tradition », p. 1363-1365 et Z. Kocher, « The Apothecary's *Mirror of Simple Souls*... ».

son contenu ; c'est l'ancêtre de *V* et de *M*. Dans le même temps – qui est aussi celui, pour nous, où l'œuvre de Marguerite se manifeste chez les Fontevristes de La Madeleine – un religieux se penche sur le même traité et, à l'inverse, l'étoffe et en modifie le caractère : il s'introduit dans le texte, multipliant les interventions personnelles en « je », tantôt porteuses d'un enseignement théorique renforcé, tantôt empreintes d'un pittoresque voulu ; il s'adresse directement à des religieuses, qu'il implique dans la genèse de l'ouvrage ; peut-être – ce serait le plus intéressant et c'est vraisemblable, eu égard au contexte, mais invérifiable – infléchit-il aussi la position du texte primitif vis-à-vis du *Miroir*, qu'il cite ouvertement et nommément [29], aussi bien pour le louer que pour le critiquer : non plus seulement récupération ou détournement de l'écrit de Marguerite à mesure de l'exposé, comme dans l'original supposé, mais aussi mise en garde explicite et réfutation systématique de certaines assertions, précisément recensées. Cela en liaison avec l'audience, dont il se fait l'écho, du *Miroir* dans les couvents de femmes de la région et les interrogations qu'y suscite son interprétation. Ce remaniement est le modèle de *L* et, via une copie réalisée à Ambert en 1470, l'ancêtre de *A* [30].

Entre quelles mains l'œuvre de Marguerite serait-elle passée avant d'arriver au prieuré de La Madeleine ? Qui a fourni le modèle de *C* et des autres exemplaires disparus ? Nous n'en saurons jamais rien. En revanche, nous pouvons être sûrs que le *Miroir* aura trouvé chez les religieuses fontevristes un terrain d'élection, dans ces années d'effervescence qui sont celles de la refondation du prieuré (1466), de la réforme (1475) et de la renaissance spirituelle, quand les religieuses de La Madeleine, regroupées sous la conduite de l'abbesse Marie de Bretagne (1457-1477), se préparent à essaimer dans les autres prieurés de l'ordre pour y être le levain du renouveau, avant de devenir, au tournant du siècle, le modèle et le vecteur de la réforme bénédictine en Ile-de-France. Nous n'avons pas conservé d'inventaire de livres du prieuré ni même de l'abbaye mère, simplement celui des livres personnels, en grande partie familiaux, de Marie de Bretagne [31] ; rien n'y laisse soupçonner un *Miroir* ou une *Discipline d'amour divine*. Toutefois,

29. « car <comme disoit en son livre ma bonne disciple, l'ame simple aneantie> : samblance de verité n'est pas verité » (conclusion du livre, p.334 ; ici-même, p. 313 ; *Miroir* 97, 22). L'incise placée entre crochets obliques est propre à *AL*. Mais la longue allusion « Et pour ceste cause peult estre que vous voz estes nagueres adventuree de reprendre aucuns dictz de une aultre escoliere, vostre condisciple... » (conclusion, p.323 ; ici-même, p. 308) se lit uniquement dans *A*.

30. Cette reconstitution peut être complètement fausse, mais la complexité qu'on serait tenté, à juste titre, de lui reprocher, ne peut pas lui être imputée à charge. Récritures, croisements, reprises sont une loi du genre s'agissant de ce type de littérature. Penser, pour prendre deux exemples mieux documentés, à la postérité latine et vernaculaire du *De tribus dietis paradisi* de Robert de Sorbon († 1274), ou à celle du *De duodecim utilitatibus tribulationis* indûment attribué à Pierre de Blois († 1211/1212).

31. Voir M. Fr. Damongeot, « Le coffre aux livres de Marie de Bretagne (1424-1477), abbesse de Fontevraud », dans *Livres et lectures de femmes entre Moyen Âge et Renaissance*, textes réunis par Anne-Marie Legaré, Turnhout, Brepols, 2007, 81-99.

avec l'œuvre littéraire de François Le Roy (visiteur général de l'ordre, puis confesseur, c'est à dire prieur, de la Madeleine entre 1511 et 1516), il nous reste un témoignage direct sur le vécu spirituel de la communauté dans les années 1490-1520 [32]. Directeur de conscience et maître de vie religieuse hors pair, Le Roy nous touche davantage maintenant par l'exubérance, la sensibilité et la virtuosité exceptionnelles de son écriture poétique (*Laict de devotion*), qui renouvelle la poésie religieuse et préfigure le grand lyrisme spirituel de la seconde partie du XVIe siècle [33]. Mais cette veine lyrique et mystique ne doit faire oublier ni la culture impressionnante du maître, ouvert aux courants modernes (*devotio moderna,* Pic de la Mirandole, Lefèvre d'Etaples) autant qu'ancré dans la tradition, ni la grande exigence intellectuelle qui préside à ses traités de vie religieuse en prose. Le *Dialogue de consolation entre l'âme et la raison* (1499) est ainsi le lieu d'une argumentation serrée, dont J. M. Gleize a pu montrer qu'elle épousait le schéma logique suivi par saint Thomas, tandis que « la recherche méthodique et prudente de la verité qui caractérise la théologie de saint Thomas d'Aquin imprègne toute [son] œuvre » [34].

Certes, l'œuvre de François Le Roy est exceptionnelle par sa profondeur, son ampleur, sa diversité et sa qualité littéraire. À ce titre, elle occupe une place à part dans le mouvement qui pousse progressivement les religieux à procurer aux moniales des directoires de vie, à leur expliquer la teneur et le sens de leur engagement (règle, voeux), leur décrire les voies de l'ascèse et de la vertu, leur faire sentir les douceurs de la dévotion, tout en leur fournissant les éléments de doctrine et de réflexion propres à soutenir une vie de foi dans la ferveur du cloître. Mais, à ce titre aussi, elle est emblématique de la réforme fontevriste [35]. En effet, cet intérêt pour la pédagogie envers les moniales, qui provoque, dans les autres ordres,

32. Y. Le Hir («Sur un ms. inédit de François Le Roy», dans *Bibliothèque d'Humanisme et Renaissance*, 40, 1978, p. 481-495) et moi-même (notice « Le Roy, François » dans *Dictionnaire de spiritualité*, t. 9, 1976, col. 689-692) avons été les premiers à attirer l'attention sur son œuvre. La thèse inédite de J. M. Gleize, *Edition critique des œuvres de François Le Roy pour servir d'introduction a la spiritualité fontevriste au moment de la réforme de l'ordre (1470-1530)*, résumée dans : École nationale des Chartes, *Positions des thèses des élèves de la promotion 1991,* p. 101-105, a apporté un éclairage nouveau. Mais il faut aussi se reporter à l'excellente mise en perspective littéraire d'Agnès Passot-Mannooretonil, au t. II de sa thèse inédite *L'expression de la spiritualité catholique dans les œuvres littéraires de langue française aux débuts de la Renaissance,* Université Charles de Gaule-Lille 3, 2007.

33. A. Passot, p. 426.

34. Cité d'après A. Passot, p.368.

35. Voir L. de Vauzelles, *Histoire du prieuré de La Magdeleine-lez-Orléans de l'ordre de Fontevraud*, Paris-Orléans, Baur, 1873 ; A. Jubien, *L'abbesse Marie de Bretagne et la réforme de l'ordre de Fontevrault*, Angers-Paris, Barassé, 1872 ; J. de Viguerie, « La réforme de Fontevraud », dans *La réforme des réguliers en France de la fin du XVe siècle à la fin des guerres de religion*, Paris, Soc. d'hist. ecclés. de la France, 1979, p. 107-115 (*Revue d'Histoire de l'Église de France*, 65) ; plus généralement : A. Renaudet, *Préréforme et humanisme à Paris (1494-1517),* Paris, Librairie d'Argences, 1953² et J. M. Le Gall, *Les moines au temps des réformes. France (1480-1560)*, Seyssel, Champ Vallon, 2001.

la percée timide d'initiatives individuelles, spontanées et dispersées [36], se traduit dès le début chez les fontevristes par la mise en œuvre d'une politique suivie et réfléchie [37], étroitement liée à la réforme de l'ordre animée par Marie de Bretagne (1457-1477) puis Anne d'Orléans (1477-1491). Ainsi, avant François Le Roy, ses prédécesseurs dans la charge de confesseur, Jean Sauvage (*Echelle de charité, Echelle d'amour divine*) et le théologien Hue Cancien (*Les cinquante notes pour chanter de cœur les heures de la Vierge*), prirent la plume à La Madeleine ; les religieuses de La Chaise-Dieu-du-Theil bénéficièrent, elles, des enseignements de Jean Henry († 1483), un des premiers et plus actifs réformateurs, qui y avait impulsé la réforme à l'instigation de l'abbesse Marie (*Livre d'instruction pour religieuses novices et professes*, *Livre de consolation sur la joyeuse méditation de la nativité de Jésus*), à qui il adressa le *Livre de reformation utile et profitable pour toutes religieuses* ; les Filles-Repenties, intégrées à l'ordre en 1495, reçurent les cantiques et noëls « contemplatifs » du théologien franciscain Jean Tisserant. Ce furent ensuite Louis Pinelle, successeur de Jean Raulin à la tête du collège de Navarre, vicaire général de l'évêque de Paris Étienne Poncher et prédécesseur de Guillaume Briçonnet au siège de Meaux (1511-1516), avec ses *Quinze fontaines vitales* destinées à l'ensemble des moniales ; le fontevriste auteur d'un *Traité de l'amour desordonnée*, lié au prieuré de Montmartre [38], ou encore le « jeune célestin » qui, à la demande de son provincial, dédia aux moniales de Fontaine-les-Nonnes le beau *Manuel des dames* (vers 1510 ; BnF, Res. D 21333).

Tous ces écrivains de la réforme fontevriste [39] ne sont pas seulement des religieux fervents, pour qui réforme est synonyme de conversion, ce sont aussi, François Le Roy en tête, des hommes d'une grande envergure intellectuelle et spirituelle, maîtres et docteurs de l'Université, pour autant qu'ils se soient laissés identifier. Le responsable de la version amplifiée de la *Discipline d'amour divine* appartient au même monde.

Si donc, dans la région d'Orléans et dans les années 1460-1470, des religieuses étaient à même de prendre intérêt aux spéculations du *Miroir* et de se laisser entraîner par les élans ardents de Marguerite, ce sont bien les moniales de La Madeleine. Et si, par contrecoup, des autorités se trouvaient incitées à éclairer et recadrer cette lecture – du moment où le texte circulait dans la maison et aux alentours, y suscitant une certaine perplexité –, ce sont bien les supérieurs de

36. G. Hasenohr, « Aspects de la littérature de spiritualité en langue française (1480-1520) », *Revue d'Histoire de l'Église de France*, 77, 1991, p. 29-45.

37. E. Droz, « Frère Gabriel Du Puyherbeault, l'agresseur de François Rabelais », *Studi francesi*, 28, 1966, p. 401-427.

38. BnF, ms. fr. 1833 ; *cf.* M.-F. Damongeot, « Les manuscrits des dames de Fontevraut », *303. Arts, recherches et créations*, 67, Nantes, 2001, 94-107.

39. Le *Dictionnaire de spiritualité ascétique et mystique*, Paris, Beauchesne, 1932-1995, 20 vol., consacre une notice, souvent précieuse, à chacun.

La Madeleine : il importait de tirer parti pour le profit spirituel des « dames » de cet enchaînement de propos et de propositions séduisant mais potentiellement déviant et parfois abscons, susceptible donc d'induire autant d'interprétations inconvenantes que d'interrogations stériles. Que la tâche ait pu être accomplie par un célestin n'est pas antinomique en soi, et l'est encore moins dans le cas précis.

Toute documentation utile fait défaut sur le genre de vie que menaient les moines d'Ambert au XVe siècle ; de leurs relations avec les maisons avoisinantes, de leur attitude personnelle envers la réforme, de leur activité intellectuelle, de leur rôle auprès des moniales en général, nous ne savons rien d'autre que ce que nous en apprennent la *Discipline* et les vestiges de leur bibliothèque[40]. Mais Ambert était très proche, géographiquement parlant, de La Madeleine, et le monastère devait l'essentiel de son assise matérielle à la famille d'Orléans, notamment aux ducs Louis et Charles, dont les deux abbesses successives étaient respectivement, l'une fille et sœur (Marie de Bretagne), et l'autre petite-fille et fille (Anne d'Orléans). Par ailleurs, les célestins étaient, avec les chartreux, l'ordre le plus ouvert à la littérature vernaculaire, comme nous avons eu l'occasion de le rappeler. Dans le contexte plus spécifique de la réforme monastique, on soulignera que c'est un célestin qui rédigea la première exposition de la règle de saint Benoît imprimée en français (achevée en 1486, imprimée à Paris en 1510) ; elle est explicitement destinée aux moniales. Célestins également, l'auteur inconnu du *Manuel des dames* (religieuses fontevristes), déjà cité, et le picard Jean Lefranc[41], qui fut successivement prieur de plusieurs monastères, dont ceux de Sainte-Croix-d'Offémont et de Paris. Oncle maternel de Calvin et ami intime de Charles de Bovelles, lié comme lui avec Lefèvre d'Etaples (à l'instar de François Le Roy), il est l'auteur, entre autres, d'un *Petit traité des pommes d'or par maniere de exhortation aux dames religieuses* (1508).

Une même préoccupation pastorale, l'attrait exercé par une œuvre hors normes, le souci commun d'en récupérer les développements les mieux venus, les images et métaphores les plus parlantes, les formules les plus percutantes, au sein d'une composition doctrinalement sûre, et, au final, foncièrement autre, aussi pratique que théorique, a donné naissance à l'actuel *Livre de la discipline d'amour divine*. La démarche s'inscrit dans la dynamique de la réforme[42]. Le but n'est pas seulement de redresser des écarts doctrinaux, d'éviter de mauvaises interprétations, de couper court à des errements, d'anticiper des questions, mais aussi

40. A. Pommier, « Essai sur le monastère d'Ambert, son origine et sa suppression », dans *Mémoires de la Société archéologique et historique de l'Orléanais*, 34, 1915, p. 565-668 ; E. Lalou, « Les abbayes fondées par Philippe le Bel », dans *Revue Mabillon*, n.s. 2 (63), 1991, p. 143-165 ; se reporter également à la note 49.

41. Sur lequel voir l'ouvrage de J.-Cl. Margolin, *Lettres et poèmes de Charles de Bovelles*, *op. cit.* note 27, p. LXX-LXXV.

42. Et elle y restera inscrite : c'est à un prélat réformateur, Guillaume Duprat, que sont dédiées les éditions de 1537 et 1538 (*cf.* note 8).

de se réapproprier, sous une autre forme littéraire et à une autre fin, des éléments de pensée et d'écriture remarquables afin de les intégrer à un ensemble *sui generis*. Sous les habits de la prose didactique du *Livre*, élans lyriques et soliloques spéculatifs concourent ainsi à l'élaboration d'un enseignement de direction spirituelle sûr et efficace, dont des pans textuels entiers coïncident avec le *Miroir*, mais dont l'esprit est totalement différent. Que l'impulsion soit venue de La Madeleine ou qu'un moine d'Ambert ait directement pris sur lui de retravailler et d'adapter le traité préexistant dont nous avons postulé l'existence, importe peu.

RETOUR AUX DOCUMENTS
UN POINT DE CONVERGENCE : AMBERT

Le contexte culturel que nous venons de brosser à grands traits confère une certaine vraisemblance au scénario proposé. Tout aussi importants, des éléments factuels et des détails matériels viennent conforter dans ses différentes étapes l'hypothèse de la constitution d'un foyer « porètain » à Ambert.

Sans procéder à un exposé détaillé, qu'on peut lire maintenant sous la plume de Zan Kocher[43], il est indispensable de rappeler une autre composante de cette toile de fond : le triangle Gerson – Marguerite – l'ordre célestin. Pour aller à l'essentiel, on sait que c'est à son frère cadet Nicolas, récemment entré chez les célestins, que Gerson envoie le *De distinctione verarum revelationum a falsis* (1401), dont il recommande ensuite la lecture au provincial de l'ordre, Jean Bassandi (1428). Et dans la lettre qu'il adresse à celui-ci, il lui précise qu'il pourra trouver un exemplaire du traité, avec d'autres de ses écrits, « vel in Aurelianis ... vel in Amberto »[44]. On induira de cette correspondance, d'une part, que célestins (sûrement) et fontevristes (potentiellement) avaient connaissance de l'existence du traité de Marguerite, de sa dangereuse subtilité et des méfaits qu'en produirait une lecture inconsidérée ; d'autre part, au vu de la formulation « vel ...vel », que les bibliothèques monastiques de la région ne fonctionnaient pas en vase clos. Il ne résulte nullement de cela que le *Miroir* ait été matériellement présent à Ambert ou dans quelque autre maison de célestins ; mais il en résulte que, si un exemplaire en était venu à tomber entre leurs mains, engagés comme ceux-ci l'étaient dans la pastorale spirituelle de l'élite laïque et monastique (femmes), la rencontre n'aurait pu que produire un dérivé du genre de la *Discipline d'amour divine* – original perdu ou/et adaptations conservées.

Or plusieurs indices textuels et codicologiques scellent le commerce des célestins avec le *Miroir*. Tout d'abord, la porosité du milieu célestin, sa perméabilité aux conceptions de Marguerite, sont indirectement attestées par la tradition

43. « The Apothecary's *Mirror of Simple Souls* ... » cité note 4. On y trouvera toute la bibliographie secondaire relative aux textes.

44. Ed. P. Glorieux, *Œuvres complètes*, t. II, Paris-Tournai, Desclée, 1960, n° 83, p. 333.

manuscrite de deux règles de vie féminine qui en perpétuent des formules : les *Avisements sur le fait du gouvernement quotidien* et la lettre de direction spirituelle du ms. Arsenal 2176[45]. Des deux exemplaires connus de la première, l'un a été confectionné à Gand par le célèbre David Aubert pour la duchesse de Bourgogne, Marguerite d'York, en 1475 ; l'autre provient de la bibliothèque des célestins d'Ambert, dont il porte un ex-libris contemporain de la copie (mi-XV e s.), accompagné de la cote 297[46]. La langue de cette copie est neutre, de même d'ailleurs que celle de l'exemplaire flamand (coupant court à toute tentative de localisation du manuscrit original), mais le filigrane du papier est garant de l'ancrage du manuscrit dans la région d'Orléans ; nous allons y revenir sous peu. L'unique exemplaire subsistant de la seconde provient de la bibliothèque des célestins de Sens, où il a été copié et dont il porte, lui aussi, l'ex-libris contemporain (mi-XV e s.)[47]. La langue de la copie est neutre, mais il ne fait aucun doute que le texte original, lui, a été écrit dans le Val de Loire[48] ; le filigrane n'est pas identifiable. Les deux seuls écrits médiévaux en français où l'on ait, jusqu'à présent, retrouvé des traces du *Miroir*, ont donc en commun, outre la particularité de s'adresser en priorité à des laïcs, d'avoir partie liée à la fois avec des célestins et avec le Centre-Ouest de la France : par son original pour l'un (lettre du ms. Arsenal 2176), par une copie pour l'autre (*Avisements* du ms. fr. 13204).

En second lieu, la réalité des contacts et des échanges entre les célestins d'Ambert et le Nord de la France ressort de la mention inattendue d'un Theobald de Cambrai (1358) et d'une dame Perrette d'Arras (1391) parmi les donateurs enregistrés dans l'obituaire du monastère[49]. La circulation des manuscrits entre la Picardie et l'Orléanais, elle, est illustrée par un volume dont le parcours témoigne aussi, de manière exemplaire, du rôle joué par les célestins dans la production de livres en langue vernaculaire. Il s'agit du ms. BnF, fr. 9587, une *Vie de Jésus-Christ* naguère étudiée par M. Lieberman, dont je me contenterai de

45. Signalées dans Hasenohr « La tradition » et de manière plus circonstanciée dans « La vie quotidienne de la femme vue par l'Eglise : l'enseignement des "journées chrétiennes" de la fin du Moyen Âge », dans *Frau und spätmittelalterlicher Alltag*, Vienne, Österreichische Akademie der Wissenschaften, 1986, p. 19-101.

46. BnF, ms. fr. 13204.

47. Bibl. de l'Arsenal, ms. 2176. Il s'agit d'un recueil composé de plusieurs opuscules spirituels français, méthodiquement programmé et copié sur place par plusieurs moines en parallèle vers le milieu du XV e siècle (Bonaventure, Gerson, Robert Ciboule et la règle féminine anonyme qui nous intéresse) ; c'est d'après ce ms. qu'I. Fabre a édité la *Doctrine du chant du cœur* de Gerson (Genève, Droz, 2005). Un second exemplaire de la règle qui nous intéresse, jadis conservé par le Grand séminaire de Malines, a disparu au cours de la seconde guerre mondiale.

48. On relèvera l'exemple du bateau qui vogue *sur mer ou sur Loire*, l'allusion répétée au travail de la vigne et surtout, pour le vocabulaire, l'image du bois vert qui, avant de s'enflammer, doit rendre sa *male humeur* : il *sime et rime et sue*, « il rapetisse, se ratatine et sue » (fol. 106v°). Les deux premiers verbes sont des régionalismes de l'Ouest (*cf.* semare, *FEW* XI, 425 et rimari, *FEW* X, 409).

49. Ed. A. Vidier et L. Mirot, sous dir. A. Longnon, dans *Recueil des Historiens de la France. Obituaires de la province de Sens*, t. III, Paris, 1909, p. 207-221.

reproduire le colophon, entièrement écrit de la main du copiste : « Ce livre est a Jehan Moquet, marchant demourant a Orleans, et fut escript par la main de Estiene Bertet ou monastere des celestins de Chastes [50], l'an mil CCCCLXIIIJ, le XXJ[e] jour de decembre ». Rapporté de la région de Compiègne dans celle d'Orléans par son commanditaire, le volume passa ensuite entre les mains de divers habitants de la ville avant d'être acheté par le sous-prieur de la maison d'Ambert à la fin du XVIe siècle et de retrouver ainsi son berceau monastique d'origine [51].

En troisième lieu – et sous réserve de confirmation à l'aide d'outils plus précis que l'œil, la main et le décimètre, dont ne dispose pas la Bibliothèque du Musée Condé – il semble bien que les filigranes que l'on peut relever sur le papier du ms *C* soient identiques aux filigranes qui marquent le papier du manuscrit des *Avisements* d'Ambert. Les deux filigranes visibles et identifiables du ms. fr. 13204 représentent une fleur de lis sommée d'un lambel à trois pendants dans un écu surmonté de la croix de la passion ; ils correspondent assez exactement aux types Briquet 1548 (fol. 60, 157) et 1541 (fol. 1, 156) [52]. Le premier type a été relevé à Châteaudun et Blois entre 1463 et 1466, à Poitiers et en Bretagne entre 1466 et 1474. Le second a été relevé entre 1428 et 1454 à Châteaudun, entre 1440 et 1450 à Chartres, Lorris, Orléans, Angers, Saumur, Nantes. Ce sont les deux mêmes types que j'ai cru pouvoir identifier dans le papier de *C* (type 1548 prédominant, type 1541 aux fol. 24, 28) [53]. La probabilité est donc assez forte que les copistes du *Miroir* de Chantilly et ceux du ms. fr. 13204, des moines d'Ambert, aient utilisé les mêmes papiers. Cela dit, on se gardera d'en conclure, en l'absence d'autre indice, que l'unique survivant du *Miroir* provient lui aussi du scriptorium des célestins. La diffusion de feuilles marquées de cette figure héraldique, aux variantes relativement peu nombreuses (Briquet 1541-1543, 1546, 1548, 1560), apparaît bien circonscrite, géographiquement et chronologiquement : le Val de Loire et ses marges, entre Orléans et Angers, dans les décennies 1430-1480 [54]. Mais combien de centres de copie, professionnels et domestiques, ont pu être alimentés par les mêmes battoirs, dans ces provinces riches en cours d'eau qui, dans la seconde moitié du XVe siècle, étaient aussi devenues le creuset culturel et artistique du royaume ? Effervescence de la vie religieuse et effervescence de la vie culturelle se conjuguaient alors sur les bords de la Loire. Si l'on avait la certitude

50. Saint-Pierre-au-Mont-de-Châtres, dans la forêt de Cuise, diocèse de Soissons.

51. Voir M. Lieberman, « Saint Joseph, Jean Gerson et Pierre d'Ailly dans un manuscrit de 1464 », dans *Cahiers de Joséphologie*, t. 20 (1972), p. 5-110 et 253-261.

52. Voir C.-M. Briquet, *Les Filigranes... a facsimile of the 1907 edition with Supplementary Material*, ed. by A. Stevenson, t. I, Amsterdam, 1968 ; on ne manquera pas de lire les remarques méthodologiques d'A. Stevenson, en particulier aux p. 31*-34* de l'Introduction.

53. Vérification faite sur le document en mars 2012. Une chose au moins est certaine : l'identification proposée par R. Guarnieri (p. 503 [153]) avec le type Briquet 7216 est inexacte.

54. Je fais évidemment abstraction des occurrences signalées aux Pays-Bas et sur le Rhin par G. Piccard, dans la même fourchette chronologique (1445-1490), sous les n° 1119-1133 des *Wasserzeichen. Lilie*, Stuttgart, 1983.

que les deux images coïncident bien une à une, l'hypothèse gagnerait en consistance, car la présentation matérielle de la copie *C* (mise en page et mise en texte) incite, malgré tout, à poursuivre la réflexion.

En quatrième lieu, donc, et pour aller droit à la conclusion, l'apparat marginal qui accompagne la transcription du *Miroir* dans *C* montre sans doute possible que la copie est l'œuvre de clercs travaillant à partir d'un exemplaire de clerc, et suggère, beaucoup moins sûrement, qu'elle pourrait avoir été faite pour des moniales. Romana Guarnieri (p. 502 [152]-504[154]) a donné une description codicologique soignée du manuscrit de Chantilly, mais de l'observation directe des pages elle n'a tiré ni conclusion sur la manière dont avait pu se dérouler le travail ni enseignement sur la nature du modèle et la condition des copistes. Aussi bien n'était-ce pas son propos. Deux copistes ont travaillé de conserve : l'un (*A*) a copié le traité, l'autre (*B*) a copié la table et le poème intercalé entre la table et le traité. Mais c'est *A* qui a écrit la rubrique annonçant la table, de même que l'ensemble des rubriques du traité, tandis que *B*, lui, est régulièrement intervenu dans le traité comme relecteur. La table est la reproduction d'une table préexistante : des distorsions de libellé et de segmentation (ainsi § 54-55) montrent qu'elle appartient au modèle et n'a pas été dressée directement sur l'exemplaire en cours de réalisation. Les *marginalia* sont pour l'essentiel de la main de *A*, quelques-uns sont de la main de *B*. Ils sont de deux sortes : des manchettes (à l'encre rouge, à l'encre brune, à l'encre brune rehaussée de rouge), et des notations paratextuelles : renvois internes, rappels de contenu, formules sentencieuses issues du texte ou en rapport avec lui, les unes en français, les autres en latin[55]. Toutes ces notes marginales sont rendues avec la même encre et dans la même écriture livresque standardisée que le traité (ou la table, selon le copiste), certaines sont soulignées de rouge ; on ne remarque aucune trace de cursivité, aucun recours à la petite écriture "française courante" archaïque du type de celle qui se manifeste à de nombreuses reprises lorsqu'il s'agit d'amender le texte, et particulièrement de rétablir des segments oubliés (ex. fol. 10v°, 41, 70v°, 81v°, 83, 98v°, 107v°), qui est traditionnellement celle des gloses. La disposition des notes aux fol. 30v°, 36v°, 39, par exemple, montre qu'elles ont été écrites après les manchettes à l'encre brune, qu'elles recouvrent ou enserrent. Toutes les mentions marginales

55. Quelques exemples : *Nota que tel estre dont il parle ycy est innocence, comme il appert ou xxix chappitre* (fol. 19) ; *Pour nulle misericorde on ne peut recouvrer le temps passé* (fol. 40) ; *Nota que par le Loing Prés est entendu la Trinité, comme tu orras ycy aprés* (fol. 55) ; *Notez bien car il est bien fort a entendre* (fol. 56v°) ; *Qui poterit capere capiat* (fol. 16v°) ; *Nota nota nota (sic) quod qui parva desiderant non sunt digni minima adipisci* (fol. 28v°) ; *Amor fidelis non querit consolaciones* (fol. 31v°) ; *Nota quod nichil de Deo verius dici potest quam quod est incomprehensibilis* (fol. 35) ; *Nota bene qui amat non obedit racioni* (fol. 38v°) ; *Nota nichil aliud vult anima nisi quod vult ipse Deus* (fol. 39) ; *Qui caritatem habet numquam habet scrupulum* (fol. 39v°). Un de ces nota résulte d'une mauvaise interprétation du texte : *L'ame s'excuse des fors mots qu'elle a baillez a entendre* (fol. 54v°, à la fin du chap. 59) ; en réalité, l'âme ne s'excuse pas d'avoir proféré des propos difficiles à comprendre, mais de descendre de ces hauteurs (*ces motz de haulte matere*) à de *petites choses*.

soulignées de rouge sont de la main de *A* ; il en va ainsi de la totalité des notations latines. Celles-ci, par ailleurs, sont écrites dans une scripta médiévale parfaitement correcte et en recourant, quand la nécessité s'en fait sentir (manque de place), à des abréviations de type universitaire [56]. Les interventions de *B*, beaucoup moins nombreuses, toutes en langue d'oïl et non soulignées, apparaissent comme des ajouts – réparations d'oublis de *A* ou compléments personnels introduits à relecture – ainsi qu'il ressort du libellé des renvois (renvoi interne au ch. 12, renvois croisés entre les ch. 12 et 29, par ex., aux fol. 18, 19 et 32v°).

Pour nous en tenir à ce qui nous préoccupe directement, ces constatations fournissent, me semble-t-il, des indices fiables que le manuscrit a été réalisé non par un particulier, mais par une équipe organisée, *scriptorium* ou atelier, où l'on prêtait grande attention à la qualité du texte, à la fidélité des copies et à leur relecture (les corrections et reprises sont nombreuses) ; que le copiste principal, au moins, était familier de l'écrit latin et rompu à sa notation (aucune erreur ni hésitation dans le maniement du code linguistique) – ce qui ne privilégie pas la piste d'un atelier laïque ; que l'annotation marginale (à la différence, sans doute, de certaines manchettes) n'est pas une création originale du copiste mais la reproduction d'une annotation préexistante considérée comme partie intégrante de l'écrit à transmettre : le copiste reproduit à l'identique la page qu'il a sous les yeux, texte et apparat marginal conjoints, traitée comme un ensemble homogène et non hiérarchisé, en commençant par le texte principal et en introduisant ensuite les *marginalia* ; que la copie souche, celle où a pris corps l'apparat marginal (latin, sinon français), émane d'un milieu de clercs (moines inclus) [57].

Si rien de tout cela, bien entendu, ne valide expressément l'hypothèse d'une relation directe entre le modèle de *C* et les célestins, ou entre *C* lui-même et le *scriptorium* d'Ambert (et encore moins l'hypothèse d'une relation entre le *Miroir* et les célestins en général), qu'encourage la similitude des papiers relevée plus haut, rien ne s'y oppose non plus [58] : bien au contraire, tous les élément factuels vont dans le sens de l'insertion de *C* dans une tradition monastique, qu'il s'agisse de la tradition textuelle (annotation de la copie souche) ou de la tradition codicologique (mise en forme de l'exemplaire *C* lui-même). Et il faut bien convenir qu'on trouverait difficilement de monastère, dans l'aire géographique en cause, qui fasse mieux l'affaire, à tous les points de vue et sous tous les angles envisagés jusqu'ici, que celui des célestins d'Ambert.

56. Ainsi : aia (*anima*), mia (*misericordia*), peccm (*peccatum*), n+l barré suscrit (*nichil*).

57. Tandis que j'écrivais ces lignes, P. García Acosta procédait lui aussi à une étude détaillée des *marginalia* de *C* : « Los *marginalia* de le *Mirouer des simples ames* de Marguerite Porete : hacia una historia de la lectura del manuscrito de Chantilly », dans *Critica del testo*, 15/1, 2012, p. 245-269.

58. Précisons que la graphie des extraits du *Miroir* insérés dans l'imprimé « célestin » de la *Discipline d'amour divine* (*A*) est identique, comme attendu, à la graphie des parties originales du traité (comme elle l'est dans *L* ou *M*) – ce qui rend inutile toute spéculation philologique sur l'origine géolinguistique de l'exemplaire du traité de Marguerite mis à contribution par l'auteur.

Établir un lien matériel entre *C* et les religieuses de la Madeleine, pour qui le manuscrit aurait été confectionné avant d'y revenir au début du XVIe siècle dans les bagages des dames Bontemps mère et fille [59], est impossible ; en revanche, soupçonner que la copie – ou/et son modèle – ait pu être faite pour des moniales reste licite : au début du ch. 126, à la hauteur de la phrase où est évoquée la virginité de Marie, on lit en marge *Notez bien bonnes pucelles* (fol. 108v° ; main *A*) [60]. Et, là aussi, il serait difficile de trouver communauté de *bonnes pucelles* plus proche, à tous égards, des célestins d'Ambert que celle des Fontevristes de la Madeleine.

En dernier lieu, enfin, la mention d'un exemplaire du *Miroir* dans le catalogue d'un libraire de Tours ouvre une seconde piste sur la présence de l'œuvre de Marguerite le long de la Loire, dans le dernier quart du XVe siècle [61]. Cette mention est loin d'être inconnue de la critique, mais elle n'a pas été correctement interprétée et sa portée potentielle est passée inaperçue. En effet, les 185 titres qu'enregistre cette liste sous la rubrique « Livres en françois escriptz a la main », ne réfèrent évidemment pas à 185 volumes tout prêts, calligraphiés, décorés sinon reliés, appelés à être vendus tels quels. Compte tenu de la manière dont était organisé le commerce du livre manuscrit, ces mentions signalent que de chaque titre relevé existait dans le fonds du libraire un exemplaire à l'état brut, sous forme d'une suite de cahiers non reliée, destinée à servir de modèle pour des copies ultérieures faites à la demande (par des copistes professionnels en cheville avec le libraire). Si bien que, au XVe comme au XIIIe siècle, la présence d'un titre chez un libraire invite à démultiplier le nombre d'exemplaires manuscrits potentiellement présents dans les environs ; et comme nous ignorons et la date de cet exemplaire du *Miroir* et depuis quand il était entre les mains de ce libraire, ou d'un autre, toutes les hypothèses sont permises – y compris celle de rattacher à ce foyer la circulation active, indirectement mais sûrement attestée par la *Discipline*, des copies du *Miroir* dans le Val de Loire, dont *C* serait l'unique rescapé ... J'ajouterai que ce libraire était bien pourvu en textes de spiritualité. Il disposait, en particulier, de tous les éléments nécessaires pour composer des recueils correspondant aux recueils de dévotion français types du XVe : à base de Gerson (en mettant bout à bout les n° 64, 104, 107 ou 154, 155, 167) ; à base d'apocryphes augustiniens et bernardins, complétés par Innocent III et Hugues de Saint-Victor (n°156, 157, 158, 159, 160, 161) : on retrouve là, jusque dans l'ordre de succession, le noyau d'une compilation de spiritualité ascétique agencée au milieu du XIVe siècle, qui était encore copiée dans

59. Guarnieri, « Le mouvement », p. 503 [153].

60. L'avocat du diable fera remarquer qu'un peu plus bas, dans le même chap., le copiste interpelle de la même manière les orgueilleux : *Helaz, notez bien orgueilleux* (fol. 109) ; ce sont les seules notes de ce type dans tout le ms.

61. *Cf.* A. Chéreau, *Catalogue d'un marchand libraire du XVe s. tenant boutique à Tours*, Paris, Académie des bibliophiles, 1868, n° 65 ; rééd. par G. A. Runnalls, « The Catalogue of the Tours Bookseller and Antoine Vérard », dans *Pluteus*, 2, 1984, p. 163-174 ; au total, 237 item mss et 28 item imprimés. Voir aussi M. B. Winn, *Antoine Vérard, Parisian Publisher, 1485-1512 : Prologues, Poems and Presentations*, Genève, Droz, 1997.

le 3ᵉ quart du XVᵉ [62] ; à base des classiques de la spiritualité vernaculaire de la fin du Moyen Âge : *Miroir de l'âme pécheresse, Miroir des pécheurs, Miroir des dames, Livre des bonnes moeurs, Chastel perilleux, Jardin de l'âme devote, Aiguillon d'amour divine, Horloge* et *Tresor de Sapience, Livret* de Pierre de Luxembourg, etc. [63]. La présence du *Miroir* au sein de cette liste d'autorités (à l'aune de la dévotion laïque, s'entend), à la suite de la *Mendicité spirituelle* de Gerson (n°64), est bien le signe que, au tournant du XVIᵉ siècle [64], loin d'être proscrite, l'œuvre de Marguerite avait acquis le statut de lecture licite sinon recommandable : chacun pouvait s'en procurer une copie sur la place publique au vu et au su des autorités ecclésiastiques. La même impression ressort, d'ailleurs, de la manière dont elle est présentée et traitée dans le *Livre de la discipline* : un texte lu sans entrave dans les monastères de femmes. Et c'est justement parce qu'il y circulait librement, aux risques et périls des âmes dont il avait la charge, qu'un directeur spirituel célestin, lui-même fasciné par le contenu et l'écriture du *Miroir*, a élaboré la version monastique du *Livre de la Discipline d'amour divine*, quand un autre faisait porter ses efforts sur la version laïque qu'est *Le Traité de discipline de divine amour*.

Addendum : Examen paléographique du manuscrit de Chantilly

La question de la datation du manuscrit de Chantilly est extrêmement délicate, pour ne pas dire insoluble. Les filigranes (Briquet 1541 et 1548) sont attestés dans tout l'Ouest entre 1428 et 1475, ce qui, compte tenu des marges *ante* et *post* de rigueur, ainsi que de la marge imposée par l'approximation, actuellement irréductible, dans l'identification des variantes du type concerné, donne une fourchette de trois quarts de siècle (1420-1500). La *scripta* évoquerait plutôt une période intermédiaire entre ces deux extrêmes, qui est aussi celle du grand succès des deux variantes reconnues de Briquet dans la région Centre-Ouest, 1440-1460. Mais quiconque a lu Joinville sait combien trompeuses peuvent être les apparences

62. On en connaît une dizaine d'exemplaires ; *cf.* J. Morawski, *Les diz et proverbes des Sages*, Paris, P.U.F, 1924, p. XII et suivantes.

63. *Cf.* G. Hasenohr, « Aperçu sur la diffusion et la réception de la littérature de spiritualité en langue française au dernier siècle du Moyen Âge », dans *Wissensorganisierende und wissensvermittelnde Literatur im Mittelalter*, éd. N. R. Wolf, Wiesbaden, 1987, p. 57-90.

64. Le document n'est pas daté. G. A. Runnalls estime que le libraire est un correspondant d'Antoine Vérard et que, par conséquent, les imprimés énumérés sortent tous de sa maison, ce qui lui permet de proposer pour la liste une fourchette chronologique 1488-1506. En s'affranchissant de cette exclusive, dans la mesure où le lien avec Vérard n'est pas formellement établi (bien que M. B. Winn exprime le même avis, tout en proposant une identification différente du personnage), on aboutirait certainement à un *terminus ante* plus ancien, qui, a priori, serait mieux en accord avec une proportion de 80 % de manuscrits dans le fonds. À titre d'ex., si la première éd. Vérard de la *Mer des histoires* est de 1503, l'ed. princeps, elle, remonte à 1488 (Pierre Le Rouge). La vérification systématique reste à faire.

en la matière. Reste l'écriture. Denis Muzerelle, Dominique Stutzmann et Maria Gurrado, mes collègues de l'Institut de Recherche et d'Histoire des Textes (CNRS), ont eu la grande gentillesse de se pencher sur la question. Après de longs débats, et sans rien savoir alors des filigranes, ils s'étaient accordés sur le premier tiers du XVe siècle, tout en considérant qu'une des deux mains semblait plus avancée que l'autre, et en soulignant que l'*hybrida*, dont les deux mains font usage, est difficile à analyser, parce que c'est une écriture stable. Informés ultérieurement de la date des filigranes, je les cite (courriel du 16 mai 2012) : « nous avons une conclusion en demi-teinte : soit nous nous sommes trompés, et il faut prendre en considération que l'*hybrida* se diffuse lentement et que nous pouvons avoir affaire à une écriture un peu retardataire, en donnant raison à la majorité [des attestations] des filigranes ; soit nous sommes à la fin du premier tiers, au début des filigranes. [Nous avons] bien conscience que cette réponse est d'une faible utilité, mais c'est la seule réponse honnête » – et qui, pour cela même, leur vaut toute notre gratitude. Soit donc, les années 1425-1440, soit les années 1440-1460, le milieu du siècle, pour lequel je pencherais (en relation, d'une manière ou d'une autre, avec la copie des *Avisements sur le fait du gouvernement quotidien*, fr. 13204 ?). En tout cas, ni le dernier tiers ni, encore moins, la fin du siècle.

ÉDITION D'EXTRAITS DE *LA DISCIPLINE D'AMOUR DIVINE*

Mettre en lumière la position du texte de la *Discipline* vis à vis des thèmes chers à Marguerite nécessiterait au préalable de dégager les lignes de force doctrinales propres de l'œuvre, telles qu'elles transparaissent dans les deux rédactions. Il n'est pas dans mes intentions de le faire. Je resterai sur le terrain de la tradition textuelle et me contenterai de laisser parler les documents. Au demeurant, les extraits publiés en annexe feront percevoir, mieux que tout discours, la familiarité étonnante qu'avait l'auteur de la version amplifiée avec le *Miroir*. Plus même que de la familiarité, c'est une véritable fascination qu'exerçait sur lui une prose avec laquelle il avait le plus grand mal à prendre ses distances. Il en connaissait la lettre par cœur, au point de penser avec les formules de Marguerite et de les enchaîner mécaniquement, extraites de leur contexte, l'une appelant l'autre de proche en proche, jusqu'à transformer des pages entières de son livre en centons du *Miroir*[65] – porteurs, au final, d'un enseignement auquel Marguerite n'aurait pas toujours souscrit. On verra que le texte de référence qu'il avait sous les yeux était très proche de celui du ms. de Chantilly ; les citations inavouées qui parsèment la *Discipline* et la *Disciple* permettent ainsi de confirmer une ou deux leçons de *C*,

65. Dans les belles pages qu'elle a consacrées à la *Discipline*, Agnès Passot (*cf.* note 32) suggère et étaie l'hypothèse que ce serait par son truchement que Marguerite de Navarre aurait eu connaissance de certains passages du *Miroir*, plutôt que directement (t. II, p. 582-586).

d'apporter de menus compléments et d'appuyer quelques rectifications[66]. Ces extraits présentent aussi l'intérêt de fournir un relevé des propositions et formulations du *Miroir* considérées comme litigieuses – la liste est restée inchangée de 1450-1470 à 1538 (elle ne figure pas dans *MV*) – ainsi que de voir le genre de commentaire et de réfutation scolastique qu'elles pouvaient susciter dans des opuscules censément destinés à des religieuses[67]. À les lire, comme d'autres développements théoriques propres au *Livre*, il apparaît évident que le lectorat visé par Regnault Chaudière ne pouvait qu'être plus largement ouvert. Les deux reprises concurrentes de 1537 et 1538 – quelles que soient les raisons qui les ont motivées, dont le contexte de ces années livrerait sans doute la clef – semblent confirmer que la première édition du *Livre de la discipline d'amour divine* avait bien trouvé son public, à la différence de l'unique édition du *Treité de discipline de divine amour*.

L'édition qui suit donne le texte de la version longue du traité telle qu'elle figure dans l'édition Regnault Chaudière de 1519 (*A*). Les coupes, les lieux variants et la *varia lectio* de la version courte telle qu'elle se lit dans le manuscrit de Metz (*M*) sont indiqués en usant des conventions typographiques exposées plus bas, l'alternance des caractères permettant de visualiser simultanément les deux textes et leur rapport au *Miroir*. Les variantes significatives entre la lettre de *A* et celle des autres témoins de la rédaction longue, manuscrit Phillips (*L*) et éditions de 1537 et 1538, ont été relevées ; de même que l'ont été les variantes textuelles qui distinguent, au sein de la rédaction courte, la version de l'édition Simon Vostre c. 1507 (*V*) de celle du ms. *M*. Hormis la rectification bienvenue d'erreurs typographiques, dont l'établissement du texte présenté ci-dessous a profité, les variantes des éditions 1537 et 1538 sont exceptionnelles. Des éléments risquent d'avoir échappé à la collation de *L*.

Les quelques passages du prologue qui ne sont pas reproduits *in extenso* dans cette édition sont remplacés par un bref résumé entre crochets et en petits caractères. Les citations explicites autres que bibliques n'ont pas été identifiées, les réminiscences encore moins (Denys, saint Bernard). Les emprunts au *Miroir des simples âmes* sont traités différemment selon leur nature et les extraits édités. L'édition du prologue et du chapitre 10 vise à montrer la connaissance détaillée qu'avait l'auteur du texte de Marguerite, et comment il l'a exploité, manipulé, détourné : les emprunts littéraux, très nombreux, ont été systématiquement recherchés, identifiés et signalés, dans la mesure où ils ont été repérés (et d'autres le seront encore, sans aucun doute). L'édition de la conclusion de la *Disciple* (laquelle renoue avec les derniers paragraphes du prologue de la *Discipline*) vise davantage à montrer comment pouvait se présenter formellement un enseignement de vie dévote au terme du Moyen Âge, ce contre quoi un directeur de conscience jugeait

66. Voir *infra* les notes 134, 135, 137, 139, 150 de l'édition.
67. Se reporter à l'introduction et à la conclusion de l'ouvrage éditées ci-dessous.

bon de mettre en garde dans la lecture du *Miroir*, les arguments que, compte tenu du niveau de formation intellectuelle de ses dirigées (des religieuses), il jugeait convenable d'opposer aux théories litigieuses. Les allusions à des points de doctrine bien connus de Marguerite se succèdent alors, sans que, la plupart du temps, il y ait citation exacte d'un fragment de texte ; donner des références précises aurait été artificiel. Au demeurant, les spécialistes n'auront aucun mal à s'y retrouver.

Conventions typographiques

Times : texte commun aux deux rédactions (représentées par *A* et *M*) ; en italiques, les emprunts littéraux au *Miroir* (références entre crochets).

Arial: texte propre à la rédaction longue (représentée par *A*) ; en italiques, les emprunts littéraux au *Miroir* (références entre crochets).

Rappel des sigles :

A : éd. Regnault Chaudière 1519
C : ms. du *Miroir des simples âmes* (Chantilly)
L : ms. Phillipps
M : ms. de Metz
V : éd. Simon Vostre c. 1507
DAD : *Discipline d'amour divine*
MSA : *Miroir des simples âmes*

PROLOGUE

[De même que l'esprit humain, une fois « infus en corps », a diverses opérations, de même le Saint-Esprit, qui]

« | inspire aucuns a peché haÿr et mortiffier ; a garder les commandemens de 3
Dieu en le aymant de tout leur cueur et pensee et de toute leur ame, par vouloir mourir avant que dire ou faire chose par consentement qui fust contre la volunté et commandement de Dieu ; et de toute leur vertu, par ce que en quelque chose qu'ilz dyent ou facent, ilz quierent premierement et principallement le bon plaisir et la gloire [1] de Dieu. Et par la grace de Dieu ilz ayment eulx mesmes selon Dieu et pour l'amour de Dieu, non point contre Dieu, et leurs proesmes comme eulx mesmes [2]. Es autres il habite, et par la doulce unction de sa grace leur faict laisser le monde, corriger le corps, obeyr a aultruy, *porter la croix |de Jhesucrist ou la leur mesmes* 4
[§ 117,83] en menant *la vie qu'il mena et prescha* [3], en appetit de martyre. Et par multipliance de grandes *oeuvres vertueuses* conseillees de raison [§ 39, 34-35], conduictes par discretion, en ferme [4] esperance de perseverer constamment a l'ayde d'oroison, faict leur esperit *d'ung desir trenchant et bouillant* [5] continuellement tendre a l'estat de perfection.

Mais aultrement oeuvre en ceulx qu'il remplist, lesquelz il soubzpraint et empraint [6] habondamment des dons [7] de sa grace et divine amour, tellement que amour par amour les retraict a eulx mesmes et en eulx mesmes les occupe en toutes oeuvres de bonté, comme studieuse leçon, pure meditation, clere contemplation, tendans par foy enluminee d'amour informee [8] avoir vraye et meure saincteté, *purté* [9] *en conscience, paix* [10] *en affection et entendement en raison* [11] [§ 72,50], en leur faisant congnoistre et savourer qu'*il est une bonté permanable* [12], *qui est amour permanable,* qui tend par nature de charité a donner et espandre toute sa bonté, laquelle

1. et la gloire *V.*
2. Cf. *MSA* 3, 5-16.
3. *MSA* 113,6 : et qu'il nous prescha ; preschant *M.*
4. ferme *V.*
5. *Les métaphores reviennent à plusieurs reprises sous la plume de Marguerite (ainsi 57,10 ; 60,26 ; 79,18). Le passage sous-jacent ici est 118,40, où le texte fr. (peu clair) diverge du lat. ; les images ne sont pas les mêmes (trenchier « lacérer, tourmenter », acui « être aiguisé »). La rédaction courte gomme la métaphore :* voullant.
6. souprant et espant *M.*
7. des dons *V.*
8. pour *M.*
9. pure *M.*
10. peur *M.*
11. et en l'entendement raison *éds.post.*
12. pardurable *M.*

5 *bonté permanable engendre bonté agreable. De laquelle bonté per|manable et de laquelle bonté agreable est l'amour amyable de Dieu aymant en l'ame aymee*[13]*, laquelle ame aymee regarde de l'amour amyable tousjours son aymant [§ 112, 1-8].*

Ainsi le precieulx don du benoist Sainct Esperit oeuvre diversement[14] en divers estatz, aultrement es commençans qu'il inspire, aultrement es prouffitans que il habite, et aultrement es parfaictz qu'il remplist, selon les trois ierarchies celestes. A la premiere desquelles on attribue purgation, a la seconde illumination et a la tierce perfection. Et en chascune ierarchie y a plusieurs ordres, en chascune ordre plusieurs esperitz, et en chascun esperit plusieurs operations de divine grace. Laquelle divine grace oeuvre diversement selon les divers estatz dessusdictz, et souvent, en une mesme personne en et par ung mesmes esperit, par succession de temps a et faict plusieurs et diverses operations, lesquelles par excellente lumiere et singuliere amour font l'esperit humain et l'ame de Dieu touchee par degrez attaindre la haulte perfection[15] de sa noble creation :

6 |Au premier degré[16] elle est *par grace desnuee de peché* [§ 118,9 et §, 1].

Au second, tout son desir est le benoist vouloir de Dieu accomplir[17].

Au tiers, elle fait a Dieu offrande et sacrifice de son bon vouloir[18].

Au quattriesme, amour la delecte et deduit par la doulceur de savoureuse meditation et la beaulté de joyeuse contemplation. Lequel deduit la faict joyeuse et gaye et luy faict relenquir et fuyr toute foraine et exteriore occupation. Et la touche qui d'amour la touche[19] la faict si delicate, mignonne[20] et *dangereuse qu'elle ne peult souffrir que aultre chose la touche fors la vraye touche de*[21] *pure amour* divine [§ 118,69-71][22].

Au cinquiesme, par conjunction de divine amour est l'ame rem<plie> de divine lumiere, par laquelle[23] luy monstre nuement soy et sa mauvaistié, qui elle est, dont elle est et pourquoy. Et ainsi clarifiee voyt que Dieu *de sa bonté luy a donné franche volunté* [§ 104,11] pour vouloir le divin vouloir[24], lequel vouloir par sa condition maligne,
7 a l'occasion de son neant, elle ne peult de soy vouloir ainsi qu'elle devroit vouloir. |Mais amour par union a fait d'elle en luy muance et de ces deux natures, Dieu et l'ame, telle concordance que de sa franche volunté, qui de bonté luy est donnee, elle se donne

13. *MSA* 112, 7 : amour amiable de l'amant en l'aymee.

14. aultrement *MV*.

15. a. a la haultesse de p. et de *M*.

16. degré *V*.

17. *MSA* 118, 30 : acomplir tout ce qu'il sçait qui plaist a son amy.

18. *Résumé de MSA* 118, 46 - 56. *Add. M.* : en voulant obeir a aultruy (*MSA :* en obedience d'aultruy vouloir).

19. Et l'amour qui la touche *MV*.

20. mignote *MVL*.

21. la vraye touche de *V*.

22. *Le paragraphe est une récriture condensée de MSA* 118, 66-75.

23. qui *MVL*.

24. *MSA* 118, 117 : vouloir le seul divin vouloir.

franchement et tout son vouloir remet au divin vouloir, sans jamais autre vouloir vouloir et[25] *sans nul pourquoy, fors seullement qu'il le vault et le veult* [§ 89, 10-11][26].

Au sixième degré, par le merite de foy, par la force de l'union d'amour est *ung don* du tres haultiesme, c'est *de Dieu, donné a l'ame* sans son sceu, *qui la met en l'escolle de sapience ou elle est escolliere de deité. Elle se sied en la vallee de humilité et se esbat en la plane de verité et se repose en la montaigne de amour* [§ 9,39-43] et si lyst ou Livre de vie. Et de ce don est faict en elle un espandement de divine clarté[27], dont *sa veue en est fort esblouye*[28], *tellement* que [§ 118,85] elle ne voyt ou congnoist pas Dieu ne elle mesmes, fors en tant que elle voyt que *Dieu est qui est* et est toute bonté *et elle* d'elle mesmes *n'est mye, sinon en toute mauvaistié* [§ 118,98]. Et est si tres fort sourprinse de fine[29] a |amour qu'*elle n'ayme*[30] *nulle chose tant soit* 8
noble sinon tant seullement pour l'amour de Dieu et pour ce qu'il le veult. Et par un esbahissement ravissable elle voit Dieu en toutes choses. *Et par tel amour est telle ame seulle en la pure amour de Dieu, et par la clere congnoissance d'amour, elle se voyt* toute seulle, nulle et nue[31], *neant en Dieu et Dieu neant en elle* [§ 26,3-9]. Et ce neant *attraict en elle les vaines de la divine congnoissance, la mouelle de divine amour, l'union de divine louenge, et la volunté*[32] *de l'ame les estanche*[33], *qui est de ce hebergee* [§ 12, 45-47][34].

Au septiesme, *l'ame* aneantye[35], *franche, seure et paisible* [§ 9,3], *qui a laissé son propre corps*[36] et est totallement delivree des empeschemens d'icelluy, *vivant de congnoissance, d'amour et de louenge sans elle mouvoir d'elle mesmes (car congnoissance, amour et louenge demourent en elle)* [§ 9,11-14] est parfaictement assouvye de divine amour et amour de elle[37], en tant que elle est en Dieu[38] et Dieu en

25. *Le raccord entre* luy a donné franche volunté *et* sans nul pourquoy *se fait ainsi dans MV* : f. v. de laquelle par amour et ayde de Dieu elle se donne franchement et se remest / remect du tout au vouloir de Dieu et s. n. p.

26. *Le paragraphe est une récriture sélective de MSA 118, 94-129, avec réminiscence de formules disséminées dans le texte.*

27. Cf. *MSA* 118, 104-105.

28. ablouye *M.*

29. du signe d'a. *M.*

30. en paradis *add. M.*

31. toute seulle nulle et nue *provient probablement d'une mauvaise interprétation de 51,15* : seule et nule et toute *ou de* 118,157 : Or est toute et si est nulle, car son Amy la fait une.

32. volupté *éds. post.*

33. c'est a dire ne les laysse escouler hors (de) soy. *add. éds post.*

34. *La DAD scinde le 5e estat du MSA en deux et en répartit les propriétés entre les 5e et 6e degrés.*

35. Au s., qui sera en paradis, l'ame a. *V ;* Au s., qui fera l'ame anientir, franche, s. et p. *M.*

36. *C'est ainsi que le Miroir caractérise le septième état, celui de la glorification post mortem (118, 206), dont Marguerite dit ne pas savoir parler (118, 184-186). La DAD reporte dans l'au-delà certaines des caractéristiques que Marguerite attribue aux âmes anéanties dès ce bas monde.*

37. *En arrière plan, une formule amphibologique du MSA :* ceste ame est seule en amour, qui d'elle mesmes se assovist (11,49). *Sortie de son contexte et détachée de l'image du phénix, la relative peut signifier : l'âme qui se rassasie d'elle-même (bonne interprétation), l'amour qui se rassasie de lui-

elle, qui par l'habit de gloire [39] dont telle ame est mieulx vestue qu'elle n'est de son esperit mesmes, pour ce que *le plus fort* a victoire du *foible par muance d'amour* [§ 117,68-69],
9 |*de bonté espandue la remet en luy* [§ 118,198] [40] ; et l'influance de divine puissance, par l'union de divine fruition, en la verité et pure clarté de divine sapience luy monstre *qu'il est une substance permanable* [41], *une fruition agreable, une conjonction amyable. Le Pere est substance permanable de fruition agreable par divine amour* [42]. *Ainsi unité engendre unité et unité refleschist son ardeur en unité. Laquelle divine amour de unité engendre en l'ame* seure, *franche,* paisible, *clarifiee* et glorifiee *substance permanable, fruition agreable, conjunction amyable. De laquelle substance permanable, la memoire a la substance du Pere, de laquelle fruition agreable l'entendement a la substance du Filz, de laquelle conjunction amyable la volunté a la bonté du Sainct Esperit. Laquelle bonté du Sainct Esperit la conjoinct en l'amour du Pere et du Filz* [43], *qui est amour du Pere et du Filz. Laquelle amour du Sainct Esperit flue en l'ame et est espandue de l'abondance de delices du don tres haultiesme qui est donné d'une eslevee et magistrale joincture du*
10 *souverain amy, qui simple se donne et simple se fait il.* | *Et pour ce se donne il simple qu'il monstre que riens n'est fors que luy dont toute chose est. Et si n'est fors que luy en amour de lumiere, de union, une louenge, une volunté, une amour et une oeuvre en deux natures, une seulle bonté par conjunction de la forte muance d'amour* [§ 115, 3-27]. Doncques telle ame est vrayement *fille de roy, seur de roy et espouse de roy* [§ 19,38].

C'est ce que veoyt en elevation d'esperit le hault, cler et divin contemplateur sainct Jehan l'evangeliste, luy estant encores viateur, quant il disoit : « Nous sçavons que nous sommes filz de Dieu par election de divine predestination, mais encores ne appert pas ce que nous serons par premiation de perpetuelle glorification [1 Jn 3,2]». Touteffois nous sçavons que quant il apperra et que nous le verrons ainsi qu'il est, nous serons semblables a luy ; car il est et nous serons, il se congnoist et nous nous cognoistrons, il ayme son essence et se complaist en la congnoissance de soy mesmes, aussi ferons nous en tant que en eternité [44] nous aurons essence permanable sans deffaillance, en verité congnoissance inobfuscable sans ignorance et en bonté paix imperturbable et
11 amour pu-|re sans offense. En brief, « oncques oeil de homme ne vit, oreille ne oÿt ne

même, l'amour qui se rassasie de l'âme, et, moins vraisemblablement d'un point de vue grammatical, l'âme qui se rassasie de l'amour. La formulation de la DAD joue sur les deux dernières interprétations.

38. parmanable *add. M.*

39. et Dieu en elle qui par l'habit de gloire *V.*

40. *Superposition déformante de deux formules du MSA* : donc suis je ce mesmes qu'il est, par muance d'amour, car le plus fort mue en luy le plus foible (117) *et [l'âme clarifiée se voit]* par muance d'amour, de bonté espandue et remise en luy [Dieu] (118).

41. luy monstre qu'il est une substance permanable *V.*

42. *La DAD coupe dans MSA 115, 3-7 ; plus vraisemblablement, il s'agit d'un accident de tradition (saut du même au même), le segment manquant entre* substance permanable *et* de fruition agreable *étant :* le Filz est fruiccion aggreable ; le Sainct Esperit est conjunction amiable. Laquelle conjunction amiable est de substance permanable et.

43. *La DAD supprime de l'enchaînement* laquelle conjunction mect l'ame en estres sans estres, qui est Estres. Lequel Estre est le Saint Esprit mesmes, qui.

44. Et ainsy elle a en le eternité de Dieu essence p. *MV.*

cueur d'homme ne pensa ce que Dieu a préparé a ceulx qui l'ayment et aymeront [1Cor 2,9] ». Neantmoins devons sçavoir et humblement recongnoistre que [45] telle est la charité de Dieu en nous qu'il ne nous ayme pas pour ce que nous l'aymons, mais pour ce qu'il nous ayme nous l'aymons, en tant qu'il est cause effective, exemplaire ou formelle et finale [46] de l'amour dont nous l'aymons, se nous l'aimons ainsi que aimer le devons.

[Chaque cause fait l'objet d'un bref développement, commun à l'imprimé et au ms.]

| [...] vraye amour ne a que une seulle entente, c'est tousjours purement et 12
loyaument aymer et ce est la fin de nostre pelerinage.

A ceste fin devons ordonner toutes nos operations, locutions, affections, cogitations et intentions pour estre meritoires de vie eternelle, par la vertu de foy enluminee de verité et le merite de charité remplye de bonté. Ces deux cordes convient avoir en nostre arc [47], car la doulce grace de charité, par la forte muance de divine amour, fait nostre volunté tendre et attaindre a sa fin ; et *damoiselle Congnoissance, de divine clarté enluminee* [48], *luy monstre* et luy fait tenir le *chemin royal* [§ 57,30 -32] qui y maine, par soy conformer purement, nuement et parfaictement a la divine volunté. Tellement *qu'elle veult tout ce que Dieu veult qu'elle vueille*, ainsi et en la maniere que Dieu veult qu'elle vueille, a celle mesmes fin que Dieu veult et que Dieu veult qu'elle vueille [49]. Avoir nostre volunté ainsi conformee a la divine volunté est avoir parfaicte charité [50]. *Et se nous*
avions parfaicte cha-|rité, nous ne pourrions pecher ne *avoir remors de conscience* 13
[§ 37,13-15 transposé à la 4ᵉ pers.], se nostre volunté ne se departoit de celle charité. Pour ce nous est necessité d'avoir charité, mais ne nous est pas besoing, convenable ne prouffitable sçavoir par certaineté se nous sommes en charité.

Je concede assez que nous ne pouons pecher sans nostre volunté et que vertu ne nous est pas tollue contre et sans nostre volunté [51]. Mais que nostre volunté soit si ancree et continuellement a tousjours fermement plantee en la divine volunté que, *ainsi qu'il est impossible que Dieu puisse pecher* [§ 103,13] [52], aussi soit impossible que nostre volunté *puisse autre vouloir avoir que le divin vouloir* [§ 11,65-67] [53], ce ne peult estre de commun cours, tant que nous soyons viateurs et jusques a ce que nostre volunté soit en grace par gloire confermee [54], car nostre volunté est tousjours muable et nostre nature maligne et a soy encline par l'inclination de la condition du pur neant dont elle est creee. Neantmoins,

45. *Titre M* : Comment Dieu est cause de amour.

46. et finale *V*.

47. *En arrière plan, MSA*, § 13, 49-50 : quicunques a ces deulx cordes en son arc, c'est assavoir la lumiere de foy et la force d'amour, il a congié de faire tout ce qu'il luy plaist.

48. enluminee de divine grace *dans le MSA*.

49. *En arrière plan,* 11, 161-163 ; *dans L, phrase réduite à :* Tellement qu'elle veult tout ce que Dieu veult et que Dieu veult ce qu'elle veulle.

50. Variante rédactionnelle de 37, 12-13.

51. *Allusion directe à* 103,12-14 ; cf. *aussi* 104, 19-23 ; 109, 53-54.

52. *Mais la suite , dans le MSA, est* : qui vouloir ne le peut, ne puis je pecher se ma voulenté ne veult.

53. *Exactement, dans le MSA:* ceste ame ne peut rien faire si non le vouloir de Dieu, et aussi ne peut elle autre chose vouloir.

54. *Leçon des éds post. ; A :* j. a ce que n. volunté soit par grace en gloire confermee.

par infusion de divine grace et l'operation de pure et fine amour divine elle est si informee
14 et transformee en charité creee que elle |ne peult mal faire, et tout ce qu'elle fait est oeuvre de charité, en tant que toutes ses operations sont racinees en charité, riglees et ordonnees selon charité, finees et consummees en charité. Et pour ce a ceste cy et non autre, ainsi et non autrement, dit le Sainct Esperit, qui est charité increee : « *Amye, aymez et faictes ce que vous vouldrez* » [§ 13,52], car le commencement et la fin de tout ce que vous faictes et ferez se concorde en Dieu, et le moyens ne discorde mye, en tant qu'il est riglé et ordonné selon Dieu ; autrement ne seroit ce pas oeuvre de charité.

Pourtant convient bien et sainnement entendre ce que on dit, qu'en toutes choses y a [55], fault et doit avoir prudence et discretion fors que en amour, charité et divine dilection. Et, en verité, y n'est si clere prudence, seure [56] discretion ne si belle et bonne ordonnance que d'amour et charité. Pourtant la fille de deité [57], seur de sapience et espouse d'amour, que le glorieux Sainct Esperit avoit menee en ses celiers, abruvee et enyvreee de l'abondance des affluentes delices de sa pure bonté, es divins cantiques chante de son amy et dit qu'il a ordonné en elle charité [Cant.2,4]. Ou elle ne se glorifie et resjouyst pas tant du don de charité come elle fait de l'ordonnance de charité. Mais, come
15 |nous voyons [58] <que> en aucuns y a assentement et consentement de foy, es aultres, avecques ce, ferveur de foy et [59] es aultres, oultre ce, congnoissance de foy, aussi y a il en aucuns charité, es autres, avec ce, ferveur de charité, et es aultres, oultre ce, paix de charité. Les premiers, qui ont assentement de foy et charité, ont <premierement> [60] besoing de discretion discussive de leur conscience et purgative de leurs pechez et de leurs sequelles, par amere contrition et entiere confession ; secondement, de prudence conservative de patience et probative de leur bon vouloir par correction et temptation ; tiercement de discretion regulative de leur penitence et directive de leur intention en toute vertu [61] et bonne operation. Les seconds, qui ont ferveur de foy et de charité, ont besoing des dons de conseil et science ; premierement pour congnoistre leur [62] fragilité et corruption et fuyr les deceptions, perilz et occasions des plaisances sensuelles et charnelles ; secondement pour pourveoir et adviser par [63] solicitude et soucy, et eulx delivrer [64] des labeurs et douleurs de[s] choses terriennes et temporelles ; tiercement, pour resister, rebouter et vaincre les ameres temptations des ennemis invisibles, qui sont mortelles,
16 continuelles [65], subtilles |et cruelles [66]. Les aultres, qui ont congnoissance de foy et

55. y a *supprimé dans les éds post.*
56. seurté *A, corr. d'après les éds post.*
57. fille de puissante deité *éds post.*
58. *Titre M* : Trois manieres de foy et charité.
59. es aultres avecques ce ferveur de foy et *V.*
60. *add. éds post.*
61. vertueuse *M.*
62. la *A*, sa *éds post.*, leur *M.*
63. la *A, corr. d'après les éds post.*
64. de la sollicitude et soucy *VM.*
65. qui sont mortelles continuelles *V* ; trop subtilles *MV.*

vivent en paix et charité, sont continuellement occupez a prier Dieu et adorer sa tres digne et excellente majesté, a speculer et contempler la premiere et increee verité et a gouster[67] et savourer la divine et souveraine bonté. Lesquelz, pour discretion et prudence, ont necessité grande et besoing des dons de sapience et intelligence ; premierement pour ordonner leur desir et appaiser leur propre affection, qui moult empeschent[68] le fruict et effect <de> la devotion et purté d'oroyson ; secondement, pour rabatre et oster de leur ymagination plusieurs fantasies et illusions, dont se pourroyent ensuyvir plusieurs erronees[69] opinions, vaines pensees et impertinentes, et toute interiore et exteriore recordation[70] – aultrement ne peult estre vraye, pure et clere contemplation ; tiercement, pour entendre et discerner se amour et dilection, suavité, doulceur de devotion et spirituelle consolation est infuse par grace speciale de Dieu sans moyen ou se elle est naturelle et causee par appre-
hension d'entendement ou de quelque aultre humaine ex-|ercitation – aultrement il 17
peult avoir, et a souvent, grande deception, *pour ce que nature est trop subtile en plusieurs pointz* [§ 139,3] et est difficille et presque impossible a sçavoir certainement se tel habit[71] ou habituation est amour simplement ou charité, de grace ou de nature, acquis ou infus.

[Le plus sûr est donc de cultiver en tout la tempérance et de s'en remettre en tout à la
« gouvernance » de la bonté divine, infuse en nos coeurs par amour et charité |selon des 19
processus divers (excursus sur les causes naturelles et la cause première), car]

Dieu de sa grace distribue ses dons diversement et l'amour du be-|noist Sainct Esperit en aucuns et auchunes fois monstre par operation comment :

Amour est doulx, devot et commenchant
Amour est patient, larmoyant et prouffitant
Amour est fervent, ardant et eslevant
Amour est fort, vaillant[72] et triumphant
Amour est purifiant[73], clarifiant et[74] contemplant
Amour est ravissant, penetrant et transformant
Amour est languissant, mortifiant et vivifiant
Amour est excedant, jubilant, alienant
Amour est simplifiant, uniant[75] et gratifiant
Amour est aneantissant, glorifiant et deifiant[76].

66. cauteleuses *M.*
67. congnoistre *M.*
68. empesche *éds post.*
69. erreurs *V.*
70. deordination *éds post.*
71. amour *V.*
72. vuellant *V.*
73. puiriant A, *corr. d'après MVL et éds post.*
74. en *A, corr. d'après MVL et éds post.*
75. avenant *M.*
76. *Ce sont les titres des dix chapitres du traité.*

Pleust a Dieu que aulcun plus ingenieulx et inventif clerc et expert que je ne suis se voulsist applicquer a dilater et exposer lesdictes operations d'amour en declarant [77] aulcunes sentences du *Livre de la simple ame aneantie* qui sont difficiles et a plusieurs dangereuses, si comme en ymagination, par habituation de parfondes meditations,
20 comparaisons faictes par entendement des choses qui sont par oeuvre |et effect de soy impossibles et impliquent en soy contradiction, comme estre Dieu et creature ensemble ; estre neant et appeter porter tourmens importables et inexcogitables ; avoir volunté sans vouloir ; relenquir et laisser Dieu et sa gloire qu'il auroit par son vouloir donnee moyennans les merites de l'humanité Jesuchrist et les prieres de la Vierge Marie et des sainctz, pour plus amplement vouloir le divin vouloir ; avoir de son vouloir redigé sa volunté en pur neant, et mis fin a toutes vertuz, oeuvres de bonté, sainctz desirs et devotes affections, et amour mis a mort, tellement qu'on ne faisse conte de la rigueur de divine justice ne de la doulceur de sa misericorde ne de quelzconques dons et biens que Dieu de sa bonté ayt par amour a donner.

Lesquelles et autres semblables ne sont et ne furent oncques par textes ne par gloses de Saincte Escripture recommandees ne par personnes quelzconques de bon, sain et seur entendement conseillees, ains tousjours desconseillees, mesmement a simples gens de
21 petit sens [78] et bas entendement, quelque subtilité d'engin et honnesteté de vie, |exercitation des vertuz, ferveur d'esperit ou abondance de graces qu'ilz eussent. Et si est chose absurde et impertinente d'enquerir en nous et vouloir sçavoir de nous comment nous maintendrions s'il convenoit que aultre nous aymast mieulx que Dieu et nous aultre que Dieu et Dieu aultre que nous, qui sont choses trop curieuses, souverainement dangereuses, contraires a l'admonition de l'apostre et ad ce que dessus est dit qu'il n'est si grant sens que de attrempance.

Je me passe a present, non pas sans cause, a declarer comment telles choses se peuent et doivent entendre et l'inconvenient de leur mal entendement. Et sans prejudicier ou deroguer au privilege du Loing Prés, c'est a entendre a l'operation et effect que Dieu peult faire et fait quant il se condescend a l'ame et la prent et unist a luy [79] par *ung espandement de divine amour*, et d'un don singulier *de divine lumiere, par une ouverture et hastive clausure* [80], *d'un escler haultain perchant se monstre soudainnement, c'est a sçavoir elle a luy* [81] *et luy a elle, luy tres hault et elle tres bas.* [§ 132,31-35 adapté à la
22 3 e pers.]. Mais tout ce est et doit estre secret et non pas |a reveler et, comme dit saint Pol [2Cor 12,4], il n'est pas licite a homme et povre pecheur de en parler.

Toutefois, pour satisfaire a ma devotion, esmouvoir mon affection et exciter la pernicieuse tepidité de ma perverse volunté, qui si tost et souvent est refroydie de vraye et saincte amour, qui est la vye et joye de l'ame, j'ay proposé (sans presumption puisse estre) en ce present traictié que on pourra nommer, qui vouldra, *La discipline d'amour divine*, escripre et declarer sans curiosité ou grande ordonnance aulcuns exercices et

77. delivrant *L.*
78. g. de simple estat et b. *L.*
79. a l'ame et se unist a elle *L.*
80. par une ouverture et hastive clausure : *MSA 58, 21.*
81. a elle *A, corr. d'après les éds post.*

considerations qui pourront valoir et ayder a Dieu aymer seurement et a le querir et trouver fructueusement et salutairement, et ainsi tendre et ataindre finablement a la perfection de pure et fine amour divine, a la gloire de celuy qui est tout amour, le Pere, le Filz et le Sainct Esperit. Amen »

Chapitre 10

Comment amour est aneantissant, glorifiant et deifiant

|A l'escole d'amour divine, la bonne disciple ame devote aprent la saincte 220
science et sapience des sainctz. C'est par amour aneantissant sçavoir et congnoistre quoy et quelle elle est par divine et merveilleuse creation et par sa maligne inclination et operation ; et par amour glorifiant contempler et entendre que et quoy Dieu est par divine et apperte vision et par gracieuse [82] glorification ; et par amour deifiant sentir et savourer de ceste double congnoissance d'elle et de son Dieu la fin et le fruict par divine fruiction et par sa tres heureuse deification. C'est la fin des oeuvres divines, c'est assavoir humaine creation, et d'icelle deifiant glorification et glorifiant deification [83]. Et pour ce a l'escolle d'amour divine, l'ame devote aprent estre humble de cueur et par amour aneantissant se perdre au monde temporellement, selon la doctrine de l'evangille, pour soy garder a vie eternelle ou royaulme des cieulx par amour glorifiant. Et [84] aux petis et humbles est promys et
deu |gloire, *en laquelle Dieu mettra les plus petitz au plus hault de sa seule bonté* 221
[§ 40,20], car par amour deifiant Dieu a promis donner soy mesmes a ceux qui seront aneantifz a eulx mesmes totalement. C'est promesse evangelicque et parolle de verité.

Ce n'est pas doncques sans cause que amour aneantissant admonneste l'ame devote d'estre soigneuse et regarder continuellement quoy et quelle est. *Et non obstant que Dieu l'ayt muee en luy* [85] *ne doit pas elle oublier son neant, c'est a dire que elle estoit* [86] *quant Dieu la* [87] *crea premierement et que ce fust d'elle se Dieu eust prins garde a ses oeuvres, et qu'est et seroit d'elle se n'estoit ce qui est de Dieu en elle* [§ 34,13-18, transposé à la 3ᵉ pers]. *Elle doit estre certaine qu'elle n'est aultre chose* [88], *quant est d'elle, ne ne sera sans fin, posé qu'elle n'eust oncques malfaict a la divine bonté* [§ 107,5-7], qu'il estoit des aultres *creatures quant Dieu les crea. Il les volut de*

82. gracieuse *MV.*

83. *Titre MV* : Que c'est soy aneantir.

84. Qui *MV.*

85. Et ja soit que Dieu l'ait glorifiee *MV.*

86. que c'estoit / c'est d'elle q. *MV.*

87. le *A.*

88. *Le montage met en relation grammaticale* elle n'est aultre chose *de 107, 5 avec* qu'il estoit des autres creatures *de 101, 31, alors que dans le Miroir,* il n'est autre chose *s'entend « autre chose que néant ». C'est par référence à la toute puissance divine que la question de la création des créatures y est évoquée, en 101, 31-34.*

sa divine bonté et tout ce fut faict en ce mesme moment de sa divine puissance et tout ordonné en celle mesme heure de sa divine sapience [§ 101,31-34]. *Et par habundance de*
222 *divine congnoissance telle ame voit*[89] *son neant qui la faict nulle |et mettre a neant*
[§ 118, 131-132]. Ainsi luy monstre amour aneantissant quoy elle est, *c'est neant quant est d'elle* [§ 107,5]. Avecques son neant et sa condition et inclination de son neant, elle se voit et congnoist estre moins et pis que neant par la mauvestié et forfaiture de sa forfaite et perverse volunté, *laquelle volunté Dieu de sa bonté*[90] *luy avoit donnee pour vouloir sa volunté et pour gaigner luy* [§ 108,45-46 transposé à la 3 e pers] et sa bonté. *Et de sa franche volunté que Dieu luy avoit* par bonté *donnee, elle a a Dieu mesmes tollu sa volunté en ung seul moment de*[91] *consentement a peché*[92]. *C'est a entendre* en tant *que Dieu hait tout peché et qui se consent a peché faire il toult a Dieu sa volunté, car il faict ce que Dieu ne veult mie et qui est contre sa divine bonté* [§107,9-14].

Par ainsi, *de la volunté que Dieu luy donna pour faire sa volunté et pour gaigner de luy <luy> mesmes*[93], *avecques la grant pouvreté d'elle mesmes,* qui est neant en tant qu'est d'elle mesmes, *elle a adjousté la grant pouvreté de peché, mais* de tant de *pechez que nul ne scet fors verité seulle* [§ 108, 45-48 transposé à la 3 e pers.]. *Ceste ame* se voit d'elle et de ses operations en elle *racine de tous maulx*[94], *abondance de tous*
223 *|pechez sans nombre, sans pois*[95] *et sans mesure ; et peché est neant* et moins que
neant, qui n'est que privation de bien ou il deust estre. *Et elle est toute estonnee*[96] *et espouentee de ses horribles deffaultes* et pechez, *qui sont moins*[97] *que neant. Par quoy*[98] *elle est si aneantie par* humilité *que*[99] *nulle creature qui oncques pechast n'est digne de si grant torment ne de si grande confusion* sans fin *come elle* est, *selon son droit jugement, si ainsi estoit que Dieu voulsist prendre vengence du miliesme d'une de ses deffaultes*[100]. *Telle humilité est vraye humilité et parfaicte en ame aneantie* [§ 11,14-26], par laquelle l'ame se voyt en abisme de humilité. En cest abysme d'umilité jamais n'a telle ame tort, car elle rend a Dieu ce qui est sien, justice et gloire ; et jamais n'a droit, car elle rend a elle ce qui est a elle, c'est peché et confusion. *Ainsi en nulle chose n'a tort et en nulle chose n'a droit* [§ 40,11]. Ceste humilité[101] n'est pas seulement vertu morale, l'une des vertuz morales qui sont

89. d. c. ainsy elle voit son n. *M.*
90. laquelle volunté Dieu de sa bonté *V.*
91. par *V.*
92. qui desplaist a Dieu *add. M.*
93. p. gaigner luy mesmes et sa bonté *éds post.*
94. *MSA* : Ceste ame ne scet en elle que une chose, c'est assavoir la racine...
95. plois A, *corr. d'après MSA et éds post.* ; poix *L.*
96. effondree *L* ; *MSA* : effouldree.
97. m.et pis que *M.*
98. *Le procès régi par* par quoy *dans le Miroir est omis et le raccord est fait avec la phrase suivante, au mépris du sens général* : par/pour quoy on peut conclure que l'en ne peut ceste ame trouver, car celle ame est si adnientie...
99. Par quoy ainsi aneantie considere que nulle creature *MV.*
100. faultes *L ; add. MV* :pour la multitude, la grandeur et ingratitude d'icelles.
101. *Titre M :* Du bien qui de soy est par soy aneanty.

meres de sainctеté, mais elle est mere des vertuz, fille de divine majesté et aieule de
sainctеté. C'est vertu indicible et grace innominable. A ceulx |seulement en 224
appartient la congnoissance qui en ont l'experience.

L'ame aneantie de ceste parfaicte et parfonde humilité *a prins fin au monde et le
monde a prins congié et fin a elle ; et pour ce elle vit en Dieu. Et la ne la peult peché
trouver. Elle est si mucee et boutee en Dieu que le monde ne la chair ne les ennemys
ne la peuvent grever, car ilz ne la peuvent en leurs oeuvres trouver* [102]. *Et par ainsi
elle vit en repoz de paix* [103] *et sans reprenement* de conscience [§ 44,15-22] [104].
Elle ne s'effroye pour tribulation ne ne s'areste par consolation ne ne desevre [105]
*<par> tentation ne n'amenuise par substraction. Elle est commune a tous par
largesse de pure charité et ne demande riens a nulluy par la noblesse de courtoisie,
par la pure* [106] *bonté dont Dieu l'a remplie, qui la faict en tout temps meure sans
tristesse et joyeuse sans dissolution. Dieu a* [107] *en elle sanctifié son nom et* la *Trinité
divine y a sa mansion* [108] [§ 22,13-20], car *puys qu'elle est morte au monde et le monde
en elle, tousjours demourera la Trinité en elle* [§ 42,23-25]. Et par influence de divine
congnoissance et operation d'amour divine [109], ceste ame divi-|nement [110] aneantie se 225
congnoist *nulle et toute* [§ 118,157], quoy elle est et quelle elle est, car *elle se voit
sans veoir* [§ 118,142] *en tant que sa congnoissance est trop petite pour
congnoistre* [111] *telle perte* [§ 45,8-9] *d'elle*, par *la profondité de la maulvaitié d'elle* [112],
*qui est si profonde et si grande qu'elle n'y trouve ne commencement ne mesure ne fin,
fors une abisme abismee sans fons. La se trouve elle sans trouver* fin [113] *et sans
fons* [114]. *Celuy ne se trouve mye qui ne se peult actaindre. Et plus se voit en telle
congnoissance de maulvaistié, plus a de congnoissance par verité qu'elle ne peult
congnoistre sa mauvaitié* [115], *qui est abysme et gouffre de tel haberge et de telle garnison
comme est le deluge de ce que peché est, qui contient en luy toute perdition* [§ 118,132-

102. tourner *V.*

103. *MSA* : en repos de paix, / car elle ne fait compte pour elle de chose qui soit creee. Et pour ce que telle ame a ytelle paix, elle vit au monde / sans nul reprennement. *La coupe est sans incidence.*

104. *Dans le Miroir, ces propos s'appliquent à l'âme anéantie d'amour et non à l'âme abîmée dans l'humilité.*

105. se desasseure pour t. *MV.*

106. de la pure b. *V* ; *MSA* : c. de pure b.

107. *MSA* : d. car Dieu a.

108. *MSA* : maison.

109. *Titre M* : Comment on se peut humilier souz toute creature.

110. ainsy *MV.*

111. ses pechés et miseres, la ou ne trouve ne commencement ne *add. M*

112. *MSA* : par la profondesse de la cognoissance de la m. d'elle.

113. sans se trouver et *MV* ; *le* fin *de A et des éditions suivantes peut résulter de la mauvaise lecture d'un soi primitif* (*sans trouver soi ; *lat.* non inveniens se), *mais il est troublant de constater que le ms. C du MSA présente à cet endroit une construction elliptique* (la se trouve elle sans trouver), *qui, non identifiée, pourrait avoir suscité une récriture à moindre frais* (*doublet* fin, fons).

114. et sans attaindre au fons *add. MV.*

115. *MSA* : sa mauvaitié, non pas le moindre point, dont ceste ame est abysme.

142]. *En ceste congnoissance* [116] *voit si cler qu'elle se voit dessoubz toutes creatures en mer de peché. Et ja soit que les ennemys soyent serfz de peché, neantmoins ceste se voyt dessoubz eulx* [117] *serve a peché sans nulle comparaison d'elle envers eulx, tant comme est d'elle et de ses propres oeuvres. Et par ce regart est ceste ame devenue neant et moins que neant en tous ses regars* [§ 40, 12-19] [118].

226 Ce semble ou pourroit sembler fort |a croire a aulcun que ceste ame devote, qui a et est en la grace de Dieu, se voye, congnoisse et sente veritablement et realment sans faintise serve a peché, soubz neant et moins que neant plus incomparablement que les ennemis d'enfer. Mais chascun ne sçait mye ce qu'elle pense et qu'elle congnoist et sent d'elle et de ses oeuvres. Et pour leur respondre et aucunement satisfaire, j'ay (dist elle) entre plusieurs aultres troys consideracions qui me font ce sentir, congnoistre et penser.

La premiere est des mauvais esperitz la noble creation et leur [119] premiere excellence et dignité, et de ma condicion la miserable corruption, confusion et abhominable vilté ; par quoy l'orgueil et la forfaicture et le peché de ma forfaicte [120] volunté est moins excusable ou tolerable que celuy des ennemys d'enfer. Et vous dy comment par exemple familier. Se ung duc, conte ou prince s'orgueillist a l'encontre du roy ou de l'empereur en faisant et rebellant contre sa voulenté et commandement et [121] ung aultre meschant, povre truant, mesel et malheureux, fait pareillement, n'est
227 point a doub-|ter que l'orgueil, peché et inobedience du duc, conte ou prince, est plus excusable et tolerable, pour l'occasion et a cause des occasions et allichemens qu'il avoit d'orgueil ; et plus incomparablement est detestable l'orgueil, peché et arrogance du povre, meschant et malheureux mesel, qui n'a excusation ne allichement quelconque d'orgueil, ains, au contraire, de toute vilté, humilité et confusion. C'est chose importable que ung povre orgueilleux. Ores estoient les ennemys et mauvais esperitz de tres noble nature et de grace excellentement douez, et je suis de tres ville matiere, corrumpue et corruptible, conceue en peché, nee a peine, tendant a mort continuellement. Mon commencement, c'est ung peu de limon infect [122]. Je suis ung sac plain de fiens et d'ordure, et seray brief viande a vers ; et quant est de moy et de mes oeuvres, suis plus sale que le drappel d'un mesel. Pourtant la maulvaistié de mes pechez et la forfaicture de *ma propre volunté, que Dieu de sa bonté m'avoit donnee* [§ 103,20-21] [123] pour *vouloir parfaictement sa*

116. *MSA :* c. de son tort v.

117. les ennemis *MV.*

118. *La syntaxe du Miroir est autre, avec infléchissement de sens* : Et pour ce que les ennemis sont sers de peché et ceste ame a pieça veu que elle est dessoubz eulx [...] ses propres oeuvres, et par ce regart est ceste ame [...] ses regars *[prop. ppale].*

119. *Tout ce qui, dans A et les éditions dérivées, suit* En ceste congnoissance voit si cler qu'elle se voit en mer de peché, *est remplacé dans MV par* : soubz les ennemis quant a aucunes circonstances. Je considere, dist elle, leur noble nature et premiere excellance...

120. mauvaise *M.*

121. Son peché seroit plus excusable que se ung a. povre meschant t. m. *add. M.*

122. ung p. d'escume puante *L.*

123. *MSA* : Or m'a sa bonté par pure bonté franche voulenté par bonté donnee.

volunté [§ 27,9], est a juger, condamner, tormenter, et detester plus sans comparaison |que celle des ennemis d'enfer. 228

L'autre consideration est que les ennemis n'avoient pas congnoissance par experience de la justice, punicion et rigoreuse vengence de peché, et je n'en puys avoir ignorance, qui ay veu et voy les ennemis par peché, orgueil et propre volunté estre separez de Dieu, forclos [124] de gloire et a tousjours dampnez ; <qui voy aussi> [125] noz premiers parens, le temps du deluge, les cinq citez fondues en abysme et autres innumerables pechez punyz et corrigez tres horriblement. Par quoy le contempnement et orgueil de mon peché et horribles pechez est plus grant incomparablement.

La tierce consideration est au regart de la bonté et benefices de Dieu ma perverse ingratitude et ingrate perversité, quant je voy que pour mon peché guarir et saner a esté le remede tant difficile a trouver, pour [126] moy racheter et delivrer de la prison et servitude de peché a convenu si grande rançon et grant pris payer ; et pour satisfaire de mon offence et mon peché reparer a fallu (ordre de justice gardee) Dieu estre homme et mourir en humanité [127], ce que Dieu n'a pas fait pour relever et reparer le peché des ennemis d'enfer. Et ne |s'est pas donné a eulx comme il fait a moy toutes les fois que 229
je vueil, ou sainct sacrement de l'autel [128]. Par quoy je voy mon ingratitude estre trop perverse et detestable, et la maulvaitié de mon peché, mais de mes horribles et innumerables pechez estre moins a excuser et plus a reprendre, punir et blasmer sans comparaison que le peché ou maulvaistié des ennemis d'enfer. Et ne me donne point de excusacion la grasce de Nostre Seigneur, car telle grace n'est pas de moy, et se j'ay fait aucun bien, c'est [129] de la grace et par la grace [130] de Dieu. A luy en est la louenge et gloire, non pas a moy, ains tousjours a esté et est ma perverse volunté rebelle et contumace a Dieu et a sa grace [131].

Par ses (*sic*) consideracions et autres, l'ame devote disciple d'amour divine se voit clerement, sent humblement, congnoist et confesse vrayement et sans faintise qu'elle est neant quant est de soy et de ses œuvres.

Ainsi par la doctrine d'amour aneantissant est la devote disciple d'amour divine *de la congnoissance de sa* misere et *povreté au monde et a elle toute esbahie* [§ 23, 15-16]. *Elle ne quiert pas la science divine entre les maistres de ce siecle, mais en vraye-|ment despriser le monde et elle mesmes* [§ 5, 21-23]. *Et la profondesse d'humilité l'assiet* 230
en sa chaire, qui regne sans orgueil et ou il ne se peult point d'orgueil embatre, pour ce qu'elle voit elle mesmes et si ne se voit. Et ce non veoir luy faict veoir parfaictement elle

124. privés *M*.
125. *emprunt aux éds post.*
126. A t. car pour m. *M*.
127. (...) Dieu a voulu estre homme et mourir pour moy *M*.
128. je v. en ses sacremens *MV*.
129. bien, car c'est de *M*.
130. et par la grace *V*.
131. *MV placent ici, sorti de son contexte, le segment de texte relevé à la note 140.*

mesmes. La est elle ou fons [132] *ou il n'y a point de fons et pour ce y fait il bas. Et ce bas luy fait veoir tres cler le vray soleil de haultiesme bonté, car elle n'a qui de ce veoir l'empesche. Laquelle divine bonté se monstre a elle par bonté qui la tire et mue et unist par joincture de bonté en pure divine bonté, dont bonté est maistresse. Et la congnoissance de divine bonté et de sa mauvaistié l'a de telle bonté douee* [133]. *Et pour ce ne veult elle que ung, c'est l'espoux de sa jouvence qui n'est que ung. Misericorde a fait paix a justice fermee* [134], *qui a telle ame en sa bonté muee* [§ 118,143-157], *car son amy la fait une* [§ 118,157] *en qui elle se repose trestoute en paix, seule et nulle et toute* [§ 51,14-15 transposé à la 3 ᵉ pers.]. *Pourtant n'a telle ame nulle mesaise de peché qu'elle feist oncques* [§ 16,30-31] *ne esperance* en chose qu'elle puisse faire *sinon seullement en la bonté de Dieu* [§ 11,47], considerant que, *neant plus que sa bonté ne se peult deporter*
231 *que son humanité et la mere d'icelle et les anges et les sainctz et sainctes n'ayent* |*gloire de son oultre permanable bonté oultre leur desserte, neant plus ne pourroit souffrir son oultre permanable bonté qu'elle eust les tourmens de sa desserte* [§ 136,23-28] [135]. *Et le tresor* [136] *de celle seule bonté l'a si aneantie dedans elle qu'elle n'a nulz sentemens dedans ne dehors, en tant qu'elle ne fait plus* nulles *oeuvres ne pour Dieu ne pour elle. Et si a tous ses sens si perduz en cest usage qu'elle ne sçait querir Dieu ne trouver soy mesme* [137] *ne elle mesme conduire* [§ 41,5-10], *en tant qu'elle fait ce qu'elle fait par usage de bonne acoustumance ou par commandement de Saincte Eglise* [138], *car sa volunté est morte qui desir luy donnoit* [§ 7,30-32] et *son esperit est viellart devenu* [§ 118,163].

Alors est telle ame paisible [§ 47,13] qui *se siet sans soy mouvoir ou siege de paix, ou livre de vie, en tesmoignage de bonne conscience, et en franchise de parfaicte charité* [§ 47,19-21]. Par quoy *elle est gentillement noble en properité et haultement noble en adversité et excellentement noble en tous lieux quelz qu'i soyent* [§ 85,17-19], car *amour demoure en elle et les vertuz servent a elle sans nul contredit et sans nul travail d'elle* [§ 8,21-22]. *Foy et amour la gouvernent, qui l'ont gettee hors de tout servage, sans avoir*
232 *crainte des* |*choses doubtables ne desirer nulles choses delectables* [§ 48,28-30], et n'a plus son corps foiblesse. *Qui en Dieu se fie, Dieu le sainctifie* [§ 78,34]. *Elle est desoubz l'oeuvre d'humilité et oultre l'oeuvre de povreté et dessus l'oeuvre de charité* [§ 134,6-7].

132. *MSA* : ou fons de bas, la ou il.

133. *MSA :* Et la c. de ces deux natures dont nous avons parlé, de d. b. et de s. m. est l'engin qui la de t.b.d.

134. *La Discipline confirme la leçon* fermee *du ms. C* (paix fermee : *« paix ferme, définitive » ; à moins que la leçon primitive n'ait été* a fait paix a justice [et] fermee, *selon un binôme connu, « a fait et conclu la paix avec Justice »*). *Le lat.* formata *est le résultat d'une mauvaise interprétation ou d'une erreur de lecture.*

135. *Cette longue phrase se situe vers la fin de la grande lacune accidentelle de* C, *dont elle permet de pallier un fragment (lat.* : ita parum sicut bonitas vestra sustinere non potest quod vestra humanitas et mater ejus et angeli et sancti non habeant gloriam a vestra ultra permanente bonitate ultra eorum meritum, ita parum sustinere potest ultra permanens vestra quod habeam tormenta quae merui).

136. *MSA :* tresor secret.

137. *Le texte de la Discipline permet de rectifier C, faussé par l'omission du pronom* : querir Dieu ne trouver ne elle mesmes conduire (*lat.* : Deum quaerere nec ipsam invenire nec dirigere semetipsam).

138. *MSA* : S.E., sans nul desir, car.

Ceste ame est professe en religion, en elle est la loy et toute justice *acomplie* [§ 137, 1] [139]. Et de tant que par amour aneantissant elle se est de plus humiliee, de tant est et doit estre par amour glorifiant <plus> exausee, eslevee et gracieusement glorifiee selon la promesse de verité, Nostre Seigneur Jesuchrist en l'evangille, et selon la prophetie de Ysaie disant que l'esperit de Dieu repose en l'ame qui est ainsi humble, paisible et ne doubte riens tant que offenser Dieu en la discipline d'amour divine [140]. Et comme amour aneantissant luy monstre quoy et quelle elle est, amour glorifiant luy revele que [141] et quoy Dieu est, non pas quel il est, car en Dieu n'y a qualité ne accident. Nonobstant que de long temps elle ait sceu et congneu par foy que Dieu est tout bon et tout bien, toutes fois elle est a present disposee et ordonné<e>
aultrement, car par amour aneantissant est osté de devant ses yeulx le voille et ben-|deau, 233
c'est a dire l'afection, occupation et souvenance de creature qui l'empeschoit de veoir les choses telles qu'elles sont et de les priser et aymer par savoureuse experience et experimentable sapience selon qu'elles vallent. Et pourtant maintenant amour glorifiant luy revele et monstre clerement [142] par intelligence et experience, a sa grant joye et gloire [143], non pas glorieusement mais par grace et par amour, qui est maistresse et mere de congnoissance et de divine lumiere, que Dieu est et qu'il est, qui est souleil, fontaine [144] et mer de vraye, actuelle et parfaicte essence. A tesmoing de luy mesmes, qui dist a Moyse : « Je suis qui suis » [145], c'est <quant a> [146] ce que Dieu est et quoy. Aussi est Dieu tout bien souverainement simple et souverain en simplicité, ainsi que ou chapitre precedent est plus amplement declaré. Pour ce disoit il a Abraham qu'i luy monstreroit tout bien, c'est <a> entendre luy mesme. Et Verité qui ne ment dit en l'evangille que nul n'est bon fors Dieu seulement (Mc 10, 18).

Voyrement Dieu et l'essence divine est incirconscriptible et incomprehensible et sa
bonté immense et infinie ; de laquelle essence [147] sont toutes choses causelement |et 234
produites originalement et laquelle bonté appetent et ayment toutes choses naturellement. Et specialement l'ame devote aneantie parfaictement, glorifiee gracieusement, desire incessamment par amour deifiant estre glorifiee divinement et deifiee glorieusement en gloire et felicité perdurablement, qui est la fin et le fruict de la congnoissance causee en elle par amour aneantissant et glorifiant gracieusement,

139. *Cette première phrase du § 137correspond à la fin de la grande lacune du ms. de Chantilly* ; lat. : Talis est in sua religione professa et implevit regulam suam. *Titre M :* D'amour glorifiant et deifiant.

140. *Rédaction différente dans MV, depuis* en l'evangille *jusqu'à* amour divine, *déplacée à la hauteur de la note 131* : En ce bas d'umilité congnoist clerement envers soy la divine bonté ; et, selon la prophesie de Ysaye, l'esperit de Dieu repose en l'ame qui est ainsy humble et paisible et ne doubte riens tant comme offencer contre ses commandemens.

141. qui *M.*

142. clerement *V.*

143. en la vie eternelle par *add.M.*

144. de tout bien *add.M.*

145. Je s. qui je suis *éds post.*

146. *rétabli d'après L.*

147. de qui *M.*

mesmement elle estant encores en ceste mortelle vie et corps corruptible, car grace proprement est commencement de gloire ou gloire commencee, et gloire est grace consumante ou grace consumee, dont telle ame est absorbee divinement, en tant que par grant esbahyssement on peult penser et dire d'elle [148] qu'elle est, par absorption d'amour, *source de divine amour, de laquelle naist la fontaine de divine congnoissance ; de laquelle sourse de divine amour et de laquelle fontaine de divine congnoissance naist le fleuve de divine louenge* [§ 80,45-47].

Sa [149] vie est aymer et savourer l'amour de Dieu, son plaisir est congnoistre et
penser a Dieu et son oeuvre est tousjours louer Dieu. *Elle est* [150] *abysme d'hu-*
235 |*milité, de memoire, d'entendement et de volunté,* par amour aneantissant, *trespersant de*
congnoissance par subtilité d'amour glorifiant, *et tres franche en tous lieux de l'amour de*
deité par amour deifiant [§ 23,53-56]. Sans cause n'a dit mie ung devot docteur,
en exposant les divines cantiques, que telle est la vertu de vraye amour et beaulté divine
qu'elle ne faict pas seulement les anges et les hommes exceder leur nature par les monter
et eslever en Dieu, mais aussi faict Dieu come yssir de sa propre nature pour se
condescendre a sa creature. C'est a dire, par maniere de parler, que *Dieu n'est mie du tout*
esfranchy [151] *d'amour, mais amour l'est de luy pour nous* [§ 1,46]. Je ose bien dire pour
verité (dit a ce propos le divin docteur sainct Denis ou quatriesme chapitre de son livre *Des*
divins noms) que Dieu est inegressible de soy, c'est a dire qu'i ne peult yssir hors de soy ;
neantmoins il modere et attrempe, dit il, son immensité ou immense deité selon nostre
capacité et sans mutation de soy. Mais comment ? *Certes, ce scet celuy et non aultre a qui*
236 *Dieu en donne l'entendement,* |*car Escripture ne l'aprent ne sens d'homme ne le comprent*
ne traveil de creature ne le dessert [152] [§ 7,8-11], mais Dieu le revele et en donne l'expe-
rience a ceulx qui a ce sont predestinez eternellement.

Ceste devote disciple d'amour divine est par amour aneantissant *si petite qu'elle ne se peult trouver et toute chose cree<e> luy est si loing qu'elle ne la peult sentir et Dieu luy est si grant qu'elle n'en peult riens comprendre* [§81, 6-8]. Pour tant ce qui luy souloit estre *matere pour croistre l'amour de Dieu en elle et avancement de congnoissance de la bonté de Dieu,* comme nature, creature et l'Escripture – car selon la Saincte Escripture et le dit du sage, la grandeur, la beaulté et bonté des creatures donnent congnoissance de la grande et souveraine puissance, merveilleuse beaulté et infinie bonté de Dieu leur createur <...> [153], mais maintenant aillieurs [154] est son meilleur et telle *matiere hors d'elle* ne seroit a present *que ung aveuglement* ou encombrement *de congnoissance en elle* [155],

148. par grant esbahyssement on peut penser et dire *est la transposition en discours d'une réplique attribuée à Ebahissement*: Hee, dame Ame, dist Esbahyssement, vous estes une source de divine amour...

149. *M précise* : La vie de celle ame glorifiee.

150. *Leçon à substituer à celle de C* : elle a.

151. enfranchy *L* (*comme C*).

152. *MSA* : ne desert l'entendre ; *lat.* : hoc meretur.

153. *La proposition régissante manque dans tous les imprimés comme dans L.*

154. m. a alliers *A*, *corr. d'après L et les éds post.*

155. *Toute la phrase, à partir de* Pourtant ce qui luy souloit *est sous-tendue par le § 26,15 ss du MSA relatif au feu d'amour ; les emprunts littéraux sont en italiques.*

car a present par amour glorifiant *elle est si entree et surmontee en divine leçon qu'elle
commence a lire ou* les aultres prennent, et *elle mesmes souloit prendre, fin. Mais ce-|ste* 237
*leçon n'est mie mise en escript de main d'homme, ains est du Sainct Esperit, qui escript
ceste leçon merveilleusement et l'ame en est parchemin precieusement. La est tenue
divine escolle a bouche close, que sens humain ne peult mettre en parolle* [§ 66,13-19
transposé à la 3 e pers]. Et telle ame ainsi glorifiee divinement et deifiee glorieusement est
par amour deifiant *parfaictement muee en l'espoux de sa jouvence, qui a son espouse
toute muee en luy. Il est, donc ceste est, et ce luy souffist ; merveilleux, donc est elle
merveilleuse. Et si est plaisant amour, dont elle est amour et ce la delite* [§ 82, 50-54].
Ainsi a elle laissé trois et a fait de deux ung [§ 400,4].

On peult entendre par ces trois : amour naturelle, spirituelle et divine. Elle a laissé
l'amour naturelle et humaine et de l'amour spirituelle et divine elle a faict ung, c'est amour
divine. Ou par trois pouons entendre operation de vertuz, desir d'esperit et amour divine ;
et elle a laissé l'operation de vertuz et son esperit et desir est mué en pure et fine amour
divine, en tant que par amour deifiant elle vit de vie glorieuse et divine glorieusement et
divinement, *sans prendre matiere hors d'elle* [§ 25,14-15 tronqué] pour Dieu |congnoistre 238
et aymer, fors que *Dieu qui oeuvre en elle, de luy,* par luy, pour luy *et pour elle* [§ 81,
21-22 [156]], tellement que la congnoissance, amour, fruition, louenge et quelconque aultre
glorifiant et deifiant operation dont telle ame congnoist, ayme et loue Dieu par tres
heureuse, seure et joyeuse fruition, c'est toute pure congnoissance et fine [157] amour
divine. Elle congnoist par experience estre vray ce que le glorieulx sainct Pol avoit veu es
secretz de la saincte Trinité, quant il fut ravy au ciel de glorieuse felicité [158]. Lequel revenu
a soy et considerant ce que luy avoit esté revelé de soy, tant pour soy que pour les aultres,
disoit ainsi : « Je congnois a present Dieu en partie – c'est a entendre par grace et
lumiere de foy, par contemplation des creatures – come par ung miroer et chose
umbrage [159]. Mais, grace consumee [160] en gloire, lors je congnoistray Dieu come il [161] me
congnoist maintenant, face a face, par clere et apperte vision. »

Et, pour certain, Dieu nous congnoist et tout ce qu'il congnoist il le congnoist en soy,
de soy et par soy, sans prendre ou avoir matiere, object ou occasion quelconques hors
desoy. Semblablement congnoist ceste ame glorieusement deifiee |Dieu en luy, de luy, 239
par luy, sans moyen [162], matiere ou object aultre que [163] luy. Et ceste congnoissance
est souverainement delicieuse, joyeuse et gracieuse [164], laquelle de soy esmeut et
attraict l'ame a soy subtilement. Et par la subtilité, clarté et merveilleuse beaulté d'elle est

156. *MSA* : Se Dieu fait son oeuvre en elle, c'est de luy, en elle, sans elle, pour elle (propter se *lat.*).

157. finie *A, corr. d'après les éds post.*

158. *La fin du § et le discours direct sont remplacés dans MV par* : Elle congnoist Dieu non pas en partye ou par foy ou seulement par contemplation des creatures comme par ung myrouer, mais face a face par aperte vision.

159. umbrageuse *éds post.*

160. consommee *éd. 1538.*

161. li *A, corr. d'après les éds post.*

162. myens *A seul.*

163. o. oultre luy *éds post.*

164. glorieuse *M.*

l'ame absorbee et plongee en la mer de divine congnoissance, tellement qu'elle voit et congnoist Dieu en soy et en elle, elle en Dieu et toutes choses [165]. Car puis que la vision et congnoissance de Dieu luy est de la bonté de Dieu octroyé<e> a tousjours sans fin, sans doubte la vision et congnoissance des anges, des sainctz et sainctes et des aultres choses moindres de Dieu ne luy est pas deniee [166]. Lesquelles elle voit et congnoist parfaictement en elle mesmes, et Dieu en elle, dont elles sont effectuelement [167] ; mais plus incomparablement et excellement les voit et congnoist en Dieu, en qui elles sont causelement et divinement. Elle voit Dieu par essence, qui est vie eternelle, a tesmoing de Dieu mesmes, en laquelle et par laquelle elle a souveraine gloire et felicité [168]. Et toutesfois ce qui l'esmeut et qu'elle y quiert et desire trouver, ce n'est mie premierement,
240 princi-|palement et finablement sa gloire et felicité, mais la gloire de Dieu seulement, affin que par [169] elle soit glorifiee la deité et divine Trinité spirituellement et divinement. Ceste clere, apperte et glorieuse vision est promise aux filz de Dieu par adoption et, comme sainct Jehan l'evangeliste dit expressement en sa canonicque [1 Jn 3,2], elle faict l'ame a Dieu semblable, laquelle, disposee par l'habit de gloire, voit Dieu sans moyen et toutes choses en Dieu glorieusement et semblablement comme Dieu, non pas equalement.

Pareillement elle sçait et sent que et [170] comment Dieu l'a tousjours aymee [171] divinement et ayme et aymera eternellement sans fin et sans commencement. Lequel elle ayme de luy, par luy et pour luy, comme pere, comme frere et comme amy [172] souverainement. Par ce est en elle acomply parfaictement le doulx et divin commandement de Dieu aymer de tout son cueur et entendement sans deception, de toute son ame et memoire sans oblivion et de toute sa pensee, vertu et volunté sans contradiction. Mais elle estant unie a corps mortel et corruptible, luy estoit difficile et
241 impossible (selon sainct Au-|gustin) qu'elle ne peust [173] errer par aymer Dieu et en l'aymant, et toutes choses en luy et elle mesmes, ne plus ne moins ne aultrement qu'il est a aymer, et qu'elle n'eust aultre pensee que a Dieu et de Dieu seulement, et que entre ses puissances ensemble et elle, sa volunté et sensualité, eust telle unité et concordance qu'i n'y eust ou peust avoir aulcune repugnance. Mais aultrement est a present, car il n'y a en elle cause de correction pour peché actuel ou mortel ne de correction pour peché veniel, <ne de correction> par corruption de peché originel ne de correction [174] par la grossesse du corps et de sa materielle et corporelle composition. Pour ce a present demoure elle en parfaicte charité ou perfection de charité divine, qui luy fait aymer Dieu sans erreur ou

165. elle en Dieu et en toutes choses, et se congnoist et toutes choses en Dieu *MV.*

166. *Citation approximative, transposée à la 3*^e^ *pers., de 33,6-10 ; à* est deniee *répondent* est tollue *C et* privabor *l.*

167. effectueusement *éds post.*

168. et est a Dieu semblable *add. MV.*

169. en *éds post.*

170. que et *V.*

171. de luy, par luy et pour luy, comme pere, frere et amy souverainement *add. V.*

172. Cf. *MSA* 5,50.

173. peult *dans les trois éds., où la graphie du subj. imp. est pourtant régulièrement* peust.

174. complexion *A, corr. d'après les éds post.*

decepvance et sans preferer ou comparer chose quelconque a son amour, sans aultre [175] chose penser, car elle ne peult avoir oubliance de l'amour de Dieu dont elle a continuelle presence, et sans contradiction, en tant qu'elle n'ayme ne veult aymer que Dieu et elle mesme ne s'ayme seullement que pour l'amour de Dieu.

Ce que nous doint le Pere, le Filz et le Sainct Esperit, amen.

CONCLUSION GÉNÉRALE DU LIVRE

La conclusion de la Discipline d'amour divine et la benediction de sa disciple.

|Chere fille, vraye amye et bonne disciple, je loue vostre engin et devotion, 322
vostre diligence et exercitation et vostre atrempance et discretion. Vous avez subtillement et devotement entendu, songneusement et diligenment [176] retenu, humblement et discretement rendu et recongneu ce que vous avez veu, ouy et sentu a mon escolle d'amour divine. Vostre matiere est amoureuse, vertueuse et fructueuse, vostre maniere est gratieuse, joyeuse et compendieuse. Vous estes disciple et escoliere ingenieuse, studieuse et paoureuse [177]. Et, comme dit le Sainct Esperit par la bouche
du Saige, celuy est bien eureulx qui est |tousjours paoureux, mais qui a le cueur dur 323
et obstiné en son sens et propre volunté, finablement luy mescherra [178] et est en peril d'estre perdu et dampné.

Et pour ceste cause peult estre que vous voz estes nagueres adventuree de reprendre aucuns dictz de une aultre escoliere, vostre condisciple. Neantmoins, je ne veulx pas dire pour le present laquelle de vous deux l'entent mieulx, car elle volle hault et vous prenez le plus bas vol, qui est le plus seur et qui convient a plusieurs entendemens et est plus conforme a vostre raison [179]. Pourtant suis je joyeuse de ce que ne vous affiez ou affermez a chose qui soyt doubteuse, dangereuse ou perilleuse et qui ne soyt conforme a la vie et doctrine de Jesuchrist, a la foy et determination de Saincte Eglise catholicque, a la saincte et divine Escripture, et qui ne soyt approuvé<c> par ceulx a qui vous devez reverence et obeyssance, qui ayment vostre salut et ont souffisante science et longue experience [180], prouvez et approuvez par pacience.

|Je vous dy bien que j'ay veu une bonne [181] et humble disciple, laquelle a l'escolle 324
d'amour divine estoit moult louee et a louer, en ce qu'elle affermoit qu'i n'estoit chose, non pas les peines d'enfer, que tant elle doubtast comme elle faisoit son

175. aulcune *A, corr. d'après les éds post.*
176. bien *MV.*
177. *Rubrique M :* De tousjours avoir paour.
178. *Cf.* Eccli. 3,27 et 34,17.
179. *Cette allusion explicite à Marguerite Porète (de* Et pour ceste cause ... *à* ... a vostre raison) *ne figure pas dans L.*
180. par icelles *add. éds post.*
181. j'ay la veu bonne d. *A ; corr. d'après MV.*

amour. Pour ce disoit elle que, se elle fichoit trop son amour en aucunes choses corporelles ou temporelles ou mesmes spirituelles, et il advenoit qu'elle fust seduite, comme souvent advient, elle ne pourroit estre reduicte ne par admonitions, comminations ou corrections, ains demoureroyt en son erreur fichee et obstinee. Ainsi l'avoit veu et experimenté en soy et en aultruy. Sans cause ne dit pas sainct Bernard ou *Livre de la vie solitaire* qu'on ne doit pas croire et obeyr a toutes bonnes voluntez, mais les doit on aulcunes fois et souvent refraindre, moderer, gouverner et adresser. Pourtant, chere fille, que vostre amy vous a donné grace de bien commencer, recongnoissez humblement ceste grace et le priez fiablement [182] et continuellement qu'i vous doint bien moyenner et prouffiter et tellement perse-
325 verer que vous puissez attaindre le coron [183] |et la fin de vraye perfection, au plaisir de Dieu, sans trop grande hastiveté ou presumption, qui sont souvent cause de ruyne et de ruyneuse precipitation [184]. Et ne soyés pas espoventé<e> [185] de ce que aucuns ont voulu dire, que, se vous refusez les demandes de l'esperit et ce a quoy il vous stimule, esmeut ou instigue, vous n'y recouvrerez jamais et demeurerez encombree de vous mesmes jusques a la mort et vous laissera Dieu en vostre mainburnie, pour vous saulver si vous pouez ; et que se vous faictes aucun bien et vous voyez ung aultre bien plus grant et plus parfait auquel vous estes appellee [186], et vous le laissez, vous pechez [187].

Certainement, ma fille et bonne disciple, telz ditz et telles sentences ont grant besoing de saige distinction et clere determination pour les bien prendre et entendre [188], autrement on y pourroit faillir et errer facillement. Certes, quelque subtilité d'engin, vertuz ou experience que ait la personne, sans don et speciale grace de Dieu on ne peult congnoistre les esperitz ne sçavoir a quelle fin tendent
326 leurs mouvemens et instigations, car, comme dit l'apostre, le mauvais |esperit et ange de tenebres se transfigure en esperit et [189] ange de lumiere [2 Cor 11,14]. Par quoy nous admonneste de songneusement prouver et examiner les esperitz, s'ilz sont de Dieu ou de l'ennemy, du monde ou de nature ou de grace. Et seroit aucunes fois et a aucuns plus seur et plus salutaire aller et cheminer en la voye de Dieu le cours du lymaçon par humilité et simplesse que de vouloir voler par hativeté et impetueusement en l'air de vanité et indiscrete presumption, avant que avoir aelles de vertuz et de devotion ou de grace et de discretion. Pourtant vous admonneste le Sainct Esperit et dit : « N'enquerez ou enserchez choses plus haultes ou plus fortes que a vous n'appartient. Mais ad ce que Dieu vous commande, pensez y

182. finablement *V.*
183. le coron *L*, la couronne *MV*, le coronement *éds post.*
184. *Rubrique MV* : De provez (*sic*) les esperitz.
185. *Leçon de VM ;* Je ne soyes (suis *éds post.*) pas espoventé *A et éds postérieures.*
186. inscignee *M,* instiguee *V.*
187. a. vous estes instiguee et vous laissiez voz pechez *V.*
188. attendre *éds post.*
189. Ou *AV, corr. d'après M et éds post.*

continuellement, et fiablement [190] commettez vous totalement a la bonté et volunté de Dieu, qui scet par quelle achoison [191] il vous veult communiquer les dons de sa grace et gloire. Soyez unie a luy par humble et amoureuse subjection, et le ciel et la terre fauldroyent avant et ainçois qu'il vous faillist a pourveoir [192] de grace et gloire en temps et lieu et selon qu'il scet vous estre expedient ».

Aussi [193] |a sçavoir se vous pechez, combien et comment, quant vous faictes ung 327
bien et vous en laissez ung aultre plus grant et plus parfait auquel vous estes appellee [194], est a considerer que vous et toute personne pechez generallement en l'une des deux manieres, ou par commission, comme quant vous faictes ce qui vous est deffendu a faire, ou par obmission, comme quant vous laissez a faire ce qui vous est commandé a faire. Quant vous faictes aulcun bien qui est bien et bon de soy, vous ne pechez pas par commission, car vous ne faictes pas chose qui vous soit deffendue ; en tant que bien faire ne vous est pas deffendu, y fauldroit que vous pechessiez par obmission, non pas pour le bien que vous faictes, mais pour le plus grant et le plus parfait bien que vous laissez a faire et auquel vous estes appellee. Et pour ce fault bien adviser se ce bien que vous laissez est meilleur et plus parfaict et s'il vous est commandé et comment vous y estes appellee, et que c'est parfection et bien parfait. Telles choses ne
sont pas a prendre ainsi simplement et absolument. Y convient bien |proceder en la voye 328
de Dieu et de salut plus meurement et discretement, car le bien qui est meilleur et plus parfaict de soy et selon soy, aucunes fois n'est pas a aulcunes personnes meilleur ne plus parfaict, pour aucunes conditions ou circonstances dudit bien ou desdictes personnes.

Pourtant je vous dy bien qu'il est cinq ou six especes ou manieres de perfections ou de biens parfaictz, lesquelz on appellle en plusieurs et diverses manieres. La premiere parfection ou bien parfaict est dicte bien ou parfection de suffisance [195]. C'est celle dont l'Evangille nous admonneste d'estre parfaiz ainsi que nostre pere celeste Dieu est parfaict. Non pas que nous puissons estre parfaiz equalement et ainsi totalement come Dieu nostre pere, mais que nous ayons parfection suffissante a salut et telle que a nous appartient, c'est que nous soyons hors de peché mortel et que nous ayons charité, amour de Dieu et de [196] nous prochains, par quoy nous soyons en la grace de Dieu.

La seconde parfection est dicte de comparaison, comme il est escript de Noé qu'il
estoit homme juste et par-|faict en sa generation et en son temps, c'est a dire au regart 329
des gens qui pour lors estoient, non pas au regart des anges ; comme on dit a present que une fille devote qui garde virginité ou a vescu longuement en chasteté et devotion, qu'elle est fille de Dieu et de grant perfection – voire par comparaison d'elle au regart des aultres

190. Finablement *V et éd. 1538.*
191. maniere *MV.*
192. prouver *V.*
193. *Rubrique M* : Se on est tenu au bien plus parfait.
194. vous e. inscignee *M* / instiguee *V* ou a. *MV.*
195. qu'il est plusieurs manieres de p. ou de b. p. Il y a parfection de suffisance *V.*
196. que nous a. charité a D. et a n. *MV.*

filles vaines, mondainnes et charnelles, non pas au regart des hommes qui ont laissé tout le monde pour vivre en povreté, chasteté et obedience, et, aprés longue excercitation et probation de vertuz, d'oraison et de pure meditation, sont elevez, uniz et transformez en Dieu par divine action et parfaicte contemplation.

La tierce parfection est des ordonnances et sainctes ordres, comme les dyacres et prestres a cause de leurs sainctes ordres sont tenuz de vivre chastement et de servir Dieu plus amplement que aultres, et dire leurs heures canoniales et celebrer souvent ; car chasteté, dire leurs heures et celebrer sont biens et perfections annexes a leurs sainctes ordres. Dont dit Nostre Seigneur Jesuchrist que aulcuns se sont chastrez pour le
330 |royaulme des cieulx, mais, dit il, « qui le peult faire, si le face » [Mt 19,12], c'est a dire :
qui ne peult vivre chastement ne preigne pas les sainctes ordres, car il fauldroit qu'il fist et gardast ce <qui> est annexe ausdictes sainctes [197] ordres.

La quarte perfection et bien perfaict est de religion, car les religieulx ne sont pas tenuz seulement a cause de leurs sainctes ordres garder chasteté, dire leurs heures et messe, mais aussi pour le veu exprés qu'ilz ont faict ; et oultre, <sont tenuz> [198] a pouvreté, obedience, stabilité, conversion de leurs meurs et aultres observances regulieres, et a prier pour ceulx qui ont donné les biens dont il vivent.

La .v. perfection est de prelature, car les prelatz, oultre les perfections et biens parfaiz dessu<s>ditz sont tenuz a avoir cure de leurs subjectz et de leur(s) salut, souffrir <et> morir pour eulx, si et quant mestier en seroit.

Et, pour abreger, la .vi. perfection et bien parfaict est de seureté ; laquelle ont ceulx qui ont tellement proffité, sentu et gousté la bonté d'amour et suavité de Dieu et de sa gloire, que ceste vie presente leur est a peine et ennuy pour le desir de l'autre vie. Et sont seurs,
331 car [199] riens ne les peult grever ou sepa-|rer de Dieu, ne prosperité ne adversité, pour ce
qu'ilz ne font compte de quelconque prosperité et sont prestz et prompts a souffrir toute adversité.

Ceste distinction faict<e>, considerez, ma chere fille, que a la premiere [200] perfection estes appellee de necessité de salut, pour ce que peché mortel vous est deffendu et charité vous e<s>t commandee, et en peché mortel, sans charité, ne pouez vous ne aultre estre saulvee. Et ja soit que ceste perfection ou ce bien ne vous face pas du tout perfaicte, toutesfois elle vous est suffisante a estre saulvee et l'imperfection d'elle sera en gloire et par gloire perfaictement consummee. Mais aux aultres chascun n'y est pas appellé et n'y est aulcun appellé que de sa volunté, comme a garder devote chasteté, a prendre les sainctes ordres, a entrer en religion, a prelation et a contemplation. Et ceulx qui y sont appellez se doivent excercer et occuper en ce qui appartient a ce a quoy

197. sainctes *om. éds post.*

198. *rétabli d'après les éds post.*

199. que *éds post.*

200. ceste, *dans MV, où le commentaire propre à la version longue qui précède, est remplacé par la séquence suivante* : Il y a autres perfections (personnes *V*) de excellance ou de supererrogation, et en a plusieurs differences, comme perfection des sainctes ordres, en quoy sont les prestres, diacres et aultres degrés ; perfection de prelature, et perfection <de religion, perfection *V*> de contemplation. A telles perfections n'est aulcun appellé que de sa volunté.

ilz sont appellez et y perseverer selon le conseil de l'apostre. Tellement que, ce vous ou aultre avez prins les sainctes ordres ou estes entree en religion |ou elevé a 332
prelation, qui sont estatz maindres ou de moindre perfection de soy et selon soy que l'estat de parfaicte contemplation et de seureté, qui est le .vi. dessu<s>dit, se vous laissez ce qui appartient a vostre estat, comme dire voz heures canoniales, celebrer, prier pour ceulx et celles qui ont donné les biens dont vous vivez, pourveoir spirituellement et corporellement a voz commis et subgectz, pour vous excerciter en ce qui appartient a l'estat de contemplation, pour adherer totalement et continuellement a Dieu par[201] admiration, exultation et devotion de parfaicte, souveraine et divine dilection[202], vous pechez. Voire, di je, mortellement, par obmission de ce qui vous est commandé et a quoy vous estes appelez[203] par susception des dictez ordres, par le veu de religion et par vostre office de prelature. Et ne suffist pas dire que le Sainct Esperit vous appelle a contemplation[204] parce que vous sentez vostre volunté y estre spirituellement affectee, car, comme dessus est dict, il fault prouver les esperitz et spirituelles voluntez, se elles sont de Dieu. Et certainement non, ou cas que je vous ay proposé, |car il y a 333
circonstances repugnantes[205] es personnes et es estatz et es perfections dessusditz.

Saichez que aulcuns sont retrays de l'estat de perfection ou de parfaicte contemplation[206] par inevitable necessité, comme filles et femmes, gens ruraulx et de labeur, qui n'ont pas condition, science ne exercitation convenable ne a ce dispositive, ains repugnante, au moins defficiente. Et ceste première maniere est excusable et sont telz a excuser. La seconde est dicte operation ou[207] occupation de honneste utilité ou utille honnesteté, comme ceulx qui sont appellez a la vie active et qui a l'occasion de leurs offices par obedience sont occupez es choses exteriores. Et ceste maniere est tollerable et sont telz a tollerer et supporter. La tierce est appellee[208] humaine fragilité, comme ceulx qui ont le corps fraesle et le sens debile, qui sentent en leur corps foiblesse et enfermeté et en leur esperit craincte et pusillanimité, qui ont besoing de consolation et de discrete relaxation[209]. Et ceste maniere est piteable et miserable. Eulx mesmes a peine se peuvent porter. Ilz ont mestier de pitié[210] et misericorde pour leur |ayder. La .iiii. est dicte[211] vaine mondanité ou mondainne vanité, 334
comme ceulx qui ont condition et complexion, science, temps, vocation et excercitation apte et convenable a l'estat de perfection et n'ont empeschement de devotion et contemplation ne par condition, comme les premiers, ne par occupations, comme les seconds,

201. p. meditation, leczon, a. *add. MV.*
202. qui est chose souverainement parfecte(t) *add. MV.*
203. et tenue selon vostre estat *add. M.*
204. a <telle *V*> plus grande perfection *MV.*
205. *Rubrique M* : On se retire de contemplation pour quatre choses
206. c. par diverses causes. L'une est par i. *add. éds post.*
207. Aulcuns par o. *M.*
208. Les aultres par h. *M.*
209. discretion *M.*
210. Et <de> tieulx doibt en avoir p. *M.*
211. Les aultres par v. *M.*

ne par debilitation, comme les tiers, mais par affection de vanité, cupidité et charnalité, en tant qu'ilz sont affectez a excellence mondaine, habondance temporelle ou a concupiscence charnelle, par quoy ne se peuent, mais ne veulent, entreprendre ne parvenir a l'estat de perfection[212]. Et ceste maniere voirement est coulpable et dampnable.

Pourtant, a bien prendre et sainnement entendre ce que vous ouez dire ou voyés en escript, avez aulcunes fois et sovent mestier de discretion et de discrete distinction, car, comme disoit en son livre ma bonne disciple, l'ame simple aneantie, « samblance de verité n'est pas verité »[213]. Et plusieurs ont erré et esté heretiques[214] par trop adherer, eulx aherdre et arrester a la samblance de verité pour verité.

Vous avez ouy une creature qui se disoit cause du salut de humaine nature et[215] la
335 louenge de Dieu, et icel-|le affermoit que pour la chose de sa necessité luy estoit deue de
Dieu toute sa bonté et ne pouoit estre remplie perfaictement ne assovye totalement que de toute la bonté de Dieu entierement, et n'avoit Dieu ou mettre sa bonté allieurs que en elle spirituellement. Je vous prie que a ces choses ou samblables, qui sont dictes ou escriptes simplement, indiscretement ou presumptueusement, quelque raison ou samblance de verité qu'elles ayent, n'y appliquez pas vostre entendement curieusement et n'y fichez pas vostre desir ou affection obstinement.

Premierement, du salut d'humaine creature la cause efficiente c'est Dieu, car pardonner les pechez, justifier humaine nature et la saulver a Dieu seul appartient, du propre de sa divine droicture. Secondement, de salut humain la cause formelle c'est grace, l'amour et don du Sainct Esperit, grace gratifiante qui est expulsive de peché et reformative de l'ymage et samblance de Dieu par peché deformee. Tiercement, du salut d'humain
336 lignage la cause meritoire ou materielle, |c'est Jesuchrist, les misteres et les sacremens de
sa precieuse et piteuse redemption. Quartement, la cause finale du salut de creature raisonnable, c'est divine fruition et humaine deification et de Dieu et homme perpetuelle glorification. Et quant on dit aucune chose estre cause d'aucun effect ou operation, c'est a entendre de l'une desdictes causes ou de toutes ensemble, efficient, formelle, materielle et finale, qui sont causes premieres et principales. Les autres secondes causes, a proprement parler, sont plus a dire occasion que cause, comme, pour exemple, se en vostre maison le soleil ne luyst pas par ce que les fenestres sont closes et fermees, se vous ouvrez les fenestres tellement que le soleil y luyst abondamment a l'heure de midy, pourtant n'estes vous pas cause premiere et principale, a proprement parler, de la clarté de vostre hostel, mais vous en estes seconde cause ou occasion, en tant que vous ostez les obstacles et empeschemens de ladicte clarté – laquelle, veritablement, premierement
337 et principalement est du soleil efficiemment, et de sa |clarté formellement, et de l'air
penetré et clarifié materielement, pour esclarer aux habitans dudit hostel finablement.

212. et de contemplation *add.M.*

213. s. n'est p. tousjours v. *M* ; *MSA 97, 22* : semblance n'est mie verité (*lat.* apparentia non est veritas seu exsistentia).

214. heritez *L.*

215. de *add. éds post.*

Aussi ne me semble pas estre chose a dire simplement et absolument que creature humaine et son peché ou mauvaistié, qui est neant, soit la gloire de Dieu, pourtant que creature humaine est [216] relevee de mauvaistié, et par sa redemption et salvation est Dieu glorifié, car de neant neant ; et ce qui est de soy neant n'est pas cause de ce qui est de soy realement. Je confesse assez que telle est la puissance et sapience de la divine bonté et clemence que Dieu ordonne ce qui est a sa gloire contraire, comme le peché et mauvaistié de creature raisonnable ; pourtant n'est pas a croire que peché ou mauvaistié soit louable et que l'ame pecharresse par son peché soit la gloire de Dieu. Mais je croy et dy que la gloire de Dieu, c'est Dieu qui est glorifiant, glorieux et glorifié a sa gloire et pour sa gloire.

Et si est trop grande absurdité a creature de affermer que sa necessité ne puisse estre assouvye se elle n'a de Dieu totalement [217] sa bonté, come se en Dieu y avoit partie et
totalité ; que non, car ce repugne a |son immense simplicité et simple immensité. Et ne 338
fault ja dire que la bonté de Dieu ne puisse souffire a creature humaine sans le total [218] de sa totalité. Vous pouez penser que le haren, qui est en la mer, ne peult vivre sans la mer ne estre assouvy que de la mer ; et la mer est toute entiere [219] de ses parties integrales, mais le haren n'a pas besoing du total [220] de sa totalité. N'oubliez pas que Jesuchrist dit en l'evangille a son bon et feal serviteur : « Entre en la joye de ton Seigneur » [Mt 25, 21], c'est a dire « noye en la mer de joye [§ 28 titre] ».

Le bon Dieu, de sa bonté et pour sa bonté estre communiquee, a creé et ordonné creature raisonnable, spirituelle et intellectuelle, affin que de sa bonté, par sa bonté et en sa bonté participee elle fust souverainement a tousjours mais bieneuree. Mais elle me semble aulcunement ingrate, indiscrete ou desvoyee, disant que Dieu n'a ailleurs ou mettre sa bonté. Pensez que en une place n'y eust que ung feu, auquel cent personnes qui auroient froit se chauffassent ; pourtant ne croistroit ou diminueroit sa chaleur de leur
presence ne de leur absence. Et tel |feu pourroit mieulx dire a telles personnes qu'elles 339
n'ont ailleurs ou [221] elles chauffer, que elles a luy qu'il [222] n'ayt ailleurs ou mettre sa chaleur. Se en une ville y avoit ung tres bon et saige docteur en theologie, y n'y auroit peult estre celluy en la ville qui n'eust besoing d'avoir et recevoir, et qui ne receust, de luy instruction et science a son saulvement, sans diminution ou accroissement de sa sapience, qui est et demeure en luy intensivement. Et Dieu est merveilleux en ses oeuvres incomparablement, qui est bonté et vertu essenciale, divinement incommunica<b>le [223] a aultre nature substanclalment. Et toutesfois, sans extention ou mutation de sa bonté et vertu intensive, c'est a dire qui luy est de soy, par soy et en soy et soy mesmes, il se communique et est participé de ses creatures diversement, a sa volunté et selon leurs proprietez et natures.

216. & (et) *A, corr. d'après éds post.*
217. D. toute totalement s. *éds post.*
218. totage *L.*
219. enterinee *L.*
220. totage *L.*
221. a *A, corr. d'après L.*
222. qui *A, corr. d'après L.*
223. incommunicale *dans les trois éds.*

Premierement, Dieu se communique a toutes ses creatures causalement par participation de l'effect et operation qu'elles sont et qu'elles ont de luy, qui est cause premiere, originale et fonteniere de toute operation et effect. Et comme dit sainct Denys,
340 toute creature a son estre |ou sa vie ou son entendement, ou tout ensemble, de la divine
essence, vie et sapience. Secondement, Dieu se communique et est participé de ses creatures lumineusement et par illustracion, par laquelle il reluyst et est congneu par ses creatures et en ses creatures, es aucunes moins et es autres plus, es aulcunes en une maniere et es autres en une aultre. Es creatures irraisonnables et insensibles, il reluyst par maniere de trace et imitation loingtaine, en tant que par elles et en elles on voit et congnoist et y reluyst ou appert sa merveilleuse puissance, sa profonde sapience et son amiable bonté et clemence, qui a tout creé puissamment, ordonné saigement pour en user bonnement, prouffitablement et delicieusement. Et sont toutes nombrees et distinguees numeralement [224], en tant que l'une n'est point ce que l'autre est ; et ont toutes et chascune certain poys, c'est a dire motion, inclination, condicion et proprieté ; et sont toutes mesurees, tellement qu'elles ne peuent exceder les fins et termes qui leurs sont
341 baillez et ordonnez de Dieu par nature. Par quoy |appert clerement a ceulx qui ont enten-
dement enluminé [225] de grace spirituellement qu'eles sont de Dieu merveilleusement et representent la glorieuse Trinité et deité mistiquement. Et par irradiation plus prochaine et plus expresse imitation en maniere d'ymage, il reluist et resplendist en l'esperit angelicque et humain naturellement, par memoire, raison et volunté, a l'exemple de l'eternité, verité et bonté de la divine et increé<e> Trinité. Et telle lumiere spirituelle et naturelle est en aucuns excitee, eslevee et confortee divinement, non pas que la divine lumiere leur soit objectalement opposee et comme object divin proposee et presentee, mais par une clarté divine et de Dieu en l'ame causee et dirivee, dont elle est clarifiee et enluminee. Mais ceulx qui sont en gloire voyent clerement la lumiere divine et eternelle qui leur est presente et objecte, qui les actraict et retorque a elle du tout et totalement, glorieusement et divinement. Ainsi se communique Dieu et sa bonté a son ymage spirituellement. Tiercement, il se communique et est participé gratieusement par acce-
342 |ptation gratieuse de grace gratificante, par laquelle est faicte l'ame raisonnable amie,
temple, fille et espouse de Dieu. Quartement, il se communique et est participé sacramentellement par la reception et communion du sainct et divin sacrement de l'autel, par lequel l'homme est incorporé spirituelement et fait membre du corps mistique du benoist filz de Dieu Jesuchrist sacramentellement et invisiblement. Quintement et finablement, il se communique et est participé plainement et parfaictement par union, et idemptité personnelle, par laquelle nature humaine est unie inseparablement a la personne du filz de Dieu Jesuchrist, en qui, selon que dit l'apostre, est et habite la plenté ou plenitude de divinité [Col 2,9].

Je suis joyeuse de ce que vous, ma bonne fille et vraye disciple, n'estes pas ainsi curieuse mesmement come celle qui demandoit qui est de plus grant dignité, ou une ame saincte glorieuse et glorifiee ou le corps de Dieu glorieux. Et ce qui la mouvoit a demander, c'est pour ce qu'elle avoit ouy une sienne compaigne qui s'esjouyssoit de ce qu'elle estoit

224. numerablement *éds post.*

225. e. et lumiere de g. *A, corr. d'après L.*

capable de veoir la divine Trinité, ce que Dieu n'avoit pas donné, disoyt elle, a son vray et propre corps mesmes glorieux | – comme se ung aigle qui vole plus hault et tres hault soit 343
plus noble que l'homme qui ne volle point, ou, pour ce qu'elle [226] voit plus cler merveilleusement, soit pour tant plus noble et plus digne ; mais ilz excedent l'ung l'autre en diverses manieres.

Je scay bien que l'entendement humain se plaist et delecte grandement en choses spirituelles, extresmes, haultes, ardues et subtilles, abstraictes ou abstractives, mais je vous conseille et prie – et tel est le conseil de la Saincte Escripture inspiree du Sainct Esperit, qui vous dit et advise a desirer des graces de Dieu les meilleures et dont vous pouez amender – que [227] soyez jalouse, songneuse et familleuse de querir, avoir et savourer les choses salutaires, fermes et seures, non pas les haultes, vaines et curieuses, car chascune chose a sa saison et <de telles querir> [228] y n'en est pas temps maintenant. Il est temps que vous estudiez, pensez et congnoissez et que vous sentez vostre ignorance et corruption, vostre mauvaistié et imperfection et comment vous estes continuellement subjecte et habandonnee a toute temptation, a l'importune et a la doubteuse, a la subite et a l'occulte et perilleuse, a la violente et a la frauduleuse, |a la perplexe [229] et 344
a toutes icelles et chascune d'elles, lesquelles vous font negliger les choses divines et spirituelles par vous incliner aux terriennes et charnelles.

Ne cuidez pas que je vous estime si tres parfaicte que du monde et choses mondaines ne soyez aucunement aulcunes fois allichee, de vertu lassee ou de devotion empeschee, ne si bonne que ne soyés des ennemys temptee ou a orgueil, ire et envye provoquee ou en esperit et conscience troublee, ne tant saincte que ne soyez de vostre corps aguillonnee ou en ses necessitez immoderee ou de bien faire retardee. Ne ignorez pas [230] vostre ignorance, vostre inconstance, vostre indiscretion en trop parler ou en trop tenir silence. Estes vous point de la mort espoventee, en prosperité elevee ou par adversité dejectee ? Sentez vous point l'amertume de penitence, le labour de continence et l'ennuy de reguliere discipline et religieuse observance ? Qu'est ce que sentir vehementement scrupule de conscience, ferveur d'esperit et avoir zel du salut des ames ? Sachez que tant que vous vivrez, tousjours aurez a bes-|ogner [231] tant corporellement que spirituellement. 345
Et comme vous experimentez sensiblement que en sept jours materielz vostre vie corporelle se tourne et revolve [232] continuellement, aussi avez vous sept exercices spirituelz esquelz vous devez occuper instamment et diligemment. Le premier, c'est croire ce que vous devez, car sans foy a Dieu plaire ne pouez, et foy est fondement, porte et lumiere de pardon, de grace et de gloire. Le second, c'est

226. Elle, *c'est-à-dire* l'aigle *(subst. masc. et fém.).*

227. p. amender et que s. *A et imprimés post.*

228. *add. éds post.*

229. proplexe *dans A et les éds suivantes, corr. d'après L (transmission probable d'une erreur de lecture ou de composition).*

230. *Est-ce vraiment un impératif ?*

231. Sachés que en quelque estat que vous soyés, vous avrés assés a besongner *MV ; la phrase est précédée par la rubrique* : Des. vii. excercices.

232. et passe *add. MV.*

intelligence spirituelle et science salutaire de ce qui est a laisser necessaire et expedient a-ffaire[233]. Le tiers, c'est bon vouloir[234] et sainct desir de faire et acomplir de Dieu le benoist plaisir, car ou bonne volunté ne excuse, science accuse et negligence condampne. Le quart, c'est bien ouvrer vertueusement et meritoirement, car sans bonne et vertueuse operation, foy est morte, science enfle et conscience remort. Le quint, c'est constance, patience et finale perseverance, car Nostre Seigneur dit que celluy saulvé sera non pas qui bien commencera, mais qui en bien perseverera [Mt 10, 22]. Le .vi., c'est mespriser soy mesmes par vraye et profunde
346 humilité, c'est | <faire son ef>fort[235] de louablement vivre longuement sans estre soubzprins de vanité aulcunement, car, come dit l'apostre, humaine fragilité est subjecte a vanité, mesmes sans sa volunté [Rom 8,20]. Le .vii. exercice de l'ame devote, c'est adherer a Dieu par vraye charité et divine dilection, c'est le sainct sabbat et joyeux repos qui est de Dieu sainctifié et benoist, c'est la benediction qui est promise et donnee a la disciple d'amour divine, c'est aymer seraphiquement et ardemment <et> divinement[236].

Et cest amour[237] a plusieurs spirituelles et divines proprietez et conditions. La premiere, c'est qu'il est tousjours mobile, motif et mouvant a aymer amour par amour, come le feu est tousjours ardent et, plus a matiere convenable, plus ard. Et Dieu est tout amour[238] amoureulx et amiable, et a l'aymer tend l'esperit d'amour seraphique, continuellement, sans pausation, interruption ou intermission ; et tousjours art par amour et sainct desir sans refroidir et sans cesser de son amoureuse operation. La seconde proprieté d'amour seraphique, c'est qu'il est incessable[239], c'est a dire qu'il n'y a en son amour ne fin ne retenue[240], come le feu tant qu'il a matiere convenable jamais ne
347 cesse. Et | ainsi que Dieu est infini et infiniment a aymer, aussi ceste amoureuse action et seraphique operation, qui est continuelle en motion et est aussi perpetuelle en duration. La tierce est que ceste amoureuse operation, par sa continuelle motion, eschauffe souefvement et amollist doulcement et vivifie l'esperit seraphique gratieusement et le robore et conferme en tous biens divinement et spirituellement. La quarte condition de ceste amour, c'est qu'il est agu et penetratif, qui par impetueuse vertu de divin amour et vehemence de sainct desir tresperse par amour l'esperit seraphique, tellement qu'il ne se sent pas seulement eschauffé d'amour exteriorement, mais est penetré d'amour interiorement et par infusion amoureuse et union gratieuse[241] de divine amour se sent et est tout amour, par la forte muance et union de divin amour agu et penetrant si avant et au vif qu'il faict de deux ung, c'est de l'amant et de la chose aymee.

233. ce sont lé commendemens de Dieu et se qui apartient a vostre estat *add. M.*

234. <bonne *M*> voulenté *MV.*

235. *Faute commune à A et MV (leçon de L non relevée), corr. d'après les éds post.*

236. *Rubrique M :* Proprietés d'amour.

237. serafique *add.M.*

238. *La séquence* a aymer amour <par amour comme le feu [...] et Dieu est tout amour> amoureulx et amiable *ne figure pas dans L.*

239. incessible *M.*

240. i. parce qu'il n'y a ne fin ne terme, c. *MV.*

241. tellement qu'il le fait ung avec Dieu par union amoureuse et gratieuse *MV.*

La quinte proprieté et condition d'amour seraphique, c'est qu'il est plus que fervent et plus que boullant. Vous apparcevez sensiblement que le feu materiel, en trespersant et
penetrant |l'eaue, l'uille ou aultre liqueur, par vertueuse et impetueuse activité de sa **348**
chaleur, il fait telle liqueur fremissant, fervent et boullant et l'eslieve ou soubzlieve en hault ; laquelle, par sa ponderosité, rechiet en bas. Aussi vous dy spirituellement, et vous le sçavez et experimentez souvent, que amour divin eslieve l'esperit [242] humain, tandis qu'il est pelerin et viateur, en hault es choses divines et spirituelles, et s'abesse et souvent rechiet en bas [243] es choses corporelles et temporelles, par la pesanteur de sa nature. Mais l'esperit seraphique est plus que fervent et boullant, car il est tousjours en estant, conformé en amour par amour divinement. Et pour tant ceste divine dilection est dicte intente, intime et inflexible. Intente, pour ce qu'elle tend et est tendant continuellement a aymer Dieu, et toute son entente est aymer souverainement et loyaument. Elle est intime et infuse interiorement, dedens soy profondement. Et si est inflexible, car aultre chose n'y a qui la puisse attrayre ou flechir a son amour et de l'amour de Dieu
retrayre, pour l'amour dont elle ayme Dieu singulierement. Et ne veult ou peult vo-|loir **349**
aultre chose que Dieu, ou pour l'amour de Dieu seulement.

C'est, ma chere fille, la benediction que je vous donne et que je prometz donner a toute bonne et vraye disciple qui perseverera en la discipline d'amour divine, c'est a-ssavoir fruiction glorieuse de la divine et incree<e> Trinité [244], le Pere, le Filz et le Sainct Esperit, trois personnes divines en une simple deité de divine majesté [245], a aymer et honorer pardurablement. Amen.

242. hors de soy mesmes *add. M.*

243. envers les prochains *add. M.*

244. c'est a savoir dilection de Dieu gracieuse et aprés fruiction d'ycelluy glorieuse, qui est divine et i. *M.*

245. auquel soit louenge, gloire et honneur, ycy, maintenant et pardurablement. Amen. Deo gracias *add. M.*

BIBLIOGRAPHIE

ÉDITIONS ET TRADUCTIONS DU *MIROIR DES SIMPLES ÂMES*

Éditions

«Le Miroir des simples âmes», éd. M. de Corberon, *Études traditionnelles*, 56, 1955, p. 49-61, 360-74 ; 57, 1956, p. 32-36, 110-120, 180-187, 244-267, 354-367 ; 58, 1957, p. 26-41, 122-34, 204-50, 340-363 ; 59, 1958, p. 16-36, 196-211.

Le mirouer des simples ames anienties et qui seulement demourent en vouloir et desir d'amour. Edizione provvisoria in 100 esemplari fuori commercio del ms. Chantilly, Condé F. XIV 26 (ancien 986), éd. R. Guarnieri, Roma, Storia e Letteratura, 1961.

Le mirouer des simples ames anienties, éd. R. Guarnieri, «Il movimento del Libero Spirito», *Archivio italiano per la storia della pietà*, 4, 1965, p. 351-708.

«*The Mirror of Simple Souls*, a Middle English Translation», éd. M. Doiron, *Archivio italiano per la storia della pietà,* 5, 1968, p. 241-355.

Speculum Simplicium Animarum / Le Mirouer des Simples Ames, éd. R. Guarnieri et P. Verdeyen, Turnhout, Brepols (CCCM 69), 1986.

Lo specchio della anime semplici, trad. G. Fozzer, pref. R. Guarnieri, comm. M. Vannini, testo mediofrancese a fronte, versione trecentesca italiana in appendice, Milano, Edizioni San Paolo, 1994.

Speculum animarum simplicium : A Glossed Version of The Mirror of Simple Souls, trad. Richard Methley, éd. J. Clark, Salzburg, Institut fur Anglistik und Amerikanistik, 2010.

Traductions en langues modernes

Cl. Kirchberger (trad.), *The Mirror of Simple Souls, by an unknown French mystic of the thirteenth century*, translated into English by *M. N.*, London, Burns, Oates, and Washbourne, 1927.

Le Miroir des âmes simples et anéanties, introd. et trad. M. Huot de Longchamp, Paris, Albin Michel, 1984.

Le Miroir des simples âmes anéanties, trad. C. Louis-Combet, Grenoble, Millon, 1991.

The Mirror of Simple Souls, trad. E. Babinsky, Mahwah, Paulist Press, 1993.

The Mirror of Simple Souls, trad. Ed. Colledge, J. C. Marler, et Judith Grant, préf. K. Emery Jr., Notre Dame, U. of Notre Dame Press, 1999.

TEXTES MÉDIÉVAUX ET MODERNES

AAVV, *Anthologie des troubadours*, P. Bec (dir.), Paris, UGE (10/18) 1979.
– *Le bestiaire et le lapidaire du Rosarius (B.n.F. fr. 12483)*, éd. S. Sandqvist, Lund, LUP (« Études romanes de Lund, 55 »), 1996.
– *Les diz et proverbes des Sages* (Proverbes as philosophes), éd. J. Morawski, Paris, PUF, 1924.
– « London, Westminster Cathedral Treasury, MS 4 : An Edition of the Westminster Compilation », éd. M. Cré, *Journal of Medieval Religious Cultures*, 37/1, 2011, p. 1-59.
– *Of the Knowledge of Ourselves and of God : A Fifteenth-Century Florilegium*, trad. J. Walsh et E. Colledge, London, A. R. Mowbray, 1961.
– *La Queste del Saint Graal*, éd. A. Pauphilet, Paris, Champion, 1923.
– *« Sottes chansons contre amours » : parodie et burlesque au Moyen Âge*, éd. et trad. E. Doss-Quinby, M.-G. Grossel, et S. N. Rosenberg, Paris, Champion, 2010.
– The Chastising of God's Children and The Treatise of Perfection of the Sons of God, éd. J. Bazire et E. Colledge, Oxford, Basil Blackwell, 1957.
– *The Twelfth-century Psalter commentary in French for Laurette d'Alsace : an edition of Psalms I-L*, éd. St. Gregory, London, Modern Humanities Research Association, 1990.
AELRED DE RIEVAULX, *De amicitia*, éd. A. Hoste, Turnhout, Brepols (CCCM, 1), 1971.
ALBERT LE GRAND, *Enarrationes in Ioannem,* éd. A. Borgnet, *Opera omnia,* t. 24, Paris, Vivès, 1899, t. 24.
ALEXANDRE DE PARIS, *Le Roman d'Alexandre*, trad. L. Harf, éd. E. C. Amstrong *et al.*, Paris, Le Livre de Poche (Lettres gothiques), 1994.
ANGE CLARENO, *A Chronicle or History of the Seven Tribulations of the Order of Brothers Minor*, trad. D. Burr et E. R. Daniel, St. Bonaventure (NY), Franciscan Institute, 2005.

ANGÈLE DE FOLIGNO, *Le livre d'Angèle de Foligno, d'après les textes originaux*, trad. J.-Fr. Godet, Grenoble, Jérome Millon, 1995.

ANSELME DE CANTORBERY, *De libertate arbitrii*, éd. F. S. Schmitt, *Opera omnia*, t. 1, Seckau, 1938 ; trad. fr. M. Corbin, *L'œuvre de saint Anselme de Cantorbéry*, t. 2, Paris, Cerf, 1987.

ARNAUD DE VILLENEUVE, *Obres catalanes,* vol. 1, *Escrits religiosos,* éd. M. Battlori, Barcelona, Barcino, 1947.

– *Alia informatio beguinorum*, ed. J. Perarnau, Barcelona, Facultat de teologia, 1978.

– *Tractatus de amore heroico,* Barcelona, Publicacions i Edicions de la Universitat de Barcelona, 1985.

– *Allocutio Christiani*, éd. J. Perarnau i Espelt, Arxiu de Textos Catalans Antics, 11, 1992, p. 7-135.

– *Epistola ad gerentes zonam pelliceam*, éd. O. Cartaregia et J. Perarnau, Arxiu de Textos Catalans Antics, 12, 1993, p. 7-41.

AUGUSTIN, *Homélies sur l'Évangile de saint Jean*, trad. M.-F. Berrouard, Paris, Études augustiniennes, 1969-2003.

– *Commentaire de la première Épître de s. Jean*, tr. P. Agaësse, Paris, Cerf (SC 75), 1961.

BÈDE LE VÉNÉRABLE, *Explanatio Apocalypsis*, PL, 93.

BERNARD DE CLAIRVAUX, *Œuvres*, éd. M.-M. Davy, Paris, Aubier, 1945.

– *De diligendo Deo*, dans *Opera Omnia*, éd. J. Leclerq, H. M. Rochais, t. 3, Roma, Editiones cistercienses, 1963.

BONAVENTURE, *Opera omnia*, Quaracchi, Coll. S. Bonaventurae, t. V, 1891.

BOVELLES CH. DE, *Lettres et poèmes*, éd. J.-Cl. Margolin, Paris, Champion, 2002.

CESAIRE D'HEISTERBACH, *Dialogus Miraculorum*, éd. J. Strange, Köln, Heberle, 1851.

CHRETIEN DE TROYES, *Le Chevalier de la charrette*, éd. M. Roques, Paris, Champion, 1975.

– *Le Conte du Graal*, éd. F. Lecoy, Paris, Champion, 1973-1975.

ÉRIGÈNE, *Periphyseon*, éd. E. Jeauneau, Turnhout, Brepols, t. 1, 1996, (CCCM, 161) ; trad. fr. F. Bertin, *De la division de la nature*, *Periphyseon, Livre I et Livre II,* Paris, 1995.

ÉTIENNE DE BOURBON, *Tractatus de diuersis materiis praedicabilibus*, éd. J. Berlioz et J.-L. Eichenlaub, Turnhout, Brepols (CCCM, 124), 2002.

GERTRUDE D'HELFTA, *Le Héraut*, éd. P. Doyère, Paris, Cerf (SC, 139) 1968.

GRÉGOIRE LE GRAND, *Dialoge Gregoire lo Pape*, éd. W. Foerster, Paris-Halle, Champion-Niemeyer, 1876 [reimpr. 1965]).

– *Morales sur Job,* éd. M. Adriaen, A. de Vogüé, trad. Moniales de Wisques, Paris, Cerf (SC, 525), 2009.

GUERRIC D'IGNY, *Sermones*, éd. J. Morson et H. Costello, Paris, Cerf (SC, 202), 1970.

GUIBERT DE TOURNAI, éd. A. Stroick, « Collectio de scandalis ecclesiae : Nova editio », *Archivum franciscanum historicum*, 24, 1931, p. 33-62.

– *Sermones de sancto Francisco*, éd. H. Friday, « The *Vidi Alterum Angelum* Topos in Two Sermons by Guibert of Tournai for the Feast of St. Francis », *Franciscan Studies,* 70, 2012, p. 101-138.

GUILLAUME D'AUVERGNE, *Sermones de sanctis*, éd. F. Morenzoni, Turnhout, Brepols (CCCM, 230), 2012.

GUILLAUME DE LORRIS, JEAN DE MEUN, *Le Roman de la Rose*, éd. A. Strubel, Paris, PUF, 1984.

GUILLAUME DE MACHAUT, *Poésies lyriques*, éd. V. Chichmaref, Paris, Champion, 1907.

GUILLAUME DE SAINT-THIERRY, *Œuvres choisies*, trad. J.-M. Déchanet, Paris, Aubier, 1943.

– *La contemplation de Dieu ; l'oraison de Dom Guillaume*, éd. J. Hourlier, Paris, Cerf (SC, 61), 1959.

– *Lettre aux frères du Mont-Dieu (Lettre d'or)*, éd. J. Déchanet, Paris, Cerf, 1975.

– *Epistola ad fratres de Monte Dei, lateinische überlieferung und mittelalterliche Übersetzungen*, éd. V. Honemann, Zurich-Munich, Artemis, 1978.

– *Le Miroir de la foi*, ed. J. Déchanet, Paris, Cerf (SC, 301), 1982.

– *Oraisons méditatives*, éd. J. Hourlier, Paris, Cerf (SC, 324), 1985.

– *Exposé sur le cantique des cantiques*, texte latin, introd. et notes par J.-M. Déchanet, trad. par M. Dumontier, Paris, Cerf (SC, 82), 1998 [1962].

GUYON J., *Les Torrents et Commentaires au Cantique des cantiques de Salomon*, éd. Cl. Morali, Grenoble, Jérome Millon, 1992.

HADEWIJCH, *Brieven*, éd. J. Van Mierlo, Anvers, Standaard, 1947 ; *Lettres (1220-1240)*.

– *La perle de l'école rhéno-flamande*, trad. P.-M. Bernard, Paris, Le Sarment, 2002.

– *Poèmes des béguines,* trad. J. B. P[orion], Paris, Seuil, 1954, 1994[2].

– *Mengeldichten*, éd. J. Van Mierlo, Anvers, Standaard, 1957.

– *The Complete Works*, trad., C. Hart, Mahwah (NJ), Paulist Press, 1980.

– *Écrits mystiques des béguines,* traduits du moyen-néerlandais par fr. J.-B. P[orion], Paris, Seuil, 1994[2].

– *Visioenen*, éd. F. Willaert, Amsterdam, Prometheus, 1996 ; *Visions*, trad. J.-B. Porion, Paris, L'Œil, 1987.

HAYMON D'AUXERRE, *Expositio in Apocalypsim*, PL, 117.

HENRI DE FRIEMAR, *Tractatus de origine et progressu ordinis fratrum eremitarum s. Augustini*, éd. P. E. Estaban, *Analecta Augustiniana*, 4, 1910-1911.

HENRI DE SUSE [HOSTIENSIS], *Summa*, Lyon, 1537, repr. Aalen, Scientia, 1962.

HUGUES DE SAINT-CHER, *Postillae,* Lyon, Hyguet, 1669.

HUGUES DE SAINT-VICTOR, *De sacramentis*, PL 176.

– *Six opuscules spirituels*, éd. et trad. R. Baron, Paris, Cerf (SC, 155), 1969.

IACOPONE DA TODI, *Laude*, éd. F. Mancini, Roma-Bari, Laterza, 1974.

JÉRÔME, *Epistulae*, éd. I. Hilberg, Vienne, Tempsky, 1910.

JEAN DE GALLES, *Compendiloquium de vita et moribus antiquorum philosophorum*, éd. Venise, G. Arrivabene, 1496.

JEAN GERSON, *Œuvres complètes,* éd. P. Glorieux, Tournai, Desclée, 6 vols., 1960-1973.

– *Doctrine du chant du cœur*, éd. I. Fabre, Genève, Droz, 2005.

JEAN PECKHAM, *Expositio super regulam,* dans Bonaventure, *Opera omnia*, t. VIII, Quaracchi, Coll. S. Bonaventurae, 1898.

JOACHIM DE FIORE, *Expositio in Apocalypsim,* Venise, Bindoni et Pasini, 1527.

JOURDAIN DE SAXE [de Quedlinbourg], *Liber Vitasfratrum*, éd. R. Arbesmann et W. Hümpfner, New York (Cassisiacum, 1), 1943.

JULIAN DE NORWICH, *The Writings of Julian of Norwich : « A Vision Showed to a Devout Woman » and « A Revelation of Love »*, éd. N. Watson et J. Jenkins (Medieval Women : Texts and Contexts 5), Turnhout, Brepols, 2006.

– « TheWestminster text of *A Revelation of Love* », éd. H. Kempster, *Mystics Quarterly,* 23, December 1997, p. 177-245.

MARGUERITE DE NAVARRE, *Les Prisons*, éd. S. Glasson, Genève, Droz, 1978.

MAXIME LE CONFESSEUR, *Ambigua ad Iohannem*, éd. É. Jeauneau, Turnhout, Brepols (CCSG, 18), 1988.

MECHTHILD DE MAGDEBURG, *The Flowing Light of the Godhead*, trad. F. Tobin, Mahwah, Paulist Press, 1998.

MECHTILD VON HACKEBORN, *Liber specialis gratiae*, éd. L. Paquelin *et al.*, Poitiers, Oudin, 1877.

MONTAIGNE, M. DE, *Les Essais*, éd. J. Balsamo, M. Magnien et C. Magnien-Simonin, Paris, Gallimard (La Pléïade), 2007.

NICOLAS DE GORRAN, *In VIII Epistolas canonicas expositio*, dans Thomas d'Aquin, *Opera omnia,* t. 23, Parma, Fiaccadori, 1869.

PSEUDO-DENYS L'ARÉOPAGITE, *Œuvres complètes,* trad. M. de Gandillac, Paris, Aubier, 1943.

PIERRE ABELARD, *Sic et Non : A Critical Edition*, éd. B. B. Boyer et Richard McKeon, Chicago, University of Chicago Press, 1977.

– et HÉLOISE, *Correspondance*, éd. É. Bouyé, Paris, Gallimard, 2000.

PIERRE DE JEAN OLIVI, *De humilitate*, dans Bonaventure, *Opera omnia*, t. V, Quaracchi, Coll. S. Bonaventurae, 1891, p. 658-662.

– *De usu paupere. The* Quaestio *and the* Tractatus, éd. D. Burr, Florence-Perth, Olschki-University of Western Australia Press, 1992.

– *De doctrina scripture*, éd. D. Flood et G. Gál, *Peter of John Olivi on the Bible*, St. Bonaventure, N.Y., Franciscan Institute Publications, 1997.

– *Lectura super Ecclesiasten*, éd. J. Schlageter, Grottaferrata, Coll. S. Bonaventurae, 2003.

– *Lecturae super Pauli epistolas*, éd. A. Boureau, Turnhout, Brepols (CCCM, 233), 2010.

RICHARD DE SAINT-VICTOR, *Adnotatio in Psalmum XLIV*, PL 196.

ROBERT DE LIEGE (RUPERT DE DEUTZ), *De sancta Trinitate et operibus eius*, éd. R. Haacke, Turnhout, Brepols (CCCM 23), 1972.

ROBERT GROSSETESTE, « *Maria Optimam Partem* (Luc 10:42). A Sermon on Martha and Mary Attributed to Robert Grosseteste (MS Bodl. 57) », éd. J. McEvoy, dans M. O'Carrol (éd.), *Robert Grosseteste and the beginnings of a British theological tradition*, Roma, Istituto storico dei Cappuccini, 2003, p. 143-149.

– *Mystical Theology : the glosses by Thomas Gallus and the Commentary of Robert Grosseteste on* De mystica theologia, éd. J. McEvoy, Leuven, Peeters, 2003.

SALIMBENE DE ADAM, *Cronica*, éd. G. Scalia, Turnhout, Brepols (CCCM, 225), 1999.

SPINOZA B., *Éthique*, présenté et traduit par B. Pautrat, Paris, Seuil, 2010.

WALTER HILTON, *The Scale of Perfection*, éd. T. Bestul, Kalamazoo, Western Michigan University Medieval Institute Publications (TEAMS Middle English Text Series), 2000 ; trad. J. P. H. Clark et R. Dorward, Mahwah (NJ), Paulist Press, 1991.

DOCUMENTS

DE GAULLE J., « Documents historiques », *Bulletin de la société de l'histoire de France*, 1, 1844, p. 87-100.

DENIFLE H. et E. CHATELAIN, *Chartularium Universitatis Parisiensis*, Paris, Imprimerie Nationale, 1891.

DONDAINE A., « Documents pour servir à l'histoire de la province de France : l'appel au concile (1303) », *Archivum Fratrum Praedicatorum*, 22, 1952, p. 381-439.

DUPUY P. (éd.), *Histoire du differend d'entre le pape Boniface VIII et Philippes le Bel roy de France*, Paris, 1655 ; repr. Tucson, Ariz., Audax Press, 1963.

EUBEL C. (éd.), *Bullarium Franciscanum,* vol. 5, Roma, Typis Vaticanis, 1898.

FAWTIER R. (dir.), *Registres du Trésor des Chartes*, vol. I : *Règne de Philippe le Bel*, Inventaires analytiques, Paris, SEVPEN, 1958.

FINKE H., *Papsttum und Untergang des Templerordens*, 2 vols, Münster, Aschendorff, 1907.

FREDERICQ P. (éd.), *Corpus documentorum inquisitionis haereticae pravitatis Neerlandicae*, vol. 1, Ghent, J. Vuylsteke, 1889.

FRIEDBERG E. (éd.), *Corpus iuris canonici*, Graz, Akademische Druck, 1959.

GODDING PH., et J. PYCKE (éd.), *La* Paix *de Valenciennes de 1114 : commentaire et édition critique*, Louvain-la-neuve, Institut d'études médiévales, 1981.

LEA H. CH., *A History of the Inquisition of the Middle Ages*, New York, Harper, 1887.

LOISNE (M. le Comte [de]), « Bulles de papes pour l'Ordre du Temple, conservées aux Archives nationales (1155-1312) », *Bulletin philosophique et historique (jusqu'à 1715) du Comité des travaux historiques et scientifiques*, 5, 1917, p. 171-236.

MARTÍ DE BARCELONA, « Nous documents per a la biografia d'Arnau de Vilanova », *Analecta sacra Tarraconensia,* 11, 1935, p. 85-127.

– « Regesta de documents arnaldians coneguts », *Estudis Franciscans,* 47, 1935, p. 261-300.

MICHELET J. (éd.), *Le procès des Templiers*, Paris, Éditions du C.T.H.S., 1987.

PICOT G. (éd.), *Documents relatifs aux Etats-Généraux et assemblées réunis sous Philippe le Bel*, Paris, Imprimerie Nationale, 1901.

PORT C. (éd.), « Livre de Guillaume le Maire », dans *Mélanges historiques. Choix de documents,* Paris, Imprimerie nationale, 1877, t. 2, p. 189-569.

UBL K. & W. J. COURTENAY (Hg.), *Gelehrte Gutachten und Königliche Politik im Templerprozess*, Hannover, Hahnsche Buchhandlung (« Monumenta Historica Germanica. Studien und Texte », 51), 2010.

VERDEYEN P., « Le procès d'inquisition contre Marguerite Porete et Guiard de Cressonessart (1309-1310) », *Revue d'histoire ecclésiastique*, 81, 1986, p. 47-94.

VIDIER A. et L. MIROT (éd.), A. LONGNON (dir.), *Recueil des Historiens de la France. Obituaires de la province de Sens*, t. III, Diocèses d'Orléans, d'Auxerre et de Nevers, Paris, Klincksieck, 1909.

WATT D.E.R. et A. L. MURRAY (éd.), *Fasti Ecclesiae Scoticanae Medii Aevi Ad Annum 1638*, éd. rév., Edinburgh, Scottish Record Society, 2003.

INSTRUMENTS DE TRAVAIL

Bibliotheca Phillippica. Manuscripts... from the Celebrated Collection formed by Sir Thomas Phillipps, The Final Selection, New York, Kraus, 1979.

BRAUN G. et F. HOGENBERG, *Cities of the World: Complete Edition of the Colour Plates 1572-1617*, S. Flüssel (éd.), Köln, Taschen, 2008.

BRIQUET C.-M., *Les Filigranes. Dictionnaire historique des marques du papier... a facsimile of the 1907 edition with Supplementary Material*, A. Stevenson (éd.), t. I, Amsterdam, Paper publications society, 1968.

BRUNOT F., *Histoire de la langue française*, t. 1 : *De l'époque latine à la Renaissance*, nouvelle éd., bibliographie établie par J. Batany, Paris, Armand Colin, 1966.

BURIDANT C., *Grammaire nouvelle de l'ancien français*, Paris, Sedes, 2000.

BUTLER P., *Check List of Incunabula in the Newberry Library*, Chicago, Newberry Lib., 1919.

Catalogue général des manuscrits des bibliothèques publiques de France: Paris, bibliothèques de l'Institut, musée Condé à Chantilly, bibliothèque Thiers, musées Jacquemart-André à Paris et à Chaalis, Paris, Plon, 1928.

Catalogue of the valuable ... library of the late sir J. Simeon [1756 - 1824], sold by auction by Sotheby, Wilkinson and Hodge, march 1871, Londres, 1871.

CHAURAND J., *Introduction à la dialectologie française*, Paris, Bordas, 1972.

CHEREAU A., *Catalogue d'un marchand libraire du XVe s. tenant boutique à Tours*, Paris, Académie des bibliophiles, 1868.

DAGENS J., *Bibliographie chronologique de la littérature de spiritualité et de ses sources (1501-1610)*, Paris, Desclée de Brouwer, 1952.

FOUCHE P., *Morphologie historique du français. Le verbe*, Paris, Klincksieck, 1967[2].

GODEFROID F., *Dictionnaire de l'ancienne langue française et de tous ses dialectes*, Paris, Wieweg et Bouillon, 1880-1902.

GOSSEN C.TH., *Französische Skriptastudien*, Wien (Österreichische Akademie der Wissenschaften, Philosophisch-Historische Klasse, Sitzungsberichte, 253), 1967.

– *Grammaire de l'ancien picard*, Paris, Klincksieck (Bibl. Française et Romane, ser. A, 19), 1970.

HUGUET E., *Dictionnaire de la langue française du XVIe siècle*, Paris, Champion-Didier, 1925-1967.

Institut national de la langue française, *Dictionnaire du moyen français* [en ligne] http://www.atilf.fr/dmf

JOKINEN U., *Les relatifs en moyen français*, Helsinki, Suomalainen Tiedeakatema (« Annales Ac. Sc. Fennicae, Dissertationes humanarum litterarum », 14), 1978.

KAEPELLI Th., *Scriptores Ordinis Praedicatorum Medii Aevi*, vol. 2, Roma, Typis Polyglottis Vaticanis, 1975.

KLEIBER G., « Sur l'emploi adversatif de mais et de ainz (ainçois) en ancien français », *Travaux de Linguistique et de Philologie*, 16, 1978, p. 271-292.

KUNSTMANN P., *Le relatif-interrogatif en ancien français*, Genève, Droz (« Publications romanes et françaises », 191), 1990.

MARCHELLO-NIZIA C., *La langue française aux XIVe et XVe siècles*, Paris, Nathan, 1997.

MARTIN R. et M. WILMET, *Syntaxe du moyen français*, Bordeaux, Sobodi, 1980 [*Manuel du français du moyen âge*, sous dir. Y. Lefèvre, t. 2].

MOIGNET G., *Le pronom personnel français. Essai de psycho-systématique historique*, Paris, Klincksieck (« Bibliothèque française et romane », ser. A, 9), 1965.

– « L'opposition NON / NE en ancien français », *Travaux de linguistique et de littérature*, 3/1, 1965, p. 43-65.

MORAWSKI J., *Proverbes français antérieurs au XVe siècle*, Paris, Champion, 1925.

MOREAU Br., *Inventaire chronologique des éditions parisiennes du XVIe siècle*, t. 2, 1511-1520, Paris, Services des travaux historiques de la Ville de Paris, 1977.

POPE M.K., *From Latin to modern French*, Manchester, MUP, 1952².

ROLLAND E., *Faune populaire de la France*, t. 3, Paris, Maisonneuve, 1881 (réimpr. 1967).

SCHØSLER L. et P. VAN REENEN, « La fonction pragmatique des particules AINZ, APRES, DONC, LORS, OR, PUIS, SI en ancien français », dans O. Merisalo et T. Natri (éd.), *Actes du XIIIe congrès des romanistes scandinaves*, t. 2, Jyväskylä, Publications de l'Institut des langues romanes et classiques, 1998, p. 637-657.

SCHULZE-BUSACKER E., *Proverbes et expressions proverbiales dans la littérature narrative du Moyen Âge français : Recueil et analyse*, Paris, Champion, 1985.

SINGER S. (dir.), *Thesaurus proverbiorum medii aevi*, Berlin, De Gruyter, 1996.

TOBLER A., E. LOMMATZSCH, *Altfranzösisches Wörterbuch*, Wiesbaden-Stuttgart, Steiner, 1955-1989.

WARTBURG W. VON, *Französisches Etymologisches Wörterbuch*, Tübingen, Mohr - Paris, Champion, 1948-2002.

WATT D. E. R., *A Biographical Dictionary of Scottish Graduates to A.D. 1410*, Oxford, Clarendon Press, 1977.

ÉTUDES

ACOSTA P.G., « Ermeneutica dell'immagine nel *Mirouer des simples ames* di Marguerite Porete : Il caso dell'aquila di Ezechiele», *Atti dell'istituto Veneto di scienze, lettere ed Arti,* 168, 2009-2010, p. 219-254.

ALLOUCH J., *L'amour-Lacan*, PARIS, EPEL, 2009.

ALVERNY M.-TH. D', « Le livre de Marguerite Porrette », *Bibliothèque de l'école des chartes*, 107, 1948, p. 94.

ARMSTRONG E., *Before Copyright: the French Book-Privilege System*, 1498-1526, Cambridge, CUP, 1990.

ASHWORTH E.J., *Les théories de l'analogie, du* XIIe *au* XVIe *siècle*, Paris, Vrin, 2008.

AXTERS S., *Geschiedenis van de Vroomheid in de Nederlanden*, Antwerpen, De Sikkel, 1953.

BABINSKY E.L., « The use of courtly language in *Le mirouer des simples ames anienties* », *Essays in Medieval Studies. Proceedings of the Illinois Medieval Associatio*n, 4, 1987, p. 91-106.

BALADIER C., *Érôs au Moyen Âge. Amour, désir et* delectatio morosa, Paris, Cerf, 1999.

BALDWIN J.W., « The Medieval Theories of the Just Price : Romanists, Canonists and Theologians in the Twelfth and Thirteenth Century », *Transactions of the American Philosophical Society*, 49/4, 1959.

– *Les Langages de l'amour dans la France de Philippe Auguste. La sexualité dans la France du Nord au tournant du* XIIe *siècle*, trad. B. Bonne, Paris, Fayard, 1997 [éd. origin. 1994].

BAMBECK M., « Marguerite Porete. *Le Mirouer des simples ames* und der französische Wortschatz », *Romanische Forschungen*, t. 97, 1985, p. 226-230.

BANFI F., « Specchio delle anime semplici dalla B. Margarita d'Ungaria scripto », *Memorie Dominicane. Rivista di religione, storia, arte*, 57, 1940, p. 3-10, 133-139.

BANNIARD M., *Le Haut Moyen Âge occidental*, Paris, PUF (Que sais-je ?), 1980.

– *Genèse culturelle de l'Europe (*Ve-VIIIe *siècles)*, Paris, Seuil, 1989.

– « Genèse de la langue française », *Histoire de la France littéraire*, M. Prigent (dir.), t. 1, *Naissances, Renaissances (Moyen Âge-*XVIe *siècle)*, F. Lestringant et M. Zink (dir.), Paris, PUF, 2006, p. 9-35.

BARBER M., *The Trial of the Templars*, Cambridge, CUP, 2006².

BASCHET J., *La Civilisation médiévale*, Paris, Aubier, 2004.

BATAILLON L.J., « Une intervention maladroite de Pierre de Tarentaise en faveur des Mendiants », dans T. Prügl et M. Schlosser (éd.). *Kirchenbild und Spiritualität: Dominikanische Beiträge zur Ekklesiologie und zum kirchlichen Leben im Mittelalter*, Paderborn, Schöningh, 2007, p. 143-77.

BATTAIS L., « La courtoisie de François d'Assise. Influence de la littérature épique et courtoise sur la première génération franciscaine », *Mélanges de l'École Française de Rome*, 109/1, 1997, p. 131-160.

BAUMGARTNER E., *L'Arbre et le pain. Essai sur la Queste del Saint Graal*, Paris, CDU/SEDES, 1981.

– « L'écriture romanesque et son modèle scripturaire : écriture et réécriture du Graal », dans E. Baumgartner, *De l'*Histoire de Troie *au* Livre du Graal. *Le temps, le récit (*XIIe-XIIIe *siècles)*, Orléans, Paradigme, 1994, p. 129-143.

– *Romans de la Table Ronde de Chrétien de Troyes*, Paris, Gallimard, 2003.

BEC P., « "Amour de loin" et "dame jamais vue". Pour une lecture plurielle de la chanson VI de Jaufré Rudel », *Écrits sur les troubadours et la lyrique médiévale (1961-1991)*, Orléans, Paradigme, 1992, p. 265-282.

BERIOU N., « La prédication au béguinage de Paris pendant l'année liturgique 1272-73 », *Recherches augustiniennes*, 13, 1978, p. 105-229.

– *L'avènement des maîtres de la parole. La prédication à Paris au XIIIe siècle*, Paris, Institut d'études augustiniennes, 1998.

BERTHO M., *Le Miroir des âmes simples et anéanties de Marguerite Porete : une vie blessée d'amour*, Paris, Larousse, 1993.

BERUBE C., *L'amour de Dieu selon Jean Duns Scot, Porète, Eckhart, Benoît de Canfield et les Capucins*, Roma, Istituto storico dei Cappuccini, 1997.

BLUMENFELD-KOSINSKI R., « Satirical Views of the Beguines in Northern French Literature », dans J. Dor *et al.* (éd.), *New Trends in Feminine Spirituality : The Holy Women of Liège and their Impact*, Turnhout, Brepols, 1998, p. 1-14.

BONNER A., *The Art and Logic of Ramon Llull*, Leiden, Brill, 2007.

BOURKE V.J., « Saint Augustine and Situationism », *Augustinus*, 12, 1967, p. 117-123.

BRÉMOND H., *Histoire littéraire du sentiment religieux en France*, Grenoble, J. Millon, 2006.

BROWN E. A. R. et R.E. LERNER, « On the Origins and Import of the Columbinus Prophecy », *Traditio*, 45, 1989-90, p. 219-256.

BURGTORF J., P.F. CRAWFORD et H.J. NICHOLSON (éd.), *The Debate on the Trial of the Templars (1307-1314)*, Farnham-Burlington, Ashgate, 2010.

BURNHAM L.A., So Great a Light, So Great a Smoke : The Beguin Heretics of Languedoc, Ithaca (NY), Cornell U. Press, 2008.

CACCIOTTI A., « La "nichilità" in Jacopone da Todi », dans *Albert Deblaere, S.I. (1916-1994). Essays on mystical literature*, R. Faesen (éd.), Leuven, Leuven UP, 2004, p. 389-406.

CAMPROUX C., *Joy d'amor (Jeu et joie d'amour)*, Montpellier, Causse et Castelnau, 1965.

CARPENTIER B. « Le Béguinage Sainte-Elizabeth », *Mémoires du cercle archéologique et historique de Valenciennes*, 4, 1959, p. 95-182.

CARSON A., *Decreation : Poetry, Essays, Opera*, New York, Knopf, 2005.

CARTAREGIA O., *I manoscritti « G. Gaslini » della Biblioteca Universitaria di Genova*, Roma, Istituto poligrafico e zecca dello Stato, 1991.

CASTEIGT J., « Le commentaire d'Albert le Grand au Prologue de l'*Évangile* selon Jean. Un texte liminaire au XIIIe siècle, sur le seuil du commentaire exégétique et de l'œuvre philosophique », dans P. Marot (dir.), *Les textes liminaires*, Toulouse, Presses Universitaires du Mirail, 2010, p. 413-449.

CERQUIGLINI J., *« Un engin si soutil ». Guillaume de Machaut et l'écriture au XIVe siècle*, Paris, Champion, 2001.

CERTEAU, M. DE, *La Fable mystique (XVIe-XVIIe siècle)*, Paris, Gallimard, 1982.

Châteaux, chevaliers en Hainaut au Moyen Âge, Bruxelles, Crédit communal, 1995.

CHITI E., « *Si cor sentit, hoc non est ipsa*. Morte dello spirito e liberazione del cuore in Margherita Porete », *Micrologus. Natura, scienze e società medievali*, 11, 2003 (= *Il cuore / The heart*), p. 305-323.

CHRÉTIEN J.-L., *La Joie spacieuse. Essai sur la dilatation*, Paris, Minuit, 2007.

CLARK J.P.H., « Late Fourteenth-Century Cambridge Theology and the English Contemplative Tradition », dans M. Glasscoe (éd.), *The Medieval Mystical Tradition in England*, V, Cambridge, Brewer, 1992, p. 1-16.

COAKLEY J., « Women's Textual Authority and the Collaboration of Clerics », dans A. J. Minnis et R. Voaden (éd.), *Medieval Holy Women in the Christian Tradition c. 1100-c. 1500*, Turnhout, Brepols, 2010, p. 83-104.

COLLEDGE Ed., « The Latin *Mirror of Simple Souls*: Margaret Porette's ultimate accolade ? » dans Helen Phillips (éd.), *Langland, the Mystics and the medieval English tradition. Essays in honour of S.S. Hussey*, Woodbridge, Boydell, 1990, p. 177-183.

– « The New Latin *Mirror of Simple Souls* », *Ons geestelijk erf*, 63/64, 1989/1990, p. 279-287.

– et R. GUARNERI, « The Glosses by "M.N." and Richard Methley to *The Mirror of Simple Souls* », *Archivio Italiano per la Storia della Pietà*, 5, 1968, p. 357-382.

– et J.C. MARLER, « Poverty of the Will : Ruusbroec, Eckhart, and *The Mirror of Simple Souls* », dans P. Mommaers et N. de Paepe (éd.), *Jan van Ruusbroec : The Sources, Content, and Sequels of his Mysticism,* Leuven, LUP, 1984, p. 14-47.

CONSTABLE G., *The Reformation of the Twelfth Century*, Cambridge, CUP, 1996.

– *« Love and do What You Will » : The Medieval History of an Augustinian Precept*, Kalamazoo, Medieval Institute Publications, 1999.

COOMARASWMY A., *La Transformation de la nature en art. Les théories de l'art en Inde, en Chine et dans l'Europe médiévale*, trad. de l'anglais par J. Poncet et X. Mignon, Lausanne, L'Âge d'homme, 1994.

CORBIN A., *Les cloches de la terre : paysage sonore et culture sensible dans les campagnes au XIX*e *siècle*, Paris, Albin Michel, 1994.

CORNET D. « Les éléments historiques des IVe et VIe Quodlibets de Gérard d'Abbeville », *Mélanges d'archéologie et d'histoire*, 58, 1941-1946, p. 178-205.

COURTENAY W.J., « Between Pope and King : the Parisian Letters of Adhesion of 1303 », *Speculum*, 71, 1996, p. 577-605.

– « The Instructional Programme of the Mendicant Convents at Paris in the early Fourteenth Century », dans P. Biller, B. Robson (éd.), *The Medieval Church : Universities, Heresy and the Religious Life. Essays in Honour of G. Leff*, Woodbridge, Boydell, 1999, p. 77-92.

– « Une correction au *Chartularium Universitatis Parisiensis*. Le legs de Jean de Thélus et la chapellenie de l'université à Saint-André des Arts », *Paris et Ile-de-France. Mémoires*, 52, 2001, p. 7-18.

– « The Role of University Masters and Bachelors at Paris in the Templar Affair, 1307-1308 », dans A. Speer et D. Wirmer (éd.), *1308. Eine Topographie historischer Gleichzeitigkeit,* Berlin-New York, De Gruyter (« Miscellanea Mediaevalia », 35) 2010, p. 171-181.

– « Francis Caracciolo, the Paris Chancelor and the Authorship of two Quodlibeta in Vat. lat. 932 », *Archives d'histoire doctrinale et littéraire du Moyen Âge*, 80, 2013, p. 49-83.

CRAWFORD P.F., « The Involvement of the University of Paris in the Trials of Marguerite Porete and of the Templars, 1308-1310 », in J. Burgtorf, P. F. Crawford et H. J. Nicholson (éd.), *The Debate on the Trial of the Templars (1307-1314)*, Farnham, Ashgate, 2010, p. 129-143.

CRÉ M., *Vernacular Mysticism in the Charterhouse : A Study of London, British Library, MS Additional 37790*, Turnhout, Brepols (Medieval translator, 9), 2006.

– « "This blessed beholding" : Reading the Fragments from Julian of Norwich's *A Revelation of Love* in London, Westminster Cathedral Treasury, MS 4 », dans L. H. McAvoy (éd.), *A Companion to Julian of Norwich*, Woodbridge, Brewer, 2008, p. 116-126.

– « Take a Walk on the Safe Side : Reading the Fragments from Ruusbroec's Die geestelike brulocht in The Chastising of God's Children », dans K. Schepers (éd.), De letter levend maken : Opstellen aangeboden aan Guido de Baere SJ bij zijn zeventigste verjaardag, Leuven, Peeters, 2010, p. 233-246.

CROPP G. M., *Le Vocabulaire courtois des troubadours de l'époque classique*, Genève, Droz, 1975.

DAGENS J., « Le *Miroir des simples âmes* et Marguerite de Navarre », dans *La mystique rhénane : Colloque de Strasbourg, 16-19 mai 1961*, Paris, PUF, 1963, p. 281-289.

DALARUN J., « François d'Assise et la quête du Graal », *Romania*, 127, 2009, p. 147-167.

DAMONGEOT M.-Fr., « Les manuscrits des dames de Fontevraut », *303. Arts, recherches et créations*, 67, Nantes, 2001, p. 94-107.

– « Le coffre aux livres de Marie de Bretagne (1424-1477), abbesse de Fontevraud », dans *Livres et lectures de femmes entre Moyen Âge et Renaissance*, textes réunis par Anne-Marie Legaré, Turnhout, Brepols, 2007, p. 81-99.

DELCAMBRE E., *Les relations de la France avec le Hainaut (1280-1297)*, Mons, Union des imprimeries, 1930.

DEROY J., « Thèmes et termes de la fin'amor dans les Sermones super Cantica Canticorum de saint Bernard de Clairvaux », dans M. Boudreault et F. Möhren (dir.), *Actes du XIIIe Congrès international de linguistique et philologie romanes (Université Laval, 29 août-5 sept. 1971)*, Laval, PUL, 1976, p. 853-863.

DERRIDA J., *La carte postale : De Socrate à Freud et au-delà*, Paris, Fllamarion, 1980.

– *Politiques de l'amitié*, Paris, Galilée, 1994.

– *Psyché. Inventions de l'autre*, Paris, Galilée, 1998.

DESSAUX N. (éd.), *Jeanne de Constantinople, comtesse de Flandre et de Hainaut*, Paris, Somogy, 2009.

DEVREESE D., « *Hadewid Greca* te Merksem in 1212 : Een historische reconstructie van de biografie van Hadewijch », *Ons geestelijk erf*, 81, 2010, p. 151-93.

DIETRICH P. A., « The Wilderness of God in Hadwijch II and Meister Eckhart and His Circle », dans B. McGinn (dir.), *Meister Eckhart and the Beguine Mystics : Hadewijch of Brabant, Mechthild of Magdeburg, and Marguerite Porete*, New York, Continuum, 1994, p. 31-43.

DIGARD G., *Philippe le Bel et le Saint-Siège de 1285 à 1304*, Paris, Sirey, 1936, 2 vols.

DIONISOTTI C., *Don Giuseppe De Luca*, Roma, Storia e letteratura, 1973.

DONDAINE H., *Le corpus dionysien de l'université de Paris au XIIIe siècle*, Roma, Storia e Letteratura, 1953.

DRAGONETTI R., *La technique poétique des trouvères. Contribution à l'étude de la rhétorique médiévale*, Genève, Slatkine Reprints, 1979 [1960].

DRONKE P., « Lyrical Poetry in the Work of Marguerite Porete », dans W. Cummins *et al.* (éd.), *Literary and Historical Perspectives of the Middle Ages, Proceedings of the 1981 SEMA Meeting*, Morgantown, West Virginia UP, 1982, p. 1-19.

– *Women Writers in the Middle Ages. A Critical Study of Texts from Perpetua († 203) to Marguerite Porete († 1310)*, Cambridge, CUP, 1984.

– *Verse with Prose From Petronius to Dante. The Art and Scope of the Mixed Form*, Cambridge, Harvard UP, 1994.

DROZ E., « Frère Gabriel Du Puyherbeault, l'agresseur de François Rabelais », *Studi francesi*, 28, 1966, p. 401-427.

DUBY G., « Le modèle courtois », *Histoire des femmes en Occident*, G. Duby et M. Perrot (dir.), t. 2, *Le Moyen Âge*, C. Klapisch-Zuber (dir.), Paris, Plon, 1991, p. 261-276.

EHRLE F., « Zur Vorgeschichte des Concils von Vienne », *Archiv für Litteratur- und Kirchengeschichte des Mittelalters*, 2, 1886, p. 353-416.

ELLIOTT D., *Proving Woman : Female Spirituality and Inquisitional Culture in the Later Middle Ages*, Princeton, Princeton UP, 2004.

EMERY K. JR., W. J. COURTENAY et S. M. METZGER (éd.), *Philosophy and Theology in the Studia of the Religious Orders and at the Papal and Royal Courts*, Leiden, Brill, 2012.

EPINEY-BURGARD G. et E. ZUM BRUNN, *Femmes troubadours de Dieu*, Turnhout, Brepols, 1988.

ERLER M. C., *Women, Reading and Piety in Late Medieval England* (Cambridge Studies in Medieval Literature, 46), Cambridge, CUP, 2002.

FALVAY D., « Il Libro della beata Margherita. Un documento inedito del culto di Margherita d'Ungheria in Italia nei secoli XIV e XV », *Nuova Corvina. Rivista di Italianistica*, 5, 1999, p. 35-45.

FIELD S. L., « Annihilation and Perfection in Two Sermons by Gilbert of Tournai for the Translation of St. Francis », *Franciscana*, 1, 1999, p. 237-274.

– « The Master and Marguerite : Godfrey of Fontaines' Praise of the *Mirror of Simple Souls* », *Journal of Medieval History*, 35, 2009, p. 136-149.

– « The *Dialogus de septem sacramentis* Attributed to William of Paris, O.P. : One Text in Two Versions », *Archivum Fratrum Praedicatorum*, 80, 2010, p. 133-146.

– *The Beguine, the Angel, and the Inquisitor : The Trials of Marguerite Porete and Guiard of Cressonessart*, Notre Dame, U. of Notre Dame Press, 2012.

– « The Inquisitor Ralph of Ligny, Two German Templars, and Marguerite Porete », *The Journal of Medieval Religious Cultures*, 39, 2013, p. 1-22.

FINKE H., *Papsttum und Untergang des Templerordens*, Münster, Aschendorff, 1907, 2 vols.

FINKE L. A., « *More than I fynde written* : dialogue and power in the English translation of *The Mirror of Simple Souls* », dans M. A. Suydam et J. E. Ziegler (éd.), *Performance and Transformation : New Approaches to Late Medieval Spirituality*, Basingstoke, Macmillan, 1999, p. 47-67.

FOEHER-JANSSENS Y., *La jeune fille et l'amour. Pour une poétique courtoise de l'évasion*, Genève, Droz, 2010.

FOLLET K., *World Without End*, New York, Dutton, 2007.

FOZZER G., *Nello specchio di Margherita*, Firenze, Polistampa, 2001.

FRAPPIER J., « Le Graal et la chevalerie », *Romania*, 75, 1954, p. 165-210.

– « Vues sur les conceptions courtoises dans les littératures d'oc et d'oïl au XIIe siècle », *Cahiers de Civilisation Médiévale*, 2, 1959, p. 135-136.

– « Structure et sens du Tristan : version commune, version courtoise », *Cahiers de Civilisation Médiévale*, 6, 1963, p. 255-80, 441-454.

– « Le motif du don contraignant dans la littérature du Moyen-Âge », *Amour courtois et Table Ronde*, Genève, Droz, 1973.

FRASSETTO M., *The Great Medieval Heretics : Five Centuries of Religious Dissent*, New York, Blue Ridge, 2008.

FRITZ J.M., *La cloche et la lyre : pour une poétique médiévale du paysage sonore*, Genève, Droz, 2011.

GABRIEL F., « Philocaptus », dans I. Atucha, D. Calma, C. König-Pralong, I. Zavattero (dir.), *Mots médiévaux offerts à Ruedi Imbach*, Porto, FIDEM, 2011, p. 535-545.

GALLAY J., « *Dilige et quod vis fac.* Notes d'exégèse augustinienne », *Recherches de science religieuse*, 43, 1955, p. 545-555.

GARI B., « Filosofía en vulgar y mistagogía en el *Miroir* de Margarita Porete », dans N. Bray, L. Sturlese (éd.), *Filosofia in volgare nel Medioevo. Atti del Convegno della Società italiana per lo studio del pensiero medievale Lecce, 27-29 settembre 2002*, Louvain-la-Neuve, FIDEM (Textes et Études du Moyen Âge, 21), 2003, p. 133-153.

GILLESPIE V., « Walter Hilton at Syon Abbey », dans J. Hogg (éd.), *« Stand Up to Godwards » : Essays in Mystical and Monastic Theology in Honour of the Reverend John Clark on His Sixty-Fifth Birthday*, Salzburg, Institut für Amerikanistik und Anglistik (Analecta Cartusiana, 204), 2002, p. 9-61.

GILSON É., *La Théologie mystique de saint Bernard*, Paris, Vrin, 1931.

– « Maxime, Erigène, S. Bernard », dans *Aus der Geisteswelt des Mittelalters (Festschrift M. Grabmann)*, Münster, Aschendorff, 1935, p. 188-195.

– *L'Esprit de la philosophie médiévale*, Paris, Vrin, 1944 [1932].

– *Introduction à l'étude de saint Augustin*, Paris, Vrin, 1982[2].

GLEIZE J.M., *Édition critique des œuvres de François Le Roy pour servir d'introduction à la spiritualité fontevriste au moment de la réforme de l'ordre (1470-1530)*, résumé dans *École nationale des Chartes, Positions des thèses des élèves de la promotion 1991*, p. 101-105.

GNÄDINGER L., « Die Lehre der Margareta Porete von der Selbst- und Gotteserkenntnis eine Annäherung », dans B. Acklin Zimmermann (éd.), *Denkmodelle von Frauen im Mittelalter*, Fribourg, Universitätsverlag (Dokimion, 15), 1994, p. 125-148.

GREVIN B., *Le parchemin des cieux. Essai sur le Moyen Âge du langage*, Paris, Seuil, 2012.

GROSSEL M.-G., « Trouvères du Hainaut », dans J.-Ch. Herbin (éd.), *Image et mémoire du Hainaut médiéval,* Valenciennes, PUV, 2004, p. 85-98.

GRUNDMANN H., « Ketzerverhöre des Spätmittelalters als quellenkritisches Problem », *Deutsches Archiv für Erforschung des Mittelalters* 21, 1965, p. 519-575.

– « *Liber de Flore*: Eine Schrift der Franziskaner-Spiritualen aus dem Anfang des 14. Jahrhunderts », dans *id., Ausgewählte Aufsätze. Teil 2 : Joachim von Fiore*, Stuttgart, Hiersemann, 1977, p. 101-165.

GUARNIERI R., « Lo "Specchio delle anime semplici" e Margherita Porete », *L'Osservatore Romano*, 16 juin 1946, p. 3.

– « Il movimento del Libero Spirito », *Archivio italiano per la storia della pietà,* 4, 1965, p. 351-708.

– *Don Giuseppe De Luca tra cronaca e storia (1898-1962)*, Bologna, Il Mulino, 1974.

– « Quando si dice, il caso ! », *Bailamme. Rivista di spiritualità e politica*, 8, 1990, p. 45-55.

– « La devozione alla croce e al crocefisso in Angela da Foligno », dans *Donne e Chiesa tra mistica e istituzioni (secoli XIII-XV)*, Roma, Storia e Letteratura, 2004, p. 215-227.

– *Donne e Chiesa tra mistica e istituzioni (secoli XIII-XV)*, Roma, Storia e Letteratura, 2004.

GUERREAU A., « Fief, Féodalité. Féodalisme, Enjeux sociaux et réflexion historienne », *Annales ESC*, 1, 1990, p. 137-166.

GUERREAU-JALABERT A., « Traitement narratif et signification sociale de l'amour courtois dans le Lancelot de Chrétien de Troyes », *Amour et chevalerie dans l'œuvre de Chrétien de Troyes, Actes du colloque de Troyes (27-29 mars 1992)*, dir. D. Quéruel, Besançon (Annales littéraires de l'Université de Besançon), 1995, p. 247-259.

– « Parenté », dans J. Le Goff et J.-C. Schmitt (dir.), *Dictionnaire raisonné de l'Occident médiéval*, Paris, Fayard, 1999, p. 874.

– « Le temps des créations (XIe-XIIIe siècle) », *Histoire culturelle de la France*, dir. J.-P. Rioux et J.-F. Sirinelli, t. 1, Paris, Seuil (Points Histoire), 2005 [1997].

– « Formes et conceptions du don : problèmes historiques, problèmes méthodologiques », dans E. Magnani (dir.), *Don et sciences sociales. Théories et pratiques croisées*, Dijon, Éditions Universitaires de Dijon, 2007, p. 193-208.

– « Le graal, le Christ et la chevalerie », *Pratiques de l'eucharistie dans les Églises d'Orient et d'Occident (Antiquité et Moyen Âge)*, N. Bériou *et al.* (dir.), Paris, Institut d'Études Augustiniennes, 2009, t. 2, p. 1068-1069.

HAHN-JOOSS B., Ceste Ame est Dieu par condicion d'Amour. *Theologische Horizonte im* Spiegel der einfachen Seelen *von Marguerite Porete*, Münster, Aschendorff, 2010.

HALARY M.-P., « Allures courtoises, beautés courtoises », *Allures médiévales. Essais sur l'ordre du mouvement et ses rythmes, la marche et la démarche, PRIS-MA*, t. XXVII, 1 et 2, n° 51-52, 2011.

HASENOHR G., « Le Roy, François » dans *Dictionnaire de spiritualité*, t. 9, 1976, col. 689-692.

– « La vie quotidienne de la femme vue par l'Église : l'enseignement des "journées chrétiennes" de la fin du Moyen Âge », dans *Frau und spätmittelalterlicher Alltag*, Vienne, Österreichische Akademie der Wissenschaften 1986, p. 19-101.

– « Aperçu sur la diffusion et la réception de la littérature de spiritualité en langue française au dernier siècle du Moyen Âge », dans *Wissensorganisierende und wissensvermittelnde Literatur im Mittelalter*, éd. N. R. Wolf, Wiesbaden, Reichert, 1987, p. 57-90.

– « La littérature religieuse », dans D. Poirion (éd.), *La littérature française aux XIVe et XVe siècles*, vol. 1, Heidelberg, Winter, 1988, p. 266-303.

– « Aspects de la littérature de spiritualité en langue française (1480-1520) », *Revue d'Histoire de l'Église de France*, 77, 1991, p. 29-45.

– « Sur une ancienne traduction lorraine (XIIe s. ?) du *Beniamin minor* », *Revue d'Histoire des Textes*, 21, 1991, p. 237-242.

– « Marguerite Porete », dans G. Hasenohr et M. Zink (dir.), *Dictionnaire des Lettres françaises. Le Moyen Âge*, Paris, Fayard, 1992.

– « La tradition du *Miroir des simples âmes* au XVe siècle : de Marguerite Porete († 1310) à Marguerite de Navarre », *Comptes rendus des séances de l'Académie des Inscriptions et Belles-Lettres* 4, 1999, p. 1347-1366.

– « D'une "poésie de béguine" à une "poétique des béguines". Aperçus sur la forme et la réception des textes (France, XIIIe-XIVe s.) », *Comptes rendus des séances de l'Académie des Inscriptions et Belles-Lettres*, 150, 2006, p. 913-943.

HEENE K., « *De litterali et morali earum instruccione* : Women's Literacy in Thirteenth-Century Latin Agogic Texts », dans T. de Hemptinne, et M. E. Gongora (éd.), *The Voice of Silence : Women's Literacy in a Men's Church*, Turnhout, Brepols, 2004, p. 145-166.

HEID U., « Studien zu Marguerite Porête und ihrem *Miroir des simples âmes* », dans P. Dinzelbacher et D. R. Bauer (éd.), *Religiöse Frauenbewegung und mystische Frömmigkeit im Mittelalter*, Köln-Wien, Böhlau (Beihefte zum Archiv für Kulturgeschichte, Heft 28), 1988, p. 185-214.

HEIMERL Th., *Frauenmystik – Männermystik ? Gemeinsamkeiten und Unterschiede in der Darstellung von Gottes- und Menschenbild bei Meister Eckhart, Heinrich Seuse, Marguerite Porete und Mechthild von Magdeburg*, Münster, LIT, 2002.

HEMPTINNE T. de, « Vlaanderen en Henegouwen onder de erfgenamen van de Boudewijns, 1070-1244 », dans *Algemene Geschiedenis der Nederlanden*, Haarlem, Fibula-Van Dishoeck, 1982, vol. 2, p. 372-398.

HENRIET P., « En quoi peut-on parler d'une spiritualité de la Réforme grégorienne ? », *Revue d'Histoire de l'Église de France*, 96, 236, 2010, p. 71-91.

HERBIN J.-Ch., « Activité poétique et ménestrels à Valenciennes aux XIVe et XVe siècles », dans L. Nys et A. Salamagne (dir.), *Valenciennes aux XIVe et XVe siècles. Art et histoire*, Valenciennes, PUV, 1996, p. 297-313.

– (éd.), *Image et mémoire du Hainaut médiéval*, Valenciennes, PUV, 2004.

HERNANDO I ELGADO J., « Del llibre manuscrit al llibre imprès. La confecció del llibre a Barcelona durant el segle XV », *Arxiu de Textos Catalans Antics*, 21, 2002, p. 257-603.

HIGMAN Fr., Piety and the people : religious printing in French 1511-1551, Aldershot, Scolar Press, 1996.

HOGG J., « Richard Methley's Latin translations : The *Cloud of Unknowing* and Porete's *The Mirror of Simple Souls* », *Studies in Spirituality*, 12, 2002, p. 82-104.

HOLLYWOOD A., *The Soul as Virgin Wife : Mechthild of Magdeburg, Marguerite Porete, and Meister Eckhart*, Notre Dame, U. of Notre Dame Press, 1995.

– « Queering the Beguines : Mechthild of Magdeburg, Hadewijch of Anvers, Marguerite Porete », dans G. Loughlin (éd.), *Queer Theology : Rethinking the Western Body*, Oxford, Blackwell, 2007, p. 163-167.

– et P. Zimmermann, « Mechthild of Magdeburg », dans A. J. Minnis et R. Voaden (éd.), *Medieval Holy Women in the Christian Tradition c. 1100-c. 1500*, Turnhout, Brepols, 2010, p. 411-430.

IMBACH R., *Laien in der Philosophie des Mittelalters. Hinweise und Anregungen zu einem vernachlässigten Thema*, Amsterdam, Grüner, 1989.

– *Dante, la philosophie et les laïcs*, Fribourg, Éditions Universitaires, 1996.

– « *Virtus illiterata*. Zur philosophischen Bedeutung der Scholastikkritik in Petrarcas Schrift *De sui ipsius et multorum ignorantia* », dans J. A. Aertsen, M. Pickavé (éd.), « *Herbst des Mittelalters* » *? Fragen zur Bewertung des 14. und 15. Jahrhunderts*, Berlin, De Gruyter, 2004, p. 84-104.

INNES-PARKER C., « *The Doctrine of the Hert* and its Manuscript Context », dans D. Renevey et C. Whitehead (éd.), *A Companion to* The Doctrine of the Hert*: The Middle English Translation and its Latin and European Contexts*, Exeter, U. of Exeter Press, 2010, p. 159-181.

IOGNA-PRAT D., *Ordonner et exclure, Cluny et la société chrétienne face à l'hérésie, au judaïsme et à l'islam, 1000-1150*, Paris, Aubier, 2000[2].

IRIBARREN I., « Jean Gerson, spiritual adviser to the Celestines », dans G. L. Potestà (dir.), *Autorität und Wahrheit. Kirchliche Vorstellungen, Normen und Verfahren (XIII.-XV. Jahrhundert)*, München, Oldenbourg, 2012, p. 159-178.

JANTZEN G. M., « Disrupting the Sacred : Religion and Gender in the City », dans *Mysticism and Social Transformation*, J. K. Ruffing (éd.), Syracuse (NY), SUP, 2001, p. 29-44.

JAVELET R., « L'amour spirituel face à l'amour courtois », dans M. de Gandillac et É. Jeauneau (dir.), *Entretiens sur la renaissance du XIIe siècle*, Paris, Mouton, 1968, p. 309-336.

JEAY M., *Le Commerce des mots. L'usage des listes dans la littérature médiévale (XIIe-XVe siècles)*, Genève, Droz, 2006.

JUBIEN A., *L'abbesse Marie de Bretagne et la réforme de l'ordre de Fontevrault*, Angers-Paris, Barassé, 1872.

JUNDT A., *Histoire du panthéisme populaire au Moyen Age et au XVIe siècle*, Strasbourg, Fischbach, 1875.

KELLY H. A., « The Right to Remain Silent : Before and After Joan of Arc », *Speculum*, 68, 1993, p. 992-1026.

KEMPSTER H., « A Question of Audience : The Westminster Text and Fifteenth-Century Reception of Julian of Norwich », dans S. J. McEntire (éd.), *Julian of Norwich : A Book of Essays*, New York and London, Garland Publishing, 1998, p. 257-289.

KERBY-FULTON K., *Books Under Suspicion. Censorship and Tolerance of Revelatory Writing in Late Medieval England*, Notre Dame, U. of Notre Dame Press, 2006.

KLAPISCH-ZUBER Ch. (dir.), *Le Moyen Âge,* dans G. Duby et M. Perrot (dir.), *Histoire des femmes en Occident*, t. 2, Paris, Plon, 1991.

KOCH J., « Philosophische und theologische Irrtumslisten von 1270-1329. Ein Beitrag zur Entwicklung der theologischen Zensure », dans *id.*, *Kleine Schriften*, Roma, Storia e Letteratura, 1973, vol. 2, p. 423-450.

KOCHER S. [Z.], *Allegories of Love in Marguerite Porete's* Mirror of Simple Souls, Turnhout, Brepols, 2008.

– « The Virgin Mary and the Perfect *Meulequin*: Translating a Textile Analogy in Marguerite Porete's *Mirror of Simple Souls* », *Philological Quarterly*, 90/1, 2011, p. 1-19.

– « The Apothecary's *Mirror of Simple Souls*: Circulation and Reception of Marguerite Porete's Book in Fifteenth-Century France », *Modern Philology*, 111, 2013, p. 23-47.

KÖHLER E., *L'Aventure chevaleresque. Idéal et réalité dans le roman courtois*, Paris, Gallimard, 1970 [éd. origin. 1956].

KÖNIG-PRALONG C., *Le bon usage des savoirs. Scolastique, philosophie et politique culturelle*, Paris, Vrin, 2011.

LACHAUSSEE G., « L'influence du *Miroir des simples âmes anéanties* de Marguerite Porete sur la pensée de l'auteur anonyme du *Nuage d'inconnaissance* », *Recherches de théologie et philosophie médiévales*, 64/2, 1997, p. 385-399.

LALOU E., « Les abbayes fondées par Philippe le Bel », *Revue Mabillon*, n.s. 2 (63), 1991, p. 143-165.

LÅNGFORS A. « Notice du manuscrit français 12483 de la Bibliothèque nationale », *Notices et Extraits de la Bibliothèque Nationale*, 39, 1916, p. 503-665.

LANGHOLM O., *Economics in the Medieval Schools*, Leiden, Brill, 1992.

LANGLOIS Ch.-V., « Marguerite Porete », *Revue historique*, 54, 1894, p. 295-299.

LARGIER N., « Kritik und Lebenskunst nach Eckhart von Hochheim, Heinrich Seuse und Margareta Porète », dans M. Delgado, G. Fuchs (éd.), *Die Kirchenkritik der Mystiker. Prophetie aus Gotteserfahrung*, t. 1, Fribourg, Academic Press, 2004, p. 141-155.

LE BOULLUEC A., *La notion d'hérésie dans la littérature grecque,* Paris, Études augustiniennes, 1985.

LE BRUN J., *Le pur amour de Platon à Lacan,* Paris, Seuil (Librairie du XXIe siècle) 2002.

LE CORNEC-ROCHELOIS C., *Le Poisson au Moyen Âge : Savoirs et croyances*, thèse inédite, Université Paris IV, 2008.

LE GALL J. M., *Les moines au temps des réformes. France (1480-1560)*, Seyssel, Champ Vallon, 2001.

LE HIR Y., « Sur un ms. inédit de François Le Roy », *Bibliothèque d'Humanisme et Renaissance*, 40, 1978, p. 481-495.

LEFEVRE Y., « Jaufré Rudel et son amour de loin », dans *id.*, *Mélanges de littérature médiévale*, Bordeaux, Bière, 1991, p. 195 214.

– « L'*amors de terra lonhdana* dans les chansons de Jaufré Rudel », dans *id.*, *Mélanges de littérature médiévale*, Bordeaux, Bière, 1991, 185-196.

LEICHT I., *Marguerite Porete : eine fromme Intellektuelle und die Inquisition,* Freiburg i. B., Herder, 1999.

LERNER R. E., *The Heresy of the Free Spirit in the Later Middle Ages*, Berkeley, U. of California Press, 1972 ; U. of Notre Dame Press, 1991[2].

– « An "Angel of Philadelphia" in the Reign of Philip the Fair : The Case of Guiard of Cressonessart », dans W. C. Jordan, B. McNab et T. F. Ruiz (éd.), *Order and Innovation in the Middle Ages : Essays in Honor of Joseph R. Strayer,* Princeton, Princeton U. Press, 1976, p. 343-364.

– « The Prophetic Manuscripts of the "Renaissance Magus" Pierleone of Spoleto », dans G. L. Potestà (éd.), *Il profetismo gioachimita tra Quattrocento e Cinquecento*, Genova, Marietti, 1991, p. 97-116.

– « Writing and Resistance Among Beguins of Languedoc and Catalonia », dans P. Biller et A. Hudson (éd.), *Heresy and Literacy, 1000-1530*, Cambridge, CUP, 1994, p. 186-204.

– « New Light on The Mirror of Simple Souls », *Speculum*, 85, 2010, p. 91-116.

– « Antichrist Goes to the University : The *De victoria Christi contra Antichristum* of Hugo de Novocastro, OFM (1315/1319) », dans S. E. Young (éd.), *Crossing Boundaries at Medieval Universities*, Leiden, Brill, 2011, p. 277-313.

LEVY A., *Le créé et l'incréé. Maxime le Confesseur et Thomas d'Aquin*, Paris, Vrin, 2006.

LIBERA A. DE, *Penser au Moyen Âge*, Paris, Seuil, 1991.

LIEBERMAN M., « Saint Joseph, Jean Gerson et Pierre d'Ailly dans un manuscrit de 1464 », *Cahiers de Joséphologie*, 20, 1972, p. 5-110 et 253-261.

LOBRICHON G., « Les réformateurs ont-ils inventé les laïcs ? (c. 1000-c. 1110) », *Revue d'Histoire de l'Église de France*, 96, 236, 2010, p. 29-41.

LONGPRÉ E., « Le B. Jean Duns Scot : pour le Saint Siège et contre le gallicanisme (25-28 Juin 1303) », *La France franciscaine*, 11, 1928, p. 137-162.

LOPS R.L.H., *La Bible de Macé de la Charité. VII : Apocalypse*, Leiden, Brill, 1982.

LOT F., *Étude sur le Lancelot en prose*, Paris, Champion, 1918.

LUCIANO A., *Anime allo specchio :* Le Mirouer des simples ames *di Marguerite Porete*. Roma, Aracne, 2011.

MARIANI ZINI F., « Du plaisir d'être indifférent et de la vertu du désintérêt », dans Ut Philosophia Poesis : *Questions philosophiques dans l'œuvre de Dante, Pétrarque et Boccace*, J. Biard et F. Mariani Zini (éd.), Paris, Vrin, 2008, p. 223-258.

MARMURSZTEJN E., *L'autorité des maîtres. Scolastique, normes et société au XIIIe siècle*, Paris, Les Belles-Lettres, 2007.

MARTENS M., « Hedwige Blomart face au mystique Jean van Ruysbroec : leurs milieux familiaux à l'épreuve des assertions de Pomerius, visant la Bloemardinne (1350-XVe siècle) », *Cahiers bruxellois*, 31, 1990, p. 1-107.

MCGINN B. (éd.), *Meister Eckhart and the Beguine Mystics : Hadewijch of Brabant, Mechthild of Magdeburg, and Marguerite Porete*, New York, Continuum, 1994.

– « Meister Eckhart and the Beguines in the Context of Vernacular Theology », dans *Meister Eckhart and the Beguine Mystics : Hadewijch of Brabant, Mechthild of Magdeburg, and Marguerite Porete,* New York, Continuum, 1994, p. 1-14.

– The Flowering of Mysticism : Men and Women in the New Mysticism – 1200-1350, New York, Crossroad, 1998.

McVaugh M. R., « Moments of inflection : the careers of Arnau de Vilanova », dans P. Biller, J. Ziegler (éd.), *Religion and Medicine in the Middle Ages*, York, York Medieval Press, 2001, p. 47-67.

Mela C., *La Reine et le Graal. La conjointure dans les romans du Graal (de Chrétien de Troyes au Livre de Lancelot)*, Paris, Seuil, 1984.

Menache S., « A propaganda campaign in the reign of Philip the Fair, 1302-1303 », *French History*, 4, 1990, p. 427-454.

– *Clement V*, Cambridge, CUP, 1998.

Mommaers P., « La Transformation de l'amour selon Marguerite Porete », *Ons geestelijk erf*, 65, 1991, p. 89-117.

– *Hadewijch. Writer, Beguine, Love Mystic*, Leuven, Peeters, 2004.

Montaubin P., « "Avec de l'Italie qui descendrait l'Escault" : Guido da Collemezzo, évêque de Cambrai (1296-1306) », dans D. Barthélemy et J.-M. Martin (éd.), *Liber largitorius : Études d'histoire médiévale offertes à Pierre Toubert par ses élèves*, Genève, Droz, 2003, p. 477-502.

Montefusco A., « Una fedeltà paradossale : sulla memoria bonaventuriana in Iacopone », *Linguistica e Letteratura*, 33, 2008, p. 9-42.

Mooney C. M. (éd.), *Gendered Voices : Medieval Saints and their Interpreters*, Philadelphia, U. of Pennsylvania Press, 1999.

Morenzoni F., « Les proverbes dans la prédication du XIIIe siècle », dans *Tradition des proverbes et des exempla dans l'Occident médiéval*, H. O. Bizzarri, M. Rohde (éd.), Berlin, De Gruyter, 2009, p. 131-149.

Mulder-Bakker A. B., *Lives of the Anchoresses : The Rise of the Urban Recluse in Medieval Europe*, Philadelphia, U. of Pennsylvania Press, 2005.

Müller C. M., *Marguerite Porete et Marguerite d'Oingt de l'autre côte du miroir*, New York, Peter Lang, 1999.

– « La lettre et la figure : lecture allégorique du *Mirouer* de Marguerite Porete dans *Les Prisons* de Marguerite de Navarre », *Versants*, 38, 2000, p. 161-162.

Muraro L., « Margarita Porete lectora de la Bíblia sobre el tema de la salvación », *Duoda. Papers de treball*, 9, 1995, p. 69-80.

– « Le *Mirouer des simples ames* de Marguerite Porete. Les avatars d'un titre », *Ons geestelijk erf*, 70, 1996, p. 3-9.

– « Margarita Porete y Guillerma de Bohemia : la diferencia femenina, casi una herejía », *Duoda : Papers de treball*, 9, 1995, p. 81-97.

– *Lingua materna, scienza divina. Scritti sulla filosofia mistica di Margherita Porete*, Napoli, D'Auria, 2005.

Murk Jansen S. M., *The Measure of Mystic Thought. A Study of Hadewijch's Mengeldichten*, Göppingen, Kümmerle, 1991.

Newman B., « *La mystique courtoise* : Thirteenth-Century Beguines and the Art of Love », dans *id.*, *From Virile Woman to WomanChrist : Studies in Medieval Religion and Literature*, Philadelphia, U. of Pennsylvania Press, 1995, p. 137-167.

– « The *Mirror* and the *Rose* : Marguerite Porete's Encounter with the Dieu d'amours », dans R. Blumenfeld-Kosinski *et al.* (dir.), *The Vernacular Spirit. Essays on Medieval Religious Literature*, New York, Palgrave, 2002, p. 105-124.

– *Medieval Crossover : Reading the Secular against the Sacred,* Notre Dame, U. of Notre Dame Press, 2013.

NIJUS J., « The Politics of Mysticism : Elisabeth of Spalbeek in Context », *Church History*, 77, 2008, p. 285-317.

NYS L. et A. SALAMAGNE (éd.), *Valenciennes aux* XIV*e et* XV*e siècles : art et histoire*, Valenciennes, PUV, 1996.

O'SULLIVAN R. A., « The School of Love : Marguerite Porete's Mirror of Simple Souls », *Journal of Medieval History*, 32, 2006, p. 143-162.

OLIGER L., *De secta Spiritus Libertatis in Umbria saec.* XIV*, disquisitio et documenta*, Roma, Storia e letteratura, 1943.

ORCIBAL J., « Le *Miroir des simples âmes* et la "secte" du Libre Esprit », *Revue de l'histoire des religions,* 176, 1969, p. 35-60.

PARIS G., « Études sur les romans de la table ronde : Lancelot du Lac », *Romania,* 12, 1883, p. 459-534.

PASSOT-MANNOORETONIL A., *L'expression de la spiritualité catholique dans les œuvres littéraires de langue française aux débuts de la Renaissance*, thèse inédite, Université Charles de Gaule-Lille 3, 2007.

PEPIN J., « *Stilla aquae modica multo infusa vino, ferrum ignitum, luce perfusus aer.* L'origine de trois comparaisons familières à la théologie mystique médiévale », *Miscellanea André Combes (= Diuinitas,* 11*),* t. 1, Rome, 1967, p. 331-375, repris dans *« Ex Platonicorum persona » : Études sur les lectures philosophiques de Saint Augustin*, Amsterdam, Hakkert, 1977, p. 271-315.

PERARNAU I ESPELT J., « Troballa de tractats spirituals perduts d'Arnau de Vilanova », *Revista Catalana de Teologia*, 1, 1976, p. 489-512.

– « Noves dades biogràfiques de mestre Arnau de Vilanova. II. Arnau de Vilanova i Guiard de Cressonessart », *Arxiu de Textos Catalans Antics*, 7-8, 1988-1989, p. 279-280.

– « Problemes i criteris d'autenticitat d'obres spirituals atribuïdes a Arnau de Vilanova », *Arxiu de Textos Catalans Antics*, 13, 1994, p. 25-103.

PEREIRA M., « Fra raison e amour : Il *Miroir des simples âmes* di Margherita Porete », *Filosofia, donne, filosofie. Atti del convegno internazionale, Lecce, 27-30 aprile 1992*, Lecce, Milella, 1994, p. 945-962.

– « Margherita Porete nello specchio degli studi recenti », *Mediaevistik : Internationale Zeitschrift für interdisziplinäre Mittelalterforschung*, 11, 1998, p. 71-96.

PETTEGREE A., WOLSBY M., WILKINSON A., *French Vernacular Books. Books published in the French Language before 1601*, Leyde-Boston, Brill, 2007, 2 vols.

PHILIPOT E., « Remarques et conjectures sur le texte de Maistre Pierre Pathelin », *Romania*, 56, 1930, p. 558-584.

PIRON S., « Nicholas of Bar's Collection », dans Ch. Schabel (dir.), *Theological Quodlibeta in the Middle Ages. The Fourteenth Century*, Leiden, Brill, 2007, p. 333-343.

– « Deplatonising the Celestial Hierarchy. Peter John Olivi's interpretation of the Pseudo-Dionysius », dans I. Iribarren, M. Lenz (dir.), *Angels in Medieval Philosophy Inquiry. Their Function and Significance*, Aldershot, Ashgate, 2008, p. 29-44.

– « Un avis retrouvé de Jacques Fournier », *Médiévales,* 58, printemps 2008, p. 113-134.

– « Le métier de théologien selon Olivi », dans C. König-Pralong *et al.* (éd.), *Pierre de Jean Olivi, philosophe et théologien*, Berlin, De Gruyter, 2010, p. 17-85.

– « Adnichilatio », *Mots médiévaux offerts à Ruedi Imbach,* I. Atucha *et al.* (dir.), Porto, FIDEM, 2011, p. 23-31.

PLATELLE H. et *al.*, *Histoire de Valenciennes*, Lille, PUL, 1982.

POLLARD W. F., « Bodleian MS Holkham Misc. 41 : A Fifteenth-Century Bridgettine Manuscript Cycle », *Birgittiana*, 3, 1997, p. 43-53.

POMMIER A., « Essai sur le monastère d'Ambert, son origine et sa suppression », *Mémoires de la Société archéologique et historique de l'Orléanais*, 34, 1915, p. 565-668.

POOR S. S., *Mechthild of Magdeburg and her Book : Gender and the Making of Textual Authority*, Philadelphia, U. of Pennsylvania Press, 2004.

POTESTA G. L., « Dall'annuncio dell'anticristo all'attesa del pastore angelico », *Arxiu de Textos Catalans Antics*, 13, 1994, p. 287-344.

PRA J., *Guillaume Du Prat, évêque de Clermont, et les premières fondations des Jésuites en France*, Riom, Jouvet, 1914.

PUTALLAZ FR.-X., *Insolente liberté. Controverses et condamnations au* XIIIe *siècle*, Fribourg, Éditions universitaires – Paris, Cerf, 1995.

RAYEZ A., « Livre de la Discipline d'amour », *Dictionnaire de Spiritualité*, 9, 1976, col. 940-942.

RAYMOND F., *Histoire du Hainaut français et du Cambrésis depuis les temps les plus reculés jusqu'à nos jours*, Paris, Lechevalier, 1899.

RENAUDET A., *Préréforme et humanisme à Paris (1494-1517),* Paris, Champion, 1953[2].

RENEVEY D. et WHITEHEAD C., « "Opyn þin hert as a boke" : Translation Practice and Manuscript Circulation in *The Doctrine of the Hert* », dans J. Jenkins et O. Bertrand (éd.), *The Medieval Translator*, 10, Turnhout, Brepols, 2007, p. 125-148.

RIBARD J., *Le* Chevalier de la charrette. *Essai d'interprétation symbolique*, Paris, Nizet, 1972.

RICHIR L., *Marguerite Porete, une âme au travail de l'Un*, Bruxelles, Ousia, 2002.

ROBINSON J. M., *Nobility and Annihilation in Marguerite Porete's* Mirror of Simple Souls, Albany, SUNY Press, 2001.

ROISIN S., *L'hagiographie cistercienne dans le diocèse de Liège au* XIIIe *siècle*, Louvain, Bibliothèque de l'Université, 1947.

ROUBAUD J., *La fleur inverse. Essai sur l'art formel des troubadours*, Paris, Ramsay, 1986.

ROUSSEL C., « Courtoisie », *Dictionnaire raisonné de la politesse et du savoir-vivre du Moyen Âge à nos jours*, dir. A. Montandon, Paris, Seuil, 1995.

RUH K., « *Le Miroir des simples Âmes* der Marguerite Porete », *Verbum et Signum,* 2, 1975, p. 365-387.

– « Beginenmystik : Hadewijch, Mechthild von Magdeburg, Marguerite Porete », *Zeitschrift für deutsches Alterum und deutsche Literature*, 106, 1977, p. 265-277.

RUNNALLS G. A., « The Catalogue of the Tours Bookseller and Antoine Vérard », *Pluteus*, 1984, p. 163-174.

SANTI F., « Gli *Scripta Spiritualia* di Arnau de Vilanova », *Studi medievali,* 3 rd series, 26, 1985, p. 977-1014.

SARGENT M. G., « *Le Mirouer des Simples Ames* and the English Mystical Tradition », dans K. Ruh (éd.), *Abendländische Mystik im Mittelalter : Symposion Kloster Engelberg 1984*, Stuttgart, Metzler, 1986, p. 443-465.

– « The Annihilation of Marguerite Porete », *Viator*, 28, 1997, p. 253-279.

– « Marguerite Porete », dans A. Minnis et R. Voaden (éd.), *Medieval Holy Women in the Christian Tradition c. 1100-c. 1500*, Turnhout, Brepols, 2010, p. 291-309.

– « Medieval and Modern Readership of Marguerite Porete's *Mirouer des simples âmes anienties* : The French and English Traditions », dans N. Rice (éd.), *Middle English Religious Writing in Practice. Texts, Readers and Transformations,* Turnhout, Brepols, 2013, p. 47-89.

SCHMIDT M., « The Importance of Christ in the Correspondence between Jordan of Saxony and Diana d'Andalo, and in the Writings of Mechtild of Magdebourg », dans K. Emery et J. Wawrykow (éd.), *Christ among the Medieval Dominicans, Representations of Christ in the Texts and Images of the Order of Preachers*, Notre Dame, U. of Notre Dame Press, 1998, p. 100-112.

SCHMITT J.-C., « Clercs et laïcs », dans J. Le Goff et J.-C. Schmitt (dir.), *Dictionnaire raisonné de l'Occident médiéval*, Paris, Fayard, 1999.

SCHNELL R., « L'amour courtois en tant que discours courtois sur l'amour », *Romania*, 110, 1989, p. 72-126 et 331-363.

SEGUY M., *Les Romans du Graal ou le signe imaginé*, Paris, Champion, 2001.

SIMONS W., *Stad en apostolaat : De vestiging van de bedelorden in het graafschap Vlaanderen, ca. 1225-ca. 1350*, Bruxelles, AWLSK, 1987, p. 85-100.

– *Cities of Ladies : Beguines and Beguine Communities in the Medieval Low Countries, 1200-1565*, Philadelphia, U. of Pennsylvania Press, 2001.

– « "Staining the Speech of Things Divine" : The Uses of Literacy in Medieval Beguine Communities », dans T. de Hemptinne and M. E. Góngora (éd.), *The Voice of Silence : Women's Literacy in a Men's Church*, Turnhout, Brepols, 2004, p. 85-110.

– « Holy Women of the Low Countries : A Survey », dans A. J. Minnis et R. Voaden, *Medieval Holy Women in the Christian tradition c.1100 - c.1500*, Turnhout, Brepols, 2010, p. 625-662.

SKÅRUP P., « La langue du *Miroir des simples âmes* attribué à Marguerite Porete », *Studia Neophilologica*, 60, 1988, p. 231-236.

SOLETI M.A., « Antigoni allo specchio : la lezione d'Amore di Margherita Porete », *Storia delle donne*, 4, 2008, p. 83-102.

– *Margherita Porete, un processo ancora aperto: Una voce mistica nell'Europa tardomedievale*, Padova, Il Poligrafo, 2011.

SPITZER L., « L'amour lointain de Jaufré Rudel et le sens de la poésie des troubadours », dans *id.*, *Études de style*, Paris, Gallimard (Tel), 1970 [1959], p. 81-133.

STABLER MILLER T., « What's in a Name ? Clerical Representations of Parisian Beguines (1200-1328) », *Journal of Medieval History*, 33, 2007, p. 60-86.

STANESCO M., « "Entre sommeillant et esveillé" : un jeu d'errance du chevalier médiéval », *Le Moyen Âge*, 39, 1984, p. 401-432.

– « L'expérience poétique du "pur néant" chez Guillaume IX d'Aquitaine », *Médiévales*, 6, 1984, p. 48-68.

– « Courtoisie et société de cour au Moyen Âge », dans M. Prigent (dir.), *Histoire de la France littéraire*, t. 1, PUF, 2006, p. 622-645.

STAUFFER R., *M.N. and the Yorkshire Circle : The Motivation Behind the Translation of the Mirouer des Simple Ames in Fourteenth-Century England*, Ph.D. Diss., Arizona State University, 2011.

STRUBEL A., *« Grant senefiance a ». Allégorie et littérature au Moyen Âge*, Paris, Champion, 2002.

TEETAERT A., « Un compendium de théologie pastorale du XIIIe-XIVe siècle », *Revue d'histoire ecclésiastique*, 26, 1930, p. 66-102.

TERESTCHENKO M., *Amour et désespoir de François de Sales à Fénelon*, Paris, Seuil, 2000.

TERRY W.R., *Seeing Marguerite in the* Mirror *: A Linguistic Analysis of Porete's* Mirror of Simple Souls, Leuven, Peeters, 2011.

THÉRY J., « A Heresy of State. Philip the Fair, the 'perfidious Templars', and the pontificalization of the French Monarchy », *Journal of Medieval Religious Cultures*, 39, 2012, p. 117-148 [version française, Médiévales, 60, 2011, p. 157-186].

THIJSSEN J.M.M.H., *Censure and Heresy at the University of Paris 1200-1400*, Philadelphia, U. of Pennsylvania Press, 1998.

TOLDY F., « Margit kir. herczegnő, mint ethikai író » [La princesse royale Marguerite comme moraliste], dans *id.*, *Ujabb adalékok a régibb magyar irodalom történetéhez* [Nouveaux apports à l'histoire de l'ancienne littérature hongroise], Pest, Eggenberger, 1874, p. 8-14.

TOURY M.-N., « Courtoisie », *Dictionnaire du Moyen Âge*, dir. C. Gauvard, A. de Libera, M. Zink, Paris, PUF, 2002.

TROMBLEY J.L., « The Master and the Mirror : The Influence of Marguerite Porete on Meister Eckhart », *Magistra* 16, 2010, p. 60-102.

TRUSEN W., *De Prozess gegen Meister Eckhart : Vorgeschichte, Verlauf und Folgen*, Paderborn, Schöningh, 1988.

UNDERHILL E., « The Mirror of Simple Souls », *The Fortnightly Review*, n.s. 89, 1911, p. 345-354.

VAGENAY H., « Trois contemporains de Rabelais. Pour l'histoire du français moderne », *Revue des études rabelaisiennes*, 9, 1911, p. 295-320.

Valenciennes et les anciens Pays-Bas : Mélanges offerts à P. Lefrancq, Valenciennes, Cercle archéologique et historique, 1976.

VALETTE J.-R., « *Continuum* lyrique et révélation dans le *Miroir des âmes simples et anéanties* de Marguerite Porete », *Littérales*, 41, 2007 (= *Littérature et révélation au Moyen Âge, II. Écrire en vers, écrire en prose : une poétique de la révélation*, dir. C. Croizy-Naquet), p. 119-133.

– *La Pensée du Graal. Fiction littéraire et théologie* (XIIe-XIIIe siècle), Paris, Champion, 2008.

– « La figure du Loingprés dans le *Mirouer des Simples Ames* de Marguerite Porete », *La Personnification du Moyen Âge au XVIIIe siècle, Actes du colloque de l'université de Paris Ouest Nanterre La Défense (4-5 novembre 2010)*, dir. M. Demaules, à paraître.

VAN MIERLO J., « Hadewijch en Eckhart », *Dietse Warande en Belfort*, 23, 1923, p. 1138-1155.

VANDENBROECK P. (éd.), *Le jardin clos de l'âme : l'imaginaire des religieuses dans les Pays-Bas du Sud*, Bruxelles, Martial et Snoeck, 1994.

VAUCHEZ A., *La spiritualité du Moyen Âge occidental (VIIIe -XIIIe siècle)*, Paris, Seuil, 1994.

VAUZELLES L. DE, *Histoire du prieuré de La Magdeleine-lez-Orléans de l'ordre de Fontevraud*, Paris-Orléans, Baur-Herluison, 1873.

VERDEYEN P., « Over de Auteur van Mengeldichten 17 tot 24 », *Hoofsheid en Devotie in de Middeleeuwse maatschappij*, dans J. D. Janssens (éd.), Bruxelles, 1982, p. 147-155.

– « La première traduction latine du *Miroir* de Marguerite Porete », *Ons geestelijk erf* 58, 1984, p. 388-389.

– *Guillaume de Saint-Thierry, premier auteur mystique des anciens Pays-Bas*, trad. du néerlandais par A. Louf, Turnhout, Brepols, 2003.

VERDON L., « Expressions et usages des comportements affectifs dans le cadre de la seigneurie (Provence, XIIIe s.). L'exemple de l'amour dû au seigneur », dans D. Boquet et P. Nagy (dir.), *Politiques des émotions au Moyen Âge*, Firenze, SISMEL Edizioni del Galluzzo, 2010, p. 255-274.

VIAL M., *Jean Gerson théoricien de la théologie mystique*, Paris, Vrin, 2006.

VIGUERIE J. de, « La réforme de Fontevraud », dans *La réforme des réguliers en France de la fin du XVe siècle à la fin des guerres de religion*, Paris, Soc. d'hist. ecclés. de la France, 1979, p. 107-115 [*Revue de l'Église de France*, t. 65].

VOLTI P. (éd.), *Mulieres religiosae et leurs univers. Aspects des établissements béguinaux au Moyen Âge tardif*, Amiens, LAUP, 2003.

WATSON N., « Misrepresenting the Untranslatable : Marguerite Porete and the *Mirouer des simples ames* », *New Comparison*, 12, 1991, p. 124-137.

– « Censorship and Cultural Change in Late-Medieval England : Vernacular Theology, the Oxford Translation Debate, and Arundel's Constitutions of 1409 », *Speculum*, 70, 1995, p. 822-864.

– « Melting into God the English Way : Deification in the Middle English Version of Marguerite Porete's *Mirouer des simples ames anienties* », dans R. Voaden (éd.), *Prophets Abroad. The Reception of Continental Holy Women in Late Medieval England*, Cambridge, Brewer, 1996, p. 19-49.

WEBER ED.-H., « Le Christ selon Maître Eckhart », dans *Christ among the Medieval Dominicans, Representations of Christ in the Texts and Images of the Order of Preachers*, Notre Dame, U. of Notre Dame Press, 1998, p. 414-429.

WEGENER L., « Freiheitsdiskurs und Beginenverfolgung um 1308 – der Fall der Marguerite Porete », dans A. Speer et D. Wirmer (éd.), *1308 : Eine Topographie historischer Gleichzeitigkeit*, Berlin-New York, De Gruyter, 2010, p. 199-236.

WEIL S., *La connaissance surnaturelle*, Paris, Gallimard, 1959.

WILLAERT F., *De poëtica van Hadewijch in de Strofische Gedichten*, Utrecht, HES, 1984.

ZINK G., *La Prédication en langue romane avant 1300*, Paris, Champion, 1982.

– *Morphosyntaxe du pronom personnel (non réfléchi) en moyen français (XIVe-XVe siècles)*, Genève, Droz (« Publications romanes et françaises », 228), 1997.

– « Littérature(s) », *Dictionnaire raisonné de l'Occident médiéval*, J. Le Goff et J.-C. Schmitt (dir.), Paris, Fayard, 1999, p. 611.

– *Littérature française du Moyen Âge*, Paris, PUF, 2001 [1992].

– *Poésie et conversion au Moyen Âge*, Paris, PUF, 2003.

ZOCCATELLI P.L., *Le lièvre qui rumine : autour de René Guénon, Louis Charbonneau-Lassay et la Fraternité du Paraclet*, Milano, Archè, 1999.

ZUM BRUNN E., « Introduction », dans Marguerite Porete, *Le Miroir des simples âmes anéanties*, trad. C. Louis-Combet, Grenoble, Millon, 1991.

ZUMTHOR P., *Essai de poétique médiévale*, Paris, Seuil, 1972.

PRÉSENTATION DES AUTEURS

Olivier Boulnois

Olivier Boulnois est directeur d'études à l'École pratique des hautes études, sur la chaire « Religions et philosophies dans le christianisme au Moyen Âge », et Directeur du Laboratoire d'Études sur les Monothéismes (CNRS). Ses travaux portent sur l'histoire de la métaphysique, la pensée médiévale et les théories de l'image, de la liberté et de la domination. Il a notamment publié *Jean Duns Scot : Sur la connaissance de Dieu et l'univocité de l'étant* (PUF, 1988), *Etre et représentation* (PUF, 1999), *Au-delà de l'image* (Le Seuil, 2008), *Métaphysiques rebelles* (PUF, 2013).

William J. Courtenay

Professeur émerite à l'Université du Wisconsin, William J. Courtenay consacre ses recherches à l'histoire intellectuelle du Moyen Âge central, en prenant en considération aussi bien les débats savants que les conditions sociales et institutionnelles du travail intellectuel. Il s'est en particulier intéressé à l'université de Paris aux XIIIe et XIVe siècle dont il est l'un des meilleurs connaisseurs au monde. Outre de nombreux articles et éditions de sources, ses principaux ouvrages sont : *Teaching Careers at the University of Paris in the Thirteenth and Fourteenth Centuries* (University of Notre Dame Press, 1987), *Capacity and Volition : A History of the Distinction of Absolute and Ordained Power* (Lubrina, 1990), *Parisian Scholars in the Early Fourteenth Century : A Social Portrait* (Cambridge University Press, 1999), *Ockham and Ockhamism: Studies in the Dissemination and Impact of his Thought* (Brill, 2008).

Marleen Cre

Marleen Cré est actuellement chercheur postdoctoral à l'Université de Lausanne, impliquée dans un projet du Fonds national Suisse concernant la religiosité dans l'Angleterre de la fin du Moyen Âge. Elle est également chercheur associée au Ruusbroecgenootschap de l'université d'Anvers et a publié une monographie, *Vernacular Mysticism in the Charterhouse* in *The Medieval Translator*

Series (Brepols, 2006), ainsi que plusieurs articles concernant Julian de Norwich et sa *Vision Showed to a Devout Woman*, et les traduction en moyen anglais des œuvres de Jean Ruysbroek et du *Miroir des simples âmes* de Marguerite Porete.

Sean L. FIELD

Sean L. Field est professeur d'histoire à l'Université du Vermont. Ses recherches portent sur les thèmes de la sainteté, de l'hérésie et du pouvoir dans la France capétienne, avec un intérêt marqué pour les femmes religieuses. Il a notamment publié *Isabelle of France : Capetian Sanctity and Franciscan Identity in the Thirteenth Century* (University of Notre Dame Press, 2006), *The Beguine, the Angel, and the Inquisitor : The Trials of Marguerite Porete and Guiard of Cressonessart* (University of Notre Dame Press, 2012).

Geneviève HASENOHR

Archiviste-paléographe, Geneviève Hasenohr a été directeur de recherche au CNRS, professeur d'histoire de la langue française à l'Université de Paris-Sorbonne et directeur d'études de philologie romane à l'Ecole Pratique des Hautes-Études. L'essentiel de ses recherches porte sur les textes de spiritualité en langue romane des XIVe et XVe siècles : thèmes, langue, diffusion et réception. Elle a notamment co-dirigé le *Dictionnaire des lettres françaises: Le Moyen Âge* (PUF, 1992). Dans un article paru en 1999, elle a identifié des fragments de la version originelle du *Miroir des simples âmes* dans un manuscrit de Valenciennes.

Robert E. LERNER

Médiéviste mondialement reconnu, Robert E. Lerner est professeur émérite d'histoire et professeur Peter B. Ritzma de sciences humaines à Northwestern University (Illinois). Ses travaux concernent principalement les mentalités religieuses, le prophétisme, les hérésies et l'université médiévale. Il travaille actuellement sur les prophéties de Jean de Roquetaillade et leur diffusion, en latin et dans plusieurs langues vernaculaires. Auteur de très nombreux articles, ses principaux livres sont *The Heresy of the Free Spirit in the Later Middle Ages* (University of California Press 1972), *The Powers of Prophecy* (Cornell University Press, 1983) et *The Feast of Saint Abraham* (University of Pennsylvania Press, 2001).

Sylvain PIRON

Sylvain Piron est maître de conférences à l'École des hautes études en sciences sociales. Ses travaux d'histoire intellectuelle concernent notamment la pensée économique et politique médiévale, l'histoire franciscaine et les dissidences religieuses du XIVe siècle. Il a dirigé avec Alain Boureau un volume collectif, *Pierre de Jean Olivi (1248-1298). Pensée scolastique, dissidence et société* (Vrin, 1999) et a récemment publié une édition critique du *Traité des contrats* d'Olivi (Belles-Lettres, 2012).

Jean-René VALETTE

Professeur de littérature française du Moyen Âge à l'Université Paris Ouest Nanterre, Jean-René Valette mène des recherches sur la littérature européenne du Graal, les réécritures médiévales de la Bible et le discours mystique (du Moyen Âge à la Renaissance). Outre la direction de plusieurs ouvrages collectifs, il a notamment publié *La Poétique du merveilleux dans le Lancelot en prose* (Champion, 1993) et *La Pensée du Graal. Fiction littéraire et théologie aux XIIe-XIIIe siècle* (Champion, 2008).

John VAN ENGEN

Professeur d'histoire médiévale de réputation internationale à l'Université de Notre Dame (Indiana), John Van Engen est un spécialiste des mouvements religieux du Moyen Âge central et tardif. Actuellement, il s'intéresse plus particulièrement à l'écriture des femmes mystiques de la fin du Moyen Âge et prépare une reconstruction et traduction des écrits d'Alijt Bake d'Utrecht et Gand (1413-55). Parmi les nombreux ouvrages qu'il a rédigés ou dirigés, il est notamment l'auteur de *Rupert of Deutz* (University of California Press, 1983) et *Sisters and Brothers of the Common Life: The Devotio Moderna and the World of the Late Middle Ages* (University of Pennsylvania Press, 2008).

Camille de VILLENEUVE

Camille de Villeneuve prépare une thèse de doctorat sur Marguerite Porete à l'École pratique des hautes études, sous la direction d'Olivier Boulnois. Elle étudie la formulation du pur amour dans le *Miroir* et s'emploie à démontrer la singularité du moment médiéval dans une histoire du pur amour. Elle enseigne la philosophie à l'Institut d'études politiques de Paris et au Centre Sèvres

INDICES

INDEX DES PERSONNES MÉDIÉVALES ET TEXTES ANONYMES

INDEX DES INSTITUTIONS RELIGIEUSES

INDEX GÉOGRAPHIQUE

INDEX DES AUTEURS CONTEMPORAINS

TABLE DES MATIÈRES

ACHEVÉ D'IMPRIMER
EN DÉCEMBRE 2013
PAR L'IMPRIMERIE
DE LA MANUTENTION
A MAYENNE
FRANCE
N° 21433988N

Dépôt légal : 4e trimestre 2013